航空经济系列教材

# 航空经济 理论与实践

Aviation Economic Theory and Practice

万 举 郝爱民 ◎主编

经济管理出版社
ECONOMY & MANAGEMENT PUBLISHING HOUSE

图书在版编目（CIP）数据

航空经济理论与实践/万举，郝爱民主编．—北京：经济管理出版社，2023.2
ISBN 978-7-5096-8902-8

Ⅰ.①航…　Ⅱ.①万…　②郝…　Ⅲ.①航空运输—运输经济学—研究　Ⅳ.①F560

中国版本图书馆 CIP 数据核字（2022）第 254547 号

组稿编辑：申桂萍
责任编辑：申桂萍
责任印制：黄章平
责任校对：王淑卿

出版发行：经济管理出版社
　　　　　（北京市海淀区北蜂窝 8 号中雅大厦 A 座 11 层　100038）
网　　址：www.E-mp.com.cn
电　　话：（010）51915602
印　　刷：北京晨旭印刷厂
经　　销：新华书店
开　　本：787mm×1092mm/16
印　　张：19.25
字　　数：433 千字
版　　次：2023 年 2 月第 1 版　2023 年 2 月第 1 次印刷
书　　号：ISBN 978-7-5096-8902-8
定　　价：78.00 元

# 序

目前，中国特色社会主义建设进入新时代。新时代新阶段必须践行新发展理念，加快形成以国内大循环为主体、国内国际双循环相互促进的新发展格局。历史经验一再表明，中华文明越开放就越强大。坚持改革开放，是形成新格局的必由之路。越是深化改革开放，中国特色社会主义市场经济就越有活力，也就越能充分释放中国经济发展潜力、增强持久应对全球竞争中各种挑战与风险的能力。

目前，"一带一路"建设已经进入高质量发展阶段，空中、陆上、海上、网上"丝绸之路"建设已成"四路并进"态势，创新纷呈，建设成果不断涌现。作为一种新的经济形态，航空经济必将伴随着我国深化国内国际两个开放格局改革进程的实践而进行新的演化和变革。因此，航空经济发展既需要实践活动的创造性开拓进取和经验总结，也需要创新、建构航空经济理论体系作为行动的指导。其中，著书立说、编撰教材、集中更新研究总结等，既是对航空经济研究成果的总结和梳理，也是寻找航空经济理论与实践研究再出发的新起点。

近年来，郑州航空工业管理学院经济学院紧紧围绕航空经济理论与实践开展相关科研和教学活动，并取得一系列成果，服务经济社会实践的能力不断得到提升，这已成为郑航经济学院的鲜明科研特色和核心竞争力。本书的编辑出版就是学院特色科研活动和专业教学活动的一个体现。该书是集体智慧的结晶，得到地方政府相关部门、企业与学院领导的大力支持，也是老师倾情投入教学实践、同学积极建议回应的结果。

本书曾于 2013 年同名出版，至今已出版 9 年，与我国飞速发展的航空经济实践和科技信息更新速度相比，9 年时间显得有些太久，亟须进行新的编撰和更新。此次由万举教授牵头重新组织人员编修，并由经济管理出版社出版，这是一件幸事！本书虽然基于前期资料，但吸收了大量最新数据和最新研究成果及实践案例，尤其是章节内容编排等方面也都做了较大体系性创新，编撰组付出了新的努力。当然，经济社会实践日新月异，既是丰富多彩的，也是鲜活复杂的，本书内容仍可能存在许多不妥或偏误之处，诚请各方人士能在阅读或使用本书时拨冗赐教，以便编撰组进一步优化、完善、提升本书相关内容。

是为序。

郝爱民

2022 年 2 月 16 日

# 目  录

# 第一章　绪论

当莱特兄弟（Wright Brothers）在寒风呼啸的空旷沙滩上首次成功试飞世界上第一架飞机"飞行者 1 号"的时候——这是 1903 年 12 月 17 日上午在美国北卡罗来纳州的基蒂霍克（Kitty Hawk）郊外——他们不会想到，2020 年，世界上已有 36000 多个各类机场，单单渗透于现代经济社会生活各个方面的民用航空飞机（客货）已达 33000 多架，各类通用航空飞机更达百万级架，遍布于世界各个国家和地区。据国际航空运输协会（IATA）统计，2019 年世界航空运输全行业营业收入已达 8380 亿美元，实现营业利润 432 亿美元，净营业利润 264 亿美元。[①]另据 World Air Force 2021 统计，全球各类型现役军机 5.35 万多架，其中现役各类战斗机 14635 架。[②] 据《2020 年民航行业发展统计公报》（2021 年 6 月），尽管 2020 年肆虐全球的新冠肺炎疫情给民航业造成了巨大冲击，但中国民航运输机场完成旅客吞吐量仍达 8.57 亿人次，全行业累计实现营业收入 6246.9 亿元。截至 2020 年底，中国民航全行业运输飞机期末在册架数 3903 架，共有定期航班航线 5581 条，即便不含香港、澳门和台湾地区，定期航班国内通航城市（或地区）也已有 237 个、境内运输机场 241 个；获得通用航空经营许可证的通用航空企业 523 家，通用航空在册航空器总数达到 2892 架，全国在册管理的通用机场数量达到 339 个；中国民航驾驶员有效执照总数为 69442 本，全行业持照机务人员已达 60335 名。[③]

目前，航空产业及其关联产业成为全球最具发展潜力的产业领域之一，国内外众多成功经验表明，将现代工业与现代服务业有机结合的航空港经济是未来区域竞争的焦点。

作为全国首个上升为国家战略的航空港经济发展先行区，郑州航空港经济综合实验区的战略定位，是建成国际航空物流中心、以航空经济为引领的现代产业基地、内陆地区对外开放重要门户、现代航空都市、中原经济区核心增长极。其中，郑州紧扣航空经济发展这一重要主题，突出先行先试、改革创新的时代特征和功能。作为一种新型的经济形态，航空经济健康发展，既需要实践过程创新和经验总结，更需要创新、建构航空经济理论体

---

[①] International Air Transport Association（IATA）. Airline Industry Financial Forecast/ Industry Statistics Fact Sheet [EB/OL]. IATA, https：//www. iata. org/en/iata-repository/publications/economic-reports/airline-industry-economic-performance---april-2021---data-tables/，2021-04-01.

[②] World Air Force 2021［EB/OL］. Flight Global, https：//www. flightglobal. com/defence/world-air-forces-2021，2020-12-04.

[③] 2020 年民航行业发展统计公报［EB/OL］. 中国民用航空局，http：//www. caac. gov. cn/XXGK/XXGK/TJSJ/202106/t20210610_207915. html，2021-06-10.

系作为行动指导。因此，本书分别从理论和实践的角度系统阐述航空经济理论体系，试图能够全方位、多角度地为航空经济发展的理论与实践进行总结和探讨，也为诸如郑州航空港经济综合实验区等航空港的建设提供有益启示。

本书内容逻辑按照绪论—理论（基础、因素、机制、政府、产业）—实践（区、金融、政策、空中丝路、通用航空等）的顺序进行结构编排，试图构建航空经济分析内容的重要相关方面。当然，理论与实践是密切联系的，因此其中相关内容也有交叉。

本章主要就航空经济的形成与发展、航空经济的研究对象、研究内容和研究方法进行初步介绍，以期读者对航空经济理论与实践形成整体性的基本认知。

## 第一节　航空经济的形成与发展

随着人类不断地认识世界和掌握不断更新的知识技术，人类生活方式与经济活动方式不断发生变革，即不论从哪个角度来看，人类社会进步总是伴随着新经济形态的产生，不断涌现出以先进科学技术为基础的新兴产业经济模式。

当前，世界已进入以高效率、高质量为特征的新经济时代，民用航空业不再仅是传统意义上的单纯运送旅客和货物的交通方式，其也在经济发展中发挥着越来越重要的作用，成为带动国民经济社会发展的重要驱动力。世界正在形成以发展民用航空为标志的新型经济发展形态——航空经济。[①] 乘坐飞机出行逐渐成为大众化的出行选择方式。这意味着民航业服务国民经济的能力将进一步增强，以航空产业及其相关产业为基础的经济活动在人类社会中逐渐担负起越来越重要的责任。

根据历史经验，当一个经济体人均 GDP 超过 4000 美元后，经济社会结构将发生重大转型与变化，即恩格尔系数明显下降，这就有可能进入居民购买力充分释放、消费升级拉动经济增长的阶段，居民消费向享受型、发展型快速转变。当然，人们的出行方式进入相对舒适快捷的航空时代后，航空运输业就逐渐成为实现生产、流通、投资和消费一体化、快捷化的重要行业，相关产业经济活动和区域影响就成为推进产业结构调整、加快经济发展方式转变的重要内容。于是，新的经济形态就在人类的新活动方式激增中孕育成长起来。

### 一、航空经济的产生

20 世纪 70 年代末以来，西方国家新技术成果在生产和组织中的应用与经济贸易自由化加速了全球化进程。经济全球化的持续发展激发了全球范围内的采购、经营、销售和消费行为，形成了以网络为竞争单元的供应链管理系统和以效率、时间为主要特征的竞争方式。经济全球化加剧形成了全球劳动的地域分工。全球分工体系已经逐步由传统的按产业

---

① 夏兴华. 发展航空经济　促进产业结构调整和经济发展方式转变 [J]. 中国党政干部论坛，2011（6）：4-8.

部门划分的水平分工转变为按产业链环节划分的垂直分工体系。这一过程，一方面带来了生产功能的分散，另一方面促进了指挥和控制功能的经济集聚。可以说，科技革命和经济全球化互为动力，促进社会的大发展。科学技术进步、大型和高速喷气式飞机的大量出现、运量增加等促进了航空港区域新兴产业的兴起和壮大，这些围绕航空港而发展起来的产业多是具有国际化、信息化、高科技、高机动性、无国境化、休闲化等倾向的软件形态产业，又是新经济形态的典型产业形式，其发展和集聚就为航空经济的诞生提供了丰富的土壤。

从世界民航强国的发展趋势来看，机场特别是大型国际枢纽机场已突破单一运输功能，形成带动力和辐射力极强的"临空经济区"，成为国家和区域经济增长的"发动机"。① 2012年《国务院关于促进民航业发展的若干意见》中强调"大力推动航空经济发展。通过民航业科学发展促进产业结构调整升级，带动区域经济发展"。②

航空经济发展本质上是因为人类的经济和生活方式发生变化而产生的，尤其是牵涉交通运输方式的转换所引起的诸多经济活动内容的变化，但有其自身产生和发展过程。

（一）交通运输方式的改变带来城市时空变革

很久以来，人们都认为交通运输对经济发展有积极的影响。从历史来看，交通运输方式的改变带来了城市经济变革和商业发展。王旭以美国为例，将交通运输的发展分为五次浪潮，随伴着每一次浪潮的到来，城市化的形式都有相应的改变。③

第一次浪潮是海运港口运输时代，18世纪前海运引起世界上大型商业中心在海港周围兴起，这便是城市化的起步阶段。第二次浪潮是内河运输时代，18世纪天然运河承载着欧洲国家、美国工业革命的支柱力量，是区域城市化阶段。第三次浪潮是铁路运输时代，19世纪铁路引起内陆地区商品生产、交易迅速增加，配送中心大量出现。铁路带动美国城市化进入鼎盛时期，具体表现为速度快、整体性强、城市空间变化大，以大机器工业为基础的近代工业城市渐居主导地位。第四次浪潮是汽车运输时代，是城市化向郊区扩展阶段。汽车的普遍使用，引发人口流动更加频繁，城市的地域范围不断扩大，在市区以外的近郊和远郊，又形成很多分散的居民点。自此，单核城市向多中心城市发展，形成大都市区。1940年，美国将近一半人口居住在大都市区。随着美国制造业和零售业重心转向郊区，产业结构发生了根本性变化。汽车制造业在城市发展过程中打下了深深的烙印。在某种意义上，没有汽车，就没有今日美国的郊区化。第五次浪潮是航空时代，是大都市区进一步向外拓展的阶段。现今美国出口货物大约54%采用空运方式，而14年前该比例仅为46%，高科技公司比传统公司对空运的需求高，其分销中心都位于机场附近。

现代经济的发展对航空运输的便捷性要求非常高，航空运输在一个区域经济社会发展过程中所起到的作用越来越大，其重要意义是任何其他交通运输方式都无法替代的。航空

---

① 专访李家祥：大力发展"航空经济"推动转型升级［EB/OL］．中新网，https://www.Chinanews.com/cn/cj/2012/03-12/3737399.Shtml，2012-03-12.

② 参见《国务院关于促进民航业发展的若干意见》。

③ 王旭．空港都市区：美国城市化的新模式［J］．浙江学刊，2005（5）：12-17.

运输最重要的特性是快捷。航空运输缩短了一个城市与国内外其他地区的空间距离，也对缩短认知和文化距离具有促进作用，有利于提高城市综合竞争力。同时，航空运输促进了全球各地的联系，有效聚集海外要素向该城市资源洼地流动，有助于提高该城市和地区的国际化水平。

在人类的历史长河中，任何交通运输方式的革命性变化都将对人类的生产生活产生深远的影响。在我国历史上，交通运输方式的变化导致一个地区或城市兴衰的例子并不鲜见。国际航空经济发展的历程表明，航空经济是伴随着航空运输方式的变化和技术进步尤其是新技术革命的浪潮而兴起的。

（二）全球化背景下产业和区域发展的时空变革

20世纪70年代后期，新技术革命的兴起突破了资源分布对生产力的限制，带动了大规模集成电路、微电脑、生物工程等一大批新兴产业的出现。这类产业的产品一般都具有体积小、运量少、附加值高、单位产品承担运费能力强等优势，特别适合航空运输。尤其是高技术产品的发展速度快，产品生命周期短，竞争也非常激烈，如果新技术没有及时投入生产，那么技术创新的效益就不能得到发挥。因此，高技术产业对产品和原料的运输时间要求很高，从而对航空运输的依赖性很强。

企业为追求利润最大化，在经济全球化的背景下，逐步将其各部门按照价值链进行分解，在全球范围内重新布局生产体系。战略管理、投资运营、研发设计等价值链的先导部门逐渐向世界性、地区性和区域性中心城市集聚，以获取人才优势和信息优势；产品制造环节向发展中国家转移，以降低生产成本；产品分销、客户服务向主要市场区域集中，以获得市场信息，接近服务对象。

这一变革过程也为区域发展提供了新的机遇和挑战。按照产业价值链的分解和专业化集聚规律，区域发展必须依托自身优势，占据高附加值环节，重点考虑地区运营中心、战略管理、销售服务管理以及研发等，并形成聚集化发展，通过聚集发展高端环节实现该地区产业升级，该过程也使具有时间约束的产品及生产方式在经济发展中的占比越来越大。

全球化、以时间为基础的竞争都将成为主流，速度和便捷对新经济来说显得非常重要，时间成为越来越重要的竞争优势资源。[①] 航空商务迅速成为其符合时代发展的支柱。顺应这种新经济发展模式的产生，航空运输方式起到越来越重要的作用。随着机场规模的扩大及客货运量的大幅增长，机场开始逐渐对其周边地区的土地利用模式产生影响。这种土地利用模式随着机场的集聚效应、扩散效应的加强开始发生变化，从而导致机场周边地区的经济结构、产业结构发生改变。各种经济发展资源向机场及其周边地区汇集，使机场与其所在地区经济发展进一步融合，形成相互依托、相互促进、密不可分的统一体，进而出现了一种特殊的新兴经济形态，即航空经济。

---

① George Stalk Jr. Time-The Next Source of Competitive Advantage [J]. Harvard Business Review, 1988, 66 (4): 41-51.

## 二、航空经济理论的演进过程

航空经济研究，最初只是以特定产业为研究对象，后来逐步得到拓展。在经济学中，产业通常被定义为生产同一种（严格来说是具有较强的替代性）商品的企业集合。因此，航空经济最初着重研究航空产业，包括航空产业组织、航空产业的规模经济、航空产业内企业间的竞争垄断关系。后来航空经济研究范围逐步被经济理论界扩展到航空产业结构、航空产业关联、航空产业政策等方面，并形成了相应的理论架构。航空产业结构理论主要是研究产业之间的相互关系及其演进规律；航空产业关联理论主要是从技术经济的角度来描述产业之间的关联性；产业政策理论研究的是产业结构政策、组织政策、技术政策、布局政策等方面的内容。

随着航空经济研究的深化，航空经济与区域经济发展关系的研究越来越受到重视，航空经济不再是产业概念，而是一个结合了区域、新经济地理的多层次新经济形态。

从发展轨迹来看，航空经济理论的形成和发展大致经历了三个阶段，即萌芽阶段、案例实践研究阶段和理论深化阶段。

（一）萌芽阶段（1980 年以前）

从理论与实践的关系来说，航空经济理论的研究源于社会分工和新兴产业的产生。随着社会分工的深化，产业之间、产业内企业之间的关系日趋复杂，客观上需要理论界对其运行规律进行研究。

美国著名航空专家麦金利·康维（McKinley Conway）较早地给出了航空综合体（Airport Complex）的概念，即以机场为核心综合开发航空运输、物流、购物、休闲及工业开发等多项功能为一体的大型机场综合体。1965 年，麦金利·康维发表了 *The Fly-in Concept* 一文，并提出了航空经济的概念，他认为，未来航空经济发展会对产业区的设计和城市大都市区产生重要影响，并在 1977 年出版了《机场城市》（*The Airport City*），麦金利·康维在该书中阐述了他的理念。这为后来航空产业间关系、航空产业内结构和航空城或航空大都市的研究奠定了坚实的基础。

（二）案例实践研究阶段（1980~2000 年）

20 世纪 80 年代以来，世界经济快速发展，新兴高科技产业层出不穷，航空经济在实践方面有了很大的发展。尤其在卡萨达（John D. Kasarda）提出了"第五波"理论（The Fifth Wave）以后[①]，以卡萨达为代表的西方学者从宏观和微观层面对航空经济进行了研究，西方学者在航空经济研究方面所获得的成果也主要集中在这个时期。他们从市场竞争入手，从微观角度深刻分析区位选择偏好改变的经济原因，认为，基于时间的竞争、柔性化生产、生产交易国际化、电子商务等的出现，这些改变客观上要求企业利用航空运输，

---

① John D. Kasarda. The Fifth Wave：The Air Cargo-Industrial Complex［J］. A Quarterly Review of Trade and Transportation，1991，4（1）：2-10.

所以导致企业向机场周边聚集，航空经济也就随之出现。[①]

Neuwirth 和 Weisbrod（2014）对日本、北美洲和欧洲的航空港进行了调查研究，并根据产业在航空港相邻地区集中的程度，将产业分为四种类型：一是集中度非常高的产业，主要包含航空运输服务业、货运代理业、航空设备制造业、通信设备制造业、光学仪器制造业、电器配送设备制造业；二是高度集中的产业，包括公共仓储业、量具与控制仪器制造业、特殊化工产品制造业、电气与电子设备制造业、邮政与送货服务业、药物制品批发业等；三是中等集中的产业，主要包括建筑业、电子附件产品制造业、汽车租赁业、印刷出版业、公共汽车和出租车行业、医疗器械制造与供应业、特殊塑料部件制造业等；四是越来越集中的产业，这些产业包括计算机数据处理服务业、邮政及其相关服务业、特殊器械制造业、公共仓储业、旅行社行业等。

西方学者对有关航空港产业集聚的研究较为透彻，将定性分析和定量分析相结合，利用数理方法分析得出高科技行业向机场附近集中，使得分析结论更加严谨。对于航空经济发展导致航空港大都市出现，西方学者也有描述和预测，指出航空经济发展到一定阶段将形成航空港大都市，其功能相当于中央商务区。同时，对航空港大都市土地利用管理进行比较研究，也对航空港大都市行政管理模式进行了探讨。

然而，这些研究工作多数表现为对现有情况的总结，对未来预测的研究不多，同时，西方学者也没有分析区位选择偏好变化的宏观原因。其实，航空经济是经济社会发展到一定阶段的产物，只有整个区域经济比较发达，人类产生新的需求，航空经济才会出现。

（三）理论深化阶段（2000 年至今）

2000 年以来，有关航空经济研究进入了全新的深化发展阶段。针对航空大都市基础设施规划，卡萨达（2001，2006）认为，航空大都市如果以自我发展为主，会经常发生干线交通线路堵塞，为了适应经济对连通性、敏捷性的需求，应该对航空大都市进行基础设施规划，这种规划可以减少拥挤。例如，专用的快速路和高速铁路可将机场与商业、居民聚集区连接起来，在机场快速路中增加专门的货车车道，这样能够提高公路互通能力，以此减少交通堵塞。在航空港大都市周围，全球计算机网络的物理基础设施将开始形成，先进的信息处理技术和多媒体通信系统在机场附近将得到使用，以实现公司与其全球供应商、分销商、顾客、分支机构、合作伙伴快速沟通。《航空大都市：我们未来的生活方式》一书的出版更是推动了人们对航空经济的深刻认识[②]。

关于航空产业方面的研究，卡萨达（2001）认为，与机场有关的产业走廊、产业集群、产业带将催生出航空大都市。荷兰学者米歇尔·范·维吉克以荷兰阿姆斯特丹史基浦机场和德国法兰克福机场为例，进行了航空经济区政府土地管理研究，指出这两个机场在

---

① John D. Kasarda, Crenshaw, Edward M. Third World Urbanization：Dimensions，Theories，and Determinants [J]．Annual Review of Sociology，1991，17（1）：467-501.

② 约翰·卡萨达，格雷格·林赛．航空大都市：我们未来的生活方式［M］．曹允春，沈丹阳，译．郑州：河南科学技术出版社，2013.

航空城大小、结构和位置方面是相似的，但是在政府管理结构方面有很大区别。在规划制度方面，荷兰的权力约束机制更加规范。史基浦地区采用的是由政府部门实施的协调土地供应管理模式，北荷兰省监管地方土地利用规划，使之符合区域土地利用规划，所以在史基浦地区的区域规划中，北荷兰省制定了严格的分区管理制度，包括与机场有关的商业和工业区位标准准入制度。制定这种严格的分区制度是为了避免机场附近交通堵塞，省级规划机构和省级规划代理机构对史基浦地区产业及公司发展所需要的土地供应进行协调，协调土地供应是为了避免不良竞争。在荷兰，这种商业土地供应竞争是很典型的，但是在史基浦地区就可以避免，主要因为该地区存在土地供应协调机制。法兰克福区域规划与史基浦区域规划有很大不同，它很少关注土地利用调控和土地利用供求规划，其主要通过基础设施投资促进区域经济发展，以及促进项目发展，导致这种情况发生的主要原因是难以建立区域规划协会。例如，公司所得税是法兰克福地区地方政府最重要的收入来源，因此法兰克福地方政府对公司所得税进行争夺，结果导致公司和产业园土地供应协调失败。

卡萨达（2005）认为，航空物流业对区域经济发展具有促进作用，航空服务自由化、通关质量、减少腐败是三大关键因素。卡萨达也对航空大都市政府管理模式进行了研究，指出存在四种管理结构类型，即市场驱动型、等级制度驱动型、网络驱动型和混合型。市场驱动型管理模式，即以市场为基础的航空港大都市是在缺乏战略远见和协调规划条件下发展壮大的；对于很多拥有国际机场的航空城而言，等级制度驱动型管理模式经常被采用，通过由上到下的指示方式进行管理；网络驱动型管理模式以网络为基础，由于普通的管理方式只能在机场附近起作用，而实际上航空港大都市发展可能需要多个行政区域调控土地利用，这就需要多个行政单位相互配合，形成网络型管理模式；混合型管理模式采取上述三种管理模式中两种或三种结合的方式对航空经济区进行管理。

国内航空经济研究起步较晚，在20世纪较少涉及，这与我国市场经济发展处于初级阶段紧密相关。进入21世纪以来，国内航空经济研究开始逐渐萌发并在21世纪20年代有了较大进展，主要是以临空经济为代表的研究，分别有临空经济形成的机理、临空经济发展的动力机制、临空经济空间布局演化、临空经济产业结构调整等；同时出现有关航空经济的提法和不同阐述。随着航空经济实践不断发展，航空经济理论研究成果不断丰富。总之，近年来，航空经济理论研究逐渐深入和细化，航空经济实践也快速发展，已经渗透至我国经济社会生活各个方面，成为推动现代经济发展的新形态、新模式。

## 第二节 航空经济的研究对象

### 一、航空经济研究的出发点和落脚点

一般而言，航空经济研究在本质上仍是一种经济学研究，而一切经济学研究都应有其

理论建构和实践验证。首先应完成相关航空经济社会现象或实践活动的理论解释。

前面已提到，航空经济的产生与发展是基于一定的科技进步和人类社会活动的演化转型而来。因此，航空经济研究的出发点和落脚点就是在新一轮科技进步中，如何运用新经济形态——航空经济（尤其包括具体产业活动）——更快速、更有效率、更协调地促进特定区域经济社会现代化发展。

从上文的表述中可以看出，航空经济研究不可能失去或偏离任何经济学研究或经济学分支学科研究的一般性，不过应拥有其自身的特点和具体表达。这自然引出对航空经济研究对象的进一步关注或追寻。

## 二、航空经济的研究对象

正是由于航空经济研究本质上是一种经济研究，其研究对象的内容表述应建立在一切经济研究的一般性基础上。我们认为，航空经济（或航空经济学）的研究对象是特定空间区域里航空关联领域的经济发展规律。

这一表述主要强调了两个方面：①特定空间区域；②航空关联领域（政府、产业、企业与个体活动）。但航空经济的研究对象绝不仅仅是这两方面内容的简单相加，只是表明在研究过程中应强调因这两方面融合产生的具有新经济形态特征的经济发展规律。

## 三、航空经济研究及其实践活动的意义

总体来讲，航空经济研究与实践发展是经济社会发展现状、趋势、客观的需要。具体而言，可以有如下七个方面：

（一）航空经济研究与实践活动有利于产业结构调整升级

航空经济具有很强的产业关联性和经济集聚性，其关联效应不仅是直线式的，而且能够带动发展上、下游产业，具有发散和辐射特征，航空经济对整体经济的带动作用是多层次的。加快培育和发展航空经济，有利于促进经济集聚、提升产业层次、推动传统产业升级、高起点建设现代产业体系，体现了调整优化产业结构的根本要求；有利于提升消费层次和结构，适应经济发展向依靠投资、消费、出口协同拉动的转型要求。

（二）航空经济是经济增长的"发动机"，区域经济发展的新增长点

航空经济研究与实践活动不仅能够进一步巩固和壮大主导产业，而且会带动相关配套产业的发展，直接、间接经济效应十分显著。据专家测算，航空港每增加 10 万吨航空货物，将创造 800 个工作岗位；每新增异国国际直达航班，可为当地增加 1500 多个就业机会。航空港规模越大、航线航班越多，则对地区经济的贡献越大。大型枢纽机场客运量每增加 100 万个，将拉动地方经济增长 0.5 个百分点，增加就业岗位 1 万人。据有关统计，美国芝加哥机场每年为周边地区提供 38.9 万个就业机会，带来 130.5 亿美元的经济收入。洛杉矶机场每年创造的经济效益达到 150 亿美元。国际经验表明，一个航空项目发展 10 年后给当地带来的效益是：产出比为 180，技术转移比为 116，就业带动比为 112。因此，某一区域的航空经济发展就成为该区域经济社会发展的"经济增长新引擎"，以其高产出

比、高就业带动作用和技术驱动力成为该区域经济发展的新增长点。

（三）航空经济发展可以优化城市空间、功能布局，实现区域跨越式发展

机场作为高速交通体系中的重要节点，能够促使生产、技术、资本、人口各种资源在航空港相邻地区及航空港走廊沿线地区聚集，带动相关产业集群快速发展，发挥巨大的辐射作用，调节城市的社会结构、经济结构、空间结构。

机场在发展，城市也在发展，航空经济区的发展逐渐向城市内延伸。城市的发展也在向航空经济区延伸。由于机场产业链和航空公司产业链造就了一条机场通向城市主区的走廊，使航空经济区和城市经济互动发展，从而提高城市整体发展水平。史基浦机场以航空业为基础，本身已发展成为一个多功能、多产业的区域商业中心（机场城市），并以其强大的集聚和辐射效力，成为阿姆斯特丹的平衡增长极，成为周边地区发展的条件。

尤其是航空经济区建设、特定航空大都市建设更是为现代经济社会提供了城市化的新道路和新形式，以新型综合体形式快速促进区域跨越式发展。

（四）航空经济可以拉动欠发达地区的发展，实现区域经济协调发展

航空产业的发展，不仅扩大了区域就业规模和人口规模，还促进了地区商业、社会服务设施和文化娱乐设施的发展。在欠发达地区建立航空经济区，会形成对区域经济强有力的拉力，同时建立区域产业互动模式，助推当地区域产业的高级演化，促进其经济崛起。例如，联邦快递（FedEx）总部在美国孟菲斯，原是一个人口不多的农业县市，正是由于孟菲斯政府的决定——主动给联邦快递提供了优惠的条件，让联邦快递在孟菲斯成立总部——改变了这座城市发展的命运。快递业依托航空港产生了极大的集聚扩散效应，使孟菲斯从一个农业区发展成为田纳西州最大的城市。

（五）航空经济是经济一体化发展的助推器

航空经济区发展的产业，是具有国际化、高科技、休闲化等特征的软体形态产业。这些产业将对一国产业接轨全球产业链起到积极的作用。航空经济区由于便利的交通条件，成为区域经济发展的窗口。航空经济区不仅和所在区域经济产生互动，因航空运输的长途、快捷特征，航空经济区还具有与更大范围区域经济产生互动的优势。

航空运输的快速发展，加快了经济全球一体化，使得跨国企业更多地向发展中国家布局，这种发展趋势将使得航空经济区成为全球产业链中的主导环节。中国当前的"空中丝绸之路"建设正是顺应和加速了这一趋势。

（六）航空经济研究与实践活动有利于我国消费结构升级，进一步扩大消费

航空经济研究与实践活动能够促进消费结构转型，提升消费层次。按国际公认标准，人均 GDP 达到 4000 美元后，居民消费结构从生存型向发展型和享乐型转变。我国人均 GDP 在 2010 年就已经突破了这一标准，目前我国的人均 GDP 已超过 10000 美元，处于中等收入国家行列。越来越多的消费者会选择便捷、安全、舒适的民航作为旅行交通工具。利用民航实现跨地区工作、居住、采购也逐渐成为普遍现象。

（七）航空经济研究与实践活动有利于加快构建"双循环"新发展格局

2020 年 5 月，中共中央政治局常委会会议首次提出"深化供给侧结构性改革，充分发挥我国超大规模市场优势和内需潜力，构建国内国际双循环相互促进的新发展格局"。2021 年 3 月，《中华人民共和国国民经济和社会发展第十四个五年规划和 2035 年远景目标纲要）》提出，"加快构建以国内大循环为主体、国内国际双循环相互促进的新发展格局"。扩大、提升和优化国内消费水平和结构是构建"双循环"格局的主体要求，航空经济从交通运输方式、增强消费的时效性和舒适度等方面更好地适应了中国消费市场的分层化、个性化等新特点。同时，由于航空经济发展所具有的引领作用和较强的溢出效应，航空经济研究与实践活动从更广领域为我国"双循环"新发展格局构建提供了积极而广泛的先导支撑。

# 第三节　航空经济的研究内容

航空经济研究以经济学基础理论作为基础，同时在利用多学科知识、总结航空实践的基础上，对不断出现的新情况、新问题、新经验做出理论概括，形成新的应用经济理论，以指导航空经济的发展。

由于航空经济（或航空经济学）的学科复合性和产业关联性等特征，其研究内容相对于产业经济学或区域经济学（或城市经济学）而言较为广泛，本书从一般内容和具体内容进行分析。

## 一、航空经济研究的一般内容

（一）美欧等西方国家的研究

1. 主要研究内容

美欧等西方国家的研究多关注具体的市场主体，并以成熟或完善的市场经济制度作为分析前提或假设前提。从研究范围来看，在美欧国家，航空经济研究的是狭义上的航空产业，即航空产业组织学。研究内容主要包括三个方面：不完全竞争市场下的 SCP 范式，企业的目标、规模和组织，与航空产业组织相关的管制与反垄断等公共政策。

2. 现有研究的薄弱之处

正是因为以成熟和完善的市场经济为前提条件，现有研究较少考虑体制性因素对产业组织的影响，即制度环境或制度变革对航空经济的影响或航空经济的制度分析较为缺乏。这也是当前航空经济理论与实践需要深入关注的地方，对于发展中经济体而言尤其如此。

（二）本书的研究

虽然进入 21 世纪后，航空经济实践迫切需要经济学界深化航空经济理论探索研究。然而，航空经济理论研究仍处于起步阶段，其内容和体系尚待进一步探讨。

本书认为，航空经济的研究内容主要包括：航空经济发展一般规律、航空经济构成要素、航空经济演变规律、航空经济组织、航空经济产业结构，以及航空经济结构的合理化高度化、航空经济布局、航空经济的时空关联、航空经济国际合作、航空经济政策等。

航空产业结构理论研究的主要内容有：影响和决定航空产业结构的因素、航空主导产业选择的基准、航空产业布局、航空经济产业政策、航空主导产业和其他产业的协调发展等。航空经济发展理论研究的主要内容有：经济增长模型和理论在航空经济发展中的应用，航空经济发展战略，航空经济发展中所需的资本资源、人力资源、技术和信息资源、自然资源、环境资源等及其优化配置。航空经济布局理论研究的内容主要有：航空经济布局的一般规律、航空经济布局与区域分工等。

## 二、航空经济的具体研究内容

航空经济研究的具体内容是一般性内容的具体细化和拓展。具体而言，航空经济研究应包括以下两方面内容。

（一）理论方面

1. 航空经济基础理论研究

从经济地理学、区域经济学和产业经济学等理论出发，较为系统地研究航空经济和航空经济区发展的形成原因、内在规律、动力机制、发展模式。内容包括：航空经济区的产业结构、空间结构、发展模式，航空经济区与城市和区域的关系，管理体制和发展战略等。

2. 航空经济企业组织研究

航空经济与区域经济发展不仅包括产出的增长，还包括随产出增加而出现的社会经济结构和空间结构的变化以及经济条件、文化水平的提高。其中最重要的市场主体即各类相关企业组织，其是航空经济活动的实体。因此，航空经济企业组织研究是航空经济理论研究的重要内容。

3. 航空经济的极化效应、扩散效应、溢出效应的相关研究

1957 年，缪尔达尔提出增长极的回波效应与扩散效应；1958 年，赫希曼提出增长极的极化效应与涓流效应。极化效应指的是某一地区经济发展达到一定水平，超过了起飞阶段，就会具有一种自我发展能力而吸收附近的经济资源，促使该地区经济更快发展，进而吸引更多的经济资源，最终导致发达地区越富、落后地区越穷的效果。扩散效应指的是当某地区经济发展到一定阶段，形成一种排斥力，将该地区的经济资源推向附近地区，从而带动附近地区经济发展。

航空经济区[①]是高端产业聚集地，拥有强大的科技力量、雄厚的资本、优质的人力资源、丰富的知识、完善的基础设施、便捷的交通与通信设施，因而航空经济区发展前期也会出现极化效应，将附近经济资源吸引到航空经济区，促进航空经济区资源加速聚集，航

---

① 关于"航空经济"与"临空经济"、"航空经济区"与"临空经济区"的关系，将在后面章节论述。

空产业得到迅速发展。航空经济区的极化效应遵循一定规律，随着时间的推移，极化效应也将发生变化。当航空推进型产业（主导产业）进行扩张时，通过后向关联，推动其直接上游产业扩张，其直接上游产业又推动次级上游产业扩张；通过前向关联，推动下游产业扩张；通过旁侧关联，推动服务型产业扩张，由此推动整个经济体数倍扩张。当航空推进型产业（主导产业）衰退时，情况相反，最终导致整个经济体数倍衰退。因此，对航空经济区的极化效应、扩散效应、溢出效应的理论分析和实证分析将成为航空经济研究的重要热点之一。

航空经济对区域经济发展影响的相关研究还包括：①航空经济对地区就业的影响；②航空经济对企业选址的影响；③航空经济对区域产业结构和经济增长的影响等。

4. 航空经济区发展研究

航空经济发展不仅是区域经济的新"增长极"，更重要的是，航空经济发展过程中所形成的一定区域不同于其他区域经济发展特征，即形成了"航空经济区"。因此，对这一新的区域发展规律应进行深入细化研究，包括航空经济区的布局、产业选择、企业组织管理、区域规划、金融支持等。

当然，以上方面也不能包括相关理论研究的所有内容，随着航空经济实践深入发展和理论研究持续深化，一定会有新的研究领域和研究方向出现。

（二）实践方面

航空经济研究的具体内容在实践方面重在解释与总结，即在对具体航空实践活动方面的研究首先需要正确解释现象、总结实践经验，然后才是理论提升。

1. 航空经济实践的核心活动总结

航空经济实践的核心活动总结主要包括：总结机场附近集中的产业类型，研究旅客量对区域就业岗位的影响等，用于解释某些地方的航空经济现象，并进行航空经济预测和土地规划；总结国外发展航空经济的过程和经验，为其他地区发展航空经济提供参考；针对具体实践活动，通过建立系统动力学模型，说明机场设施具有潜在的价值，如加快对市场的反应速度、开发新的市场和刺激潜在市场等。随着我国深度融入世界经济，航空运输在经济中的作用越来越突出，所以有关该内容的研究也必将越来越多见。

2. 航空经济区规划建设的实践研究

航空经济区规划建设的实践研究需要具有比较丰富的实践经验，研究以案例分析为主，一般以一个或几个特定的航空经济区为研究对象，研究内容主要集中在航空经济区的建设规划、产业选择、中枢机场以及空港物流园区、经营管理和发展战略等方面。

综合国内外航空经济发展研究可知，目前对航空经济形成与演化的动力机制研究还不充分，尚未充分揭示、解释航空经济形成与演化的规律。此外，从整个中国经济增长入手，将航空经济区作为区域经济增长极，进行航空经济区与附近地区的相互作用机制、航空经济区与城市之间的相互作用机制、航空经济区与其他航空经济区之间的相互作用机制，以及整个航空经济体系构建等方面的研究工作尚属空白。

3. 航空大都市/航空经济综合体发展的实践研究

航空大都市（Aerotropolis）概念是美国北卡罗来纳大学教授约翰·卡萨达首次提出的，他不断参与世界各地航空大都市的实践活动，从而进一步深化研究。这种航空经济实践活动的研究紧紧抓住航空经济的核心实体内容，嵌入和引领了航空大都市的建设。航空大都市/航空经济综合体发展的实践研究是对区域经济发展"增长极"这一核心内容的综合性研究，在一定程度上超越了一般城市化研究，拓展和提升了研究视域。例如，卡萨达就自2013年以来多次对郑州航空港经济综合实验区实地规划、考察和研究，并给予了高度评价，[①] 激发了我国航空经济理论研究和实践研究，也极大地推动了郑州航空港经济综合实验区的快速发展。

总体而言，作为一个新兴的研究领域，国内的航空经济理论研究明显落后于实践，在该领域内面临许多前沿性问题，需要研究并予以解决，因而必须加快理论研究，以利于解释和引导航空经济的实践。随着我国经济社会转型加速进行，在未来一段时期，航空经济理论研究可能会引起理论界和实业界更多的关注。

目前，航空经济研究作为一个新兴的、宏大的研究课题，正处在急速推进、快速发展的过程之中，其研究内容也将随着经济社会尤其是产业经济的快速发展而不断拓展和丰富。今后，从各国的国情出发，解决航空经济发展演变过程中现存的和出现的问题，将是摆在航空经济研究面前的重要课题。

## 第四节　航空经济的研究方法

航空经济理论的形成，既应该广泛地吸收其他相关经济学科的理论，如微观经济学、宏观经济学、产业经济学、区域经济学、发展经济学等，也要结合相应的管理学理论。随着航空经济研究的发展和完善，航空经济和其他学科的相互渗透还会继续存在，和其他相关学科的联系将更加密切。

本书认为，航空经济研究具有显著的综合交叉性，在研究中应灵活把握以下七种方法。

### 一、微观分析与宏观分析相结合

航空经济是由许多产业部门构成的整体，在对某一产业或某类企业进行分析研究时，需要运用微观分析方法，掌握产业的特点及内部构成，有针对性地进行研究。同时，将许

① John D. Kasarda. The Zhengzhou Airport Economy Zone：A Remarkable Aerotropolis. Site Selection ［EB/J］. 2019, 64（4）：26-29. http://aerotropolis.com/airportcity/wp-content/uploads/2019/07/ZAEZ_ Remarkable Aerotropolis Site Selection MagazineJuly2019-1. pdf.

多航空经济产业部门构成的整体作为研究对象时，尤其是对航空经济区、航空大都市、航空经济对区域经济发展的影响的研究必须运用宏观分析方法，把握整个产业系统的发展演变，以及各个产业部门之间的关系，进而了解某一产业发展演变对其他产业的影响情况。只有将宏观分析和微观分析即个体分析和总体分析结合起来，才能正确认识航空经济研究发展变动的客观规律。

## 二、实证分析与规范分析相结合

航空经济研究的相当一部分内容是对产业发展的经验总结，但也不乏逻辑判断与推理。在研究航空经济的演变趋势、产业结构、区域发展的影响因素时，必须运用规范研究，从已有的价值判断标准出发，进行严密的逻辑判断与推理，这样才能发现其中的客观规律。同时，在研究航空经济产业组织理论、航空经济区发展时，必须运用实证分析方法，运用大量丰富的统计资料，借助一定的数理统计方法和图表进行描述和分析判断。只有将规范研究和实证研究结合起来，才能全面探讨航空经济发展的各种情况。

## 三、定性分析与定量分析相结合

定性分析法和定量分析法是经济学研究的常用方法。航空经济活动是质和量的统一，两者相辅相成。因此，在研究航空经济时，应将定性分析方法和定量分析方法结合起来，在对航空经济范畴、概念进行逻辑推理的基础上，对所研究的事物做出质的判断和量的评估。如在航空产业联系理论中，先要对航空产业联系做出定性的判断，分析产业间关联的理论特点，然后运用定量分析方法，运用感应度系数、影响力系数等数量指标揭示产业间关联关系，把定性的关联关系定量地表示出来。定量分析方法具有明确的特点，通过建立一定的经济数学模型，简明地反映经济现象。但是，经济数学模型是静态的，当其中某些因素发生显著变化时仍旧照搬使用，可能会得到错误结果。因此，在航空经济研究中，必须将定性分析和定量分析结合起来，不可偏废。

## 四、静态分析与动态分析相结合

航空经济处于不停的发展变化过程中，航空经济的规律性，只有在其运动中才能体现出来。必须运用动态分析的方法对航空经济发展进行动态观察。航空经济发展中存在的部分问题在动态过程中往往难以准确把握，所以必须运用静态分析的方法，考察航空经济发展过程中某个特定时间的航空经济状态，这样才能发现航空经济中存在的问题，有针对性地予以解决。把静态分析和动态分析结合起来，才能全方位地把握航空经济具体情况。在实际研究分析中，静态分析和动态分析结合起来的方法常常采用比较静态分析法。

## 五、归纳分析与演绎分析相结合

在航空经济研究中，研究者必须收集大量的资料，归纳出其共性，形成航空经济发展变化的一般规律。但是，不同国家、不同地区及不同产业部门因经济基础不同、经济环境不同、所处的阶段不同等，航空经济发展演变的一般规律不可能完全照搬。因此，为了将航空经济一般经济规律运用于不同国家、不同地区，必须运用演绎法，将航空经济一般规律和各国家、各地区产业实际情况结合起来，探索符合各国家、各地区的航空经济发展规律。

## 六、比较分析法

航空经济发展演变的一般规律是众多国家航空经济发展的经验总结。研究航空经济，就是为了探寻其发展的规律，指导我国航空经济发展的实践。由于不同国家、地区的产业因自然资源、技术水平、资金实力、经济体制及其所处的经济发展阶段的差异，航空经济发展的表现形态不可能完全一样，只有运用比较分析法，对大量的航空经济研究资料进行仔细的比较研究，才能找出一般性的航空经济发展规律。

比较分析包括纵向比较分析和横向比较分析。通过纵向比较有利于对航空经济不同时期的情况进行分析，利用行业的历史数据，分析过去的增长情况，并据此预测航空经济的未来发展趋势。通过横向比较有利于对不同国家、不同地区航空经济发展进行分析，这种比较法的特点有利于揭示参与比较各方的优势和劣势，便于吸收对方的长处和弥补自身的短处。在决策中对各种方案进行比较有助于选取最优方案。

## 七、案例研究法

航空经济实践具有多样性。因此，在航空经济研究中，应注重在相关文献及资料中选取合适的案例进行详细研究，通过具体案例的分析，将抽象的理论与实践相结合，从而对实践活动做出有益的指导。

总之，研究方法是工具，最终应服务于航空经济理论研究与实践活动。在研究过程中要充分注意实际操作中的可行性，根据具体研究问题找到最适合的方法。因此，在选取航空经济研究方法时，重要的是进行融合与创新。

# 第二章 航空经济的理论基础

在综合国内外研究成果的基础上，本章探讨航空经济的理论基础，包括对航空经济相关概念的界定和探讨航空经济的基本内涵，并就其与临空经济的区别和联系，以及航空经济的基本特征进行阐述。

## 第一节 航空经济的一般理论基础

航空经济与其他经济形态一样，有其形成与发展过程，有其稳定的研究对象和研究方法。同样，任何一门新兴经济学分支学科都不是孤立的，是经济社会发展实践新阶段的产物，这些分支学科的研究与实践都有对应的理论基础。航空经济发展也是如此，也有其一般理论基础。

本节主要从航空经济与主要的经济学分支学科的关系出发来探讨。

### 一、产业经济学与航空经济

航空经济本身是传统产业发展到一定阶段后，在相应需求演化和相关技术进步等因素共同作用下产业集聚发展的结果。

（一）产业经济学与航空经济的出现

航空经济相关产业的形成依赖人类个体对自我内在需求的追寻。从原始社会开始，人类的生产活动不断分工和专业化，不同的人群相对稳定地聚集在特定产品的生产活动中，如集聚在农业领域中的人群逐渐成为农民，集聚在工业领域中的人群逐渐成为工人，集聚在商业领域中的人群逐渐成为商人。人口在特定产业上的集聚源于对私利的追逐，并进一步拓展私利的空间，产生新的产业并逐渐深化发展。航空经济作为一种特定经济形态，形成和发展过程依赖于类似的私利刺激机制，可以理解为特定产业经济形态的形成和发展过程同样存在产业关联、产业布局等问题。

（二）航空经济对传统产业的替代

航空经济的形成是对相关传统产业的替代。正如汽车替代四轮马车一样，航空经济相关产业的出现意味着对其他某种产业的替代。在航空运输业成为重要的运输方式以前，大量的货物依赖铁路、公路、内河和海洋船运，作为这些运输方式的替代品，航空运输效率更高、速度更快，但费用也更高。随着相关技术的逐步优化，航空运输费用大幅度下降，使在生物制药、高端电子产品等众多领域内完成了对传统运输产业的替代。

（三）航空经济的产业生命周期

产业经济学中的生命周期理论认为，任何产品乃至任何产业都具有生命过程，这意味着航空经济相关产业也要经历诞生、成长、成熟、消亡各个阶段。处于生命周期不同阶段的航空产业，其发展程度必然也存在系统性差异。

航空经济理论作为对航空经济现象的理论阐述，必然受到产业经济学相关理论模型的影响和支持，生命周期理论、产业升级理论等在航空经济领域具有较大的应用空间，能够为相关产业经济现象提供解释和预测。

## 二、区域经济学与航空经济

区域经济学的相关理论模型可以解释航空经济活动在特定地理空间的集聚和演变，从而成为航空经济的理论基础之一。

（一）中心—外围模型与航空经济活动的分布

现实中大量航空经济活动集聚在少量地区，如国内主要的航空经济活动集中在北京、上海、广州、深圳，而各省区的航空经济活动又多集中在各省份的省会或者首府。因此从全国范围来看，航空经济活动以北京、上海、广州、深圳为中心，其他地区成为外围地带，而在各省份，又分别以各自的省会或首府为中心，其他地区成为外围地带。虽然在航空经济的发展初期，各地的中心与外围地位尚不稳定，存在变化的可能性，但总体上存在中心与外围区域的分工及搭配。航空经济的发展不可能在地理空间上呈现均衡发展，必然集中在某些中心区域，某些城市发展必然快于其他地区。

（二）离心力、向心力模型与航空经济活动的集聚

无论是成为航空经济的中心还是成为外围地带，都需要足够规模的航空经济活动在特定地理空间上的集聚。这需要大量的相关企业、劳动力以及其他要素进入并停留在该地区。在理性的驱动下，有些因素促使这些资源进入并留下，成为航空经济活动空间集聚的向心力；还有些因素导致这些资源离开，成为航空经济活动空间集聚的阻碍力、离心力。能够成长为航空经济中心的地区必然有着显著高于其他地区的向心力，而航空经济外围地带必然有着显著大于中心的离心力。如果某种力量可以提升外围地区的向心力，同时又增加中心的离心力，那么原先稳定的中心外围结构必然遭到破坏，中心就可能被置换为其他地区，虽然中心—外围结构始终存在，但中心却可能由于向心力和离心力的作用发生转移。

（三）区域发展经济增长极与航空经济活动

区域经济增长依赖新兴产业，这些产业营造需求、提供就业，形成具备高收入弹性的产品和服务。在传统产业进入成熟期时，经济增长需要新的产业支持，航空经济相关产业满足经济增长的内在要求，因而成为国内外诸多国家和地区的培育对象。通过航空经济活

动的规模化发展可以有效带动地区就业和经济总量提升，是 21 世纪初中期被众多国家和地区寄予厚望的新兴产业。

（四）航空经济与区域经济发展

航空经济理念受到国内众多省区市相关政府部门的高度关注。理论上航空经济可以从需求和供给两个维度同时对区域经济发展做出贡献。区域经济发展的速度和绩效受到相关总需求、总供给的综合影响，总供给在长期维度上促进经济发展，总需求在短期维度上刺激经济发展。因此，如果这两种因素同时推进，那么，我们就可以预测，该地区的经济发展在短期和长期内都将获得经济发展的持久动能。

1. 航空经济与区域经济发展的总需求

（1）外部需求。在航空经济体系形成演化过程中，可以帮助所在区域获得与外部直接联系的渠道。这种渠道不依赖传统国际贸易中大量使用的海洋运输。在海洋贸易模式下，必须经过海港才可以完成与外部世界的货物交换。大型国际化机场的建立，使得内陆城市可以与其他城市直接进行国际贸易。这意味着郑州、成都、西安、重庆、武汉等大批国际化机场所在地区的企业和个人可以完成货物和服务的跨国交易，只要相应的收益足够，那么国际经济活动就可以在这类航空经济区展开。

（2）投资需求。航空经济形成演化过程中伴随着机场、航空物流公司、相关服务企业、航空偏向型制造业的出现，这意味着将有大量的资金进入航空经济区。企业活动的核心目标是追逐利润，预期回报和成本支出是影响企业投资的重要因素。以郑州为例，在发展航空经济的过程中，政府部门出台了大量政策安排，较大幅度地降低了入驻郑州航空港经济综合实验区企业的投资成本，这使郑州航空港经济综合实验区在较短时间内积聚了大量的航空偏向型企业，这为郑州地区乃至河南地区的经济发展提供了大规模投资。

（3）消费需求。航空经济相关产业具有高科技属性，相关从业人员收入较高。凯恩斯认为，个人的当期消费主要取决于当期收入。在较高收入的支持下，航空经济相关产业从业人员的消费能力会显著地高于其他普通行业。

（4）政府购买支出。在航空经济发展初期，各级政府有动力在目标区域投入大量的资源，客观上为地区发展提供了较丰厚的经济发展能量。政府首先需要投入资金优化目标机场，这本身就意味着大量的购买支出；同时需要在航空经济区域内建设大量的公共设施，以降低目标企业的运行成本。

2. 航空经济与区域经济发展的总供给

区域经济发展在长期内主要受制于地区的资源总供给能力。对总供给能力构成影响的核心因素主要包括资本、劳动力和技术。

（1）航空经济与地区资本积累。航空经济作为不同于海洋经济和陆地经济模式的新经济形态，产生于需求升级下的产业升级。作为一种新经济形态，不同地区在发展初期几乎面临着相同的发展机遇，因此发展相对落后的地区出现了换道超车，赶超先进地区。航空偏向型产业在地理空间上的集聚伴随着大量的航空经济产业资本投资，这可以为该地区的未来发展提供丰厚的资本准备。

（2）航空经济与地区劳动力培育。航空经济相关产业的发展需要大量专业的劳动力，客观上起到了培训劳动力的作用。无论是机场运行、航空物流、机场周边相关服务业，还是航空运输偏向型制造业，各类产业的发展均需要较高素养的专业人才，在"干中学"机制的作用下，相关从业人员逐步积累专业技能，在知识外溢机制的作用下，对周边劳动力也起到了培育作用。

（3）航空经济与地区技术积累。技术作为地区经济持续增长的核心因素，是各地方政府扶持的对象。航空经济依赖航空运输，因此必然需要高收益以弥补高昂的运输成本。高端电子、生物制药、智能制造等行业是当前航空经济发展的主要产业类型，这些产业科技含量高，航空经济产业的地理集中客观上促进着该地区技术水平跨越式积累。

## 三、发展经济学与航空经济

航空经济为欠发达地区追赶战略的实施提供了契机，而这种对相对发达地区的追赶战略是发展经济学的研究重点之一。

### （一）市场机制与航空经济发展

航空机场、航空公司、航空物流、航空运输偏向型产业经济活动的开展，需要满足商业主体的利润要求，如果不能弥补成本，那么航空经济活动就不具备持续存在的理性动机。在全社会范围内调动大量资本、劳动、土地、技术等生产资料投入航空经济活动的条件必然包括满足行为人利益最大化的商业要求，如果再把个人的预期利益与信息不对称考虑进来，就可以发现，市场化的分散决策机制仍然是较好的资源配置方式，航空经济的发展仍然需要发挥市场机制在资源配置中的决定性作用。

### （二）换道超车理论与航空经济发展

市场机制在资源配置上具有高效率的特点，但该机制的副产品是形成中心—外围结构，外围地区必然处于相对落后的地位，其内部生活的多数居民也会处于低收入层次，所以航空经济理论与实践均为欠发达地区提供赶超动力，通过"换道超车"引入新经济发展形态被认为是实现这一目标的可行选择。欠发达地区要实现换道超车需要借助某种新型产业发展，航空经济相关产业在现阶段乃至较长时间内都具备这种潜能。欠发达地区通过发展区域内航空经济，存在换道超车、缩小甚至消除与发达地区经济发展差距的机会。

### （三）有为政府与航空经济发展

以私人分散决策模式为核心的市场机制在现实中抑制着西方国家主要航空经济区的发展绩效，市场失灵导致机场等大型具有公共产品属性且投资周期漫长的经济活动难以有效展开。有为政府的决策是缓解相关市场失灵问题的重要途径。通过政府部门的积极有效介入，航空经济活动中市场失灵问题可以得到极大缓解。

## 第二节　航空经济的基本理论内涵

### 一、"航空经济"概念的几种观点

（一）从产业角度的定义

夏兴华（2011）认为，"航空经济"是从产业角度对经济发展特征的把握，是以民用航空业为战略依托形成的经济发展形态。它在逻辑上并列于陆地经济和海洋经济。在基本内容上，航空经济由以民用航空业为核心的航空活动引起的经济联系所构成，包括直接或间接依赖航空运输和通用航空而进行的生产制造业及服务性产业活动，这些经济联系和产业活动形成的经济集合便构成了航空经济的内容，成为国民经济的重要组成部分。在实际范围内，航空经济的核心层包括客货航空运输、通用航空、机场建设与管理、空中交通管理、飞机维修、航空油料供应、航空销售代理等。其上下游主要包括飞机和高端设备制造、新材料新技术研发和应用、航空金融租赁、空港产业园、航空物流、航空旅游等。航空经济的辐射范围可以涵盖国民经济的各个领域。在航空经济的整个产业链条中，民用航空业是主导产业。在主要特征上，航空经济是现代经济、服务经济和绿色经济的联合体。

现代经济的本质是效率经济，航空运输快速、便捷和全球通达的特点带来了经济发展模式的变革，促进了传统产业的升级和经济模式的现代化。民用航空是现代服务业的重要组成部分，可以带动第二、第三产业协同发展，推进经济结构的不断优化升级。

（二）从经济发展形态角度的定义

李家祥（2012）认为，航空经济是以民用航空业为核心和依托形成的经济发展形态，大致可分三类：第一类是航空核心类产业，即直接利用机场资源，主要聚集的是航空运输和航空制造产业链上的企业；第二类是航空关联类产业，即对航空运输方式高度依赖，主要聚集的是高时效、高附加值型产业，以及知识、信息、技术、资金密集型现代服务等新兴产业；第三类是航空引致类产业，即由航空核心类产业、航空关联类产业所引发的客流、货流、信息流和资金流等资源，聚集形成各类辅助、配套和支持型服务产业。

（三）等同于临空经济、空港经济的定义

朱前鸿（2008）认为，航空经济即空港经济是区域经济发展的产物，然而空港的发展又必然推助区域经济的进一步发展，提升其国际竞争能力。区域经济越发达，空港的辐射范围就越大；空港的辐射范围越大，其经济影响、带动辐射能力和国际竞争能力就越强。依托空港形成的经济体系，主要分为核心区空港经济和辐射区空港经济。曹允春（2013）认为，航空经济即临空经济，它是一种依托机场设施资源，通过航空运输行为或航空制造活动，利用机场的产业聚集效应，促使相关资本、信息、技术、人口等生产要素向机场周边地区集中，以机场为中心的经济空间形成了航空关联度不同的产业集群，这种新兴的区域经济形态被称为临空经济。

## 二、航空经济概念融合的五重属性

本书认为，以上观点从不同方面论述了"航空经济"的含义，但都不太全面，航空经济是从航空活动到航空产业再到航空经济的概念演化而来，是国民经济发展的产物，是对航空规律认识的深化。结合国内外航空经济发展实践经验和理论探讨来看，航空经济至少融合了以下五个层次的内涵：

（一）区域和新经济地理概念

航空经济区必须以机场为依托，它的发展受到机场发展规划、功能定位、资源禀赋以及经济基础等因素的多重影响。与一般经济形态相比，航空经济强调对象是开放的、相互作用的，航空经济把内生增长理论成功地应用到空间经济学，发展了原来的分工理论。因此，它是一个融合区域和新经济地理的概念。

（二）产业概念

航空经济以发展航空产业为核心，其产业结构包括与机场和航空运输直接相关或间接相关的产业，如航空保税产业、出口加工业、现代园艺农业、旅游业和生活服务业等。

（三）新经济形态概念

航空经济是在中心机场的客流量和货流量达到一定程度、机场周边的城市经济达到一定发展高度之后，由新技术革命引起的经济增长方式、经济结构以及经济运行规则的变化，而出现的一种新经济现象、新经济运行模式。

（四）发展经济学概念

为满足现代经济发展的需要，现代航空经济已经从传统的机场空港或市区空港向机场外港迁移。空港外迁的国际趋势意味着新建的空港区往往处于远离城市中心但自然条件优越的地点。航空经济区由于和市区相分离，具备二元结构特征、增长极特征和产业梯度特征。

（五）属于临空经济发展的高级阶段

航空经济和临空经济都是以航空运输业为平台，都注重临空指向性的产业发展，并以航空产业园为载体，以航空产业链为纽带，发展战略性新兴产业和培育新的经济增长点；带动高端产业和现代服务业的发展，促进依赖航空运输产业的集聚和发展，推动消费结构转型升级。

首先，从研究内容来看，临空经济研究内容主要集中在临空经济区的产业结构发展模式方面，它强调的是产业结构的协调，主要从单个机场区域入手，研究临空经济空间布局演化。航空经济研究除注重产业发展外，更强调空间结构、经济集聚、区域经济协调发展。从政府的角度来看，航空经济强调的是通过大力发展航空经济，协调其与城市和区域的关系，培育新的经济增长点，带动区域经济增长。同时，航空经济强调从更大的区域空间和区域经济增长出发，研究多个航空经济空间布局及其相互作用，是政府发展地方经济的重要战略。其次，从发展过程来看，临空经济是航空经济发展的一个阶段。航空经济发展的初期是围绕枢纽机场的空港经济即临空经济，随着临空经济的发展和航空关联产业的壮大，其对区域经济拉动作用越发明显，逐步过渡到新经济形态主导的大航空经济阶段。最后，从研究范式来看，临空经济的研究范式强调的是微观、中观范围研究，即主要是对航空城（空港城）规划建设的研究，以及对机场企业或园区内部的研究。航空经济的研究范式更强调从宏观层次上对新经济形态进行研究，即航空经济发展要融合国家战略、区域协调、制度创新、产业升级等。

### 三、航空经济的概念界定

本书认为，航空经济是在经济全球化背景下，以航空枢纽为依托，以航空运输为纽带，以与铁路、公路直接高效衔接的现代综合交通运输体系为基础条件，以高时效、高技术、高附加值的空间集聚产业为标志，以参与国际市场分工与促进产业转型升级为支点，以宜居、生态、智能、土地集约化的航空大都市规划建设为载体，形成区域核心增长极的一种新的经济形态。综合交通枢纽、高新产业、大都市区、核心增长极是航空经济所具有的主要内涵特征。

因此，航空经济没有明显的地域范围限制，航空经济的形成最根本的原因在于交通运输方式的变革和速度经济时代的到来。现代经济正在创造一个航空、数字化、全球化和以时间价值为基础的全新竞争体系，而航空经济是最适合该体系的经济形态（文瑞，2015）。航空经济反映的是经济发展的特定阶段和该阶段经济组织形式与经济内在结构的特征，这是内涵和外延都相对简单的"空港经济""临空经济""航空大都市"等概念所无法概括的，航空经济具有开放性与全球性、高时效性、高附加值与高技术性及多元性与网络性等特征（耿明斋和张大卫，2017）。

### 四、规模化航空经济活动的形成条件

#### （一）宏观层次

从宏观角度而言，只有进入工业化加速时期，该国或该地区才具备航空经济发展的社会、经济、文化条件。否则也只可能出现航空现象，根本谈不上航空经济。中国目前处于工业化加速时期，恩格尔系数从1978年的60%下降到2020年的30%，全国GDP总量已突破100万亿元，人均国内生产总值已经超过1万美元，在中华大地上已经全面建成了小康社会。航空经济发展具备了雄厚的现实基础，集聚了相关高端制造业（高附加值制造、智能制造、航空制造等）和服务业（国际旅游业、会展业等），作为航空经济重要载体的航空经济区的出现成为必然。

#### （二）中观层次

航空经济区提供了一种快速安全的交通方式和遍布全球的航空网络，这是航空经济区的独特资源，无法在区域之间流动，其他区域无法模仿，由此形成航空经济区及产业的独特性和垄断性。航空相关产业的发展产生集聚效应，相关高端制造业和服务业集聚于航空经济区或航空港区内或附近。因此，机场的产生和发展是航空经济产生的根本动因，缺少

机场作用的经济模式不能界定为航空经济。但是，有必要说明，并不是所有的机场都会形成规模的航空经济，只有中心机场的客流量和货流量必须达到一定规模，形成相关产业集聚，该地区才会形成航空经济。

（三）微观层次

随着全球经济一体化的深入，经济发展的模式发生了很大的变化，使得有些企业的区位偏好发生改变，由原来的运费指向、供给指向、市场指向转变成时间价值指向，时间价值成为影响企业区位选择的重要因素。随着大量高附加值、体积小、重量轻的产品出现，企业对运输时间的要求更高。

产品的生命周期较短，只有迅速占领市场才能获得高额利润，这决定了产品对运输的要求更高。航空运输的快速安全优势正好满足了这些企业的需求，于是这些企业的区位决策目标指向机场。企业的集聚加速了区域能量流与物质流的流动。因此，在新的经济环境下产生的企业区位需求也是航空经济产生的动因之一，从而形成了众多的航空工业区或航空经济区。[①]

# 第三节　航空经济的基本特征

航空经济作为一种新的经济形态和经济模式，具有不同于其他区域经济的显著特征，总体来说，航空经济具有"六大特征"。

## 一、航空指向性

航空指向性是航空经济的第一特征。一个产业是否具有明显的航空枢纽指向性，主要取决于以下三个因素：一是便捷的航线连接性，航空经济的产业发展需要利用航空枢纽的航线资源和通达性优势。二是运输的快速性和时效性，航空经济产业对运输时间的要求高，需要利用航空运输的快速性优势。三是所运输产品的高价值性，由于航空运输的高成本，航空经济产业所提供的产品和服务必须具有高价值。

航空经济产业具有航空枢纽指向性，按照航空经济产业与航空运输业务联系的紧密程度分类，主要包括以下四类：

第一，服务于航空枢纽的产业，包括直接为机场设施、航空公司及其他驻机场机构提供服务的配套和后勤产业等。

第二，航空运输和物流服务产业。航空运输的货物一般具有重量轻、体积小、技术

---

① 有关"航空经济区"，国内外学者尚未有统一明确的界定，大多数学者只是对航空城、空港大都市、航空经济区等现象进行描述。这里可以认为，航空经济区是航空经济赖以存在与发展的地理空间，它以机场为中心，沿交通线向外扩展，形成一定的地理区域，航空产业布局于该区域内。

精、价值高等特点（如黄金宝石、鲜活产品、花卉、贵重药品、精密机械和高档电子产品及零部件等）。该类产业也包括为航空客运服务的航空旅馆业。

第三，具有明显航空运输指向性的加工制造业和有关服务业，主要包括航空物流辅助加工业、航空工具与用品制造业、航空运输指向性较强的高新技术产业，以及国际商务服务业等。

第四，因航空经济区便捷而形成的总部经济。伴随航空经济的成熟，在航空经济区集聚了大量的人力、资本，为管理人员捕捉市场需求信息提供了便利的条件，同时由于高档办公设施的完善，增强了航空经济区对公司总部的吸引力，公司总部不断地向航空经济区集中，从而在航空经济区形成总部经济。

## 二、产业集聚特征

产业集聚是航空经济的重要特征。机场使高科技产业、现代制造业、现代服务业、旅游业等航空关联产业集聚于航空经济区。21世纪，随着信息产业、高新技术产业、现代物流产业的高速发展，经济全球化趋势进一步增强，表现为分工细化与专业化。为了充分发挥各地比较优势、降低成本，跨国企业在世界各地建立工厂，以发挥各地专业化优势。例如，配件可以在不同地方生产，然后在某地进行组装，分工与专业化深化导致产业链各环节分离，这使产品远距离运输成为生产正常进行的必要条件，并衍生出产品的航空运输需求。为了节约运输成本，产业向航空经济区聚集成为可能。

高科技产业和高端制造业的产品具有体积小、重量轻、价值量高、生命周期短等特征，一种新产品问世，必须在极短时间内占据市场主要份额，否则就会贬值。因此，对于这些产业来说，速度是其市场竞争的关键。客观上，这些产业选择航空运输，产业向航空经济区聚集成为必然。机场直接影响并吸引航空核心产业集聚在航空经济区。

直接利用机场设施资源和服务资源进行生产的产业构成航空核心产业。该产业包括航空运输业、航空服务业与航空制造业。这些产业生产活动离不开机场，机场已经成为其产业链上的重要物质基础。因此，航空运输业与航空制造业对机场设施资源和服务资源有很强的依赖性，航空指向性极高。航空核心产业与航空关联产业在航空经济区集聚，吸引航空引致产业向航空经济区聚集。航空核心产业和航空关联产业在航空经济区集聚引发大量、客流、货流和信息流，这些产业的从业人员和机场的旅客对航空经济区的居住、教育、娱乐产生了需求，为了满足这些需求，导致住宿餐饮、休闲娱乐、教育科研等航空引致产业在航空经济区集聚。

产业在空间集聚，能够带来外部规模经济，而这种外部规模经济可以为企业带来三个方面的利益。马歇尔（1890）对该利益进行描述，一是产业集聚提供了共享的劳动力市场。产业集聚提供了大量的就业岗位，这些企业也会对劳动力产生需求。这种潜在的劳动力供需关系又进一步强化了原有的产业集聚。二是产业集聚提供专业化生产所需的中间投入品。"在同一种类产品的生产总量很大的区域里，即使用于这个行业的个别资本不大，高价机械的经济使用，有时也能达到很高的程度。因为，辅助工业从事于生产过程中的一个小部门，为许多邻近的工业进行工作，这些辅助工业就能不断地使用具有高度专门性质的机械，虽然这种机械原价也许很高，折旧率也许很大，但也能够本。"① 也就是说，众多使用中间投入品的企业集聚在一起，才能使生产中间投入品的辅助性企业使用专业化、高成本的机械设备，从而确保这些中间投入品的供应，降低使用中间投入品企业的交易成本。三是产业集聚能够产生技术外溢。"行业的秘密不再成为秘密，而似乎公开了，如果一个人有了一种新思想，就为别人所采纳，并与别人的意见结合起来，因此，它就成为更新的思想之源泉。"② 这种技术外溢性使产业区企业很容易获得生产所需要的技术，提高其生产效率，并对技术进行不断创新，促使产业区经济持续增长，这反过来又吸引更多企业加入该产业区。

正如马歇尔所描述的那样，航空核心产业、航空关联产业和航空引致产业在航空经济区集聚会导致外部规模经济，共享的劳动力市场降低了企业招聘符合其要求的科技人员的搜寻成本，专业化生产所需的中间投入品提高了企业生产效率，生产技术和知识外溢提高了整个产业的技术水平，所有这一切使航空经济区生产效率得到很大提高，由此降低了企业生产成本，使航空经济自我增强机制得到充分发挥，航空产业集聚的三维特性如图 2-1 所示。

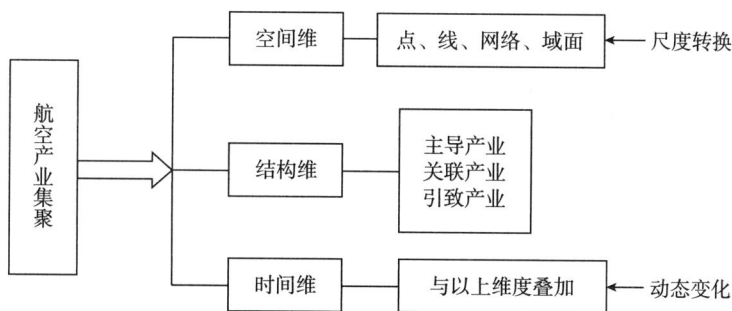

图 2-1　航空产业集聚的三维特性

## 三、空间布局圈层性

空间布局圈层性是航空经济的空间特征。在航空经济区内，不同类型的经济单元利用机场的程度不同，这种不同造成经济单元与机场联系的紧密程度不同。通常，与机场联系紧密的经济单元应布局在距离机场较近的区域，这样能够获得较大收益，与机场联系不太紧密的经济单元应布局在距离机场较远的区域，这样能够获得较大收益。机场附近的土地价值是昂贵的，距离机场越近，土地价值则越高，所以企业布局在距离机场较近区域，其承担成本较高，而企业布局在距离机场较远区域，其承担成本较低。当企业在航空经济区内选址时，其会根据成本收益原则进行，不同区域具有不同净收益，企业会选择使其利润

---

①② 马歇尔. 经济学原理（上卷）[M]. 北京：商务印书馆，1991.

最大化的区域，形成了机场周边地区呈现圈层空间布局结构。

依据机场空间结构模式，通常航空经济区以机场为核心形成四个圈层区域，即中心机场环、商业服务环、制造配送环和外围环，如图2-2所示。

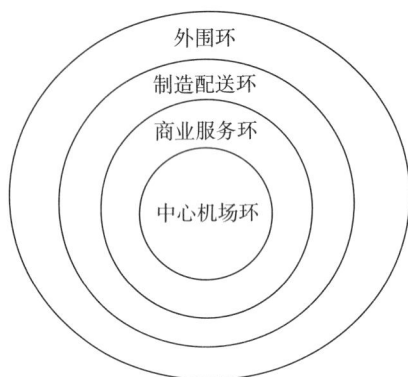

**图2-2 空间布局圈**

（一）中心机场环

这一区域范围通常在机场周边1000米内，是直接服务于机场的经济功能区，包括机场基础设施机构、与空港运营相关的产业。该区域聚集四种类型企业：①航空运输企业；②航空服务企业，包括航空客运服务、航空货运服务、飞机后勤服务、停车场服务、航空公司的办事机构、餐饮、酒店、休闲娱乐、航空商贸等；③航空支持性企业，如航空食品、航空清洁、飞机修理维护、航空材料、航空通信等；④航空物流企业，重量轻体积小价值高的精密仪器和高档电子产品及零部件、黄金宝石、鲜活产品、贵重药品等需要物流企业为其提供物流服务。

（二）商业服务环

该区域通常在机场周边1000~5000米范围内，这个区域主要是商业活动区，满足航空港的正常运营与航空港就业人员对服务的需求，为航空港运营、旅客、航空公司的职员提供相应服务。

与中心机场环相比，商业服务环空间范围大、土地价格相对较低、交通体系发达、运输时间短和成本低，因此，商业服务环内的产业布局有如下特点：一是商贸、休闲和购物，以及部分金融、旅游、会展等现代服务业布局于此；二是因该地区人流、物流、信息流等要素快速流动，跨国公司分支机构在此聚集；三是商业发展繁荣，吸纳劳动力能力较强，一般是其他地区的3倍。

（三）制造配送环

该地区通常在机场周边5000~10000米范围之内，通过城市快速路和高速公路与机场相连，是航空港区产业延伸和扩展的区域。该地区也是航空货运物流、航空制造产业的首选区位，大约有 40% 的航空经济现代制造业建在该区域。

（四）外围环

外围环通常在机场 10000~15000 米范围内。外围环布局的产业其航空指向性较弱，航空经济的影响在这一区内将逐步衰减，形成航空区的空间边界。这里主要分布着各类航空关联产业，如休闲娱乐、餐饮购物等。

### 四、技术先导性

由于航空经济吸引的主要是高科技产业，在技术上处于先进水平，能够带动相关产业转型升级，因此航空经济在技术上具有先导性，在国民经济体系中具有重要的战略地位，并在国民经济规划中先行发展以引导其他产业朝着同一目标发展。

航空经济对国民经济未来发展起着方向性的引导作用，代表着技术发展和产业结构演进的方向。航空产业对于国民经济发展具有全局性和长远性的影响作用，自然成为国家重要的战略产业之一。

### 五、交通立体性和全球易达性

网络化的发展，正在改变着行业的竞争规则，以及企业的选址规则，这些规则随着数字化、全球化发展而不断发生变化，企业的产品只有快速占领市场才能赢得竞争优势。枢纽机场的全球航线网络结合铁路和公路组成立体交通，使货物可以轻易地到达世界的任何一个地方。航空经济正是具备满足全球这种高效快速发展趋势的特征（全球易达性），才得到了越来越多的重视。

### 六、运行高度协调性

航空经济运行过程的各阶段、各环节都必须协调配合、紧密衔接。航空经济，从总体上说是一个网络性产业，机场构成网络的节点，空管部门保障网络路线的形成与正常运转，而航空公司在由机场与空管部门构成的运输网络基础上，完成航空运输生产，即客、货的空间位移。作为网络性产业，机场、空管以及航空公司三者之间既相互依存、相互协调，共同完成航空运输的生产；同时又具有各自不同的利益取向与选择，体现出博弈性的一面。因此，航空经济运行过程，其产业选择必须与所在区域的经济发展阶段和重要产业相协调，否则会出现在航空经济圈内部分产业的发展不尽如人意的现象。

## 第四节　航空经济理论研究进展

航空经济理论研究是与航空经济发展实践密切融合的。国外航空经济理论研究和实践都走在前列。国内航空经济理论与实践研究与其他经济学科发展历程一样，经历了关注、引进、学习、消化、实践、创新等环节。目前，国内航空经济理论与实践研究处于快速学习过程中，伴随着航空经济实践快速发展，呈现出与国际研究密切交流和同步发展态势。

## 一、国外相关研究进展

### （一）约翰·卡萨达教授的研究

国际上航空经济研究的著名专家首推美国北卡罗来纳大学教授约翰·卡萨达，他提出了"第五波"理论和"航空城""航空大都市"（或"空港都市区"）等航空经济基本理论概念，贯穿其研究的是因机场或航空港区带动区域经济发展而产生新的经济形态——航空经济。卡萨达代表性研究有作为发展工具的全球航空货运业综合体（Kasarda，1991a）、第三世界城市化（Kasarda，1991b）、基于时间的竞争与 21 世纪的产业定位（Kasarda，1999）、物流和航空大都市的崛起（Kasarda，2001）、中国的动态航空经济区（Kasarda，2015a）、航空大都市是城市的未来（Kasarda，2015b）、郑州航空港经济综合实验区——一个引人注目的航空大都市（Kasarda，2019）、泰国动态的经济走廊（Kasarda，2020）、仁川航空大都市是 21 世纪机场中心发展的典范（Kasarda，2021）等。除此之外，卡萨达对航空经济形成机理（Kasarda，1998，2001）以及航空港大都市基础设施规划和政府管理模式（Kasarda，2009）也进行了相关研究。多年来，卡萨达的许多论述在不断指导和总结着世界航空经济发展实践，同时也在引领航空经济理论的研究方向。

### （二）其他有关研究

#### 1. 航空经济对区域经济的影响

理论与实践研究的一致结论是航空经济发展对区域经济增长具有正向作用。Pappachan 和 Koshy（2018）探讨了发达国家和发展中国家航空旅客需求增长的影响因素，研究发现，航空旅客需求受国内生产总值增长的显著影响，经济发展状况对航空旅客需求增长具有调节效应。Cattaneo 等（2018）研究认为，跨洲际航空通道对当地经济发展具有极大的积极影响。Flint（2004）对日本中部国际机场研究发现，一个面向全球经济的机场不仅为国际航空公司提供直接进入日本工业中心地带的途径，更对区域经济发展发挥着重要作用。当然，航空经济发展对区域经济发展贡献巨大，但也受到政治环境的极大影响（Gibbons，2018）。实业家和环保主义者的不同看法会改进航空运输（Grayling，2001）。

#### 2. 航空港与产业发展

Appold 和 Kasarda（2013）研究表明，机场或航空港的通达性程度对出口导向型产业影响较大，而对重工业影响不太明显。在对具体行业关系的研究上，Gustafson（2008）研究了华盛顿东部机场通过吸引通用航空企业来刺激经济增长。Burden 等（2009）在研究了阿拉斯加的航空设施、航空业与主要经济部门情况后认为，阿拉斯加的交通和公共设施部门维护了阿拉斯加的大部分公共机场，航空产业对阿拉斯加经济和个人社区发展极为重要。Meysmans（2014）通过联邦快递业务研究发现，建立机场和航空公司之间合作关系非常重要，强调了机场与航空公司的长期关系有利于经济增长，机场和航空公司应加强互动来促进贸易、投资和整体竞争力。Frank 和 Krpata（2013）研究了巴西机场私有化，通过探讨这种私有化对外国投资者的优缺点后认为，自 21 世纪以来，"金砖国家"基础设施正在扩张，人口增长速度较快，消费和投资达到史无前例的高度。巴西机场努力适应这一趋势，而且这一趋势在未来几年将更加明显。巴西官员已经意识到这一点并采取行动，加强巴西的航空基础设施建设，鼓励机场私有化。

3. 航空经济与就业

Whiteley（2005）对达拉斯沃斯堡机场项目研究后认为，机场项目不仅对该区域经济发展有积极影响，更对该地区在电信领域的发展有促进作用，并降低了该地区失业率。Birritteri（2020）研究认为，从风能利用到航空经济发展等各种项目通过创造就业机会促进区域经济发展。

在航空产业中也存在性别差异性。Casebolt 和 Khojasteh（2020）研究认为，大学里的飞行项目或专业中，对女性飞行学生存在障碍和偏见。在美国航空运输行业中，女性作为专业飞行员仍然没有得到充分重视。虽然女性在商业飞行员群体中只占一小部分，但她们是商业航空工业的一大资源。Morrison（2021）研究发现，根据美国联邦航空管理局的民航飞行员统计数据，持有航空运输飞行员飞机证书（ATP）的女性人数仍然很低。为了使航空业向多样性和包容性发展，就有必要对少数个人的经历进行认真反思。

4. 机场或航空港运营与安全

机场或航空港运营状况受复杂因素影响，不同地区运营效率与区域发展状况并不一定匹配。Pels 等（2003）研究认为，欧洲机场的运营效率是低下的，航空公司的低效率是导致机场航空旅客流动低的重要原因。

正因为航空经济发展对区域经济发展的重要性，因此，航空安全对区域经济安全影响较大。Bugayko 等（2020）研究认为，航空安全是国家安全的重要组成部分，保障国家航空安全是该行业的优先事项。在全球化背景下，经济安全非常重要。确保安全的主要办法是进行风险管理，而风险管理工具的发展与民用航空业特别是整个国家经济的可持续发展有关。Fardnia 等（2021）研究了金融财务因素与航空公司安全性的关系，他们采用 1990～2009 年 26 个国家的 110 家航空公司数据，发现航空公司的盈利能力与其事故发生数存在反比例关系。其他金融变量如流动性、资产利用和财务杠杆等，也可能影响航空公司的安全性。国家因素对航空公司安全性具有显著影响，如执法严格、监管体系、经济表现更好的国家其航空公司具有更高的安全性能。安全管理体系建设非常重要，如 Findlay（2020）对航空业安全措施和组织管理体系进行探讨，认为安全文化在管理中具有重要作用，应采用通用的安全规则，避免维护和检查人员不遵守科学的维护程序等。

同时，航空公司应采取多种措施来保持运营绩效。Nastisin 等（2021）对全球航空行业参与者的绩效进行了研究，该研究分析了 10 家航空市场份额最大的公司声誉，研究结果为航空企业提供了积极实施有利于声誉管理方法的合理证据，因为这对绩效产生积极影响，并进一步提高战略竞争力。

总之，国外航空经济相关研究正在深入细化，如对企业运营、某一因素在航空经济发展中的作用进行研究，许多研究延续了西方产业组织学的传统，但也对部分方法进行了创新。

## 二、国内相关研究进展

### （一）航空经济基本概念研究

前文已述，学者对航空经济与临空经济概念有不同理解，至少有相当部分内容是交叉重叠的。如夏兴华（2011）认为航空经济并列于陆地经济和海洋经济，李家祥（2012）认为航空经济是一种新经济发展形态，朱前鸿（2008）认为航空经济就是空港经济。郝爱民（2014a）在总结前述研究基础上指出了航空经济的四层内涵、四个特征等，并在此基础上论述了郑州航空港经济综合实验区发展策略及路径；郝爱民（2014a）对河南发展航空经济的效应、目标和政策措施进行了深入探讨。李宏斌（2014）认为，集态是航空经济的核心特征，集态指各经济要素在时间、空间、功能上经过汇集、集中、集聚而形成的集群、集成的新式状态和整体功能（或功效）最优化的形态。耿明斋和张大卫（2017）指出，航空经济是在信息处理技术、先进制造技术和现代交通技术引领下，高度依赖于全球化垂直分工体系和网络化产业组织形式而诞生的全新经济形态，具有开放性、全球性、高时效性、高附加值、高技术性、多元性、网络性七个特征。

此外，赵冰和曹允春（2015）对航空经济的发展演进机理，文瑞（2015）对航空港经济概念，殷瑞普（2015）对国内城市临空经济发展模式，张宁（2017）对不发达地区临空经济发展机制，金真等（2018）对郑州建设国际航空物流中心的推进策略，马同光和齐兰（2018）对中国临空经济发展的影响因素，李旭红等（2018）对临空经济税收问题，李加（2020）对临空经济的形成路径等分别做出研究，先后提出了有新意的分析方法。

### （二）航空港与产业发展研究

航空经济发展离不开相关产业繁荣发展，应以航空港为核心布局和促进各类航空产业发展。夏兴华（2011）认为，发展航空经济能够促进产业结构调整和经济发展方式转变。郑州航空港经济综合实验区的成立为中原经济区带来产业结构调整的战略机遇和新型城镇化建设的示范意义（张占仓和蔡建霞，2013）。航空经济区产业发展不仅要借鉴国际经验（刘春玲，2014），依据临空经济发展的阶段性特征进行产业布局（刘莉雪和徐寿波，2015）和产业选择（任方旭，2014），并应做好产城融合问题（刘春玲，2016），同时要通过低空开放发展通用航空经济（易晓英，2016）。航空经济是产业结构升级与经济发展转型的动力源泉（张建华等，2016）。

多机场系统下临空产业的遴选要增加机场群所处的发展阶段、机场群层级结构和所在城市群的产业分工等维度，区域一体化的临空产业优化策略也要基于不同地区的经济发展基础（金真等，2018）；应对临空经济视角下中国航空运输业发展提出系统对策（高友才和何毅，2020）。

（三）航空经济与区域经济发展研究

航空经济对区域经济高速发展和高质量发展都具有重要作用，是区域经济社会发展的新引擎，新经济动力之源。不断有研究论证其中的关系、机制或影响机理。

航空经济引领地区发展（河南省社会科学院课题组，2016），应做好临空经济与区域经济阶段性耦合发展和探明其作用机理（高友才和汤凯，2017；马晓科，2017）。航空经济（临空经济）作为一种新型区域经济发展模式，尚存在临空经济产业创新能力薄弱，产业分工层级偏低，临空经济区生产性服务业发展滞后，临空经济与腹地经济发展不足导致腹地经济对临空经济的"虹吸效应"，临空经济发展模式雷同，产业发展同构等问题（马同光，2018）。同时，航空经济（或临空经济）对区域发展有重构效应（汤凯，2019），应对临空经济引领区域空间发展的路径与机理（赵冰和曹允春，2021）、"双循环"视角下临空经济对区域经济增长的空间溢出效应（王海杰和孔晨璐，2021）等展开研究。

航空经济对新型城镇化影响较大（沈丹阳和曹允春，2016），航空经济是区域发展模式创新（张占仓等，2016），是赋能城市发展的典型模式（张凡，2021），应研究中西部地区航空经济区竞争力（金真等，2018）。航空经济区发展应完善产业链，实现耦合主体间的产业对接与联动，同时强化腹地中心城市的交通网络，形成耦合主体间立体化纽带，遵循临空经济示范区与腹地中心城市的耦合规律，采取有针对性措施促进两系统协调可持续发展（王海杰和孔晨璐，2020），应推进"港产城"一体化（曹允春，2020），并及时对航空港经济区的协同发展机制及协同度进行评价（薛贺香，2017）。

（四）航空经济与政府作用研究

航空经济快速发展离不开政府大力推动和与时俱进的有效管理体制及高效的公共服务体系建设。因此，政府应时刻关注不同政策层级下航空经济成长中的政策创新（万举，2014），并注重研究支持郑州航空港经济综合实验区的财政政策（魏志甫和周占杰，2014）和航空经济区政府合作中博弈各方的行为选择（薛贺香，2015）。

（五）其他相关研究

其他方面的研究也较多。例如，研究国内外航空港经济的发展模式（文瑞，2015）、航空经济发展中的金融需求（陈萍，2015）；研究"一带一路"建设中内陆节点城市临空经济发展（何枭吟，2015），"空中丝绸之路"视域下航空港发展（徐淑红，2016），而空中丝路的最大优势是空间节点概念有无数种连接方式，是对"一带一路"的补充完善（马剑，2021）；等等。相关研究呈现细化趋势。

## 三、国内外研究展望

根据已有成果和航空经济实践发展，正如其他经济学门类一样，未来的航空经济研究必将呈现多方向拓展和细化趋势。

可以预期，未来学术界会在航空产业发展与分化、航空大都市建设与产业融合、航空经济就业与服务提升、航空经济区发展与政府角色、区域间航空经济比较、技术创新与航空产业发展、制度与航空经济发展等方面拓展和深化研究。当然，实践过程充满不确定性，理论研究也无禁区，随着经济社会复杂化和融合互动性（包括全球经济一体化、区域经济一体化和逆全球化趋势的深化和共存）逐渐强化，航空经济理论与实践都将面向更广阔的未来。

# 第三章　航空经济的基本影响因素

全球化时代，航空经济逐渐成为全球经济主流形态之一，国内正掀起一轮航空经济建设热潮，在此背景下梳理对航空经济产生影响的基本因素，对指导国内空港建设实践具有重大意义。构成并影响航空经济形成与发展的基本影响因素包括环境条件、区域经济、制度环境及人文因素。

## 第一节　环境条件

### 一、自然环境

自然环境对多数产业都有较大的影响。就航空经济的发展而言，自然环境的重要影响主要体现在气候、地质和环境条件方面。例如，以法兰克福机场、英国伦敦希思罗机场和荷兰阿姆斯特丹史基浦机场为代表的枢纽空港，其富有特色的模式均离不开良好的气候、地质和环境条件。

（一）适宜的气候和地质条件

天气条件是决定飞行安全、正点的重要因素。在航站内，飞机的起降主要受地面风速、风向、低空风切变、地面与空中能见度、降水等要素的制约，特别是盛行风向、风速对机场的选址及跑道的走向有较大影响。良好的自然环境为机场建设及航路设置提供必要的物质条件及适宜的活动空间。因此航空经济区所在地区要自然灾害比较少、飞行气象条件良好，适于全天候的飞行。

机场选址要求地形平坦开阔、坡度适当（排水）、地基稳定，机场净空符合有关技术标准，空域条件能够满足机场安全运行要求。

（二）优美的环境

随着城市人口不断增长，城市环境出现恶化并出现许多问题，如环境污染、住宅紧张、交通拥挤等，这种情形随着人们对生活质量要求的提高而越来越变得无法忍受。那么在机场周围的优美环境自然对人才资源有较高的吸引力。一般机场周边，往往空气清新、绿化率高、气候温和、风光旖旎，这样的优美环境为发展航空经济奠定了基础。

一是集聚在航空经济区的高科技企业出于生产和管理的需要，对环境的要求比较高，航空经济区优美的环境将会是企业选址的重要考虑因素。二是良好的居住环境和自然环境对于高端科研人员具有强大的吸引力，也必然成为吸引高新技术企业的重要因素。因此，优美的环境成为航空经济区发展的一个必备条件。

## 二、地理位置

综观世界上航空经济发展较好的国家和地区，无不具备优越的地理位置，得天独厚的地理位置已成为发展航空经济的必备条件。

航空经济区所在的城市往往处于国内或国际航线网络的区域中心地位，自然适航条件好，绕航系数较低。就国内而言，航空经济区所在的城市大多属于全国性的中心城市，处于全国性交通枢纽的位置，一般两个小时以内的航程基本可以到达国内的多数大中型城市。从国际的地理位置来看，航空经济区所依托的机场也都是处于世界性的中心城市，一般五个小时以内的航程基本可以到达占世界人口一半的国家或地区，十个小时以内的航程基本可以覆盖全球主要国家。

此外，大多数航空经济区毗邻港口，如新加坡的樟宜机场，方便海上货运。新加坡地理位置得天独厚，它位于马六甲海峡的咽喉地带，控制着印度洋和太平洋的交通要冲。新加坡港是世界著名的天然良港之一，更是著名的国际大洋航线的枢纽。它不仅是东南亚的航运中心，还连接着太平洋和印度洋，是欧洲、亚洲、非洲和大洋洲的海上交通通道。樟宜机场建构了一个非常完善的航线连接网络，从而使新加坡能够对欧洲航线提供多样化的市场支持。这些支持既来自从欧洲飞往亚洲其他地区及澳大利亚的航线，也来自从亚洲飞往欧洲的航线。这就为新加坡发展航空经济奠定了良好的基础。

郑州航空港经济综合实验区具有地处我国主要经济区地理中心的区位优势和航空港、铁路港、公港多式联运的综合交通优势。郑州航空港经济综合实验区的区位优势是其发展的基础，对于带动中原各省经贸发展非常有利。郑州地处连接东、西部的中原地区，郑州机场所处的地理位置优越，空域条件极佳，两个小时的航程可到达我国80%的重要城市。郑州航空港经济综合实验区位于距离郑州市区仅20千米路程的新郑市，与开封、新乡、洛阳、许昌、周口等河南省内重要城市的距离适当。因此实验区的战略地位突出、发展潜力巨大，未来对"中原经济区"的引擎作用也会更加显著。多年来，河南省政府始终坚持高强度投入、高标准设计、高效能管理，精心打造临空产业发展新平台。无怪乎李家祥认为郑州机场是对北京、上海、广州这三大枢纽在中原地区的重要补充。郑州航空港经济综合实验区的发展可借助的还有开通不久的郑欧班列和以郑州为核心的"米"字形高铁网，正是在诸多有利条件的共同作用下，2013年郑州机场的货邮和旅客吞吐量都远超全国平均水平，取得了令人瞩目的成就。可以这样说，郑州机场的良好区位优势是推动实验区跨越式发展的核心推动力，也是能够取得良好招商效果的重要条件。除了富士康之外，像美国、俄罗斯等国家的一批高端产业正向郑州航空区汇集，其中以电子信息、航空运输与制造、生物医药等为主。当前，郑州在世界智能手机行业中的地位已经凸显，其巨大的生产能力和物流优势令世人惊叹。此外，郑州航空港经济综合实验区在通关、保税区建设、口岸功能开发、园区建设等方面也充分利用机制体制创新不断取得突破,这些都是郑州航空港经济综合实验区长远发展的良好基础。

## 三、机场

航空经济区的形成与发展,总是依托于机场及其基础设施的不断完善。机场是提供飞机起飞和降落的硬件设施资源,同时,机场及其设施资源和航线网络资源又是产业在机场周边集聚的必要条件。作为航空经济发展的基础,机场的大小以及机场的辐射范围决定了航空经济的影响范围,机场的客货运量直接影响航空经济的总量和增长速度,机场的发展规划、定位与航空经济的发展息息相关。

机场设施的完备包括软、硬条件两个方面。硬件条件包括机场的跑道、航站楼、维修后勤等设施;软件条件包括机场的航线资源、发达的航空运输网络以及服务质量。

### (一) 机场跑道

机场跑道是指飞机场内用来供应航空飞行器起飞或降落的超长条形区域。其材质可以是沥青或混凝土,或者是平整的草、土或碎石地面,也可以是水面,甚至可以是木板、页岩、黏土等铺设的。一个机场飞行区的等级一般由机场跑道等级决定。跑道的性能及相应的设施决定了什么等级的飞机可以使用这个机场,机场按这种能力分类,称为飞行区等级。飞行区等级用两个部分组成的编码来表示,第一部分是数字,表示飞机性能所对应的跑道性能和障碍物的限制;第二部分是字母,表示飞机的尺寸所要求的跑道和滑行道的宽度。对于跑道来说,飞行区等级的第一个数字则表示所需要的飞行场地长度,第二位的字母表示相应飞机的最大翼展和最大轮距宽度,表示飞机的尺寸所要求的跑道和滑行道的宽度。数字为 1 表明跑道长度小于 800 米,为短跑道。数字越大则表明跑道长度越长,最大数字 4 表明跑道的长度在 1800 米以上。第二位字母 A 表示翼展(跑道宽度)小于 5 米,轮距小于 4.5 米,字母越靠后,则跑道越宽。跑道字母为 E 表示翼展为 52~65 米,轮距为 9~14 米;最高 F 级表明翼展为 65~80 米,轮距为 14~16 米。

综观全球排名前十的客运和货运机场,每个机场至少拥有两条跑道,跑道的等级较高,并且都装备了先进的着陆系统、照明系统和导航设施,这能满足不同的飞机在各种天气条件下的全天候起降。高等级跑道及其吞吐能力是实现航班集中到达、集中疏散、发挥强大枢纽功能的重要保障。如美国芝加哥奥黑尔机场和达拉斯沃斯堡机场拥有 7 条跑道,其中,达拉斯沃斯堡机场拥有 4 条 4E 级跑道、3 条短跑道。在国内,客运排名第二位的北京首都国际机场,拥有 3 条跑道,其中 2 条 4E 级、1 条 4F 级;客运排名第一位的香港国际机场拥有 2 条跑道,均为 4E 级;客运排名第三的上海浦东国际机场拥有 3 条跑道,1条 4E 级、2 条 4F 级。

### (二) 航站楼

航站楼,又称航站大厦、候机楼、客运大楼、航厦,是机场内的一个设施,提供飞机乘客转换陆上交通与空中交通的设施。在航站楼内,乘客购票后需办理值机、行李托运,并经过安全检查及证照查验方能登机。航空经济发展较好的地区,机场航站楼均设计合理，较为人性化。大型航空港起降飞机多，旅客吞吐量大，业务十分繁忙。在交通流量大的情况下，为适应旅客的特点并满足他们的使用要求，候机楼各种设施的配置必须合理，同时要设计科学的旅客流程图，使各类旅客在楼内的活动互不干扰。现有的大型国际机场，大多数建设了不止一个航站楼，如客运量排名第一的美国亚特兰大机场有 7 个航站楼，英国伦敦希斯罗机场有 5 个航站楼，法国巴黎戴高乐机场有 8 个航站楼。

20 世纪 50 年代以来，航空旅客激增，客运业务繁忙的航空港陆续修建了规模宏伟、设备复杂、多功能的现代化候机楼。其主要设施包括旅客服务设施、生活保障设施、行李处理设备和行政办公用房等。旅客服务设施有：航空公司售票、问询柜台、登记客票、交运行李服务柜台、安全检查、出入境管理、海关检查、卫生检疫等柜台，有线广播设备，进出港航班动态显示装置和旅客登机设施等。此外，还有为迎送旅客使用的迎送厅、瞭望平台等设施。生活保障设施主要有：旅客休息室、游乐室、餐厅、酒吧间、食品饮料自动出售设备，以及其他公共设施，如银行、邮局、书报摊、售品部、旅馆及出租汽车预订柜台等。行李处理设备有：行李分拣装置、行李车、传送带、行李提取柜台等。行政办公用房、航空公司业务用房等根据业务需要设置，不对旅客开放。

（三）维修后勤

维修后勤，包括为航空经济运营提供的后勤服务（航空食物、飞机维修服务）、为航空公司雇员和旅客提供的服务（旅馆、餐厅、附加的小汽车出租设施）、空港相关的货运服务（运输、货运代理、海关，有时还包括对外贸易区）等。

机场要对飞机进行航线维修工作，即飞机在过站、过夜或飞行前进行例行检查、保养和排除简单的故障。在飞机场内划出一处专门的飞机维修区，包括维修用的停机坪，装备若干机床和工具的机务工作间，以及配置必要的交、直流电，压缩空气，水或蒸汽等设施。有时机场也设有飞机库，以提高飞机维修质量，减少酷暑、严寒、多雨或风沙等不良天气的影响。

此外，机场有大量的建筑和设备，它的维护和后勤工作量十分庞大，具体包括场道、建筑物及设施、车辆的维护等。场道的维护指所有的机场铺设道面都要保持良好的状态，要符合规定标准，要及时维护以确保飞行正常和安全。建筑物及设施的维护指按计划对航站楼和其他建筑物及其中的设施定期维护和修理，航站楼及其内部设施是使用最频繁的，所以也是维护的重点。机场使用大批的特种车辆和普通车辆，对特种车辆的维护、修理是机场特有的问题，同时机场还要制订采购计划、更新车辆，并与生产商与经销商联系，以便得到他们的支援和服务。

（四）机场的服务能力和服务效率

机场的服务能力和服务效率是现代企业选址的关键要素之一。例如，处于美国东西两岸中心的美国达拉斯·沃思堡地区，其所属机场提供飞往 133 个国内目的地和全球 36 个国际目的地的直飞服务，其良好的区位和服务能力成为多家企业选择该地区的主要因素。法兰克福机场也曾在诸多领域被国际民航组织评为最佳机场。史基浦机场的旅客吞吐能力虽不能和伦敦、巴黎机场相比，但其效率和整体服务水平也居欧洲首位，服务效率的不断提高为机场周边航空经济的发展提供了不竭动力。

## 四、交通

交通运输的便捷在很大程度上会影响企业产品的市场占有率和对社会的影响，即使在交通运输十分发达的今天，运输的便捷及其成本也是决定产业布局的重要因素。具有便捷的交通是航空经济发展的必备条件，只有拥有便捷的交通，才能吸引相关产业在机场周围集聚，最终形成航空经济区。

### （一）地面交通

航空经济区与外界相连的地面交通网络（主要指公路、铁路交通网络）所形成的多式联运是航空经济区得以顺利发展的基本依托。完善的交通设施体系方便了旅客在不同交通方式间换乘，从而提高了交通效率。同时，交通运输的速度、便捷、衔接的重要性在高附加值的产品领域里已经等同于价格和质量。为了让旅客、货物、员工、供应商等可以方便快捷地到达机场，有必要将铁路、公路、航空等运输方式进行有效整合连通，构建优势互补、相互协同的综合交通网络体系。

直观地讲，地面交通越畅通，机场的辐射能力则越强，航空经济发展就越顺畅。完善的交通网络为机场的客流、物流的流动提供了基础性保障。如德国法兰克福地区拥有飞往世界及德国各主要城市的空中客运航线和货运航线，以及密如蜘蛛网的地面交通网，因而成为德国基础设施较好的地区之一。韩国仁川国际机场旁建设的交通网络连接机场到各地市中心，由此保证在首尔任何一个地方，一个小时之内均可以抵达仁川国际机场。

### （二）航线资源

航线网络是指一个机场与其他机场通航所形成的航线群，而航空经济则是利用航空作为运输手段实现货物和人员在区际之间流动的新型经济形态。在一个没有机场或者有机场但是航线网络不健全的地区，基于时间竞争和柔性生产方式的航空产业将成为空中楼阁，航空产业集聚更是不可能形成的。商品、服务、劳务、资本、信息和观念穿越空间成为世界经济地理的变迁特征之一，发达的航空运输网络是企业能够在最短的时间内、以最小的成本把产品运往世界各地从而在竞争中成功的关键要素。随着枢纽机场的旅客和货物量迅猛增加，一方面，物流和客流从机场的腹地向机场集中；另一方面，航空运输网络各个节点的要素也通过机场向其腹地扩散，要素的大规模快速流动使机场周边地区具备了发展航空经济的基本条件。

航空经济形成需要一个过程。区域经济快速发展要求与外界进行经济文化交流，从而导致机场建立；随着客货数量增长，机场规模也逐渐扩大，航线网络渐渐完善；在全球化影响下，为了通过航空运输实现与外界经济来往，基于时间竞争和柔性生产方式要求生产具有时间约束产品的企业在机场周边布局，从而使航空经济逐渐形成。由于航空制造业需要利用机场的飞机跑道对新制造的飞机进行试飞，所以要在机场周边布局，相应地又会带动航空制造服务业集聚在机场周边区域，从而推进航空经济快速发展。

案例 3-1：作为航空港经济发展的排头兵，郑州航空港经济综合实验区从 2013 年开始建设，与国家"一带一路"倡议进行了较好融合，成为"空中丝绸之路"的先导区，目前已经成为河南对外开放的重要门户。现阶段，郑州航空港经济综合实验区已完成现代综合交通运输体系建设，航线覆盖 23 个国家 100 多个城市，开通全货机航线 34 条，集高铁、城铁、高速公路等多种交通方式为一体，新开通的机西高速项目通车里程达到 418 千米，形成区内高效公路运输网，使区域输运能力得到进一步提高。2019 年，航空口岸旅客吞吐量达 2913 万人次，货邮吞吐量完成 52.2 万吨。在物流建设方面，包含富士康航空物流园在内的一系列项目实施，使郑州航空港经济综合实验区物流投资得到了带动，目前投资超 1000 亿元，货运规模居全球 50 强，国际货运量位居第四，形成了横跨欧美亚和覆盖全球主要经济体的航线网络。作为中西部地区物流发展高地，郑州航空港经济综合实验区打造了集多式联运、智能物流等功能为一体的生态圈，借助物流优势推动经济综合实验区跨境电商业务发展，仅 2019 年跨境电商进出口单量累计 7290.1 万单，同比增长 244.8%，货值 70.6 亿元，同比增长 196.8%，连续四年翻番式增长，呈现出良好的经济发展趋势。通过上述案例可以看出不管是地面交通还是航线资源等交通条件都会对航空经济发展产生重大影响。

## 五、商务设施

商务设施主要是指包括休闲、办公等服务于商务活动的基础设施；包括具备交流功能的会议中心、展览中心、各种俱乐部；具备休闲功能的购物中心、商务酒店、餐饮服务、娱乐健身设施；具备物流功能的陆、海、空综合货送设施和物流中心等。与此对应，发达的航空经济区一般分为轻工业区、办公商务区、高档零售区、商务酒店、餐饮服务、娱乐休闲健身、高尔夫运动和居民住宅等区域。功能完善的商务设施是发展航空经济的必备条件之一。

在机场周边，围绕航空运输业而形成的空中管制机构、航空公司、机场运营以及油料和航材设备制造企业等与航空运输直接相关的产业和其他驻机场机构（边防、海关、检验检疫等）及货运代理、仓储、配送和基本生活服务业在航空经济区集中。当航空货流量和客流量不断增长时，机场的集聚和扩散功能逐步增强，吸引相关产业在航空经济区附近集中，扩大了物流代理、快递、金融业以及加工园区和高新技术企业等的集聚规模，这就要求机场周边有良好的商务设施。

案例 3-2：萨拉戈萨，这座位于西班牙东北部的中型城市，并不为大多数人所熟知。在欧洲，其航空经济快速发展，与郑州万里之遥，却在发展背景与路径方面拥有许多共同点。萨拉戈萨同郑州一样，属于典型的内陆城市，远离港口。萨拉戈萨是水资源较为贫乏的半干旱地区，依靠雪和冰川融化汇流至埃伯罗谷地而建造出一片绿洲。恶劣的自然地理环境导致其经济发展长期落后；产业结构单一，主要以农业、食品加工、汽车组装及零配件制造为主。

　　萨拉戈萨突出的一大区位特点便是地理位置，距离西班牙前四大城市马德里、巴塞罗那、瓦伦西亚、毕尔巴鄂只有 3 个多小时的车程，高速公路与铁路均可联通，覆盖区域人口达 2000 多万，占西班牙总人口的 50% 以上。萨拉戈萨虽然深居内陆，但可以依靠公路铁路与西班牙海港方便联结，与西班牙两岸的大西洋和地中海等距；与巴黎、罗马、慕尼黑、苏黎世等欧洲商业贸易中心相距均不超过 1000 千米。位居内陆，反而成为萨拉戈萨发展的优势。由于历史渊源，在 20 世纪 50 年代由美国空军扩建萨拉戈萨机场跑道以容纳"冷战"时期最重型的军用飞机，在 70 多年以后超长超强跑道成为城市航空经济发展的重要条件。另外，萨拉戈萨极其低的客运量为货运航班的起降提供了优质的跑道。

　　萨拉戈萨通过建立 PLAZA（Plataforma Logística de Zaragoza）这一全欧洲最大的物流园区，实现了从默默无闻转变成为欧洲最大的物流集群。PLAZA 是欧洲目前最大的物流园，总面积约 13 万平方米，是西班牙第二大马德里物流园的 6 倍。这个繁华园区实现了与高速、铁路、航空货运的精确对接。2002 年开工为印地纺集团（Zara 的母公司）建设了当时第一个全自动化仓储设施，由此拉开了发展的序幕。印地纺作为时尚快消的独创零售商业品牌与大多数服装品牌不同，对产品时间极为敏感，其必须确保可待售产品在 24 小时内送到欧洲所有的门店，在 48 小时内送到全球的所有门店。这样的产品时效定位，注定只青睐于国际航空运输。尖端的机器人通过复杂算法指令处理大部分的物流作业任务，以保证印地纺的高效运营。其全自动高智能仓储配送中心的建设和 PLAZA 的庞大规模，是 PLAZA 开发者最大胆而富有远见的决策。一方面，物流园规模越大，效率就越高，这在降低了整体运输成本的同时也提高了服务水平；另一方面，根据斯坦克尔伯格博弈理论，领先的公司通过生产大量的同质产品获得优势，跟随者在看到领先者的选择后，其最佳选择就是生产较少数量的产品，由此领先者以对手为代价，取得市场份额和利润。PLAZA 另外一个主要业务便是整合转运捕捞鱼和养殖鱼。萨拉戈萨机场的加工配送中心紧临机场跑道，整体下沉地面 20 米，面积达 5.9 万平方米。整个配送中心同样是自动化生产线、自动化仓库。聚集效应的发挥使如今的 PLAZA 产生了物流集群，规模效应翻倍。即便是在如今欧洲大陆整体经济不振的情况下，PLAZA 依然稳定发展。

　　实践证明，优越的地理位置和通达的交通运输系统是航空产业发展的基础。优越的地理位置直接影响航空运输，进而影响航空服务业、航空器维修业、航空器零部件生产；货物可以方便地进出，对货主产生巨大的吸引力，航空物流企业在机场附近布局，航空物流产业链上的各环节企业在机场周边聚集，航空物流产业得以发展。航空经济区优越的地理位置使高科技产业发展所需的人员、技术交流及原材料、产品的运输速度提高，从而促进高科技产业发展；也使会展商的运输成本和时间成本减少，保证了展品安全的、准时的、可靠的运达，减少了展品在运输过程中发生延误或损坏的可能性，使会展业得以发展；也可以带来大量的客流，从而促进机场商业、旅游休闲产业、房地产业的发展。

## 第二节  区域经济

航空经济区集聚的产业，一般是高新技术、生物工程、现代园艺农业和高档服装等现代产业，这类产业对生产要素要求较高。其要求劳动者受过良好的教育培训，从而具备较高水平的人力资本，能够提供高质量劳动力；还要求具有较高产业技术水平，较丰裕的资本。因此，这类产业要实现在航空经济区集聚，前提条件是航空经济区能够提供高质量的生产要素。机场依托城市经济快速发展可以使要素禀赋变得丰富，提高城市生产要素质量，为航空经济区高质量生产要素需求的实现提供可能性。机场周边产业初步发展提高了航空经济区对周边生产要素的吸引力，这时航空经济区的极化效应占主导地位。在极化效应的作用下，机场所依托的高质量生产要素流向航空经济区，从而促进航空经济发展。从区域经济方面分析，促使航空经济区形成和发展的主要指标包括地区经济发展水平、劳动力、资本、科学技术、市场要素。

### 一、地区经济发展水平

航空经济区的形成和发展不仅与机场的发展有密切关系，也与所依托城市或地区的经济社会发展、经济实力有关。一般认为，航空经济区是在地区经济发展到了工业化加速时期才开始形成的新型的经济形态。在工业化加速时期，现代制造业和服务业对经济发展起主要贡献作用，同时，航空运输业、物流业、现代服务业、高新技术产业和现代制造业等产业加速发展，正是这一时期产业结构高级化的特征开始凸显。

地区经济发展水平既是航空经济形成的物质基础，又是航空经济发展的"发动机"。一方面，地区经济的增长、产业结构的调整、城市的扩张和经济贸易往来的客观需求，有力拉动了航空经济区的发展；另一方面，地区经济的增长、产业结构的调整和对外贸易的发展状况，直接和间接影响了当地航空运输业的发展水平、航空经济区的产业结构，以及航空经济区的发展方向和速度。

（一）航空经济区依赖于地区经济增长

地区经济总量的增长对航空经济区的影响体现在多个方面。首先，地区经济总量的增长是航空运输业发展的基础，地区的经济增长促进了城市之间、不同地区之间甚至是不同国家之间的贸易往来，带动了物流、人流速度，以及航空运输业和机场周边经济的发展。其次，地区经济增长促进了航空相关产业的发展。随着地区经济的增长，地区的经济结构也在不断地调整，第三产业所占比重越来越高，尤其是高新技术产业、现代服务业、会展业等产业迅速发展，直接影响和制约着航空经济区产业结构的升级。最后，只有在经济增长到一定程度，人们才有了选择航空运输的能力。人们收入的增长、需求层次的提高，旅游和商务旅行的需求才逐渐转向航空服务业。

（二）航空经济区产业结构演进受制于地区经济发展

产业结构是同经济发展相对应而不断变动的，这种变动主要表现为产业结构由低级向高级演进的纵向高度化和横向演变的合理化。这种产业结构演进的高度化和合理化，不断推动区域经济向前发展。不同的产业结构会对经济增长产生不同的影响。航空经济区产业结构中的主导产业部门较为先进，如航空运输业、航天产业、信息产业等，因而对地区经济增长有着很强的促进作用。

航空经济区往往是地区经济的重要组成部分，因而地区产业结构的总体框架制约和影响着航空经济区产业结构的发展定位。航空经济区产业的选择必须与所在区域的经济发展阶段和重要产业发展规划相适应。一方面，航空经济区产业选择不仅依托航空运输业、高科技产业、现代制造业和现代服务业等，而且还要因地制宜，发展那些具有区域比较优势的非航空产业；另一方面，随着地区产业结构演进的不同阶段，适时调整航空经济区产业结构和产业发展战略。根据国际实践经验，航空经济区产业的发展顺序依次为机场服务业、航天航空产业、物流急送产业、高新技术产业、会展会议产业和现代制造业等。不同类型的航空产业对机场客货流量，以及对城市或区域经济发展水平和产业结构的要求不同。由此，航空经济区也需根据区域经济发展的实际情况合理安排航空产业的结构和发展次序。

（三）对外贸易推动航空经济区的发展

航空经济区发展的内聚力和潜力，取决于所在城市和区域与外界各种联系的强弱。21世纪，随着科技与经济的高速发展，世界各国的产业结构和产品结构不断调整和更新，各地区经济、贸易往来的需求对航空运输业提出了更高的要求，航空运输已成为高附加值产品长距离运输的主要方式。

目前，世界贸易总值的40%经过空运，而且这一比例还在稳步增长。频繁的对外贸易往来必定对航空运输服务产生巨大需求，进而推动机场和机场周边各种功能区的发展，促使航空经济区的产生。

**案例3-3：** 上海作为全球重要的航空枢纽之一，在国际航空枢纽建设、大型飞机制造、临空服务业发展和机场设施体系建设上成绩斐然。上海浦东机场和虹桥机场共拥有4座航站楼、6条跑道、3个货邮国际（地区）转运中心，容纳国内外航空公司100余家且已达到282个通航点，航线通达性在我国乃至整个亚洲地区处于领先地位。统计数据显示，2016年上海浦东机场和虹桥机场共保障飞机起降74.20万架次，同比增长5.14%；完成旅客吞吐量10643.50万人次，同比增长7.31%；完成货邮吞吐量385.43万吨（其中，浦东机场342.53万吨，虹桥机场42.90万吨），同比增长3.92%。继伦敦、纽约、东京、亚特兰大之后，上海成为全球第五个年航空客运量过亿的城市。上海浦东机场年货运量连续九年列居全球第三，仅次于中国香港赤鱲角国际机场和美国孟菲斯国际机场。截至2016年底，在上海浦东机场，25%以上的外国航空公司已开通经由浦东机场中转的国际转国际业务；每周起降近1000架全货机航班；大多数全球主要货运航空公司已在浦东机场开通全货机航班；东航物流和中国国际货运航空有限公司作为主要基地航空公司已建成较为完备的全球网络;世界三大航空物流巨头敦豪全球速递公司、联邦快递、联合包裹速递服务公司都已在浦东机场建成启用了各自的转运枢纽。

上海浦东机场具有综合性产业聚集以及整体规模庞大的显著特点。首先,航空经济发展起步早,本身拥有远洋及内河运输的悠久发展史和天然地理优势,形成国际航空运输发展的良好基础,在区域经济体中的核心地位显而易见。航空经济发展确实离不开优越的地理区位,海、陆、空的立体发展优势是跻身国际航空枢纽的先决条件之一。运输成本越低,制造业在经济中所占的份额则越大,生产厂商的规模效应也就越大,区域中心便自然形成。良好的地理优势与深厚发展积累,促使上海成为"长三角"经济圈的中心。其次,上海—昆山—苏浙城市群构成的城市层级发展结构为上海的航空经济提供了多种多样的产业聚集和稳固支撑。多种产业集聚仅依靠单个城市的向心力是远远不够的,即便是超级大型城市也极为不现实。上海的多层级城市体系是其保持大型、综合集群发展模式的重要基础。同时,上海作为地缘中心也带动了整个"长三角"经济圈的发展,整个城市层级群良性健康发展,层级结构坚实稳固。最后,上海作为我国的超大国家中心城市,其国际贸易发展持续增长。以国家中心城市为平台开展国际贸易,放大产业集聚的优势效应。上海独特的地位使其获得的政策支持、人力资源质量、基础设施建设和对外开放水平,都不是其他城市可以轻易比拟的。

## 二、劳动力

劳动力资源是指区域内的人口总体上具有的劳动能力的总和,是存在于人生命机体中的一种经济资源。从理论上讲,人口本身并不是劳动力资源,但劳动力资源对经济增长的影响是以人口为其存在的自然基础。研究劳动力资源对航空经济增长产生的影响,可以从数量和质量两方面来考虑。劳动人口的多少,是其数量的体现;劳动人口的体质和智能的统一则是劳动力资源质的反映。劳动者的体质是产生劳动能力的生理基础,劳动者的智能是劳动力的构成要素,其内涵包括科学技术知识、专门的劳动技能和生产经验。

(一)劳动力数量与航空经济发展

特定区域内劳动力资源的丰富程度就是该区域经济增长最基本的必要条件。劳动力资源匮乏必然会影响或制约区域经济增长速度和发展水平。所以说具有一定数量的劳动力资源是航空经济赖以顺利发展的前提条件。

第一,劳动力投入数量的不断增加,直接推进航空经济产出水平的提高。在技术水平不变的技术条件下,投入经济活动的劳动力越多,能够推动的生产资料也越多,产出也就越多,经济增长就越快。

第二,劳动力投入数量决定着生产要素投入的结构,进而决定航空经济区内产业结构的格局。在劳动力资源较为丰富的区域,最好选择劳动密集型产业为主体,这样可以最大限度地避免资金约束,从而保证生产要素的有效利用,推进航空经济区经济的稳定增长;在劳动力资源较为短缺、资金较为充裕的区域,必然选择资本密集型产业为主体,由此保证生产要素得到合理的配置。

（二）劳动力行为与航空经济发展

劳动力行为是指劳动者在就业机会、职业选择、劳动报酬、劳动条件等方面的反应。作为独立的经济人，劳动者参与航空经济活动的目的是为了获得收入，以便购买劳动者及其家庭所需的商品和劳务。劳动时间的增加意味着闲暇和其他非经济活动时间的减少。当劳动时间不发生变化而工资提高时，将对劳动力供给产生两种效应：一是收入效应，工资提高意味着收入增加，而收入增加则使劳动者有可能减少劳动时间而获得更多的闲暇时间。闲暇时间的增加意味着劳动时间的减少。因此，工资提高产生的收入效应会使劳动力供给减少。二是替代效应，工作时间收益的增加使闲暇的机会成本提高，考虑到闲暇时间的成本，劳动者可能增加劳动时间。劳动力的供给取决于收入效应和替代效应相互抵消后的净影响。当替代效应大于收入效应时，劳动力的供给随收入的增加而增加；收入效应大于替代效应时，劳动力的供给则随着收入的增加而减少。

航空经济发展在一定程度上也受制于劳动力供给的行为选择。如果航空经济区基本实现充分就业，即不存在非自愿失业时，当替代效应大于收入效应时，由于劳动力供给的增加，将会提高产出水平，从而有利于航空经济发展。反之，当收入效应大于替代效应时，由于劳动力供给的减少，从而会妨碍航空经济的发展。

（三）劳动力素质与航空经济发展

所谓劳动力素质，指的是劳动者所具有的体质、智力、知识和技能的总和。劳动力素质的形成既有先天的遗传因素，也有后天的教育、社会文明熏陶等因素。正确理解劳动力素质及其特性和功能，有必要回顾人力资本理论的形成过程。

（1）人力资本理论。亚当·斯密最早在《国富论》中提到，一个国家全体居民的所有后天获得的有用能力是资本的重要组成部分。其他经济学家在其基础上通过提出劳动价值学说来确立人的劳动在经济活动中的特殊作用。真正把人力资本作为专门的理论研究对象，并确立了人力资本在经济增长理论中重要地位的首推诺贝尔经济学奖获得者西奥多·舒尔茨。通过对实物资本和人力资本投资收益率差别的分析，舒尔茨认为，人力资本的快速增长，导致了国民收入中劳动份额的上升和财产份额的下降。人力资本收益率较高，也就成为推动经济增长的最主要动力。人力资本的最终形成主要从三个方面来实现：一是教育和培训费用。二是卫生保健费用。卫生保健投资包括用于维持和提高人的寿命、耐久力、精力和生命力的所有费用。通过卫生保健投资，可以降低婴儿死亡率，减少疾病和死亡，增强人力资源体质。三是人力资源流动费用。劳动力资源的流动是现代经济的重要特征，人力资源的流动可以使劳动力资源获得有效配置，从而提高人力资源的利用效率。

（2）劳动力素质。从体质上讲，劳动力充沛的精力和健壮的身体使其在劳动过程中能增加实际劳动的供给。同时，健康的身体能够减少劳动者的生病时间，增加有效劳动时间。从智力方面来讲，首先，劳动者创新能力的提高使得劳动者能够发明、创造，寻求解决生产过程中所出现问题的思路和方法，从而在劳动量投入不变的情况下增加产出量。其次，劳动者知识水平的提高使劳动者可以较快地接受新工艺、新操作方法，适应新技术、新设备，并能将发明和引进的新技术尽快和生产相结合，转化为生产力，从而增加产出。

劳动力素质的提高有助于提高劳动生产率，从而有效推动航空经济增长水平的进一步提升。假如劳动力投入数量不变，由于劳动力素质的提高使经济增长中实际劳动投入量的增加，经济实力就会在节约资本和更多地利用劳动力的情况下获得快速增长。

（3）劳动力流动。劳动力的空间流动是现代经济发展的主要特征。这种流动分为永久性迁移和劳动力在区域间所进行的各种各样短期的、重复的或周期性的运动。在一个国家内区域间劳动力流动的根本原因在于区域之间经济发展的不平衡。一些区域的经济发展速度比较快，区域内原有的劳动力已经不能满足其经济发展的需要，劳动力处于稀缺状态。另一些区域由于经济发展速度慢，经济活动难以为所有的劳动力提供就业机会，或者由于工资水平较低，致使部分劳动力从这类区域向经济发展速度较快的区域流动。劳动力的空间流动意味着劳动力资源得到了重新配置和有效利用。

航空指向性产业发展要求机场区域具备较为丰裕知识与劳动技能的人力资本和充裕的物质资本。国际经验表明，航空经济形成要求机场所在区域经济比较发达，机场所依托的城市经济社会发展水平较高，是本地区的区域经济增长极。其中，丰富的人力资本、高水平的产业技术，为高新技术、生物工程、现代园艺和高档服装等产业在机场周边集聚提供了基本要素支撑。

## 三、资本

所谓资本，指的是以机器、设备及厂房为主的物质资本。任何区域自然条件和自然资源都是作为恒常要素，为区域经济增长提供基础条件。劳动力要素和资本要素则是区域经济发展的最为根本的动力源泉，始终发挥着决定性作用。

20世纪五六十年代，一些西方经济学家依据哈罗德·多马的经济增长模式和罗斯托的"起飞"理论，强调资本形成始终是经济增长的决定性因素。

发展经济学家刘易斯在《劳动力无限供给条件下的经济发展》一文中写到，经济发展的中心问题是要理解一个社会由原先储蓄和投资还达不到国家收入4%~5%转变为自愿的储蓄达到国民收入的12%~15%以上这个过程。它之所以成为中心问题，是因为经济发展的中心事实是快速的资本积累（包括运用资本的知识和技术）。如果不能说明储蓄相对于国民收入增长的原因，也就不能说明任何工业革命。实现工业化和城市化的过程，必然伴随农村剩余劳动力向城市工业部门转移。但这种转移是以城市工业部门的扩张和对劳动力需求的扩大为前提，而工业生产的扩张需要不断地以资本投入作为支撑。

航空经济发展并不单纯地决定于地区经济的储蓄和可投资资源的供给，还要取决于这些生产要素被如何利用。换句话说，在分析经济增长中的资本形成与投入的同时，还必须研究资本要素的有效配置。资本有效配置，内含着资本的时间有效配置和资本的空间有效配置两个层次。

资本的时间有效配置是指资本形成中储蓄率的高低一般体现了资本在用于现期消费与用于扩大再生产以增加未来消费之间的有效配置。资本的空间有效配置是指一定资本规模在不同经济部门或不同地区之间的分配比例。资本的时间配置主要是分析资本的形成率问题，而资本的空间配置则是分析一定资本形成率下的资本形成效率问题。

影响资本有效配置的因素：一是经济要素的流动性。经济要素的流动性越强，其供给结构就越有弹性，也就越有利于资本配置效率的提高；反之，资本的配置效率必然降低。二是经济要素的技术水平。不同区域，以及同一区域的不同发展阶段，技术水平是不一致的。技术水平的差异将会影响区域内劳动与资本的配置比例，进而影响区域经济增长速度和经济增长效益。三是经济要素的禀赋。各个区域的要素禀赋是不同的。经济要素禀赋的差异也会造成经济运行过程中资本、自然资源和劳动力之间的组合形式，进而决定投入资本的配置效率。

## 四、科学技术

在现代经济中，科学技术进步对经济增长具有十分重要的作用。从投入角度来讲，技术进步是通过改变其他经济要素的形态和质量来影响、推进区域经济增长。从产出角度来讲，通常是采取产出增长与其他要素投入增长相比较的方法来衡量技术进步对区域经济增长的贡献。

（一）不同的技术水平决定了经济要素不同的结合方式

资本、劳动力、自然资源在经济活动中总要按一定的比例、以某种具体形式结合在一起形成现实的生产力。各种生产要素结合的比例，从根本上来说，是由技术水平所决定的。一般来讲，技术进步能使其他要素得到节约，降低劳动时间和劳动强度则是技术进步的最终目的。不同的经济区域，由于要素禀赋的差异，技术应用方式应根据资源禀赋的不同而不同。对于劳动力稀缺的区域，宜采用"节约劳动型技术"；对于资本稀缺的区域，宜采用"节约资本型技术"；对于自然资源稀缺的区域，则宜采用"节约资源型技术"。

（二）科学技术进步改变着劳动手段和劳动对象

劳动手段，主要表现为生产工具，尤其是机器设备。技术的重大突破往往物化为机器设备等劳动工具的创新。机器大工业代替工场手工业，自动化机器替代手工操作等，正是技术进步的必然结果。技术进步对劳动对象的影响，主要表现在以下两个方面：一是通过改变材料的物理和化学属性，导致新材料的出现；二是为人类寻找新的矿产资源提供手段。

（三）科学技术进步促进了劳动力质量的提高

科学技术进步促进了劳动力质量的提高，主要表现在以下三个方面：一是较先进的技术要求劳动者具有较高的素质，这就迫使劳动者接受更多的教育和不断进行技术培训；二是技术的现代化往往与分工的深化相联系，因而能使劳动者在专门化的劳动中提高技能；三是技术进步导致劳动时间的节约，从而为提高劳动者精神素质和体力创造了条件。

（四）科学技术进步促进了产业结构的变化

区域产业结构的变化趋势为，生产要素不断地由第一产业向第二产业转移，由第二产业再向第三产业转移。从要素的密集程度来看，由资源密集型、劳动密集型产业向资本密集型产业转移，由资本密集型产业再向技术密集型产业转移。引起产业结构变动的原因有要素禀赋的变动、人们消费偏好的变化、区域输出和输入商品结构的变化等，但最根本的原因还在于技术的进步。

科学技术水平的进步能大大提高生产效率，从而改变产业结构。科技水平对产业结构的影响表现在以下两个方面：一是提高生产效率，迅速扩大产出，使产品市场迅速达到市场饱和。二是节约时间和资源。一方面，节约的资源可以转移到其他产业中，促进其他产业发展；另一方面，节约劳动时间，使人们有更多的闲暇时间从事其他活动。科学技术水平的进步最终促使资本、劳动等生产要素从第一、第二产业转移到第三产业，产业结构向高级化演进。

（五）科学技术影响了企业的区位选择

在现代社会，随着科技进步，具有时间约束的产品应运而生，导致时间成为一种重要的资源。企业只有重视时间价值，并在时间上获得优势，才能取得市场竞争胜利，基于时间竞争是企业获得成功的秘诀。一些发达地区建立了枢纽机场，区域经济快速发展，使航空客货运量加大，增加的航空运输需求迫使机场规模扩大，航线网络逐渐向全球扩展。航空运输具有安全、快速和便捷特点，枢纽机场航线网络分布广，通过航空运输，游客和货物可以快速、方便地抵达目的地。机场发展和航空运输特点为基于时间竞争提供了解决方案。

此外，高科技、高档服装、生物工程和观光园艺等产业的产品具有体积小、价值高、单位产品承担运费能力强的特点，特别适合航空运输。这两者结合促使此种类型企业改变了区位偏好，由传统运费指向、市场指向和供给指向转变为时间价值指向，纷纷将其区位选择在机场周边，以便利用航空运输实现将原材料和零配件以最快速度运送到下游环节，以及将产品送达目标市场的目的。

航空经济是以发展现代制造业、高新技术产业和现代服务业为特征的新型经济形态。技术是没有国界的，但是技术有先进和落后之分。先进的技术使企业在市场竞争中处于有利地位，落后的技术使企业存在被市场淘汰的风险，因此企业会摒弃落后技术，技术跟从者和技术领先者竞争将永远处于劣势。航空产业要想在市场竞争中获胜，唯一的办法就是进行自主创新，提高自身产业技术水平。

## 五、市场要素

布德维尔认为，经济空间"是经济变量在地理空间之中或之上的运用"，并指出区域是地理空间上的连续体。在此基础上，按空间的类型把区域分为均质区域、计划区域、极化区域。其中，极化区域是由吸引力和排斥力的中心与该中心的作用范围所形成，是一种受到力场作用的地理空间。

市场经济条件下航空经济区内的企业在经济活动中处于核心市场主体地位，对生产要素既产生吸引力也产生排斥力，将资本、劳动力和技术等生产要素吸引到航空经济区，用以生产合适的产品，同时也将航空经济区内特定的生产要素排斥到腹地，带动腹地经济发展。可见，极化区域实际上就是在市场要素作用下通过自组织形成的增长极。航空经济区实质就是区域经济增长极，在市场机制作用下，航空经济逐渐形成和发展，然后带动腹地和所依托城市的发展。

市场要素对航空经济发展的促进作用主要表现在以下三个方面：

（一）市场要素促进航空产业集聚

产业部门依据市场要素确定最终的布局地点，进而影响航空经济的发展。在韦伯区位三角形中，市场作为三个顶点之一而存在，如图 3-1 所示。

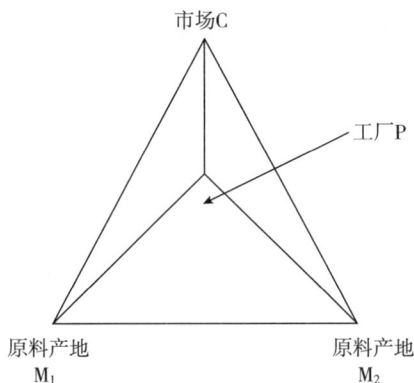

**图 3-1 韦伯的工业区三角形**

市场的需求量和产品的价格决定了产品产量的大小。直接对生产区位选择产生作用的是市场所形成的空间引力。在上述区位三角形中，C 点（市场）引力的大小，是由线段 $CM_1$ 和线段 $CM_2$ 的长短来度量的。现实中每一个市场中的每一种产品，都不可能只有一个生产地点，而是有几个生产地点。从理论上讲，只要一个地方生产的产品价格符合 V-（E+T）>0，其中，V 为市场价格，E 为生产成本，T 为运输成本，就有可能在此设厂。但是，现实中由于地方利益的驱动，除了大型企业在选点时进行多方案比较外，一般性的企业则大多按地方利益要求进行布局。市场要素中最活跃的是竞争机制，市场竞争的结果是加大企业或产业的生产规模，促进专业化协作，促进产业在地域上的合理聚集，完成地区生产的专业化调整。

在航空经济初创阶段，机场所依托的城市由于过度发展而形成城市病，产业需要向外围转移，而机场周围的交通条件较好，通过航空运输，机场区域与外界联系十分便利，可以降低企业的成本，企业在利润最大化条件约束下，倾向于向机场周围集聚。在航空经济成长阶段、成熟阶段、航空城开发阶段，由于企业的初步集聚，形成一定程度的集聚经济效应。另外，政府加强航空经济区基础设施建设，使航空经济区的区位条件进一步变好，航空经济的吸引力进一步增强，在市场机制的作用下，为了利益最大化，资本、劳动、技术、管理等生产要素继续流向航空经济区，形成产业集聚态势。此外，高科技产品具有生命周期短、体积小、附加值高、单位产品承担运费能力强的特征，高科技企业在航空经济区附近布局成为其理性选择，在市场机制的作用下，高科技企业集聚航空经济区，以利于用航空运输其产品，促进了产业集聚。

（二）市场要素促进航空产业链分工

为了分享分工与专业化带来成本降低的好处，高科技产业和高档服装业往往将产业链各环节进行纵向分离，然后将同类或相似环节在航空经济区集中，形成专业化生产区域。不过产业链各环节在不同航空经济区分布需遵循一定的原则，这个原则就是充分发挥各航空经济区资源禀赋的比较优势，以实现成本节约和利润最大化目的。正是在市场机制的作用下，航空产业链分工得以形成。

（三）市场要素引导技术创新与制度变迁

科学技术是生产力中最活跃的要素，科学技术与生产工具结合，提高生产工具改造世界的广度；科学技术与劳动者结合，提高劳动者改造世界的能力；科学技术与劳动资料结合，提高劳动资料加工的深度。科学技术是经济增长的源泉，正如邓小平同志所说的那样，科学技术是第一生产力。在市场经济条件下，对于创新者来说，即使社会不存在产权保护制度，技术创新也可以使其获得暂时的超额利润；如果创新技术申请了专利，则创新者能够在更长时期内获得超额利润。因此，企业为了在短期或长期内获得超额利润，会在市场因素的引导下进行技术创新。

技术创新者收益率提高是技术持续创新的必要条件。在一个缺乏技术产权保护的社会，技术创新可以给创新者带来短期收益。然而，新技术很容易被他人模仿和复制，导致创新者难以继续得到技术创新带来的收益，甚至可能出现创新收益低于创新成本的情况，因此，社会创新积极性受到很大挫伤，人们没有动力再去进行技术创新。相反，当一个社会拥有完善的技术创新产权保护制度，确保创新者能够获得相应的收益，则可以极大调动人们的创新积极性，促使人们创新思维如泉水般涌流，推动生产力水平提高。因此，制度变迁可以使行为者实现经济活动所带来的潜在利益，为了利益最大化，行为者会想方设法地推动制度变迁，所以，市场机制引导制度变迁。

# 第三节　制度环境

制度可定义为行为规则，这些规则是有关社会、政治和经济行为的。制度是一系列被制定出来以约束行为主体福利或效用最大化的个人行为的规则、守法程序、道德和伦理的行为规范。新制度经济学认为，制度与资本、劳动、技术一样，是经济增长的源泉。在市场经济中，交易双方获得的信息是不完全的。因此，存在数额巨大的交易费用，而制度可以给交易双方带来一个可预见的市场环境，减少机会主义行为，从而降低交易成本，促进经济增长。一项有利于区域经济发展的制度，可以推动生产要素流向该区域，实现经济跨越式发展；相反，一项不符合时代要求的制度，会抑制生产要素活力，阻碍经济发展。

为了促进经济发展，制度需要不断演进。随着历史发展，原来对经济发展有利的制度安排会成为经济发展的阻碍，从而导致制度变迁，新制度使经济焕发活力，如此不断循环推动经济发展。由此可见，制度变迁是经济发展的助推剂。同理，对于航空经济来说，制度环境及其变迁是推动其不断发展的动力。

在行政管辖上，航空经济区一般归属于机场所依托的城市。因此，区域经济产业规划、产业政策会影响航空经济的发展。航空经济区所依托的城市面临产业结构调整和优化时，机场依托的城市制定的促进产业结构优化升级的产业规划，对航空经济区来说是一项重大制度供给。此外，机场依托的城市还会针对航空经济发展制定专门规划，实施有利于航空产业集聚的产业政策，这些制度安排是航空经济实现内生增长的要素，推动资本和人才流向航空经济区。就航空经济而言，制度对航空经济区发展的影响，主要表现在政府政策和发展规划两个方面。

## 一、政府政策

美国学者弗里德曼（1966）认为，区域政策是处理区域问题和进行经济发展的一种政策。区域政策属于制度范畴。政府通过这种制度安排，改变各区域的要素供给特征和要素配置效率，进而影响各区域的经济增长速度。

政策可分为中央政府政策和地方政府政策。世界各国的中央政府为了促进本国国民经济的健康发展，维护各个社会组织的经济利益，以及保证有关政府机构自身的运转，往往需要制定各种各样的国家经济政策，来对整个宏观经济的运行和国民经济各个不同领域的发展进行调控。地方经济政策，则是由一个国家的中央政府及其所属的各有关机构为实现其区域经济布局战略和调节若干个不同区域之间的经济关系，以及促进国家某些特定地区的经济发展而制定的或者是由一部分级别较高、被授予了一定的经济管理权限的地方政府，为促进所管辖的行政区全部或部分地区的经济发展而制定的。就航空经济区而言，既有国家层面的政策，也有地方层面的政策。一般政策的内容包括财政政策、税收政策、投资政策、产业政策、货币政策、外贸政策、就业政策等内容。

航空经济区作为所在地区经济活动过程中的一个新的增长极，它的发展同样离不开政府政策的支持。当地政府就机场建设及其周边经济发展的客观需求，一般在土地、税收、融资以及鼓励解决当地人就业等方面实施系列优惠政策。航空经济区可以通过合理布局，吸引企业总部和部门中心入驻，这对航空经济的发展有很大的推动作用。在航空经济辐射范围内，科技园区以及周边高等教育机构占据了很大的比例，这些研发对于航空经济的发展产生了极大的推动作用。依托这些科技园区以及高等教育机构，可以充分发挥其知识资源和科研设施方面的优势。

为促进航空经济发展，世界各国均出台了一系列针对性的经济政策。如新加坡政府在20世纪80年代制定了一系列鼓励外国公司在新加坡投资的政策，对投资者在财政、税收等方面综合给予优惠，甚至给予一定的资助。1981年新加坡政府与美国签订了一项条约，获准其航空产品不经美国联邦航空局的审批即可向美国直接出售。20世纪90年代，新加坡更加重视航空工业的发展，通过建立航空工业园区的形式吸引外国企业前来投资和开展技术合作。新加坡已在樟宜机场及附近地区建立了工业园区（占地 168 万平方米）和樟宜航空工业综合企业基地（占地 93 万平方米）。

在我国，机场的非航空服务收入和机场邻近地区潜在的巨大经济收益令众多大中城市看到了新的经济发展机遇，不仅投入庞大的资金进行基础设施和物流园、商务区、出口加工基地等功能区的建设，也纷纷出台了推动航空经济区建设和发展的优惠政策。优惠的产业发展政策和符合国际惯例的法规制度能为旅客、货物的流动和资金融通提供最大的方便，保证航空经济区的快速发展。

航空经济区一般包括依托航空运输业发展的物流园、保税区、自由贸易区等，航空经济区所在地的地方政府通常会采用十分优惠的产业发展政策，大力改善软投资环境，以吸引更多的投资。

## 二、发展规划

机场既是一种资源，又是一种优势。国际上的大航空港，都很重视利用机场的优势，并创造一个优越的商务、创业、就业、定居环境，充分开展产学研合作，大力发展航空产业。因此，各国机场在当地的航空货运区、空港物流园区和空港自由贸易区中都处于较为重要的地位。世界各地在建设新的大型机场时，一般都同时推出航空地区开发建设计划，对航空经济区进行整体规划和开发，并把它作为机场不可分割的有机组成部分。

政府的强力支持是机场建设成功的前提。航空经济的发展涉及的利益主体多，体制问题复杂，需要协调的事情也比较多，即使在发达国家也不例外，离开政府的支持，必将寸步难行。发展航空经济的特殊性表现在以下三个方面：一是航空运输的安全性、航空运输的管制与地区经济的协调发展；二是机场建设的投资巨大、回收期长，具有一定的公共性和基础性；三是机场周边地区的开发利用必须与机场功能相符合等。这些要素间的复杂关系也是任何一家企业都难以解决的。

发展航空经济需要政府的支持已经成为共识。国际上许多国家和地区，都是从战略高度来认识大力推进航空经济的重要性和必要性。政府参与规划，有利于将航空经济置于一个高起点、高标准的平台上进行规划；政策引导是航空经济发展的保障，政府提供的优惠政策将吸引更多国内、外优质企业入驻航空经济区。

荷兰史基浦机场在 20 世纪 80 年代的扩建过程中，荷兰政府从国家战略的高度对机场的周边发展进行了定位与规划，针对机场地区的特殊性给予了独立而完整的规划，机场周围用地预留充足，为其可持续发展提供了更多的空间。荷兰政府在 1988 年制定的《国家规划与发展报告（第 4 版）》中，将史基浦机场定位于国家发展的中心地位。

美国丹佛国际机场：政府统一规划，跳跃式发展模式。丹佛国际机场发展模式是政府规划最明显的案例之一。美国早年在建造机场时理念比较保守，单纯从机场设施的现代化、人性化入手设计机场主体建筑和规划地理位置，但对临空经济的发展缺乏长远眼光，不能充分发挥机场的带动作用，并且类似情况在美国早期的机场开发中非常普遍。丹佛地方政府从机场建造伊始即按照带动周边发展的增长极理念设计。打破传统建设理念的丹佛地方政府也承受了巨大的压力，因为当时人们关注的是"这座机场什么时候倒闭"。但是经过多年的发展，机场的带动作用日益明显，目前丹佛市每年经济增长的 25% 发生在机场附近区域，吸引了大量的就业人口；房地产商不断介入使中高档房屋价格迅速上涨。在机场的选址方面，政府同样规划到位，机场附近有 70 号州际高速公路可连接北美各主要城市，其他基础设施同样十分完善，并且合理开发了因长年受雨水影响的大面积麦田区域，达到充分利用土地资源的目的。机场投入使用后政府采用了先进的经营理念。为了使其成为适于永久居住的地方，政府从"空港营销"的理念入手，将机场周边打造成一个高档的现代化商业区，不断完善办公地点的基础设施，成功吸引了大量资金和人力资本的进入。可以看到，丹佛国际机场从规划设计到成为区域增长极，政府的不断努力是其经济发展的最重要保证。

郑州航空港经济综合实验区在我国的先行先试不但受到了国家层面的支持，也受到了河南省和郑州市政府的大力支持，许多优惠的、专门针对其快速建设、发展的政策也得到了配套跟进。在国家层面，国家发展改革委对郑州航空港经济综合实验区的支持包括：一是加强工作指导；二是推动体制创新；三是强化政策支持，包括金融、土地管理、服务外包、重大项目安排、财税等方面；四是加大协调力度。中国民用航空局原局长李家祥："从民航局来说，首先在机场的规划布局方面，突出发挥郑州机场的区位优势，从战略定位上支持。具体内容是引导我们的航空公司向郑州机场聚集，航空产业也往这方面聚集。在开辟国际航线、国际航班衔接等方面，我们有计划让郑州在我们的国内航线、国际航线的衔接方面发挥它的功能。"① 在省、市层面，为推动实验区的快速发展，《关于支持郑州航空港经济综合实验区发展的若干政策》应运而生，81 项支持政策令人鼓舞。另外，还赋予了实验区更多的管理权限并推动实验区与省直部门建立"直通车"制度，提高行政效率，激发发展活力。此外，郑州海关、河南出入境检验检疫局等部门也纷纷出台"政策红利"，"指尖上通关"、联动通检一体化、涉税事项"零收费"等"红包"先后抛向实验区，助推其快速发展。

国际上航空经济园区的开发，由于规划和开发主体不同，存在三种普遍模式如表 3-1 所示。

表 3-1　三种开发的组织模式

| 开发过程 | 规划 | 土地开发 | 商业开发 | 招商 | 对三种模式的评价 |
|---|---|---|---|---|---|
| 统一规划统一开发 | 政府或者主导机构统一规划 | 政府指定一家主导机构统一开发 | 客户以 BOT 方式开发 | 主导机构统一招商 | 政府的支持为园区的发展提供充足的资源，机场主导开发能保证规划的有效实现，但实现需政府强力支持，难度很大 |

① 资料来源于 https://henan.qq.com/a/20130405/000013.htm。

| 开发过程 | 规划 | 土地开发 | 商业开发 | 招商 | 对三种模式的评价 |
|---|---|---|---|---|---|
| 统一规划协调开发 | 政府或者主导机构统一规划 | 两家机构有协调分工地开发 | 多家机构有协调地开发 | 政府协助协调招商 | 政府参与和主导机构能保证规划有效实现，通过有效协调避免了不同利益主体的冲突 |
| 各自规划单独开发 | 本地政府或者机构负责各自地块规划 | 多家机构分别单独开发各自地块 | 土地开发机构自行或者授权其他机构开发 | 各自招商协调招商 | 分开规划，各自开发导致园区内部的竞争和牵制，发展并不理想 |

# 第四节　人文因素

人文环境是指人们在生产和生活过程中形成的价值观念、思维方式、风俗习惯等的总和；主要体现在一个地区的历史传统、地域文化、文化教育水平等各个方面。人文环境在不同国家或同一国家的不同区域间存在巨大差异，是影响区域经济增长和发展的重要因素之一。一个地区的传统文化、地域文化、文化教育水平等影响整个区域的市场氛围和经营环境，企业的人员也受到这些因素的影响。这些要素对区域产业发展产生极为重要的作用，同样，人文因素对航空经济发展的影响也是至关重要的。

## 一、传统文化

经济学家刘易斯在分析经济增长的要素时指出，经济增长依赖于人们对工作、财富、节俭、生育子女、创造性、陌生人和冒险等的态度。他将影响经济增长的态度分为两类：一是人们对财富的态度，他认为，人们对财富的意愿是大不相同的，这取决于积累的物质资本和文化资本习惯和禁忌；二是人们对取得财富所做出努力的态度，即工作态度，他认为，人们的不同态度往往与宗教信仰有关。这里，人们对财富的不同态度是受不同传统文化的影响的。

传统文化指历史沿传下来的思想、道德、风俗、艺术、制度、习惯等。传统文化就是文明演化而汇集成的一种反映民族特质和风貌的民族文化，是民族历史上各种思想文化、观念形态的总体表征。传统文化是通过文化观念和习俗，来禀赋不同区域人群以不同的特性，进而通过这些经济主体的不同行为来影响一个地区的经济发展。

在现代社会，传统文化影响经济发展的路径：传统文化通过其积习而形成的观念，对生活在本区域内的人们产生潜移默化的影响，从而塑造出具有不同文化禀赋的人群。这些具有不同文化禀赋的人群，其成为企业家的概率是大不相同的，这也就决定了各经济区域制度创新的能力是不一样的，进而最终决定了地区经济发展的不同特点和水平。

传统文化与现代经济发展的内在渊源关系表现：优秀传统文化是通过企业家这个创新主体来影响现代经济发展的。其演进路径：区域传统文化所包含的创新意识及其价值观念在合适的条件下，将转化为现代工业社会所需要的创新精神，从而在本文化区域自发地形成大批具有现代意识的企业家群体；由于具有创新精神的企业家是地区经济发展的主体，这也就决定了企业家数量多的地区其经济发展得更快，而企业家数量少的地区其经济发展得更慢。

航空经济的发展是一个不断创新的过程，创新的主体是企业家或人力资本，而人力资本是通过制度创新与技术创新的途径来推动地区经济发展的，经济发展最终表现为一系列生产要素组合方式的变革。从这个角度看，是企业家的创新精神和创新活动对经济发展起决定性的作用，但前提条件是企业家的创新精神是植根于地域传统文化基础上而形成的。传统文化虽然不能直接推动航空经济的发展，但却通过对企业家形成的影响间接推动了航空经济的发展。

## 二、地域文化

哈耶克（2000）认为，文化是一种由习得的行为规则构成的传统，这种规则可能起始于人类所拥有的不同的环境情势下知道做什么或不做什么的能力。经济学家将文化界定为人们所习得的与遵从的特定价值观体系，它构成了人们的主观模型，人们无论是进行生产、交换，还是分配、消费活动，总是需要特定的价值观体系来帮助判断决策。文化的内容包括最基本的价值信念、伦理规范、道德观念、宗教、思维方式、人际交往方式、风俗习惯等。一般来说，先进的、适应现代社会的文化能够推动经济的发展，而落后的、与时代经济不相符的文化则会阻碍经济的发展。具体到航空经济的发展而言，具有创新精神和冒险精神的文化更有利于航空经济的发展。因为创新精神和创新观念对现代经济的主体即企业家的形成具有长久的基础性影响。

地域文化一般是指特定区域源远流长、独具特色、传承至今仍发挥作用的文化传统，是特定区域的生态、民俗、传统、习惯等文明表现。它在一定的地域范围内与环境相融合，因而打上了地域的烙印，具有独特性。地域文化中的"地域"，是文化形成的地理背景，范围可大可小。

区域之间、城市之间的竞争，从某种程度上说，是政治、文化、经济的竞争；区域文化与市场经济水乳交融、相互渗透、相互依托。理论与实践均表明，特定区域的文化底蕴、文化氛围和劳动者的文化素质，越来越成为该区域经济社会发展的重要软环境，一个城市如果没有深厚的文化底蕴，没有吸引人的地域文化，就会在竞争中被淘汰。对航空经济而言，地域文化提供了航空经济发展的软环境，航空经济发展较好的区域，往往有先进的、适应社会经济发展的民俗、传统、习惯等地域文化。

## 三、文化教育水平

为了满足现代工业社会对高素质劳动者的需要，舒尔茨（1990）创造性地提出了

"人力资本"的概念。他主张通过大力发展教育事业，提高劳动者的知识与技术水平，以满足现代经济发展的需要。教育可以为经济发展提供高素质劳动力。现代经济的竞争，归根结底是人才的竞争，而教育可以再生产人的劳动能力，也可以增加劳动力价值，还可以改变人的劳动能力的性质和形态，使劳动能力具有专门性。此外，教育在传递科学技术的过程中提高了受教育者的科技水平和素养，赋予他们将科技转化为现实生产力的才能，促进经济发展。教育也是增加人力资本存量的重要手段。教育投资的直接目的就是增加劳动者的人力资本存量，而人力资本投资的收益和报酬提高了一个人的技能和获利能力，提高了经济决策的效率。教育的社会经济价值在于它形成资本，并最终成为推动国民经济增长的强大动力。

　　航空经济发展到一定阶段，成为公司总部和高科技企业的集聚地，需要相应的文化教育和科研机构配套，为航空经济的发展提供知识密集型高科技企业所需的人才，促进生产力与科技的结合，推动经济发展。航空经济区所在地的文化教育水平成为影响和制约航空经济发展的重要因素，若一个地区文化教育水平较高，除了能够提供航空经济发展所需要的人才外，也会对航空经济区现有高科技人才产生一定的吸引力，形成良性互动。反之，一个地区的文化教育水平较低，一是缺乏高科技人才的培养土壤，航空经济发展所需的高科技人才只能从外地引进；二是已经留下来的高科技人才也会因为缺乏相应的教育、科研氛围而流失，这对航空经济的发展是十分不利的。

# 第四章 航空经济的运行机制

航空经济的持续、健康发展，需要平衡经济系统内部诸多因素，多维度考虑和揭示其运行机理和规律，依据航空经济发展的不同阶段，相应地配套不同的运行机制，以保障航空经济模式的可持续发展。

## 第一节 航空经济的不同发展模式

### 一、航空经济的需求拉动型发展模式

航空经济现象的出现根源于经济人内在需要的演绎，是对原有经济活动的扬弃。航空经济活动提供的产品或服务替代了原先使用的产品或服务。航空运输对海洋运输、陆地运输的替代、航空运输货物（如高端智能手机对传统通信产品的替代、航空港区生活娱乐对传统小区生活娱乐的替代等）都展示着航空经济对传统经济活动的替代。

经济个体对更高边际效用产品的喜爱，以及产品本身具有的边际效用递减特征决定着多数人类产品的出生、成长乃至消亡。对已有的边际效用递减至极低的产品的"厌恶"，促使人类个体寻求替代品，以获得短暂的主观满足感。这种对短暂而主观的满足感的追寻刺激着大量经济活动的产生和形成。这一内在冲动同样刺激着航空经济的产生。

这种需求驱动型的产生机制需要较长的孕育时间，而外部性和公共产品属性则可能彻底扼杀航空经济在特定地理空间的形成概率。旺盛的航空经济需求依赖相对较高的收入支持，国外航空经济的形成较多依赖这种发展模式，因此，航空经济区产生于经济相对发达的地区，如纽约、伦敦、法兰克福、巴黎、东京、芝加哥等。这些地区相对更高的收入水平支撑着相对旺盛的航空经济需求，为本地航空经济的产生提供内源性的财务动力保障。

国内航空经济相对发达的北京、上海、广州等地同样也拥有着稳定而可靠的市场需求。对航空经济相关产品和服务的市场需求推动着本地航空经济的发展。但郑州、武汉等经济发展相对不足的地区无法通过这种需求驱动型机制实现本地航空经济的发展，这类地区更多通过供给推动型模式实现航空经济的产生和形成。郑州等地通过建造大型机场、立体化的交通体系和大型公共设施，为航空企业营造出相对较低的生产成本和运输成本，吸引相关企业的入驻。

## 二、航空经济的供给推动型发展模式

市场机制在区域经济发展中具有强化中心地区市场力量的效应，一旦在特定区域形成"中心—外围"的分工格局，那么中心地区通常会从外围地区吸取大量的经济资源，虽然相关理论预测这种极化作用最终可能导致中心地区对外围地区的反哺，但这种猜测缺乏实践证据的支持。

后发地区、外围地区如果要实现对先进地区、中心地区的经济赶超，就需要突破市场机制造成的分工强化，需要引入政府力量实现航空经济相关资源的区域分配。深圳地区的发展经验表明，通过有为政府的积极介入，外围地区存在换道超车的可能性。

当前郑州、武汉等地在航空经济竞争中处于国内第二梯队，要实现较大规模的发展，必须首先突破第一梯队对本地相关资源的吸收，在某种程度上中断航空客运货运资源、航空物流公司、高端智能制造、生物制药等优质资源向北京、上海、广州、深圳等地的流动。这种资源的反向流动，会使相关经济活动面临较高的成本，因而出现竞争劣势。只有大幅度地降低相关航空经济活动的成本，弥补潜在的成本损失，才可能实现大批量经济活动向第二梯队的地理集聚。这种成本损失必然客观存在，如果不由企业承担，就必须由其他组织，如地方政府承担。地方政府通过承担这种成本支出，实现相关航空经济活动在本地的集聚，是推动本地航空经济规模化持续发展的必然前提。

航空经济活动作为经济个体的理性选择产物之一，只有在相关收益能够覆盖相关成本的条件下才会系统性地出现。从市场均衡的角度理解，可以认为特定地区航空经济产业的产生、成长和成熟，面临着需求推动或者供给推动两种力量。对航空经济相关产品或服务的内源性市场需求在经济理性角度为相关企业和个人提供着可解释的驱动力量。后发地区如果要实现这种经济活动的地理集聚，需要突破本地市场需求不足的困扰，这就需要在供给方施加影响，通过降低供给成本，扩大理性个体的经济利润，实现本地航空经济的可持续化发展。

# 第二节　航空经济的运行机理

## 一、航空经济运行机理概述

### （一）概念

航空经济的运行机理，是指为了推动航空经济的发展，在航空运输、区位条件、区域经济发展水平、制度安排、创新能力等多因素之间相互促进、相互推动和相互制约的协调关系。换句话说，航空经济运行机理是在一定的时间和空间范围内，维持和平衡各种社会、经济、文化、区域等之间的互动关系，是各种动力综合作用的系统。在航空经济发展的不同阶段，航空经济运行环境条件不同，发挥作用的主要因素也不同。这里从宏观和微观统一的角度，通过构建系统模型研究航空经济的运行机理。

（二）航空经济运行的系统模型

图 4-1 是航空经济运行的系统模型，显示了航空经济运行的内在机理，比较直观地表述了各要素之间有机的互动。其中，航空枢纽的区位优势、产业集聚能力、制度安排是航空经济运行的主要动力；区域经济发展水平是航空经济发展的宏观环境，是吸引不同要素向特定区域集聚的物质条件和经济基础；产业结构的基本情况为产业集聚提供了物质基础和方向；制度安排为航空经济发展提供可以预见的制度环境，是航空经济发展的制度保障，尤其在航空经济发展初期，其具有主导作用。

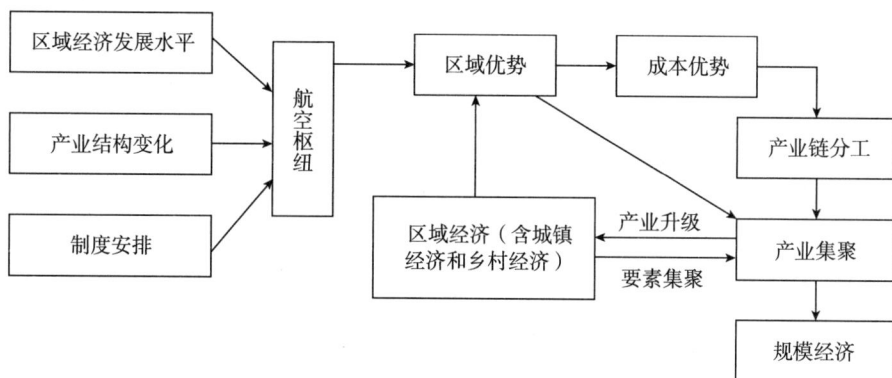

图 4-1 航空经济运行机理

以上述的物质和制度条件为基础，航空经济运行最终通过产业集聚实现各要素的作用。产业链分工细化了产业内部和产业之间的生产过程，这种精细化降低了各产业的成本，进而提高了经济的运行效率。产业集聚是航空经济发展的内生动力，向前可以降低成本，向后可以产生规模经济效应，以技术创新和制度创新为基础，引导产业结构的升级，最终促进区域城镇经济和乡村经济的持续健康发展。

就航空经济运行过程而言，航空经济的运行机理主要体现为产业之间、政府与市场之间的协调关系，通过产业关联、产业集聚、政府与企业、政府与市场来加以体现。

## 二、产业关联

（一）基本含义

产业关联是指产业间以各种投入品和产出品为连接纽带的技术经济联系[1]。产业之间的直接关联可以产品、劳务、生产技术、价格、劳动就业、投资等为媒介，实现不同产业

---

[1] 苏东水.产业经济学［M］.北京：高等教育出版社，2006.

之间的联系。

产业关联对航空经济发展的促进作用：一是通过航空产业的纵向关联，引致外部规模经济，从而提高企业生产各个环节的设备利用率和经济效率；二是通过航空产业的横向关联，通过企业之间的横向联系实现产业关联。企业在航空经济区域的生产活动不可能将各项配套产业全都内部化，需要其他企业为其提供中间产品、辅助产品和服务，为核心产业创造了更好的经营发展环境，形成规模经济效应。

产业集群产生的产业关联经济，为核心航空产业创造了良好的发展条件，推动航空经济发展，降低航空产业内企业的成本，提高企业的运行效率。

（二）产业链分工

产业链是基于各产业之间的经济、技术关联，依据特定的逻辑关系和区域关系所形成的链条式的产业关联。产业链各环节分散到具有相应的生产经营条件的航空经济区，同类或相似产业链环节在特定航空经济区内集中，由此呈现出地区专业化的特征。产业链分工对航空经济发展的内生动力表现在如下两个方面：

第一，产业功能的相对专业化，由此推动航空经济快速发展。由于航空经济区的发展依托于航空偏好型产业，而这类产业多集中于高科技和高附加值的产业领域，如信息、计算机硬件、核心芯片、精密仪器等。各航空经济区所在地区的资源禀赋、人力资本、制度安排、市场优势和竞争环境等软硬件环境不同，引致航空高新技术产业链的不同环节在不同的地域且具有地方特色的航空经济区内集聚，从而促进航空经济快速发展。其具体表现为：首先，有利于新技术、新设备等创新成果的产业化。在功能专业化条件下，航空企业专注于产业链特定环节，能够集中有限的人力、物力和财力开展新技术、新设备和新产品的研发，专业的环境使得这些研发产品能够较快地进入试验或试生产，进一步进行产业化的生产，缩短产品从设计到市场销售的时间周期，提高新产品的时间价值。其次，航空产业的员工专业技术水平较高，简化了企业的经营管理工作，提高了企业的生产经营效率。航空企业的员工专注于产业链特定环节，使其工作在一定技术水平下变得较为简单，导致员工能够较快学会生产技术或经营技巧，进而达到熟能生巧的境界，提高生产经营的效率。最后，产业链的合理分工直接产生集聚经济效应，强化区位优势。航空经济区不同产业链各环节的企业可以共享区域内的基础设施，节约大量基础设施建设费用，获得外部规模经济带来的效益。此外，专业化企业可以得到辅助性行业提供的生产经营服务，辅助性行业的服务是针对专业化生产经营而进行配套的，更好发挥其服务功能，形成了外部范围经济。功能专业化导致的外部规模经济和外部范围经济，客观上降低了成本，提高了航空经济整体效率，强化了特定区域内的区位优势，增强了区域的影响力。

第二，产业链分工对航空经济发展的内生动力表现在产业集聚上。航空产业链上各个环节都分散到具有优势条件的航空经济区，便于利用各航空经济区在资源禀赋和市场条件方面的比较优势。对于在航空经济区集聚的高技术产业，如电子信息、精密仪器、计算机硬件、核心芯片，由于其产品生命周期短、更新速度快，生产这些产品的企业要想获得市场竞争力，必须以最快速度实现产业链各个环节协作。与此相对，航空运输所具有快速、便捷的特点，决定了航空高科技产业理所当然地选择航空运输这种方式来满足自身的需要。所以说，航空运输加快了高科技产业链各环节之间的联系，增进了航空产业的运营效益，从而促使更多同类或相似环节的高科技企业向航空经济区集聚。

（三）产业关联程度的测度

产业关联是以不同企业之间的投入和产出为出发点。相应地，衡量产业之间的关联程度，多利用投入产出表和投入产出模型分析产业关联。

1. 前向关联程度

前向关联程度主要反映某产业部门与作为该产业部门生产要素的产业之间的联系程度。一般以影响力系数来反映，是列昂惕夫逆矩阵的列元素之和除以全部产业各列系数和的均值。如果 $S_j$ 表示第 $j$ 个部门的影响力系数，$a_{ij}$ 表示列昂惕夫逆矩阵的每个元素，则：

$$S_j = \frac{\sum_{i=1}^{n} a_{ij}}{\frac{1}{n} \sum_{j=1}^{n} \sum_{i=1}^{n} a_{ij}}$$

如果系数大于 1，表明该产业部门的影响力超过了国民经济各部门的平均水平，增加该部门的最终使用，对其他部门的前向关联效应较大，对国民经济有较大的带动作用；如果系数小于 1，则表明该产业部门的影响力低于国民经济各部门的平均水平，对国民经济具有较小的带动作用。

2. 后向关联程度

后向关联程度反映了某产业部门与该产业作为最终使用的产业之间的联系程度。一般以感应度系数来表示，是列昂惕夫逆矩阵的行元素之和除以全部产业各行系数和的均值。如果 $R_j$ 表示第 $j$ 个部门的感应度系数，$a_{ij}$ 表示列昂惕夫逆矩阵的每个元素，则：

$$R_j = \frac{\sum_{i=1}^{n} a_{ij}}{\frac{1}{n} \sum_{j=1}^{n} \sum_{i=1}^{n} a_{ij}}$$

如果感应度系数大于 1，说明该产业部门的最终需求程度大于国民经济各产业部门的平均需求程度，其他部门对该产业的感应度较强烈，后向关联效应越明显，在国民经济中的关键程度也就越高。反之，如果感应度系数小于 1，表明其他部门对该产业部门的感应程度较低，关键程度也就较低。

## 三、产业集聚

基于产业关联，在某区域内会形成产业集聚的结果。产业集聚是指一个产业在某个特定的地理区域内高度集中，产业人力资本、货币资本和技术等要素在固定空间不断汇聚的过程。航空经济的产业集聚既包括指向性集聚，又包括经济联系集聚。指向性集聚体现了航空经济发展中后天形成的一种比较优势。在交通枢纽机场的直接影响和航空产业的双重指向性作用下，产业向航空经济区域聚集，当这种聚集达到一定程度时，集聚经济效益显现，促使航空相关产业进一步聚集。产业聚集对航空经济发展的促进作用主要表现在产业生产成本的节约和生产效益的提高上。经济联系集聚是具有横向或者纵向经济关联特性的产业自然聚集，提升了该区域的集聚程度。

（一）外部规模经济

规模经济是指许多企业集聚在一起，当规模达到一定程度时使单家企业投入的某些生产要素或生产条件实现了成本节约和效益提高的情形。航空经济产业集聚的最显著原因是规模经济效应。外部规模经济，是指由于整个产业规模的扩大引起的产业中单家企业和企业单位产品成本的降低。外部规模经济主要包括公共产品和服务、专业化投入和服务、专业化劳动力市场、知识和技术溢出四个方面。

第一，类似教育、医疗、交通基础设施等公共产品是航空产业正常运行的外部条件。公共产品的提供存在成本和收益的相对效率问题，只有航空经济区产业集聚达到一定程度后，公共产品供给收益超过成本时，提供公共产品才是经济的。因此，产业集聚度和公共产品供给之间形成了一种相互促进机制，一定程度的产业集聚客观上要求公共产品供给水平的提高，公共产品供给水平的提高又促进产业向航空经济区聚集。通过这种相互促进机制，提高了航空产业集聚规模和公共产品供给水平。

第二，同类或近似企业集聚可以使企业获得专业化的投入和服务，提高航空产业中各企业的效益。制造业产业链中，每个环节的发展都需要有专门设备和配套服务。当航空企业的数量较少时，这种专门设备和配套服务供给不经济，只有当企业集聚到某一规模时，利用专业设备生产中间产品，不但能提高航空经济的整体效率，还能使中间产品供应商能够获得较高的经济效益。专业化中间投入产品供应商和专业化配套服务提供商的产生就成为可能。

第三，促进航空经济区专业化劳动力市场的形成，有效地降低企业招聘专业人才和专业人才寻找工作的成本，从而提高航空经济整体效率。航空产业发展需要专业化人才，然而少数航空产业不可能提供足够大的市场需求来维持专业化劳动力市场，此时企业为了招聘合适的专业人才，需要花费高昂的搜寻成本，只有具备一定数量的企业在航空经济区集聚之后，才能扩大劳动力市场的服务需求，由此形成了专业化劳动力市场。因此，产业集聚可以促进专业化劳动力市场的形成，企业和劳动力通过共享该市场，降低了劳动力的工作转换成本，进而提高了航空经济的整体效率。

第四，学习效应会促进知识、技术溢出，促进创新活动的开展。企业在航空经济区集聚可以使知识和技术非正式扩散。航空经济区集聚了相似企业和同类企业，这些企业人才的专业存在相关性，不同企业之间知识和技术等信息传递的可能性会加大，专业人才的企业间流动也会促进技术资料在企业、工程师、设计人员之间流动。企业集聚于航空经济区同样会产生知识与技术信息的正式扩散，因为企业在地理上邻近，同类企业之间可能会进行知识和技术有偿转让，或者建立研究共同体对产业技术进行共同研究开发，在这些活动过程中，知识和技术等信息实现了在企业间的传递。通过思想和信息的正式和非正式扩散，无形中会促进航空经济区专门知识和技术信息的共享与传播。

（二）内部规模经济

内部规模经济，是指由于企业规模的扩大导致该企业单位成本下降。内部规模经济主要通过生产的专业化得以实现。

由于航空经济区各企业生产的产品主要集中于航空偏好型产品或者关联产品上，每家企业在产业链中具有相对固定的环节，产业规模的扩大创造了较大规模的市场需求，相应地带动了企业产品和服务潜在需求量的扩大。更细致的分工和更强的专业化使得企业的工艺过程高度专业化，为企业实现规模生产提供了机会，降低了企业产品的单位成本，提高了企业的生产效率。

（三）航空经济产业集聚效应的测度

产业集聚程度可以反映某产业的集中程度和竞争程度，一般由以下指标测度，这些指标数值的大小直接反映航空经济产业的集聚和竞争程度。

1. 产业集中度指数（$CR_n$ 指数）

产业集中度是指某产业中规模较大的企业在生产量、产值、职工人数、销售额或者资产总额等某一方面对该产业的支配程度，一般由这些企业某个指标的和（如销售额、销售利润等）占整个产业该指标的比重来反映，即产业集中度指数，其是最简单、最常用的指标。

$CR_n$ 指数可以用式（4-1）表示。分子是规模较大企业某指标数值的和，分母是该产业所有企业该指标数值的和。$CR_n$ 指数是介于 $0 \sim 1$ 的数值，越接近于 1，表明产业的集中程度越高。在具体计算过程中，该指标对市场占有率较高的企业数据变化反应敏感。针对不同类型特点的企业，需要选择合适的指标进行测度。

$$CR_n = \frac{\sum_{i=1}^{n} x_i}{\sum_{j=1}^{N} x_j} \tag{4-1}$$

2. 区位熵（Q）

区位熵也称为专业化率，用于反映某地区的专业化程度。计算公式为：

$$Q = \frac{N_i / A_i}{N_0 / A_0}$$

其中，$N_i$ 表示某区域内某产业的产值或者从业人员数；$A_i$ 表示该区域内所有产业的产值或者从业人员数；$N_0$ 表示对比区域某产业的产值或者从业人员数；$A_0$ 表示对比区域内所有产业的产值或者从业人员数，通常取更大区域的平均水平。由此可知，分子与分母分别表示该产业的比例即专业化程度。若 Q 值大于 1，表明该区域的区位商较高，其专业化程度也就较高。

3. 空间基尼系数

基尼系数是以洛伦茨曲线为基础反映收入分配是否公平的数值。借用洛伦茨曲线的构造原理，这里可以计算空间基尼系数反映产业内部的平衡问题。计算公式为：

$$G = \sum_{i=1}^{n} (s_i - x_i)^2$$

其中，G 为行业空间基尼系数；$s_i$ 为该地区某产业产值、增加值或者就业人数占全国该产业产值、增加值或者就业人数的比重；$x_i$ 为该地区产值、增加值或者就业人数占全国产值、增加值或者就业人数的比重，两个比重之差的平方和即为某产业的空间基尼系数。空间基尼系数的值介于 0~1，其值越大，表示该行业在地理上的集聚程度越高。

4. 赫芬达尔-赫希曼指数

与其他指数相比，赫芬达尔-赫希曼指数是比较全面反映产业集中度的指标，是某特定产业中所有企业市场份额的平方和。其计算公式为：

$$HHI = \sum_{i=1}^{n} \left( \frac{x_i}{x} \right)^2$$

其中，$x_i$ 是某企业的市场规模；x 是产业市场的总规模。HHI 的值越高，表明企业的产业集聚程度越高。当市场处于完全垄断时，HHI 为最大值 1；当市场有许多企业，且规模大致相等时，HHI 接近于 $\frac{1}{n}$；当市场近似完全竞争状态，有无数家企业时，HHI 趋向 0。

## 四、政府与企业

企业既是经济发展的细胞，也是产业发展的主体。政府既是经济发展的服务者，也是产业发展的政策制定者和引导者。政府与企业是航空经济发展的两个主体，前者是宏观主体，是产业政策的制定者，也是产业相关竞争政策的制定者，能够通过经济或者法律手段调节航空经济发展过程中产生的宏观、整体性关系；后者是微观主体，在相关政府政策的引导下，遵循经济发展规律，科学决策，抓住发展机遇，实现企业的可持续发展。

（一）政府的制度创新是航空经济发展的制度保障

新制度经济学认为，制度与资本、劳动、技术一样，是经济增长的源泉。在市场经济中，交易双方获得的信息是不完全的。因此，存在高昂的交易费用，而制度可以给交易双方带来一个可预见的市场环境，减少机会主义行为，从而降低交易成本。制度是一个不断演进的过程，随着历史发展，原来对经济发展有利的制度安排会成为经济发展的阻碍因素。制度创新和变迁是持续推动经济发展的保障。对于航空经济而言，政府的制度创新是推动其不断发展的外在动力。

政府的制度创新是政府凭借特有的权威性，通过实施公共政策，推动实现特定制度发展性更新的行为过程。在这种形式的制度创新中，由于新制度本身就是国家（政府）以"命令和法律"形式引入实现的，因此政府发挥了决定性作用。

在航空经济的形成期，航空经济的不同利益主体的集聚效应不明显，主要依托于机场运输、物流服务业带动的高附加值产业。在此阶段，政府通过制定有明确导向性的产业政策与区域政策，引导航空偏好型企业和产业向特定区域集聚，通过制度的设定将各产业之间的潜在利益变为现实利益，促进航空经济快速发展。随着航空经济的发展，不同阶段发挥主要作用的动力因素不同，需要在新的发展阶段完善制度，以继续推动航空经济向前发展。至航空经济发展的成熟期，航空经济区的区位优势已显现，产业之间的横向关联和纵向关联已充分体现，主要依靠区域的吸引力和诱惑力，在新制度框架下，推动着航空经济的持续发展，为航空经济发展提供制度保障。

（二）企业的自主创新是航空经济的发展动力

作为产业和区域经济的主体或细胞，企业的自主创新是航空经济发展的不竭动力，由此促进航空产业结构优化和升级、提升知识经济水平、提高企业核心竞争力。

第一，创新推动航空产业高级化。在航空经济形成和发展的初始阶段，航空产业以航空运输业、航空服务业、传统制造业为主，产业技术水平较低，产品或服务的附加值不高。为了获取超额利润，企业通过创新，尤其是技术创新，可以大幅度提高整体产业技术含量，促使具有附加值高、生命周期短、单位产品承担运费能力强、倾向于航空运输的高新技术产业和现代制造业选择航空经济区，从而推动航空产业向高端、高效、高辐射性方向发展。

第二，创新促进航空产业结构升级。创新提高了现代经济的信息化和产业化水平，同时，信息产业、互联网也为现代服务业的诞生提供了技术可能性，航空产业高端化趋势急切呼唤建立现代高端生产性服务业，以便为其提供生产服务。以信息、金融、现代物流、会展等为代表的现代服务业成为航空产业的重要组成部分，从而促进航空产业由原来的"二、一、三"结构转变为"二、三、一"结构，实现了航空产业结构的高级化。

第三，创新提高航空产业核心竞争力。创新是最稀缺的垄断性资源，航空经济集聚的各个企业不仅通过创新获得垄断价格和超额利润，还可以提升航空产业竞争力。航空产业竞争力是体现航空产业的优势和特色，以航空产业吸引、控制、占有人力、物力和财力资源并产生财富效应的能力。要保持航空产业的竞争力，必须持续进行创新，推动航空产业结构升级，促进创新成果辐射至航空经济区所依托的城市及周边地区，引起创新成果的应用浪潮，从而推动整个航空区域经济发展。

（三）在航空经济发展中的宏微观关系

政府和企业的关系可以细分为宏观调控关系、微观管理和微观规制三种。

1. 宏观调控关系

政府作为国家和宏观经济的管理部门和各种经济主体的协调部门，是宏观经济的协调者与管理者，通过财政政策、货币政策、经济计划、产业政策、行政手段等多种方式，引导各种人力、物力和财力资源的流向，以实现特定的一个或者多个宏观经济目标。宏观调控中的政府与企业的关系是一种间接的政企关系，不规定具体的操作路径或者针对具体的某家企业，只给出指导性意见或者方向。

对企业来讲，应把握政府宏观调控政策的走向，抓住区域或者产业的发展机遇，有效地利用各项宏观调控政策，促进企业发展。

2. 微观管理

微观管理是政府代表国家站在出资者的立场上，依靠行政命令或直接参与市场和企业经营管理的方式对微观经济主体实施的一种内部管理，主要指国有资产运营管理、部分社会公益事业和部分城市公用事业的投资和直接管理活动。

对于航空经济来讲，航空偏好型产业是以机场为起点，我国的机场大多具有国有性质，政府既是政策制定者也是企业的管理者，双重身份容易产生诸多问题。此时，政府要定位好角色和管理方式，既提高企业的经营效率，又实现国有资产的保值增值。

3. 微观规制

微观规制是政府依据行政、法律法规等手段对微观经济主体实施的外部限制和监督，它包括行政性规制、经济性规制（市场竞争、市场准入和特定产品定价等）、社会性规制（产品质量、劳动保护、污染排放等标准的设定）以及反垄断和反不正当竞争规制。此类政策法规对企业的具体市场行为进行管理和监督。

航空经济在发展初期，需要宏观经济政策的引导，在中后期，更需要客观的、科学的、公正的微观管理和规制，协调、促使政府和企业的关系进入良性循环，以带动区域产业结构的升级和航空经济的健康发展。

## 五、政府与市场

党的十八大报告指出："经济体制改革的核心问题是处理好政府和市场的关系，必须更加尊重市场规律，更好发挥政府作用。"《中华人民共和国国民经济和社会发展第十四个五年规划和 2035 年远景目标纲要》指出，"坚持新发展理念""构建新发展格局""促进国内国际双循环""坚持和完善社会主义基本经济制度，充分发挥市场在资源配置中的决定性作用，更好发挥政府作用，推动有效市场和有为政府更好结合""坚持法治国家、法治政府、法治社会一体建设"等，其中重要的就是正确处理好政府与市场关系，关键是寻求政府行为和市场功能的最佳结合点，即"有效市场和有为政府更好结合"，使政府行为在调节经济、弥补市场功能失灵的同时，应避免和克服自身的缺位、越位、错位。

政府是市场秩序的维护者。在航空经济发展和航空经济区建设过程中，如何处理政府和市场的关系显得至关重要。政府引导所形成的科学的市场结构为航空经济运行提供优质的发展环境，合理的市场行为为航空经济运行提供有效的方式，良好的市场绩效能够促进航空经济区域内企业产品价格、产量、成本、利润、质量、品种、技术进步和区域创新能力、区位优势等的提升。

（一）政府随市场结构的变化不断完善规章制度

市场结构是指在一个特定的市场内的竞争结构，习惯上划分为完全竞争、垄断竞争、寡头竞争以及垄断四大类型。市场结构的变化会直接影响航空产品价格及价格的稳定性。企业产品价格变动传导至市场，进而影响市场资源的配置效率、技术进步等。市场结构是否合理，直接影响企业的经营行为和竞争行为，进而影响市场绩效。

政府的规章制度保证企业能够通过市场公平地获得稀缺资源，形成规模经济和范围经济，让企业在市场上获取公平、公正的机会；保障企业可以进入或者退出某个产业。政府建立、完善区域内的市场环境和技术创新环境，针对市场结构出台相应的规制、竞争性政策以及产业政策。

（二）政府为规范市场行为提供可依赖的规章制度

企业的市场行为，是指企业在市场上为了实现其目标如利润最大化、市场占有率等采取的适应市场要求的行为。市场行为会受到市场结构状态和特征的制约，主要包括价格行为和非价格行为。非价格行为主要指产品差异化、广告、研发活动、产业链控制等行为。

航空经济的运行要通过产业关联和产业集聚来实现。针对不同的产业集中程度，不同的产业结构会影响企业的市场行为。在航空经济发展的成熟时期，产业集中程度较高，企业间的市场行为协调起来相对容易。在航空经济发展的形成期，产业集中程度较低，企业的数量众多且实力相差不大，但企业间的市场行为目标差异较大，企业的市场行为协调比较困难。

针对不同时期的企业市场行为，政府要时刻关注企业的发展、产业结构的变化和航空经济的发展趋势，适时调整规范市场行为的规章制度，支持企业把区域优势发挥出来，拓展航空经济区域优势产业的市场，扩大品牌效应。

（三）政府为评价市场绩效制定科学的规章制度

市场绩效是企业在一定的市场结构和市场行为条件下所形成的价格、产量、成本、利润、产品质量和品种以及技术进步等方面的最终经济成果，是企业在特定的市场结构和市场行为条件下运行的经济效果。

政府作为区域经济的管理者，对市场绩效的评价不应该仅关注利润率、收益率等微观指标，更应该站在宏观和区域的角度评价企业的市场绩效，包括效率、公平、社会福利、产业发展等。航空经济的运行，需要政府部门正确地评价航空经济区的产业资源配置效率、产业规模结构效率、产业技术进步等，科学建构有效评价航空产业市场绩效的规章制度与指标体系。

# 第三节　航空经济运行的动力模型

## 一、航空经济运行的动力

从各因素的影响方式来看，影响、推动航空经济发展的动力，可以划分为基础动力、内生动力和环境动力。

（一）基础动力

基础动力主要是指机场基础设施的驱动力。首先，航空经济区域的形成依赖于机场，这是任何航空经济区不同发展阶段的动力条件和航空经济持续、健康发展的基础。航空经济区产业的空间构成、集聚类型以及布局方式在很大程度上取决于机场的成熟程度，即机场的定位、功能优势、用途指标等是决定航空产业走向的客观依据。其次，在航空经济发展的全过程中，机场始终发挥着核心枢纽的作用。机场定位的调整、航线网络结构的拓展、机场规模的扩大、保障能力的增强、空域条件的改善、客货吞吐量的增多都会在航空经济的演进中起到关键作用。最后，机场同内生动力、环境动力共同产生基础性作用。

（二）内生动力

内生动力指航空经济发展过程中的一种自发的内在力量。换句话说，航空经济的内生动力就是产生于航空经济区内部的活跃因素，可被理解为引致航空经济发展的内生变量，具体表现为分工互补、交易费用节省、知识共享、产业集聚、规模经济、持续创新等。航空经济的内生动力源自两个层面：一是以某一产业为主导的众多相关企业与机构所形成的产业集群，如航空物流业、航空制造业、高新产品制造业等。单独一个产业为了获取竞争优势，在发展过程中内生出专业化分工、集体学习等驱动因素。二是在航空经济发展过程中多个产业之间产生的互动能力。在航空经济发展成熟期，多个产业需要协调配合才能保证整体的可持续发展。

（三）环境动力

环境动力来源于政府有意识地对航空经济发展进行的规划、调控和航空经济的外部环境。环境动力是指产生于区域的外部，间接作用于航空经济的发展过程。其可被理解为导致航空经济发展的外生变量。环境动力形成主要包括两个方面，即政府行为和自然环境。政府行为包括政策、政府参与的航空经济发展项目以及有关的投资、出口行为等。自然环境属于航空经济发展的外部条件，包括区位优势、资源禀赋等，外部竞争的作用方式主要包括外部市场竞争、区域品牌建设等。

## 二、航空经济运行的动力模型

基础动力、内生动力和环境动力在航空经济的不同发展阶段，其作用强度是不同的，并呈现出阶段性特征。

图 4-2 显示了航空经济在三种动力共同作用下的模型。从模型中可以看出，基础动力和环境动力贯穿航空经济发展的全过程，为航空经济运行提供了基本经济条件和制度、竞争环境。内生动力在航空经济发展期时显示其能动性。在萌芽期，由于航空经济区的绩效较弱，其运行主要依赖于航空经济的发展趋势和外部条件。随着航空经济区的建立和各种效应的显现，航空经济系统内在的动力开始显现，至成熟期时，已经成为影响航空经济发展的主要动力。

## 三、常见的航空经济实证分析方法

（一）线性模型

依据前文的运行机理，航空经济的发展通过产业关联、产业集聚、政府与企业、政府与市场四个途径运行。以航空经济区的生产总值或者生产总值的增长率作为因变量（Y），以影响因素作为自变量，建立线性模型。

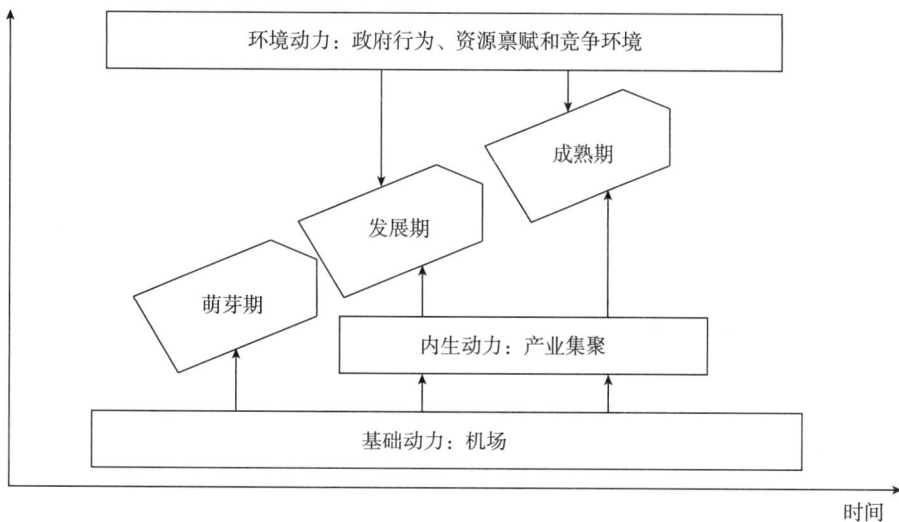

**图 4-2　航空经济运行的动力模型**

影响因素可以考虑以下七个：①产业集聚度（$x_1$）。产业集聚的程度越高，对航空经济区的影响越大。②航空经济区企业的数量（$x_2$）。企业的数量多少，反映航空经济区的影响力和发展潜力。③航空经济区机场流量（$x_3$）。航空经济区机场流量，包括客运流量和货运流量。航空经济区是以机场为核心要素建立的特定区域，机场流量的大小直接影响区域的集聚程度和能力，是航空经济区及航空经济相关企业和市场发展的起点。④航空经济区机场的运营效率（$x_4$）。机场的运营效率是在既定投入条件下提供最大产出的能力，或在既定产出下最小投入的能力，包括技术、资源配置、人力、财力等方面的投入和产值、专利、利润等产出，一般采用数据包络分析（DEA）的方法衡量机场的运行效率。⑤航空经济区的对外开放程度（$x_5$）。随着世界经济形势的发展，基于国内劳动力、土地、技术等优势，借助世界产业转移的契机，航空经济区能够满足相关产品价值高、时效强、更新快的特点。区域的对外开放程度越高，航空经济发展的空间越大。区域的对外开放程度也反映市场的对外依赖程度，一般用进出口贸易总额占地区生产总值的比重表示。⑥航空经济区产业结构（$x_6$）。第二、第三产业比重越高，航空经济区的综合能力越强。⑦航空经济区的就业结构（$x_7$）。由第二、第三产业的就业比重反映。

建立线性模型，如下：

$$y = \alpha + \beta_1 x_1 + \beta_2 x_2 + \beta_3 x_3 + \beta_4 x_4 + \beta_5 x_5 + \beta_6 x_6 + \beta_7 x_7 + \xi$$

应用相应的计量方法估计上述模型中的参数，估计各影响因素对航空经济的影响程度。

（二）数据包络分析（DEA）

数据包络分析（Data Envelopment Analysis，DEA）是一种进行多目标决策的系统分析方法。DEA 模型是美国著名运筹学家查恩斯和库伯等在"相对效率评价"概念的基础上发展起来的一种新的系统分析方法，其主要功能是进行多个同类样本间的"相对优劣性评价"。该方法有两种最常用的模型，即 $C^2R$ 模型和 $BC^2$ 模型。

1. $C^2R$ 模型

$C^2R$ 模型假设规模效益不变，即假设投入增加一定的比例，产出也将增加相同的比例，它计算的是各个部门或者单位（DMU）的综合相对效率值，即将纯技术效率和规模效率融合为一个综合效率值。假设有 h 个决策单位，这 h 个决策单元具有可比性，每个决策单元有 m 种投入要素和有 s 种类型的输出。输入越小越好，输出越大越好。$x_{ij}$ 表示第 j 个单元的第 i 种输入的投入量，$x_{ij}>0$；$y_{rj}$ 表示第 j 个单元的第 $y_{rj}>0$ 种产出量，$y_{rj}>0$；$v_i$ 是对第 i 种输入的权重；$u_r$ 是对第 r 种输出的权重。

对于第 j 个单元的效率评价指数 $h_j$ 如下：

$$h_j = \frac{u'Y_j}{v'X_j}$$

可以选择合适的 v 和 u，使得 $h_j \leqslant 1$。$h_j$ 值越接近于 1，表明使用相对较少的投入可以获得相对较大的产出。这只是对第 j 个单元的效率评价，在 n 个决策单元中不一定是最优的，因此，通过改变权数 v 和 u，考察第 j 个单元在所有决策中是否最优。令第 j 个单元对应的投入和产出分别为 $X_0$ 和 $Y_0$，建立所有决策单元的效率指数的对偶规划，并引入松弛变量 S：

$$\begin{cases} \min\theta \\ s.t. \sum_{j=1}^{n} \lambda_j X_j = \theta X_0 \\ \sum_{j=1}^{n} \lambda_j X_j = Y_0 \\ \lambda_j \geqslant 0, \quad j=1, \cdots, n \end{cases} \qquad \begin{cases} \min\theta \\ s.t. \sum_{j=1}^{n} \lambda_j X_j + S^- = \theta X_0 \\ \sum_{j=1}^{n} \lambda_j X_j - S^+ = Y_0 \\ \lambda_j \geqslant 0, \quad j=1, \cdots, n \\ S^- \geqslant 0, \ S^+ \geqslant 0 \end{cases}$$

其中，$\lambda$ 为权重，$\theta$ 为第 j 个单元的技术效率值，满足 S（S 为松弛变量）。当 $\theta = 1$ 时，称 DMU 为 DEA 有效；当 $\theta < 1$ 时，称 DMU 为非 DEA 有效。

2. $BC^2$ 模型

$BC^2$ 模型与 $C^2R$ 模型的不同之处是引入了规模效率，允许规模收益可变，比 $C^2R$ 模型更具有灵活性，将技术效率（TE）分解为纯技术效率（PTE）和规模效率（SE），PTE 表示规模报酬不变时第 j 个单元的技术效率，SE 表示规模报酬可变与规模报酬不变时的距离，$TE = PTE \times SE$。与 $C^2R$ 模型相比，增加了对权重 $\lambda$ 的约束条件：

$$\sum_{j=1}^{n} \lambda_j = 1, \quad \lambda_j > 0$$

假设有 p 个决策单位，单个决策单位对应 m 个输入量和 n 个输出量，输入权系数向量表示为 A 输出权系数向量为 B。对任意决策单位 $DMU_j$ 的效率评价指数可表示为：

$$h_j = \frac{B^T y_i}{A^T x_j}$$

其中，$x_j$ 为 $DMU_j$ 的投入向量，$y_i$ 为 $DMU_j$ 的产出向量。

以权系数 A 和 B 为变量，以 $DMU_{j0}$ 的效率指数为目标，以所有 $DMU_j$ 的效率指数 $h_j \leq 1$ 为约束，构建模型：

$$\min \left[ \theta - \varepsilon \left( e^T S^- + e^T S^+ \right) \right]$$

s. t.

$$\sum_j^n X_{ij} \lambda_j + S^- = \theta X_{j0}$$

$$\sum_j^n y_j \lambda_i - S^+ = y_{j0}$$

$$\sum_j^n \lambda_i = 1$$

$$\lambda_j \geq 0, \quad s^- \geq 0, \quad s^+ \geq 0$$

其中，$\theta$ 代表决策单位的纯技术效率 PTE。全要素生产率指数 = 技术进步指数×技术效率变化指数 = 技术进步指数×纯技术效率变化指数×规模效率变化指数。若指数值小于1，表示该指数年度内出现负增长；若指数值大于1，表示出现正增长，值越大，增幅越大。

3. 航空经济运行效率评价

航空经济运行是个多投入多产出且量纲不尽相同的复杂投入产出系统，其输入指标主要是航空经济活动中需要消耗的某些量，包括人、财、物等指标；产出方面是经过一定量投入后表明的航空经济活动成效的某些量。考虑到指标的可获得性、连续性和准确性，这里选取了以下指标构成航空经济投入和产出的指标体系。

投入方面可以选取从业人员、机场流量、研发经费、固定资产投资、研发人员数量等；地方生产总值、地方居民收入水平、企业利润等作为产出水平，评价航空经济的运行效率。若某航空经济区的综合评价效率值等于1，则表明 DEA 有效；若小于1，则表明 DEA 无效。

# 第四节 航空经济发展的运行机制

在不同的发展阶段，航空经济发展过程中发挥主要作用的动力因素是不同的，因而在不同的时期，航空经济的运行机制也是不同的。

## 一、航空经济萌芽期的运行机制：基于区位选择和制度创新的协同机制

在航空经济发展的不同阶段，经济活动主体具有不同的层次和不同的经济活动内容，

由此决定了三种动力在不同阶段组合所形成的动力机制的不同。正是这种不同的动力机制持续、缓慢地影响航空经济区内各种资源的有效整合，所以航空经济以开放、非平衡、非线性的方式向前演进。

基础动力改变了机场周边经济要素的组成结构，引致航空偏好企业的聚集。在航空经济发展初期，企业布局呈现原子状，在机场周边零散分布，相互之间关联度不高，此时环境动力会起到一定作用。政府承担着基础设施建设的责任，适时进行区域规划。在基础动力和环境动力的作用下，面对一定的条件约束，区域内企业企图通过区位选择来争取最优状态的资源组合，从而获得市场的竞争优势。

波特曾经说过，"国家的成功并非依靠某个孤立的产业，必须依靠在垂直和水平方向上紧密联系的产业集聚"。从微观角度看，企业向着更有竞争力的方向发展，力图按照价值链形成专业化分工的集群体系发展；从中观角度看，航空经济区为了获得区域竞争优势，吸引优良的经济要素；从宏观角度看，航空经济的发展促进区域经济的发展，强化区域的区位优势和竞争优势。因此，航空经济的形成期基本实现了区域和产业的集聚，该时期机场起主导作用，环境动力起部分作用，内生动力作用比较微弱，形成期的动力机制是"基于区位选择和制度的协同机制"。

航空经济区位优势形成依托于产业关联与产业集聚的形式，强调产业的创新性、周期性和灵活性，多以时间作为衡量标准，此时，时间成本就显得至关重要。

（一）时间成本

在新经济环境下的"顾客势能至高"背景中，由于顾客关注的重点逐渐向时间因素偏重，时间成为评价供应链运作的主导因素，成为继成本、质量、服务之后新的利润因素。时间竞争的核心在于缩短从产品开发、加工制造到销售配送等的时间，从而赢得竞争优势的策略。其实质是压缩产品从创造到发送过程每一阶段的时间，加快产品开发与推出，快速设计和制造。快速的物流配送及顾客服务使得新产品比竞争者更早进入市场，赢得更多的市场份额，降低产品生产及上市周期长所带来的时间成本。

时间成本指的是在某段时间内资源和信息的闲置而产生的成本，是这些资源和信息在这段时间内向其他能取得更大效益方面投入的机会成本的消耗。时间成本越来越成为信息时代最重要的成本概念，它是一种自然资源，具有无形的价值。企业对时间成本的耗用可能是直接的，也可能是间接的。例如，当企业开发新产品的周期比竞争对手长时，意味着企业正在耗用过多的直接时间成本，表现为新产品的上市慢于竞争对手。企业在产品的销售中也会发生时间成本，当企业通过有力的手段快速销售产品时，不仅使企业资金回笼加快，经济效益得到快速实现，而且将快速扩大产品的市场占有率，其时间成本的节约为企业带来难以估计的巨大收益。此外，有效而快速的决策、市场信息的快速获取与反馈都将为企业大大节约时间成本，从而为企业带来收益。由此可见，时间成本的节约不仅意味着单位时间劳动力成本、资金成本等传统意义上的要素成本的节约，更在于它为企业加强管理提供了一个全新的概念。因此，降低时间成本成为现代很多企业追求的目标，而降低时间成本的重要方式之一就是使用航空运输来压缩物流周期，即使用航空运输来配送零部件、半成品和成品，降低产品生产及上市周期长所带来的时间成本和增强供应链的协同效应，增强市场反应速度。

（二）基于时间成本的区位选择机制

基于时间成本的区位选择机制，会导致决策主体（企业）的区位偏好以机场周边为主，也就是航空指向。首先，具有空运偏好的产品是基础。其次，整个价值链的总体时间最小化是约束条件，这些企业在流通环节上具有时间价值偏好，时间成本达到最小化。从基于时间竞争的价值链系统分析，可以看出趋于机场周边布局是最佳选择。现代管理新思维要求企业在最短的时间内，以最低的成本提供最高的价值。它将企业组织的注意力放在灵活性和反应力上，将时间因素结合到价值链当中，形成一种基于时间的价值链模式来分析和评价竞争优势。基于时间竞争的价值链是一个系统。任何一个活动花费更多的时间都会影响到价值链整体的反应速度。如果不同活动之间在时间上存在冲突，则应以有利于整个价值链时间最少为原则来调整活动，整个价值链的总体时间最少是目标。最后，流通环节的时间价值偏好。生产要素地理分布的不均衡造成非均匀的经济空间，而企业价值链各环节所要求的生产要素又相差很大，这就使得生产与价值链的空间分离成为必然。但基于时间的竞争要求企业要达到整个价值链的总体时间最少，流通环节是重要的时间价值环节，压缩这个环节的时间成为重点。

据国际机场协会统计数据表明，世界上机场离市区的平均距离是 20～30 千米，供应链的效率有向以小时作为考核标准的发展趋势。因此，基于时间成本的区位选择机制会使具有空运偏好和流通环节的时间价值偏好的企业逐步聚集在机场周边地区。

（三）政府制度创新的协同机制

遵循市场机制的运行规律，在不破坏市场机制的前提下调控和管理航空经济运行过程，政府的制度创新在坚持非营利性、公平竞争、区域发展等原则，在不同的发展阶段完善各项制度和规章，以促进区域产业优势、区位优势、要素集聚优势等的形成和显现。

为了促进航空经济区的发展，政府制度创新主要考虑以下五个方面：①通过改变产品和要素的相对价格来促进制度创新。政府可以有意识地制定一些政策，引导某种产品或要素向该区域集聚，改变相对价值，引发制度创新。②通过引进或集中开发新技术、推动制度创新。政府可以将区域内有限的人力、物力、财力资源集中起来，更快地开发或引进某些新技术，以便激发制度创新。③通过扩大市场规模，引起制度创新。政府可以消除区域间的行政壁垒，使分割的区域市场得以统一，市场规模得以扩大。④通过加快知识存量的积累，提高制度的供给能力。社会科学知识的进步将直接促进制度创新的供给。政府可以通过法令、政策等形式，给社会科学研究创造宽松的环境；加大对社会科学研究的投入；扩大对外交流学习，促进理论研究的深入开展和知识存量的积累。⑤政府利用其强制性和组织的规模经济优势，直接进行制度创新。政府可以发挥强制性和规模经济的优势，降低或弥补制度供给中的各项费用，使制度创新成为可能，或者使制度创新的收益最大化。

因此，在政府制度制定的过程中，需要考虑以下两方面：

（1）既要考虑经济效益，更要关注生态文明，改变政府考核机制以促进航空经济发展。航空经济的发展要注重经济效益和质量，在未来的区域经济发展中要成为新的增长极和增长主体，这就促使地方政府在发展航空经济的同时，存在一定程度的扩张冲动。在地方政府政绩考核目标的推动下，容易出现重复性建设和互相攀比，同类产品的重复性建设可能会超过市场的需求总量，应改变传统的以地方经济增长速度或者规模来评价地方官员的考核机制，既要考虑地方经济的发展，又要关注生态文明，注重经济、人口、社会、生态的多重发展，依据航空经济不同的发展阶段，设立相对灵活、符合实际发展规律的考核机制，以考核机制的变化纠正地方政府的行为。

（2）既要考虑航空经济区的发展，也要考虑地区经济的发展，建立区域统一的市场。航空经济区的发展是"由点到面"的发展过程。航空经济区最初具有其特殊性，以机场为核心资源，建立航空经济区。随着航空经济区的影响力、凝聚力的扩大，区域的资源、人才、资金、技术等要素向航空区域聚集，形成具有地方特色的航空都市区域。该区域作为区域经济的一部分，在获取自身利益的同时，也促进资源的合理配置，协调航空经济区与地方经济之间的关系，避免形成"诸侯经济"的不良后果。随着航空经济区影响力的变化，加强对制度的执行力度和完善协调机制就显得尤为重要。

## 二、航空经济发展期的运行机制：基于产业链分工和竞争优势的资源要素需求机制

航空经济进入发展期，基础动力和环境动力还在发挥着作用，然其方式、强度都有所改变。机场驱动力由萌芽期的外生力量逐步内化，成为混合性的动力因素。一方面，机场还在不断吸引外来企业布局；另一方面，由于航空相关产业逐步由机场内扩展到机场外，开始融入其他航空产业集群中，参与航空经济的循环。外源性动力主要在于政府更好地搭建经济发展平台，进行必要的制度安排，如建立信息平台、中介服务体系、劳动力教育培训，以降低交易成本，打造区域品牌。

当航空经济区内相关产业大量聚集，航空经济主导产业集群出现并形成完整的价值链体系，通过深度的专业化分工，使得产业内企业具有较高的效率，改善了企业的成本曲线，提高了企业的经营效益，从而使地区在区域竞争中取得优势地位。构造航空经济区内的价值链体系，可以维持和增强其竞争优势。在建立一个完整的产业价值链体系目标的指引下，基于分工互补、降低交易费用、知识共享、外部经济、规模经济等动力因素驱动下，企业按照价值链形成专业分工格局。相关企业之间彼此既竞争又合作，形成了一个坚实的、稳定的、密切的本地网络关系。随着产业规模的扩大，航空经济区的产业集聚逐渐达到一定规模和强度的临界状态，本地资源要素的稀缺性和有限性开始制约经济的进一步发展，市场的竞争进一步加剧，促使企业、产业、区域趋于共同的理性选择——创新体系的构建。只有创新，才能促进航空经济由成长期向成熟期转型。航空经济在发展期时，其内生动力起主导作用，而机场的驱动力仍在继续发挥作用，不过它在整体作用中的比例将会下降，部分驱动力逐步转化为内生动力。由于内生动力起到主导作用，环境动力相对会减弱一些。产业的上下游逐渐形成一个紧密的综合体系。

在这个时期，航空产业集群随着规模的扩张，逐步趋向更高级的形态演化。向更高级的产业集群演进，客观上必然要求获取经济发展所必需的高级要素作为支撑。可这种高级要素是不能通过继承获得，而是要通过长期投资和后天开发才能创造出来的。因此，这时的环境动力和基础动力共同起作用，政府必须通过创立更加良好的产业环境条件。"基于产业链分工和创新的资源要素需求机制"是本阶段航空经济的演进机制。

（一）基于产业链分工的航空产业集群的网络机制

航空产业链群是核心链——航空运输服务链和航空高新技术产业生产链共同组成。航空公司提供运输产品的服务产品A，某企业生产航空偏好型产品B，航空公司和主导链的协同作用有力推动航空经济的发展。

航空运输服务链的源节点是机场，它所提供的是运输服务——产品A，是航空公司基础运营的服务，产品B经由航空运输后，通过代理人进行销售，A和B融合形成产品C，最后销售给消费者，航空运输提升了产品的内在价值，如图4-3所示。

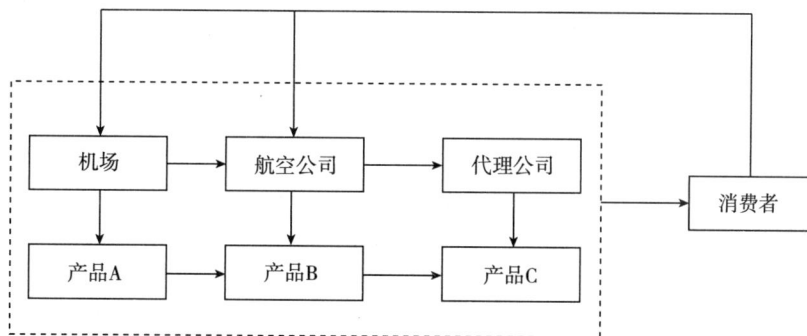

**图4-3 航空运输服务链**

在速度经济空间，航空运输服务链是灵敏型供给，主要是满足客户的时间价值，服务资源在产业链的各个环节上进行传递，并伴随着功能的传递和累加，使效用或使用价值在原来的基础上不断增加。在航空运输服务链中，航空公司起到了链核的作用，并以航空服务为纽带，上下连接，向下延伸，形成一个链状的网络结构。机场在整个链条中起到了基础性作用，它锁定了链条的核心空间范围；航空公司起到了主导作用，它是整个运输服务链的核心，使得产品、旅客或货物实现空间的移动，体现航空公司的运输作用；代理人在整个运输服务链条中起到了不可或缺的作用，它直接面对消费者，是运输产品最终能够实现的关键因素。

在航空经济区内，存在航空偏好型高新技术产业，这一类产业是指以科技含量比较高的、产品关联度比较强的优势企业和优势产品为链核，以产品技术为联系，以资本为纽带，上下联结，向下延伸，形成完整的、系统的产品链。其具体表现形式主要有单源链状结构、单源星状结构和多源网状结构。

在航空服务区，航空偏好是企业的共同特性，航空运输服务链必定链接了所有企业，然而，考虑到产业链的时间特性，产业链环之间的持续时间越短越好。在航空经济区内，只有具有了一定经济和技术关联并依托于特定的逻辑和时空布局关系，在客观上形成链条式关联形态，这样才能保证一个企业的整体优势链，进而转化为一个区域和产业的整体优势，航空高新技术产业生产链就此形成。

在航空经济的成长阶段，航空高新技术产业生产链通过接通产业链和延伸产业链两个方式进行成长。接通产业链，是指将一定地域空间范围内的产业链的断环和孤环借助某种产业合作形式串联起来。延伸产业链则是将一条已经存在的产业链尽可能地向上游延伸或向下游拓展。产业链向上游延伸一般进入基础产业环节或技术研发环节，向下游拓展则进入市场销售环节。同时，航空偏好特性使得无论原材料、半成品、成品的运输都与航空运输发生关系，航空运输服务链逐步形成。航空高新技术产业生产链主要是指，在航空服务链和航空科技产业生产链共同构成航空产业经济区纵横交错的网络中，多个产业链通过链环上的主体企业相互交叉，保证航空产业链群的可持续发展。所以说，基于专业化分工的航空产业链群的网络协同机制成为这一时期的关键动力机制。

（二）基于竞争优势的资源要素需求机制

依据资源基础理论，机场只有获取有价值的稀缺资源才能可持续发展。虽然航空公司是机场的客户，但从航空运输服务的完整产品角度分析，承运人提供了运力资源，机场为航空客货运输行为提供最基本的服务保障平台资源，以及航空保障服务，如航空油料服务、航材进出口、航空信息服务等，航空维修和航空培训也是必不可少的资源要素。这些资源在机场的经济空间有效结合，形成航空运输服务的完整产品并产生航空市场效应。机场作为以专用基础设施为主要手段的服务性企业，机场、基地航空公司和航空保障企业等环节在机场共同组成一个组织，共同为旅客和货主服务。因此，机场在其自身发展过程中，为了塑造自己的动态竞争力，需要不断地吸收、整合资源，而这种资源要素需求带来了航空业务和非航空业务的加速聚集。

## 三、航空经济成熟期的运行机制：基于创新的内生驱动机制

（一）主动力转换

航空经济进入成熟期，基础动力开始减弱，环境动力转向构建创新平台。在成熟期，内生动力起主导作用，企业成为创新的主体，创新能够为企业带来更高的收益，创新活动成为企业最主要的增值活动。在成熟期，三个动力作用强度各有不同，内生动力继续发挥主导作用，机场的基础动力仍在继续发挥作用，不过，这在整体作用中的比例继续减弱。环境动力中政府的政策力量正在减弱，品牌建设正在加强，创新成为区域的核心竞争力。

航空经济经过萌芽期和发展期的运行，在"基于时间成本的区位选择和制度创新的协同机制""基于产业链分工和竞争优势的资源要素需求机制"等多种动力机制的作用下，航空产业集群逐渐开始成熟，但尚未真正形成核心竞争力。由于航空经济产业的高端特点，在发展初期需要通过创新平台来维护和支持航空经济的发展，在后期更需要航空经

济创新平台来为航空经济的可持续发展和升级提供保障。可见，缺乏"区域创新网络"就成为航空产业集群核心竞争力缺失的重要因素。

（二）创新网络推动航空经济发展

航空经济创新网络，是指航空经济区内企业协同物流需求方（顾客）、政府或其他机构等集群行为主体，以竞争合作和信任关系等正式或非正式的合作交流为基础，形成的推动创新产生、传播、溢出和扩散的相对稳定系统。航空经济创新网络的内涵由三大组成部分构成，即主要节点、关系链和流动要素。主要节点是指创新网络中存在的各个行为主体，包括企业、中介服务机构、科研机构以及地方政府等组织，正是这些节点之间的交互作用，促进了航空经济的协同创新。关系链主要是指发生在主要节点之间的正式关系与非正式关系的集合。通过各个节点之间存在的关系链条将各个节点联系起来，从而形成航空经济的创新网络。节点间流动的要素主要是指资金、信息、生产要素等，这些流动的要素是节点间关系链形成的重要载体。

（三）区域内信息交流的重要激发作用

航空经济区内企业的空间距离较近，有助于隐性知识在航空经济区内传播。集群式创新的网络化特性，为技术人员提供了面对面交流信息的机会。信息交流既包括正式的交流，也包括各种非正式的交流，这种交流成为隐性知识在航空经济区内迅速传播的重要途径。由于这种隐性知识根植于区域内共同的社会和文化背景，航空经济区外的企业不能轻易模仿，因而成为航空经济区核心竞争力的重要因素。

航空经济发展的不同阶段呈现出不同的特点和主导因素。在构建航空经济运行图的基础上，指出航空经济是以机场为核心动力和航空经济发展的原点，并通过产业分工、产业集聚、政府与企业、政府与市场四种形式展开。各种形式之间相互关联、相互影响、共同作用，促进航空经济区和区域经济的发展与产业的升级。

基于以上的运行机理，按照不同阶段的发展特点，航空经济的动力因素可以划分为基础动力、内生动力和环境动力。结合各动力因素，简要总结了常用的航空经济实证模型。针对航空经济不同发展阶段的特点，提出三种动力机制以促进航空经济的发展。其中，航空经济的实证分析与验证还需进一步的研究。

# 第五章 航空经济发展中的政府

政府在任何一个经济体发展中都会发挥着不可替代和不可忽视的作用，在航空经济发展过程中政府的作用亦然。那么，政府在航空经济发展中仅仅是"守夜人"的角色，还是扮演直接参与者甚至是管理者引领者的角色？这些都应有具体判断。也就是说，在航空经济发展中，政府扮演什么角色？发挥哪些作用？发挥作用的渠道或路径有哪些？不同经济体或区域中政府发挥的作用是否相同？这些问题都应当进行具体分析研究。一般来讲，政府发挥作用主要是通过政策内容或各类政策工具进行的，因此，本章应对政府政策做重点阐述。但是，我们一定要明确，政府无论扮演什么角色，在经济发展中都是有限度的，很多时候是限于一定方面或特定事项中。我们关注政府角色或强调政府作用，绝不是说政府主导航空经济发展的各个方面，尤其是经济主体的合法市场经济活动。在航空经济发展过程中，我们始终应当遵循市场经济规律，坚持市场在资源配置中的决定性作用。

## 第一节 航空经济发展中的政府角色与政策层级

### 一、航空经济发展中的政府角色

#### （一）航空经济实践的公共性

航空经济发展的关联效应、带动作用较强，特别在一个地区经济社会发展到一定水平之后，机场建设（特别是国际机场）的区域设置、空间布局、战略定位、产业选择与政策等都将极大影响区域经济社会发展进程，因为这牵涉企业、政府、市场、居民、社会组织等各类社会主体及其各类要素资源的交易或配置。航空大都市建设更是改变了区域城市化的方式和居民经济社会生产生活模式。因此，航空经济实践具有明显的公共性。这种公共性主要应由政府政策或行为来实现。

政府在航空经济发展中发挥强力作用将会有效促进航空经济从无到有、从低速发展到快速发展。如果政府的作用受到限制或政府不积极作为，那么，航空经济发展就相对较慢或较弱。荷兰政府制定了《国家规划与发展报告》（第4版）明确了史基浦机场在国家发展战略中的中心地位，战略目标设定为欧洲配送中心、荷兰物流集散地，此后经过持久建设，史基浦航空城、阿姆斯特丹临空经济区成为阿姆斯特丹乃至荷兰重要的经济增长极。

下面将简单以东京成田国际机场建设与北京大兴国际机场建设为例加以对比说明。

1962年日本政府就开始计划建设新东京国际机场，1964年东京奥运会更显示出日本国际交通短板。1965年日本决定建立东京成田机场，1966年新东京国际机场建设方案公示，大量民众反对新东京国际机场的建设。设计规划范围需占用国有、县有土地总计达3950000平方米，但还需再征用6700000平方米私有土地。由于政府与私人多次协商不妥，导致机场从1967年开始建立，第一条跑道足足建了12年。1972年，新东京国际机场T1航站楼竣工，但因部分民众始终占领跑道建设用地，因此跑道建设工程进度十分缓慢。1978年5月，新东京国际机场建成通航；2004年4月，新东京国际机场正式更名为成田国际机场。成田国际机场从2011年开始修建第二条跑道，但只修了2500米便被迫终止；2019年9月，成田国际机场T3航站楼改扩建工程启用。成田国际机场的建设时间周期长、阻力大、政府作用较弱，延缓了周边地区的经济发展。

北京新国际机场自2014年12月26日开工建设，2018年9月14日将北京新机场名称确定为"北京大兴国际机场"；2019年9月25日，北京大兴国际机场举行投运仪式，北京南苑机场正式关闭；2019年10月27日，北京大兴国际机场航空口岸正式对外开放，实施外国人144小时过境免签、24小时过境免办边检手续政策。北京大兴国际机场拥有4条跑道，东一、北一和西一跑道宽60米，分别长3400米、3800米和3800米，西二跑道长3800米，宽45米。北京大兴国际机场的高标准开通运营极大地缓解了首都机场的压力，更重要的是顺应环渤海及京津冀地区经济协作发展趋势，有力地促进区域经济快速发展。

当然，政府在航空经济发展中的角色与公共作用不仅体现在机场建设过程中，而且在航空经济发展实践的各个环节都有体现。政府在航空经济发展中的巨大作用也不仅在我国有显著体现，在其他国家也是如此，这将在第九章中详细阐述航空经济发展的政策实践。

（二）我国航空经济发展中的政府角色

在我国航空经济发展过程中，政府发挥着重要作用。经济发展的实践表明，在经济发展过程中既要依靠有效的市场，也要依靠政府积极作为，"有为的政府在转型中国家尤其重要"。[1][2] 在航空经济发展初期（或启动期）尤其如此，政府甚至起到如"发动机""指导者"之类的作用。本章在这里主要从两个角度总结政府角色。

1. "主导者"+"指导者"角色

"主导者"主要是指（各级）政府在我国航空经济发展中发挥核心决定性作用。如在航空经济区批准设立（特别是核心机场建设）、航空产业布局、区域协调发展、相关航空企业设立与管理、相关政策配套制定等方面，政府居于核心地位，发挥主导者作用。通俗地讲，如果没有政府的同意、批准或认可，特定航空经济活动很难展开或进一步发展。这既包括地方政府的方案需要得到上级政府批准，也包括相关企业的方案或战略活动需要得

---

① 林毅夫．经济转型离不开"有为政府"［N］．人民日报，2013-11-26（005）．
② 林毅夫．经济发展需要有为政府和有效市场［J］．今日中国（中文版），2013（12）：20-22.

到相关政府部门的批准或允许；同时，还包括国家综合性规划或战略中的航空经济相关内容，例如《交通强国建设纲要》和《国家综合立体交通网规划纲要》中关于航空业融合发展的相关内容。

"指导者"主要是指在航空经济发展过程中政府发挥"指路人"的作用，引导各方关系和资源朝着国家宏观规划和区域战略规定的方向和范围促进航空经济发展。例如，通过一定的激励方式促进相关市场经济主体与资源按照宏观要求经营或配置。

政府扮演"主导者"角色重点在主导，通过政府的相关规划、政策实施来实现，目标重点在于管理，持续提高政府管理社会的能力。

政府扮演"指导者"角色重点在指导，通过政府引导、协调等柔性调节把握方向，目标重点在于服务，应完善和转换政府职能，以提高政府服务社会的能力。

2. "主体"+决定"主题"的角色

"主体"主要是指政府作为一种组织本身也是社会主体，在经济生活中也是市场主体。政府不仅扮演经济社会管理者角色，其部门成员关于航空经济实践的言行也会影响社会其他成员和组织，具有较强的引导和示范效应。政府各部门的经济活动对社会经济发展也具有导向作用。因此，政府作为主体在航空经济发展中发挥着不可替代的作用。

政府扮演决定"主题"的角色，其主要是指政府作为经济社会管理者，尤其是在航空经济实践中，政府主导政策规划、发展战略、重大项目、宏观发展方向、核心竞争力选择、土地规模等的提出、调研、实施等，政府往往决定"主题"的核心内容和形式。例如，有关区域经济发展战略规划制定、"临空经济示范区"的正式设立等都需要政府相关部门设定或主导核心主题内容。

郑州航空港经济综合实验区的建设过程生动诠释了航空经济发展中的政府角色。2007年10月，河南省委、省政府批准设立郑州航空港区。2010年10月24日，国务院批准正式设立郑州新郑综合保税区。2011年4月，设郑州新郑综合保税区（郑州航空港区）管理委员会，省政府派出机构。2012年11月17日，国务院批准《中原经济区规划》，提出以郑州航空港为主体，以综合保税区和关联产业园区为载体，以综合交通枢纽为依托，以发展航空货运为突破口，建设郑州航空港经济综合实验区。2013年3月7日，国务院批准《郑州航空港经济综合实验区发展规划（2013—2025年）》，标志着全国首个航空港经济发展先行区正式起航；并设定郑州航空港经济综合实验区建设目标为国际航空物流中心、以航空经济为引领的现代产业基地、内陆地区对外开放重要门户、现代航空都市、中原经济区核心增长极。2020年，郑州航空港经济综合实验区地区生产总值达1041亿元，同比增长7.8%，是2015年的1.7倍，年均增长11.4%；进出口总额突破4000亿元，达到4447亿元，是2015年的1.4倍，年均增长7%；跨境电商单量达到1.39亿单，货值113.9亿元，同比分别增长91.7%、62.0%，年均分别增长184.6%、163.9%。郑州机场航空货运达到63.9万吨，同比增长22.5%，增速排名全国大型机场第一，是2015年的1.6倍，年均增长9.6%，货运量全国排名提升至第6位。其中，国际货运达到45.1万吨，同比增长47.9%，是2015年的2倍，年均增长14.7%。

成都双流区"中国航空经济之都"建设。双流区位于成都南边，是国家级新区，2013 年成都天府新区直管区划转双流区后，现有面积共 1032 平方千米。成都临空经济示范区在 2017 年 3 月获国家正式批准设立建设，面积为 100.4 平方千米。建设"中国航空经济之都"是 2017 年中国共产党成都市第十三次代表大会后成都一系列战略部署的核心和关键。为此，中国共产党成都市委员会和成都市人民政府对双流区提出要在"转换发展动能、产业功能区建设、生态优先发展、主动融入'双循环'、建设幸福美好生活新城区"五个方面"走在前列作出示范"。双流区对此提出具体目标：到 2025 年，航空经济主营业务收入突破 3700 亿元；航空进出港人数 4000 万人次；航空货运吞吐量 70 万吨；累计新增货运航班数 900 班；外贸进出口总额突破 1000 亿元等。成都建设"中国航空经济之都"的过程也说明，政府既扮演着"主导者"+"指导者"角色，也扮演着"主体"+决定"主题"的角色。

## 二、航空经济发展中的政策层级

航空经济发展中政府所发挥的作用要通过各类相关政策工具。本章认为，航空经济发展中的政策是有一定层级的，这种特性在我国航空经济发展中体现得尤其突出。航空经济发展既对区域经济发展具有先导作用，同时又是经济结构转换与区域经济高度发展的持续要求。也就是说，航空经济的高度发展不仅是航空产业的发展，更是区域经济的高度发展，乃至整体经济发展水平的综合体现。

一般而言，某一新经济形态的形成与发展，一方面是社会经济发展的要求，另一方面也是某一区域社会经济各方面因素综合作用的结果。同理，在特定区域发展新的经济形态，一方面要求政府、企业、各相关因素应当适应新经济形态发展的需要，遵循经济发展规律；另一方面要求当地政府应当顺应新经济形态发展趋势，积极培育、扶持、引导，在遵循经济规律的前提下，促使各要素围绕新经济形态发展而流动和配置。例如，对于荷兰阿姆斯特丹史基浦机场来讲，巧妙地平衡各经济政策就非常重要，成功实施了土地利用限制规划，发挥了当地的地理优势，吸引国际大公司总部和物流企业进驻，促进当地航空相关产业的蓬勃发展。[①] 因此，针对航空经济的发展，尤其在初期阶段，政府对航空经济发展的培育、引导、支持政策必不可少，这些政策已经远远超出产业政策的范畴，其客观要求与实际效应、作用范围都在拓展，航空经济发展政策客观上形成不同的政策层级。

航空经济发展的政策层级是指推动航空经济持续、高度发展的政府政策根据其对经济发展与经济主体不同的影响范围广度与作用深度而形成的政策层次与政策体系，是政府行政层级、政策作用层次与影响范围广度的统一。以下主要从三个方面说明航空经济发展的政策层级。图 5-1 展示了航空经济发展的主要政策层级。

---

① Michel Van Wijk，Kes Brattinga，Marco A. Bontje. Exploit or Protect Airport Regions from Urbanization？ Assessment of Land-use Restrictions in Amsterdam-Schiphol ［J］. European Planning Studies，2011，19（2）：261-277.

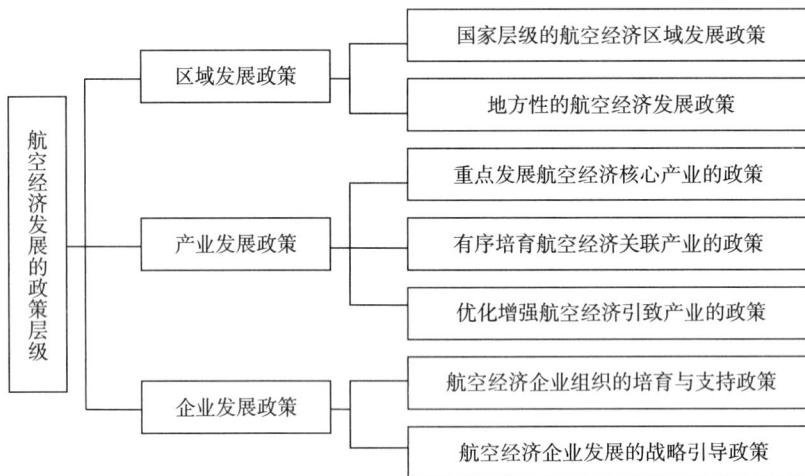

图 5-1　航空经济发展的政策层级

# 第二节　航空经济的区域发展政策

航空经济的区域发展政策主要指在某一区域的航空经济发展过程中，影响本区域社会经济发展水平的相关政策总和。从政策制定的主体而言，主要包括国家层级的航空经济区域发展政策与地方性的航空经济发展政策。显然，航空经济的区域发展政策制定主体是国家与地方政府。

航空经济的区域发展政策是以具体核心区域为依托，而航空经济区、航空港区或临空经济区的设立是其中的一环，前述已经提到的郑州航空港经济综合实验区和中国航空经济之都的设立与建设就是现实范例。

## 一、国家层级的航空经济区域发展政策

在现代市场经济中，国家层级的航空经济区协调发展政策的提出主要在于纠正或补偿市场失灵，航空经济发展区的不同政策。

### （一）"市场失灵"的补偿性政策

我们知道，现实市场很难满足完全竞争市场的要求，诸如垄断、外部性、公共产品、不完全信息、分配制度等因素都可能打破完全竞争市场体系，迫使市场（价格）机制丧失正常机能，从而造成"市场失灵"。

由于各个区域经济禀赋、社会经济结构常常存在历史与现实差异性，区域发展中的各要素在市场机制作用下在区域间流动，从而造成对特定区域社会经济发展的不利情况。因

此，从国家层级而言，首先要破除"市场失灵"对特定区域发展所造成的非均衡不公平现象，实行"市场失灵"补偿性政策。

例如，因某一区域内实施公共设施建设，各生产要素按照市场机制流动，但这种生产要素流动不利于某一区域长远发展，那么国家就会采取补偿性政策来弥补因生产要素流出造成的损失。

这类政策的目的在于：在保障国家发展战略实施下，避免市场机制失灵造成某一区域发展付出过多代价；消除区域社会经济发展过度不均衡、不公平状况，并激励某一区域突出特色而发展航空经济。

（二）航空经济的区域发展支持政策

随着航空经济的快速发展，在客观上必然提高这一区域对区域外的充分开放性，推动区域内经济集聚性和高度市场化。因此，某一区域发展航空经济必须要获得国家层面的广泛支持、区域间得到的密切协作。

国家层面的支持政策可以有多种体现形式：①在整体规划中强调突出发展航空经济。诸如设立区域性发展特区、上升为国家战略的区域性发展规划、国家性区域社会经济发展综合实验区等，国家强调在这些规划或战略中，特别突出根据本地特色发展航空经济。例如，2012 年 11 月国务院批复的《中原经济区规划》明确提出建设郑州航空港经济综合实验区。②国家同意设立的航空经济综合实验区、先行区等。如 2013 年 3 月 7 日，国务院正式批复了《郑州航空港经济综合实验区发展规划（2013—2025 年）》，郑州航空港经济综合实验区成为全国首个上升为国家战略的航空港经济发展先行区。截至 2021 年 8 月，我国已批准设立国家级临空经济示范区 17 个，先后通过国家发展改革委和国家民用航空局联合发文批准设立或特许，如表 5-1 所示。③针对具体区域实施的财税政策、土地政策、收入政策、投资政策，重点在于引导、保障航空经济快速发展。

表 5-1　中国国家级临空经济示范区名单

| 序号 | 示范区名称 | 核心机场 | 所属城市 | 获批时间 | 面积（平方千米） |
|---|---|---|---|---|---|
| 1 | 郑州航空港经济综合实验区 | 郑州新郑国际机场 | 郑州 | 2013 年 3 月 8 日 | 415.00 |
| 2 | 北京大兴国际机场临空经济示范区 | 北京大兴国际机场 | 北京 | 2016 年 10 月 12 日 | 150.00 |
| 3 | 青岛胶东临空经济示范区 | 青岛胶东国际机场 | 青岛 | 2016 年 10 月 20 日 | 149.00 |
| 4 | 重庆临空经济示范区 | 重庆江北国际机场 | 重庆 | 2016 年 10 月 20 日 | 147.48 |
| 5 | 广州临空经济示范区 | 广州白云国际机场 | 广州 | 2016 年 12 月 | 135.50 |
| 6 | 上海虹桥临空经济示范区 | 上海虹桥国际机场 | 上海 | 2016 年 12 月 | 13.89 |
| 7 | 成都临空经济示范区 | 成都双流国际机场 | 成都 | 2017 年 3 月 3 日 | 100.40 |
| 8 | 长沙临空经济示范区 | 长沙黄花国际机场 | 长沙 | 2017 年 5 月 17 日 | 140.00 |
| 9 | 贵阳临空经济示范区 | 贵阳龙洞堡国际机场 | 贵阳 | 2017 年 5 月 18 日 | 148.00 |
| 10 | 杭州临空经济示范区 | 杭州萧山国际机场 | 杭州 | 2017 年 5 月 23 日 | 142.70 |

续表

| 序号 | 示范区名称 | 核心机场 | 所属城市 | 获批时间 | 面积（平方千米） |
|---|---|---|---|---|---|
| 11 | 宁波临空经济示范区 | 宁波栎社国际机场 | 宁波 | 2018 年 4 月 | 82.50 |
| 12 | 西安临空经济示范区 | 西安咸阳国际机场 | 西安 | 2018 年 4 月 25 日 | 146.00 |
| 13 | 南京临空经济示范区 | 南京禄口国际机场 | 南京 | 2019 年 3 月 | 473.00 |
| 14 | 首都机场临空经济示范区 | 北京首都国际机场 | 北京 | 2019 年 3 月 | 115.70 |
| 15 | 长春临空经济示范区 | 长春龙嘉国际机场 | 长春 | 2020 年 7 月 24 日 | 91.30 |
| 16 | 南宁临空经济示范区 | 南宁吴圩国际机场 | 南宁 | 2020 年 7 月 24 日 | 118.00 |
| 17 | 福州临空经济示范区 | 福州长乐国际机场 | 福州 | 2020 年 11 月 27 日 | 145.00 |

注：截至 2021 年 8 月 31 日。

资料来源：根据中华人民共和国国家发展和改革委员会门户网站资料整理。

这类政策目的：在全国社会经济发展总体布局下，既保证国家发展战略顺利实施，又鼓励和支持特定区域打破常规积极探索创新社会经济发展模式，以航空经济发展带动区域社会经济整体快速进步。

（三）航空经济发展的区域间协调政策

航空经济发展的客观内在机制需要区域之间的密切联系与合作。但是，区域之间、地方政府之间的利益诉求是不同的，有些时候还会出现矛盾。因此，协调政策的建立不但需要地方政府发挥主观能动性，还需要中央政府及其各部门共同推进。这样，既要有地方政府在区域内制定的具体政策，又要有外部的推动力，航空经济发展才会完整统一，快速协调发展。

例如，美国既坚持宏观引导、市场导向，又注重相关人才的培养、法律制度的建立，宏观与重心并重。德国既通过制定《联邦基本法》《促进经济稳定与增长法》建立区域经济发展的基本原则，又通过财政手段、区域规划促进区域之间协调平衡。

我国相关部门对区域间协调发展航空经济出台的有关政策措施是调控、引导、协调航空经济的有效手段。例如，2011 年 5 月中国民用航空局公布了《中国民用航空发展第十二个五年规划》，其中在"优化运输机场布局"中提到，"全面落实《全国民用机场布局规划》。实施枢纽战略，满足综合交通一体化需求。加强珠三角、长三角、京津冀等区域机场的功能互补，促进多机场体系的形成"。每个区域有重点、有步骤地引导机场布局建设，配合、促进、协调区域经济发展，为航空经济区的协调发展提供了实施依据与措施。

总之，国家层级的航空经济区域发展政策重点在于国家针对特定区域强调中央政府与相关地方政府支持、引导、补偿、协调航空经济发展，消除航空经济发展的宏观障碍，建立健全宏观法律政策的制度基础，为航空经济发展营造良好的宏观环境。

## 二、地方性的航空经济发展政策

航空经济发展比其他经济形态更强调发展的时空联系，地方性的时空联系受到特定区域地方政府的影响。因此，航空经济的发展显然离不开特定地区地方政府的引导与支持。归根结底，航空经济在某一区域的发展是该区域整体社会经济发展的要求与结果。地方政府针对发展航空经济所制定的相关政策是增大区域内航空经济发展内在动力的强势来源，尤其是在航空经济培育期和发展初期。

从政策的功能性而言，地方性的航空经济发展政策在国家大政方针指导下，大体可分为引导性政策、激励性政策、保护性政策、协调性政策；并将国家的相关方针政策具体细化，创新性制定具有可操作性的实施细则等。与国家层级的航空经济区域发展政策的补偿、支持与协调相比，地方性的航空经济区域发展政策更注重支持、培育与激励。

（一）引导性政策

地方性的航空经济引导性政策目标在于明确发展方向，体现在地方社会经济发展规划中、政府年度中心工作计划中与地方性经济发展的法规政策条款中，特别是体现在地方性产业发展导向中。当然，在地方政府日常工作中，引导性政策也体现在政府部门的日常宣传中。

（二）激励性政策

地方性的航空经济激励性政策目标在于将原则性规划、计划落实到地方政府的日常具体工作中，针对企业、个人参与地方航空经济发展给予直接或间接的利益补偿。例如，税收、人才、资金、信息等方面的优惠政策，公共服务绿色通道等。

（三）保护性政策

地方性的航空经济保护性政策目标在于扶弱、育强，营造航空经济发展的适应环境。这些政策需要具有针对性和必要的监督，不定期检查、监测也是不可缺少的。

（四）协调性政策

地方性的航空经济协调性政策目标在于降低或消除航空经济发展过程中管理部门间、区域间的发展障碍，降低市场交易成本，建立完善的航空经济发展的制度基础、协调机制。这种协调既包括政府部门之间的协同协调，也包括区域内各部分之间的协调，还包括区域之间的协调，即内部、上下、内外的协同协调。

例如，2007 年 11 月 19 日河南省政府通过《河南省人民政府关于印发郑州国际航空枢纽暨港区建设规划纲要的通知》公布了《郑州国际航空枢纽暨港区建设规划纲要》，对郑州机场为核心的航空产业经济发展进行了长期规划并逐步实施，最终促成了 2013 年 3 月 7 日国务院正式批复《郑州航空港经济综合实验区发展规划（2013—2025 年）》，使郑州航空港经济综合实验区成为全国首个国家战略的航空港经济发展先行区。2008 年 1 月 5 日，江苏省政府决定将航空产业发展职能划归江苏省交通运输厅，增设江苏省航空产业发展办公室。江苏省政府于 2008 年 2 月 22 日发布《关于加快航空产业发展的若干政策措施》，2008 年 6 月 1 日又发布了《江苏省民航"十一五"至 2020 年发展规划》，力求将全省建设成为民航大省、民航强省，并在体制、规划和政策等方面出台了一系列新举措。《关于加快航空产业发展的若干政策措施》从积极培育新航线、不断扩充运力、加快机场建设和发展、加强机场集疏运体系建设、加快空港产业发展、优化发展环境、加强组织领导七个方面支持江苏省航空产业发展。

地方性的航空经济发展政策更具针对性、可操作性。尊重市场经济发展规律，立足地方现实，切实贴近地方具体优势与劣势，制定具有前瞻性的航空经济发展战略规划，各类政策相互配套，有序、稳定、持续促进航空经济发展。

## 第三节　航空经济发展中的产业发展政策

航空经济发展的核心在于航空产业及其相关产业的持续蓬勃发展，也就是说，航空经济发展需要航空经济的核心产业、关联产业与引致产业共同发展。"没有产业支撑的增长都是空谈。"[①] 航空经济的产业发展政策在于重点发展核心产业、有序培育关联产业、优化增强引致产业。

### 一、重点发展航空经济核心产业的政策

核心产业的发展是区域经济发展的主动力，航空经济发展的主动力同样来自航空经济核心产业的发展。航空经济核心产业涉及航空产业的原料配给、设计制造、装配、销售、维修、回收、航空服务、技术保障、高端物流等航空产业链条各环节。因此，航空经济核心产业政策涉及面广、针对性强，政策导向明确、管理重点突出。

不同地区具有不同的资源禀赋与环境优势，不同区域发展航空经济也有不同的模式和重点，即便是针对航空经济核心产业，不同区域也应有所侧重。航空经济核心产业发展应重点发展符合本地比较优势的产业，适度超前发展具有潜在优势的核心产业。因此，政府在制定和实施重点发展航空经济核心产业的政策时，不但要突出重点，而且还要在重点产业中进一步选择重点发展。

目前，为了促进和规范航空经济发展，国家先后出台了不同的政策措施，旨在进行基础性设施建设、基础性制度建设。2012 年 7 月 12 日国务院颁布了《国务院关于促进民航业发展的若干意见》（以下简称《意见》），为了贯彻落实《意见》，国务院办公厅于2013 年 1 月 14 日发布《促进民航业发展重点工作分工方案》。进一步地，为了规范通用机场建设管理，科学确定通用机场的建设规模和运行设施，保证通用机场的安全适用性，促进通用航空事业发展，2012 年 5 月 29 日中国民用航空局发布了民航行业标准《通用机场建设规范》，自 2012 年 6 月 1 日起施行。为了加强民用机场建设监督管理，规范建设程序，保证工程质量和机场运行安全，维护建设市场秩序，2012 年 10 月 29 日中国民用航空局发布《民用机场建设管理规定》，自 2013 年 2 月 1 日起施行。2016 年 5 月 13 日，国务院办公厅印发了《关于促进通用航空业发展的指导意见》，自 2016 年 5 月 13 日起实施，

---

① 吴敬琏. 供给侧改革：经济转型重塑中国布局 [M]. 北京：中国文史出版社，2016.

提出发展通用航空业要充分发挥市场机制作用，加大改革创新力度，突出通用航空交通服务功能，大力培育通用航空市场，加快构建基础设施网络，促进产业转型升级，提升空管保障能力，努力建成布局合理、便利快捷、制造先进、安全规范、应用广泛的通用航空体系。基于以上背景，就发展通用航空而言，虽然通用航空有巨大的发展空间，针对通用航空产业链的研发制造、通航运营、客户培训、服务保障四个核心环节，政府政策应在重点突破上下功夫。例如，在全面推进通用航空发展中，根据区域优势突出培育和增强其中某一环节的发展，持续扩展整个通用航空的繁荣发展。

美国在支持航空工业发展中突出重点并具有针对性。其政策举措可分为三大类：直接支持航空工业的政策、支持与航空工业相关产业的政策与其他领域的支持政策。直接支持航空工业的政策包括直接补贴、研发支持、出口信贷支持和放松管制。直接针对民机产业的政策支持包括对航空运输和飞机制造商的直接补贴，通过政府采购和支持基础研发项目为民机产业提供间接财务支持，通过出口信贷支持促进商用航空产业的海外销售，通过放松反垄断调查与规制鼓励兼并重组以增强民机产业竞争力。支持与航空工业相关产业的政策主要是针对民航运输业和技术进步。随着飞行事故的增多，公众要求对航空运输业进行管制的呼声越来越高涨，为了避免恶性竞争，航空运输公司也呼吁政府对航空运输业进行规制。于是，美国政府开始增加对航空运输业的立法管理。这些立法管理举措在无意中促进了飞机制造业的发展。针对其他领域的政策，主要是以国家安全为由的技术转移限制和产业发展所需的基础条件建设。这些政策既确立了美国航空制造业在国际上的地位和竞争力，也为中国发展民机产业提供了参考和借鉴。[1]

中国通用航空在册航空器总数从2012年的1320架提高到2020年的2892架，获得通用航空经营许可证的通用航空企业523家。2020年，全国在册管理的通用机场数量达到339个，全行业无人机拥有者注册用户约55.8万个，注册无人机共51.7万架，无人机有效驾驶员执照达到88994本。[2] 美国在2012年就有通用航空器23万多架。另据欧盟—中国民用航空合作项目组的一项统计显示，截至2011年底，中国境内注册的持有通用航空经营许可证的企业仅113家，而欧盟的这一数字是3000家。通用航空产业链将激活中国相关企业快速发展，通用航空飞机制造类公司、通用航空运营及维修的龙头公司、通用航空基础服务及设备等细分领域的龙头公司等将因此重点受益。因此，在培育航空产业、增加航线与拓展产业链条方面，中国的通用航空发展将是未来航空经济发展的新天地。

## 二、有序培育航空经济关联产业的政策

航空经济关联产业的前向联系产业是利用航空经济核心产业产品与服务的产业，航空经济后向联系产业是为航空经济核心产业提供生产资料的产业，航空经济侧向联系产业则

① 严剑峰. 美国支持航空工业发展的政策及启示［J］. 中国军转民，2010（10）：56-64.
② 参见《2020年民航行业发展统计公报》。

是为航空经济核心产业提供技术、能源及其他服务的产业。此外，航空经济关联产业自身也会形成链条即关联产业链。根据关联产业链与航空经济核心产业链的关系，关联产业链也可分为航空经济支撑产业链和航空经济带动产业链。由于航空经济发展的特殊性，航空经济关联产业多属于知识、信息、技术和资金密集型的高端产业，如高端旅游业、会展业等现代服务业等。此外，关联产业产品与服务主要依赖航空运输枢纽，其产品具有高时效性、高附加值的特点。

从上述内容可以看出，航空经济关联产业内容丰富、覆盖面广，与特定区域社会经济发展紧密相连。因此，促进航空经济关联产业发展的政策既要有针对性，也要注重航空经济发展全局。航空经济关联产业发展政策应该注重做到以下三个方面：

（一）政策目标

培育航空经济关联产业的政策目标在于提高关联度，选择和培育核心产业，面向未来、全面发展、重点提升。同时，注重次序，按照经济规律、市场原则做到有序、有效培育。

（二）政策内容

政策的制定既要具有针对性，又要兼顾整体。统一原则在于强化与航空经济发展的关系，增强其产业实力、影响力。根据不同关联度，制定与航空经济发展的联动关系政策，实行优先发展、优化关联、优惠支撑。

（三）政策实施

根据产业发展协调与航空经济的密切联系，梯度推进、强化关联，重点在于降低产业间的交易成本，高效实现政策目标和效果。

为了加快发展国内航空货运，以市场化和产业化为方向，通过放松管制、市场引导、竞争推动，培育和壮大国内航空货运市场，促进航空货运持续快速健康发展。为给航空货运市场的对外开放创造条件，为给航空运输放松管制探索经验，2004年2月6日中国民用航空总局发布《关于加快发展国内航空货运若干政策措施的意见》，实施20项措施。该意见强调，"国内航空货运放松管制的基本原则，一是发挥市场配置资源的基础性作用；二是放松管制与规范市场相结合；三是积极稳妥，分步推进；四是坚持依法行政，通过法规、规章的立改废，落实和保障相关政策措施的实施"。这种规定虽然为航空经济发展中的货运而设，并没有明确说明为发展航空经济关联产业而设，但是在相关政策形成初期，为发展航空经济关联产业的政策制定与实施奠定了基础。

基于中国通用航空发展滞后于经济发展水平和社会需求的现实，通用航空作为一个新的经济增长点已在社会各界得到越来越多的认同。为加快通用航空发展，满足社会经济对通用航空的各种需求，2010年国务院、中央军委发布的《关于深化我国低空空域管理改革的意见》深化了我国低空空域管理改革；在国家"十二五"规划纲要中也明确提出"积极推动通用航空发展"。[①] 2012年国务院发布《关于促进民航业发展的若干意见》指

---

① 夏兴华. 发展航空经济　促进产业结构调整和经济发展方式转变［J］. 中国党政干部论坛，2011（6）：4-8.

出，要"大力推动航空经济发展""打造航空经济产业链"等。国家发展改革委、中国民用航空局发布《关于促进航空货运设施发展的意见》提出，"稳妥有序推进专业性货运枢纽机场建设""培育航空货运企业"等。这些都为发展航空经济关联产业拓展与丰富了宏观环境。

### 三、优化增强航空经济引致产业的政策

航空经济引致产业属于航空经济核心产业发展的外围产业，与航空经济关联产业相比，引致产业与航空经济核心产业的关联度较低。但是，航空经济引致产业的发展既是航空经济发展所引致的，又是航空经济健康、持续发展所必需的。因此，航空经济引致产业政策覆盖的重点在餐饮、教育培训、金融服务等第三产业。政策的制定与实施与关联产业政策类似，要具有针对性。

航空经济引致产业发展繁荣，将会带动地方经济结构转换进入一个新的进程，经济社会结构的变革反过来又会促进航空经济发展。因此，这是一个频繁互动、不断更新经济关系具体内容的过程。航空经济引致产业政策的制定与实施，一方面，需要具有针对性、方向性；另一方面，需要根据经济社会关系的变革而具有灵活性、适应性、有效性。例如，美国航空运输业在发展过程中制定的产业政策，可以发现其产业政策的有效性和灵活性。有效性是根据产业发展的需要在不同的时期制定不同的产业政策；灵活性是在政策效果出现偏差时及时采取相应的政策措施。当美国航空运输业的管制政策在1970年严重阻碍航空运输业的发展时，美国立即实行放松管制政策，体现了产业政策的有效性；当放松管制政策在1990年造成垄断现象及不正当竞争严重威胁了公众利益和航空运输业自身的健康发展时，美国及时采取各种措施消除进入障碍和阻止航空公司滥用市场力量，体现了产业政策的灵活性；当进入21世纪面对全球航空市场竞争时，美国批准了国内航空巨头之间的兼并重组，同样体现了产业政策的灵活性。因此，我国民航运输产业政策的制定要坚持有效性和灵活性。[①]

## 第四节　航空经济发展中的企业发展政策

经济发展的主体既有政府、居民、协会，也有各类企业。航空经济的培育成长与繁荣发展，从根本上讲是各类企业组织的繁荣发展。相关企业是航空经济发展的实质内容承担者。只有各类企业主体充满活力，向社会提供有价值的产品与服务，适应社会经济发展需要，才能最终惠及社会，保障航空经济持续健康发展。

---

① 魏然，杨洪政. 美国航空运输业市场结构演变及其政策启示 [J]. 特区经济，2012 (1)：95-98.

## 一、航空经济企业组织的培育与支持政策

一个经济的持续发展是通过企业主体行为完成的。因此，在政策体系中突出对企业组织的培育与支持是航空经济发展政策的微观关注重点。相关机构不但要对处于航空经济产业发展各个环节的企业组织有方向性引导，还要对这些企业组织进行重点支持。对特定企业的财税优惠、对某些区域企业的特定计划培育等都会有益于促进航空经济企业组织的成长与发展。

综合考虑我国航空经济发展水平与宏观环境，通用航空企业的发展具有广阔的空间，需要具体政策的支持。

在一些航空经济发展较为先进国家的政策实践中，对具体企业的支持政策已有可借鉴之处。通过对澳大利亚支线航空发展现状的了解，某些地区支线航空的基本要素，如支线航空公司、支线机场以及支线航线的长度、密度等水平都在逐年降低，以致一些偏远地区由于地面交通设施匮乏而与外界断绝了交通联系。这对该地区的经济发展，甚至是基本物资供应及医疗保障都是极大的阻碍。因此，必须调整制定相关政策措施，大力扶持发展支线，满足偏远地区民众出行，以及当地经济发展的需求。澳大利亚历届政府对于支线航空的发展都采取同样的态度，即在放松管制的环境中给予亏损的支线航空以有力支持，这对于区域的社会经济发展必不可少。澳大利亚政府对区域性和偏远的社区支线航空发展的扶持项目主要有：偏远航空服务补贴计划、航路收费计划、远程机场安全计划和区域机场资金计划。此外，澳大利亚政府还采取其他援助方式，即通过消费税的收入重新分配对某些地区提供不附带条件的援助，并通过财政援助赠款给地方议会；偏远机场检查计划向依赖于航空服务的澳大利亚北部地区提供了机场安全检查服务和技术咨询；州政府通过直接补贴、限制密度航线的竞争、为机场维护和升级提供资金等方式支线航空提供支持。[①]

## 二、航空经济企业发展的战略引导政策

企业发展的核心动力来源于企业内部，而企业的发展战略决定企业的发展方向、规模与成长进程。然而，企业组织发展的外部环境，在一些时候也起到关键作用。面对航空经济这种新型经济形态，如何保持相关企业蓬勃发展，有关政府部门的政策制定与实施就构成了相关企业发展的重要外部环境约束。

例如，日本航空公司成立于1951年8月，总部位于日本东京都品川区。日本航空公司最初以一个私有制公司的形式建立，1953年10月成为政府所属的航空公司。日本航空公司是日本最大的航空公司，也是"寰宇一家"航空联盟成员之一。对于日本航空公司而言，由于整体经营环境发生根本性的变化，其先前确定的发展战略面临着严峻的挑战。日本航空长期实行"重国际、轻国内"的整体竞争战略，公司飞机主要以中远程宽体机为主。宽体机比例过高的机队结构抗风险能力相对较差，长期忽略国内市场。然而，由于

---

① 任新惠，刘震. 澳大利亚支线航空补贴政策以及对我国的启示［J］. 空运商务，2010（6）：43-48.

种种原因，日本航空公司并没有及时对其发展思路进行调整，在其网络结构中仍然保留了大量国际航线，结果导致公司对国际环境波动异常敏感。在事关公司未来长远发展的战略决策上呈现为一种犹豫不决的状态。终于在 2010 年 1 月 19 日，严重亏损的日本航空公司和旗下两个子公司向东京地方法院申请破产保护，从而进入由日本政府主导的破产重组程序，这构成日本历史上金融业外最大的破产案。全日空航空公司 1952 年 12 月 27 日成立，总部位于日本东京港区汐留。全日空航空公司坚定不移地实施着国内优先的发展战略，并迅速在市场上占据有利地位。全日空航空公司后来者居上的原因是日本航空公司在外界环境发生巨大变化时未能随之调整长期发展战略所造成的。企业战略方向的重要性不言而喻，尤其对于大型航空公司而言，企业战略将深刻影响航空公司未来的发展走向。毫无疑问，战略具有长期性的特点。不过，当外部环境发生重要变化时，具有足够洞察危机的意识和相应的灵活性往往成为决定企业生死存亡的关键。长期性与灵活性两者并不对立，但如何把握两者关系却是对企业管理决策智慧水准真正的重大挑战。①

总体而言，根据特定区域航空经济发展趋向研究，以及不同的发展规划，政府重点需要对航空经济企业发展发挥战略引导作用，并对企业发展进行战略支持，制定和实施相关政策。

# 第五节　航空组织

航空组织是指从事航空经济的企事业单位、社会团体和个人基于自愿原则，为了特定航空活动目的而结成的各类全球性、区域性或全国性、行业性、非营利性的社会组织。各类航空组织在航空经济发展中主要起到沟通信息、维护权益、保障航空经济健康发展等作用，总体上促进了航空经济理论研究与实践的健康发展。

## 一、航空组织分类

根据不同标准，可以对航空组织进行如下分类：

（一）根据组建组织与政府机构的关系划分：官方组织、半官方组织与民间组织

1. 官方组织

官方组织主要是一国政府或区域国家联盟按一定政府职能设立的航空组织。其目标重点在于强调行业管理与服务本行业发展。

2. 半官方组织

半官方组织基于一定官方背景或有官方机构参与建立而成，一般而言，其中的官方机构部门或企事业单位起着重要作用。

---

① 宫辉. 战略失误：日本航空走向破产的启示［J］. 综合运输，2010（7）：76-80.

3. 民间组织

民间法人或自然人基于一定宗旨自愿建立的航空组织，起到服务成员活动、组建沟通交流平台、促进航空业务发展、维护成员利益等作用。

（二）根据组织成员的范围大小划分：全球国际性组织、区域性组织、国内组织

1. 全球国际性组织

全球国际性组织指成员遍及全球各个国家和地区，如国际航空运输协会（IATA）等。

2. 区域性组织

区域性组织指成员明确只限定在特定的国家和地区，如欧洲航空安全局（EASA）。

3. 国内组织

国内组织指成员明确只限定于特定一个国家和地区，如中国航空运输协会（CATA）等。

## 二、各类航空组织举例

（一）国际航空运输协会（IATA）

国际航空运输协会（International Air Transport Association，IATA）是一个由世界各国航空公司所组成的大型国际组织。其在组织形式上是一个航空企业的行业联盟，属非官方性质组织，但由于大多数国家的航空公司是国家所有，即使非国有的航空公司也受到所属国政府的强力参与或控制。因此，IATA 实际上是一个半官方大型国际协调组织。其前身是 1919 年在海牙成立并在"二战"时解体的国际航空业务协会，总部设在加拿大的蒙特利尔，执行机构设在日内瓦。

（二）国际民用航空组织（ICAO）

国际民用航空组织（International Civil Aviation Organization，ICAO）前身为 1919 年《巴黎公约》成立的空中航行国际委员会（ICAO），是联合国的一个专门机构。国际民用航空组织总部设在加拿大蒙特利尔，制定国际空运标准和条例。国际民用航空组织在第二次世界大战期间对航空器技术发展起到了巨大的推动作用，使得世界上已经形成了一个包括客货运输在内的航线网络，但随之也引起了一系列急需国际社会协商解决的政治上和技术上的问题。

（三）欧洲航空安全局（EASA）

欧洲航空安全局（European Aviation Safety Agency，EASA）是一个欧盟机构，在民用航空安全领域执行监管任务。总部设在德国科隆，成立于 2002 年 7 月 15 日，2008 年实现其全面功能，以取代联合航空局（JAA）。

（四）中国民用航空局（CAAC）

中国民用航空局（Civil Avation Administration of China）是中华人民共和国国务院主管民用航空事业的由部委管理的国家局，归交通运输部管理。前身为中国民用航空总局，在 1987 年前曾承担中国民航的运营职能；2008 年由国务院直属机构改制为部委管理的国家局，同时更名为中国民用航空局。

（五）中国航空运输协会（CATA）

中国航空运输协会（China Air Transport Association，CATA）成立于 2005 年 9 月，是由航空运输企业、航空运输相关企事业单位、社会团体自愿结成的全国性、行业性、非营利性的社会组织，是经民政部核准登记注册的社团法人。其业务主管单位为中国民用航空局。

（六）中国民用机场协会（CCAA）

中国民用机场协会（China Civil Airports Association，CCAA）成立于 2006 年 8 月，是由全国民用机场、相关企事业法人和社团法人自愿结成的全国性、行业性、非营利性组织，是经民政部核准登记注册的社团法人。其业务主管单位为中国民用航空局。

（七）中国民用航空维修协会（CAMAC）

中国民用航空维修协会（Civil Aviation Maintain Association of China，CAMAC）由中华人民共和国境内涉及民用航空维修的单位依据我国有关法律规定自愿参加结成的全国性、行业性、非营利性的社会组织，是经民政部核准登记注册的全国性社会团体法人。其业务主管单位为中国民用航空局。

（八）美国联邦航空管理局（FAA）

美国联邦航空管理局（Federal Aviation Administration，FAA）隶属于美国运输部，负责民用航空管理的机构。其主要任务：鼓励和发展民用航空，包括航空新技术；开发和经营民用飞机和军用飞机；制定和实施控制飞机噪声的政策；美国商业空间运输管理等。

（九）国际货运代理人协会联合会（FIATA）

国际货运代理人协会联合会（International Federation of Freight Forwarders Assoliation，FIATA）1926 年 5 月 31 日成立于奥地利维也纳，总部设在瑞士苏黎世，是一个非营利性的国际货运代理行业组织，是联合国经济及社会理事会、联合国贸易和发展会议、联合国欧洲经济委员会、亚洲及太平洋经济社会委员会（亚太经社会）的顾问，推荐国际货运代理标准交易条件范本、FIATA 国际货运代理业示范法及各种单证。FIATA 设有航空货运、海关事务、多式联运等研究机构，并成立了常设工作组；其还设有危险货物咨询委员会、信息技术咨询委员会、法律事务咨询委员会、公共关系咨询委员会、职业培训咨询委员会等常设委员会；制定了《国际货运代理业示范规则》、《国际货运代理标准交易条件》以及有关单据、凭证格式，供会员采用。

（十）中国国际货运代理协会（CIFA）

中国国际货运代理协会（China International Freight Forwarders Association，CIFA）是我国国际货运代理行业的全国性社会组织，2000 年 9 月 6 日在北京成立。其是经国家主管部门批准从事国际货运代理业务、在中华人民共和国境内注册的国际货运代理企业，以及从事与国际货运代理业务有关的单位、团体、个人自愿结成的非营利性的具有法人资格的全国性行业组织。会员涵盖各省区市国际货运代理行业组织、国际货代物流企业以及与货代物流相关的企事业单位，亦吸纳在中国货代、运输、物流行业有较高威望和影响的个人会员。

### 三、航空组织发展前景

随着全球化趋势加深和现代科技促使"地球村"逐渐变小，国际航空经济发展与中国航空经济发展的深化融合，人们从事航空经济活动的次数增多、影响力增强，目前迫切需要加强沟通、协同，共同发展。因此，航空组织的类型和内容将会不断扩展。从当前情况看，各类航空组织发展前景将趋于活跃和繁荣。

当然，社会团体组织的建立与运行也与具体社会管理状况密切相关。目前，全球化趋势必将导致各国社会经济交互融合，信息和资源的全球配置不断强化，各类航空组织的实际活动内容和管理模式也将不断创新，航空组织的包容性、规范性、公益性、服务性特点将会更加凸显。

# 第六章　航空经济发展中的产业

产业发展是经济社会分工和科技发展的结果，航空经济发展中的产业符合产业经济发展的一般特性和规律，也有其自身领域的特点、演进规律和具体内容。

## 第一节　航空经济产业概念及类型

### 一、航空经济产业概念及特点

（一）经营的概念

由于航空经济是基于航空运输充分发展而演化产生的新兴经济形态，因此，航空经济产业在这里可以简称为航空产业。其主要指在机场和机场周边地区，根据其航空指向性的强弱在航空经济区内呈现出一定分布规律的多种产业的集合。它不仅包含为航空运输提供直接服务的产业，还包括因航空运输带来生产要素集聚而衍生的产业。

（二）航空经济产业特点

1. 航空指向性特点

为充分利用机场及机场周边的相关资源，航空产业在空间布局上具有向机场周边集聚的趋势。不同的航空产业，其航空指向性强弱不同，航空指向性越强的产业则距离机场越近，航空指向性越弱的产业则距离机场越远。

2. 速度经济特点

航空产业相关产品的生命周期一般都较短，更新速度快，新产品问世后必须快速达到目的市场，否则将会贬值，获利性也随之降低。航空产业产品要求及时运往目标市场并送到消费者或使用者手中，同时必须根据市场需求的变化及时做出生产调整。速度经济特征显然要求采用航空运输方式来实现这种效果。

3. 高端性特点

航空产业多为航空运输、航空制造产业链上的产业，该类产业对于资本、知识、人才具有较高的偏好性。多数航空产业需要借助航空运输进行企业产品的运输、企业人员的交往，航空运输较其他运输方式价格高的特点决定了航空产业产品的附加值高。

### 4. 外向型特点

枢纽机场的全球航线网络使得到达世界各地重要的工商业大城市变得更加容易，货物和人员的这种全球易达性正是吸引跨国公司的重要因素。跨国公司为了寻求全球最低成本，各个分公司和子公司开设在便利沟通和发展的区域。同时，为了满足全球这种高效快速发展趋势，把公司建立在机场周边成为最优选择。因航空经济具有全球易达性和开放性，航空产业也自然显现出外向型特点。

### 5. 技术先导性特点

航空产业多为高科技产业，在技术上具有先导性。其采用当代尖端技术生产高技术产品，研究开发投入高，研究开发人员占比大。航空产业对其他产业的渗透能力强，能够带动相关产业升级。

### 6. 产品体积小、重量轻的特点

相对于具有相同或相近功能的产品，航空产业产品体积相对较小、重量较轻。一般而言，高科技产业的产品普遍具有这些特征，也正是基于此才会呈现出其高附加值的特性，而航空运输也要求产品体积小、重量轻。

## 二、航空经济产业类型

航空经济产业类型多样。按照对航空运输和机场资源的依赖程度，可将航空经济产业分为三类，即航空核心产业、航空关联产业和航空引致产业。

### （一）航空核心产业

航空核心产业对航空运输和机场资源的依赖程度高，通常紧邻机场布局，具体包括以下两种情况：

### 1. 直接利用机场资源和服务进行运输服务的相关产业

机场所提供的飞行保障服务是这些产业生产过程的重要环节，机场直接参与这些产业的生产过程，如航空物流产业。机场跑道等资源是航空运输的重要服务设施，机场货站为航空物流提供了必要的经营场所，航空运输是航空物流服务的主要过程。这些产业具有极高的航空指向性，通常紧邻机场布局。

### 2. 为航空运输业提供保障服务的相关产业

这些产业直接为航空运输活动提供相关的保障性服务，其目的是为了保证航空公司的正常运营，主要包括航空配餐、航空器维修、航油航材、航空培训等。这些产业的发展依赖于航空运输活动，没有航班飞行，这些产业也将失去存在的意义。这些产业的发展取决于机场内航空公司的数量、机队规模等因素。这些产业航空指向性较高，通常也需要紧邻机场布局。

### （二）航空关联产业

航空关联产业的生产经营过程或产品对时间敏感度较高，对航空运输服务有特殊偏好，需要利用航空运输的特殊优势，降低客货运时间成本，以获得更大的竞争优势。航空关联产业大多是技术密集型、资本密集型、高时效性、高附加值的现代农业、高端制造业等。

### 1. 现代农业

现代农业包括高附加值农产品销售与运输、农情监测、防寒防旱、防治病虫害、播种、施肥、除草等作业。总之，使用民用航空器从事农业、林业、牧业、渔业生产及抢险救灾的作业飞行。

### 2. 高端制造业

高端制造业具有资本密集性强、技术含量高、附加值高、信息密集度高、污染低、排放低，以及产业控制力高、带动力强等竞争优势。大多主要是战略性新兴产业，如新型飞行器制造、高端电子信息产品制造、精密机床、智能装备制造、大飞机关键零部件和配套产品制造等。其中许多相关制造业产品具有体积小、重量轻的特点，高端制造业的研发、生产、销售和服务都需要高效快捷的航空交通运输来实现。

机场虽然不直接参与这些产品或服务的生产过程，但机场的航空运输服务可以为这些产业提供良好的运输环境，促进企业和产品安全、快速流通，有助于企业降低运营成本，提高经营效率。这些根据时间成本、运输成本、地租成本对其生产经营效率的影响选择在机场周边不同区域进行布局。

### （三）航空引致产业

航空引致产业是指为满足各类机场旅客、员工及航空核心产业和航空关联产业从业人员的居住、教育、消费、购物、娱乐等生活需求，以及产业发展所必需的金融、中介、广告等服务需求而延伸发展出来的各类产业。

应特别注意的是，航空引致产业中的绝大部分属于航空制造业的生产性服务业，主要包括研发设计与其他技术服务，货物运输、仓储和邮政快递服务，信息服务，金融服务（包括航空金融服务），节能与环保服务，商务服务，人力资源管理与培训服务，经纪代理服务，生产性支持服务等。

机场吞吐量对航空引致产业发展会产生一定影响，但航空核心产业、航空关联产业是航空引致产业发展的主要动力。航空引致产业是航空核心产业、航空关联产业发展而衍生出的各类辅助、配套产业，航空经济产业类型及关联如图6-1所示。

## 三、常见的航空产业

### （一）航空材料供应业

航空材料供应是航空制造业的前端环节，为航空制造业提供具有先进性能的结构材料和具有电、光、热和磁等多种性能的功能材料，如金属与合金材料、有机非金属材料、无机非金属材料和复合材料。

### （二）飞机零部件制造业

飞机零部件制造是航空制造中的重要环节，主要包括机身、机翼、发动机、飞行仪器仪表、控制系统、雷达系统等航空零部件的设计、研发和制造。

### （三）飞机整机装配业

飞机整机装配是航空制造的关键环节，具有较强的产业关联性，包括各类民用飞机和

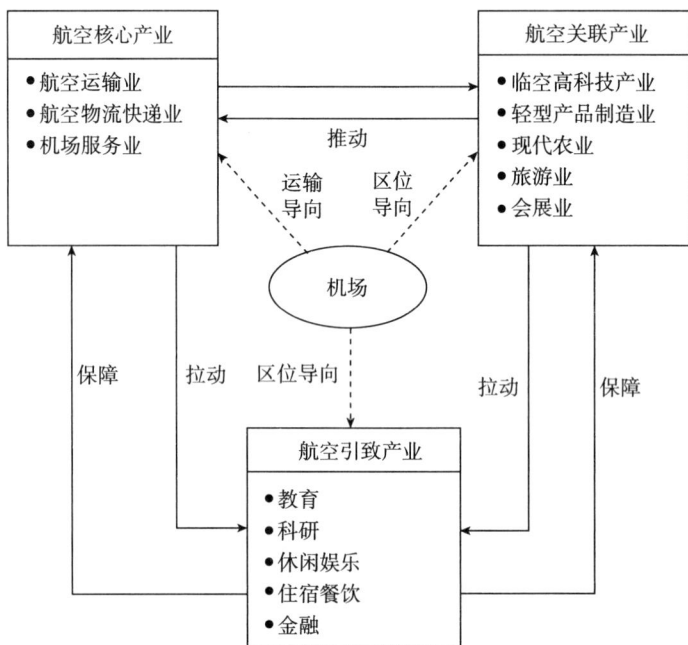

图 6-1　航空经济产业类型及关联

军用飞机的整装。民用飞机主要包括干线客机、支线客机、货机、直升机、通用飞机等。军用飞机包括空天战斗机、轰炸机、武装直升机、军用运输机、空中加油机、教练机等。

（四）民航专用设备制造业

民航专用设备制造指除飞机制造外其他民航相关设施设备的制造，如空管设备、地服特种车辆等。该产业航空指向性较弱，由于产业关联性特征而可能出现在机场周边。

（五）飞机销售业

飞机销售主要向客户提供飞机各性能指标介绍，进行市场宣传和拓展，完成飞机销售活动。飞机销售是航空产业链中重要的环节，连接着市场和飞机制造商。

（六）航空金融业

航空金融包括航空租赁、航空保险、航空投融资等。本书第八章航空金融将详细分析。例如，航空租赁通常是指飞机租赁，是以飞机为租赁物的一种租赁业务，是航空公司（或承租人）从租赁公司（或直接从制造厂家）选择一定型号、数量的飞机并与租赁公司（或出租人）签订有关租赁飞机的协议，出租人拥有飞机的所有权，将飞机的使用权转让给承租人，承租人向出租人支付租金，租期结束后航空公司可以归还或者不归还飞机给出租人。①

---

① 郭愈强．飞机租赁原理与实务操作［M］．北京：中国经济出版社，2019.

（七）航空技术服务业

航空技术服务主要是针对民用航空的技术开发咨询、技术管理及机体和附件的技术保养咨询及辅助服务。技术开发咨询提供如飞机维修技术开发咨询，航空器管理和安全技术研究咨询，民用飞机审定技术研究咨询，新技术新产品如未来飞机、发动机、直升机先进材料、工艺、检测评价技术研究开发咨询等服务。技术保养和维修咨询提供如机体、引擎、组件等的保养、维修、检修资讯服务及其他辅助服务。辅助服务包括协助新产品开发，进行技术管理、技术评估和鉴定等，保证客户公司商务、营销和工程运营。

（八）航空维修业

航空维修是航空产业运作流程中的重要环节，也是保证航空运输企业飞行安全的重要基础。航空维修服务是对航空飞行器及航空器材、机场设备在使用过程中产生的损伤进行维修或改进的服务，包括整机维修和改装、发动机维修及零部件维修等。按照中国民航适航管理的规定，民用航空器和航空器部件的维修工作分为校验、改装、修理、翻修、航线维修、定期维修。

（九）飞机回收处理业

飞机回收处理包括：①零部件（如飞机发动机、航空电子和机电设备、起落架、油泵等）的回收再利用；②废旧金属的回收再利用，飞机蒙皮使用的铝以及飞机起落架、机翼主梁和接头部分的钢都具有很高的回收价值。

（十）航空运输服务保障业

航空运输服务保障业是指直接参与航空运输活动并提供服务和保障的各类产业，如航油、航材供应，航信系统开发和维护，航空配餐，航空专业人员培训等。

（十一）航空物流业

航空物流业围绕航空货物运输，在物品从供应地向接收地的实体流动过程中，根据实际需要提供货物收运、储存、装卸、搬运、包装、流通加工、配送、信息处理等服务，完成货物的中转和分拨。航空物流业是高端物流服务行业，是航空经济发展的核心支柱产业，是航空指向性较强的航空产业之一，其发展程度直接关系到其他航空产业的发展。

（十二）汽车高端零部件研发制造业

（1）服务类别。为汽车整车制造提供关键性零部件生产，是汽车制造业中重要的环节之一。这些汽车零部件往往具有高技术含量、高附加值的特性，对航空运输的依赖性较强。

（2）业务主体。汽车电子、控制系统等高端汽车零部件研发及制造企业。

（十三）航空电子产业

航空电子系统指具有各种功能的计算机系统的综合集合体，是飞机最重要的组成部分，负责显示、传递、控制飞机的正常运转。航空电子产业主要从事航空电子系统相关产品及零部件的研发和制造。

（十四）生物科技及医疗器械制造业

生物科技是利用生物体及其细胞、亚细胞和分子的组成部分，利用基因工程、细胞工程、发酵工程、酶工程、生物芯片技术、基因测序技术、组织工程技术、生物信息技术等，对动物、植物、微生物等进行改造和加工，使其具有医疗功能。医疗器械是指单独或者组合使用于人体的仪器、设备、器具、材料或者其他物品，包括所需要的软件，是生物医药产业得以发展重要的支撑。医药产品研发和制造的企业和机构、医疗器械设计和制造的企业构成了生物科技及医疗器械制造行业。

（十五）高端商贸休闲业

高端商贸休闲产业依托紧邻机场的区位优势和旅游资源优势，通过开发自然资源和整合区域旅游资源，发展针对高端消费人群的观光休闲和高端零售业务，同时也为旅客或航空经济区内的商务人员及工作人员提供旅游服务。

（十六）会展业

会展业是指从事会议、展览、博览会、节庆活动、赛事活动等文化产品生产与服务的企业、非政府组织和政府监管部门等组织群体的集合。① 由于受到社会经济影响，会展业在空间范围内呈现出较为明显的地区差异，这种差异体现在场馆基建、办展层次和服务水平等各方面。② 会展场馆邻近机场，为参展商和参观者提供了便利的交通，降低了交通运输成本，节约了时间。会展产业临空化成为会展产业发展的新趋势。临空会展主要为各制造类航空企业提供产品展览和宣传的平台。

（十七）总部经济

总部经济是指某区域由于特有的资源优势吸引企业将总部在该区域集群布局，将生产制造基地布局在具有比较优势的其他地区，而使企业价值链与区域资源实现最优空间耦合，以及由此对该区域经济发展产生重要影响的一种经济形态。伴随着航空经济逐渐成熟，航空经济区对公司总部的吸引力不断增强，公司地区总部不断地向航空经济区集中，由此形成航空经济区内的总部经济。

（十八）高端旅游业

高端旅游是相对于传统"大众旅游"而言的，是指随着旅游市场的不断成熟，游客消费不断理性，由旅游产品生产者——旅行社、景区、旅游目的地等推出的"高精尖"旅游产品。高端旅游具有四个含义：一是产品的高端化，二是消费的理性化，三是生产的专业化，四是旅游产品的品牌化。③

（十九）航空现代农业

航空现代农业主要包括特色农业和休闲观光农业。特色农业指利用区域内独特的农业资源（地理、气候、资源、产业基础），开发区域内特有的名优产品，转化为特色商品的

---

① 吴开军．会展产业链刍议［J］．科技管理研究，2011（3）：168-170+177.

② 赵富森．新常态下中国会展业发展现状与对策研究［D］．北京：中国社会科学院研究生院博士学位论文，2016.

③ 李梅．旅行社高端旅游市场定位及营销策略选择［J］．经济研究导刊，2012（24）：151-152.

现代农业。休闲观光农业是指以农业为基础的综合性休闲农业区。游客不仅可以观光、采摘、体验农作、享受乡间情趣，而且可以住宿、度假、游乐。

# 第二节　航空产业结构及其演进规律

## 一、航空产业结构

（一）航空产业结构的含义

产业结构指的是各产业之间的相互联系及数量比例关系。

航空产业结构是指在航空产业分类的基础上，各航空产业之间的相互联系及数量比例关系。按照不同的分类标准，航空产业结构表现出不同的形式。

（二）航空产业结构的分类

1. 三次产业航空产业结构

按照国民经济核算标准，可以将航空产业分类为三次产业，即航空经济第一产业、航空经济第二产业、航空经济第三产业。

（1）航空经济第一产业主要指航空现代农业。

（2）航空经济第二产业主要指航空材料供应、航空汽车高端零部件研发制造、航空电子信息研发制造、高端服装产品、生物科技及医疗器械制造、贵重品（钻石珠宝）加工等。

（3）航空经济第三产业主要指航空物流业、高端商贸休闲、会展业、高端旅游业、住宿餐饮、娱乐休闲、教育培训、金融中介等。

2. 部门航空产业结构

部门航空产业结构是应用部门分类法对航空产业进行分类而形成的航空产业结构。

一般地，把国民经济划分为农业、工业、建筑业、交通运输业和商业五个物质生产部门。应用这种方法，可以把航空产业划分为航空农业、航空工业、航空交通运输业和航空服务业。

3. 传统、新兴航空产业结构

根据航空产业产生、发展的时序，并参照技术因素可将航空产业分为传统航空产业、新兴航空产业。传统航空产业包括航空航材制造、航空维修等；新兴航空产业包括航空培训、高端旅游、总部经济、金融中介等。由此形成的航空产业结构称为传统航空产业结构、新兴航空产业结构。

4. 区域航空产业结构

各航空经济区基于自身优势和条件，选择发展不同的航空主导产业。各航空经济区的主导产业所形成的产业结构即区域航空产业结构。

## 二、航空产业结构演进规律

### (一) 产业结构演进的理论

#### 1. 配第-克拉克定理

配第-克拉克定理表明：随着经济的发展，即随着人均国民收入水平的提高，劳动力首先由第一产业向第二产业转移；当国民收入水平进一步提高时，劳动力又向第三产业移动。劳动力的转移是源于经济的发展，人们总是由较低收入的产业向较高收入的产业移动。

#### 2. 库兹涅茨人均收入影响论

库兹涅茨在克拉克研究的基础上，把产业结构演变规律的研究深入国民收入的比例关系及其变化上来。他指出，随着经济发展，第一产业实现的国民收入或国民生产总值占整个国民收入的比重将不断下降；劳动力占全部劳动力的比重也是如此，说明农业在经济增长中的作用下降。第二产业实现的国民收入，随着经济的发展其占比略有上升；劳动力占全部劳动力的比重大体不变或略有上升，说明工业对经济增长的贡献越来越大。第三产业实现的国民收入或国民生产总值，随着经济的发展其占比波动式上升；劳动力占全部劳动力的比重呈现平稳上升趋势。

#### 3. 霍夫曼定理

霍夫曼定律亦称"霍夫曼法则"。20 世纪 30 年代初，德国经济学家霍夫曼通过分析比较各国工业化过程中消费资料工业和资本资料工业的比例关系，提出关于工业结构的"重工业化"趋势的理论。消费资料工业与资本资料工业的净产值之比，被称为"霍夫曼比例"或"霍夫曼系数"。霍夫曼认为，各国工业结构演变具有相同的趋势，即随着一国工业化的发展，霍夫曼比例呈现不断下降的趋势。

### (二) 航空产业结构演进的规律

在航空经济发展的不同阶段，航空经济主导产业类型及产业特征也具有差异。

#### 1. 航空产业形成期

机场等级较低、规模较小，对各类资源的利用效率不高，服务保障能力不强，航班密度小，航线网络主要以点对点为主，通达城市较少，航空运输量较小。由于客货流量较低，机场对产业的吸引力不足，产业发展的动力主要来自政府的规划和政策。

这一时期，航空产业的构成以航空运输活动相关产业为主。航空物流产业成为优先发展产业；航空经济区内以传统制造业为主，航空指向性不强；高新技术产业开始出现。

#### 2. 航空产业成长期

客货流量大幅提高，机场的吸引力增强。为降低运输成本，具有航空指向性的企业逐渐向机场周围集聚。为降低交易成本，上下游企业逐渐向机场周围集聚。航空产业链逐渐拓展完善。

这一时期，电子信息、计算机硬件及软件、生物工程、精密仪器等航空指向性较强的制造业以及其上下游的现代服务业相继出现，规模逐渐扩大。

3. 航空产业成熟期

机场基础设施趋于完善，航线网络持续扩张，航空客货运量保持高速增长，机场成为枢纽机场，腹地经济快速发展。更多企业向机场周边集聚，航空经济区产业结构不断完善。

这一时期，航空产业体系日趋完善，产业结构向价值链高端转移，成为区域增长极，现代服务业占比较高。

### 三、航空产业结构演进的动因

（一）国民经济发展水平

一国的经济发展状况和发展水平与航空产业结构相互影响、相互制约。一定时期的国民经济发展目标和发展水平会影响航空产业结构；航空产业结构及其演进程度也会影响国民经济发展过程和经济运行绩效。

第五波理论认为，航空运输是继海运、河运、铁路和公路运输之后对区域经济发展的第五个冲击波。与现代经济快速发展相适应的大型机场，突破了单一运输功能，通过与多种产业有机结合，形成具有强大辐射力的"航空经济区"，成为地区经济增长的"发动机"。当人均 GDP 超过 4000 美元时，航空运输将成为重要的交通运输工具。当前我国正处于工业化、信息化、城镇化、市场化、国际化的发展时期，航空运输是重要的交通运输工具，航空产业也由此发展起来。

（二）技术变革

技术变革主要是指技术结构变化和技术进步，这是影响航空产业结构变化的重要推动力之一。

第一，技术结构的变化会对航空产业中的生产技术结构、生产工艺过程、生产率、生产方式、生产规模、市场竞争状况、市场需求状况等产生直接或间接的影响，这样就会提供新的、有效触发航空产业扩张的动力。

第二，新技术的出现也会促使新兴航空产业的出现，导致落后航空产业的淘汰，从而推动航空产业结构变化。

第三，航空经济中的任何一个产业都有与之相匹配的技术，这一产业的技术突破和广泛应用会通过前向效应、后向效应和旁侧效应带动一系列其他相关产业发展，推进航空产业的结构变动。

（三）供给因素的变动

1. 自然条件和资源禀赋

一个国家或地区的自然条件和自然禀赋对该国或地区航空产业结构的形成与变化有着重要的影响。例如，仁川航空经济区丰富的旅游资源决定了其发达的旅游休闲产业。仁川国际机场所在地——永宗岛，环境优美，有"水之翼"之称。机场地区西侧的龙游岛和舞衣岛是海洋观光的最佳地点。利用优越的自然条件，仁川航空经济区大力发展休闲旅游产业，结合岛上的自然风景建设大量的国际旅游综合设施，发展具有特色的旅游休闲项目，包括疗养区、海上世界、游乐园等。

2. 人力资源因素

人力资源的数量、质量及其流向直接影响着航空产业结构的变动方式和方向：一是具有一定素质的劳动力流向哪个航空产业，哪个产业就能获得优先发展条件；二是劳动力素质的高低直接影响着航空产业结构演变的速度。

3. 资金供给状况

资金的充裕程度和投向偏好都会影响航空产业结构。资金的充裕程度主要受经济发展水平、储蓄率、资本积累等因素影响；资金的投向偏好主要受产业政策、投资者偏好、资金回报率等因素影响。资金充裕程度的变动引起一个国家或地区航空产业规模的变动，资金投向偏好的变动引起一个国家或地区航空产业结构的变动。

4. 商品供应状况

对航空产业结构变动影响较大的商品包括航空产业生产、运营所需的原材料，中间投入品，零部件，进口商品等。从广义角度来看，商品供应还应包括电力、燃料、公共设施及公共服务、技术等。商品的供应在很大程度上受基础产业、上游产业、后向关联产业技术水平和发展水平的制约。这些产业的发展影响着航空产业结构的变动。

（四）需求因素的变动

市场需求变动引起航空产业结构变动。随着人们收入水平的提高，人们对航空运输的需求也越来越多，推动着航空运输业的发展；随着人们对高新技术产品需求的增加，精密机械制造、生物医药、人工智能等与航空物流产业关联度较高的产业得到较快发展；随着国民经济的发展，人们的需求结构发生阶段性变动，航空产业结构由此也产生有序的变动。

（五）国际市场的变动

1. 国际贸易的发展

国际贸易的发展与航空产业结构的变动有着密切的关系。一方面，航空产业结构影响着一国的贸易结构；另一方面，国际贸易结构也对航空产业结构的演进产生相当大的推动作用。

2. 国际投资的变动

国际投资包括本国资本的流出和外国资本的流入。外国直接投资对航空产业结构的影响较为直接和深远：一是外国企业可以影响航空产业的生产方式、技术水平以及产品的数量和质量；二是外资企业的中间产品结构和最终产品结构也会对原有的航空产业结构产生直接影响；三是外资企业的技术创新间接地影响一个国家或地区的航空产业结构。例如，空中客车（天津）总装有限公司于2007年11月29日成立，经营范围包括接收完全装配并经测试的飞机部件；向空中客车公司提供总装服务，包括飞机的总装、喷漆、测试和飞行测试；向空中客车飞机交付中心移交经完全组装和测试的飞机等。空中客车（天津）总装有限公司的设立对天津航空经济区产业结构产生了重大的影响。

### （六）产业政策的干预

航空产业结构变化可能源自政府产业政策的干预。航空经济的产业政策是指导航空产业发展和产业结构调整的重要依据。为了实现既定的经济目标，政府通过制定产业发展战略和政策来限制或鼓励某些产业的发展，航空产业结构因此而相应地变动。例如，《郑州航空港经济综合实验区优先发展产业指导目录及准入条件（2020 年本）》中，明确优先发展产业包括新一代信息技术产业、高端装备制造产业、新材料产业、生物产业、新能源产业及新能源汽车产业、数字创意产业、航空物流、航空运营及配套服务、电子商务、航空金融、文旅商贸、总部经济、相关服务业 13 个大类。

## 第三节　航空产业布局

### 一、航空产业布局

#### （一）航空产业布局的类型

产业布局是研究产业在空间上的分布规律。合理的产业布局有利于发挥各地的比较优势，有利于促进人力、物力、财力和时间的节约，提高经济效益。航空产业布局可分为广义航空产业布局和狭义航空产业布局。

（1）广义航空产业布局。广义航空产业布局是指各航空产业在一国或地区范围内的空间分布和组合。

（2）狭义航空产业布局。狭义航空产业布局特指各航空产业在某一航空经济区内的空间分布和组合。

#### （二）航空产业布局的影响因素

##### 1. 自然因素

自然因素包括自然资源和自然条件。自然资源是指在一定的时间、空间条件下一切能够为人类所利用的自然物质要素，包括土地资源、矿产资源、能源资源、气候资源、水资源、生物资源、海洋资源等。自然条件是指除去自然资源以外的所有影响产业发展和分布的自然要素，如自然地理位置、地质、地貌、气候、水文、土壤、生物等条件。自然因素是人类从事生产的前提条件，是进行产业布局的首要条件。航空产业布局应根据各地自然因素，充分发挥自然资源、自然条件的比较优势，因地制宜进行布局。例如，四川山川秀丽，旅游资源丰富，拥有九寨沟、黄龙、峨眉山、乐山大佛、都江堰等著名风景区，航空客运需求量大。因此，四川可优先发展航空客运及由此衍生的航空产业。天津滨海新区土地总面积达 2270 平方千米，地面承载力大、地势平坦、地质条件良好，适合航空制造产业大型项目建设。

2. 社会因素

（1）经济区位。经济区位是指某一地点与具有经济意义的其他地点间的空间联系. 具体来说，就是指一国、一个地区或一个城市在国际国内生产分工中的位置。经济区位的优劣在很大程度上决定了其市场范围的大小。经济区位对于发展航空产业具有重要的影响。例如，天津向北连接沈阳、哈尔滨；向西北连接太原、西安；向南连接上海；向西南连接成都和贵阳，处于国内航空产业布局的地理中心。在天津滨海新区大力发展航空制造业，可以充分发挥天津的经济区位优势，降低航空产业生产制造成本，促进航空产业集聚，有利于我国航空产业分布结构的合理化。

（2）人口因素。任何产业布局都必须考虑人口这个重要因素。人口数量决定产业发展规模，人口素质决定产业发展高度。发展航空产业需要大量的高素质人才。例如，北京是我国教育资源最发达的地区，科技智力资源最密集，拥有一大批掌握国际先进技术和现代管理经验的人才，多层次的科技创新体系和科技人才创新基地初具规模。因此，北京也是我国航空工业科研院所较为集中的地区之一，拥有北京航空航天大学、北京航空制造工程研究所、中国航空工业总公司第304研究所、北京长城计量测试技术研究所、中国航空综合技术研究院、中航勘察设计研究院、中航工业北京航空材料研究院等科研院所。

（3）社会历史因素。社会历史因素主要包括社会经济基础、社会管理体制、国家宏观调控政策等。社会经济基础主要指历史遗留下来的产业基础、经济管理基础、文化和科学技术基础。历史延续性是航空产业布局的基础特征之一，各地区历史上形成的航空产业基础是布局新航空产业的出发点。社会管理体制对航空产业布局的影响非常明显。市场经济体制下，航空产业布局主要受市场需求控制，重视经济效益，但由于各地竞相进军航空产业，产业布局的波动性和趋同化非常明显。

（4）国内和国际政治环境。经济发展需要稳定的、安全的国内和国际政治环境。一个政局不稳、动荡不安的国家，其经济很难获得发展，更谈不上合理的产业布局。在制定战略性航空产业布局规划时，必须正确分析国内、国际形势。

3. 经济因素

（1）经济发展水平。随着经济持续发展，居民收入水平不断提高，消费结构不断升级，跨区域经济联系日益密切，航空运输正在成为继海运、河运、铁路、公路之后的"第五个冲击波"。航空运输成为重要的运输方式与经济发展水平有着密不可分的关系。航空产业的产生及发展源自航空运输的发展，因此航空产业是地区经济发展到一定水平才会出现的。航空产业以高科技产业和现代服务业为主，所以航空产业首先应布局在经济发展水平较高的地区。

（2）市场需求和市场竞争。首先，航空产业布局必须以一定区域范围内对相关产品的需求为前提，即相关产品的市场需求是航空产业空间布局的重要吸引力。其次，市场的需求量和需求结构会影响地区航空主导产业、航空辅助产业的选择。最后，市场竞争可以促进航空产业生产的专业化协作，使航空产业布局趋于更有利于其发展的合理区位。因此，进行航空产业布局时，应通过市场调查、预测，了解市场需求状况，以便合理布局。

同时还要根据市场行情的变化趋势，及时调整航空产业布局，以适应市场变化的需要。

（3）产业集聚。航空产业集聚的发展主要依靠丰富的资源要素、便利的交通条件、规模经济以及持久的创新能力。航空产业不仅包含为航空运输提供直接服务的产业，还包括因航空运输带来生产要素集聚而衍生的产业，具有显著的产业集聚特征。航空产业布局应遵循航空产业集聚特征，将其布局在机场和机场周边地区。例如，"十三五"时期，郑州航空港经济综合实验区产业集群培育提质增速，高质量现代产业体系加速成形，新能源汽车、新型显示、智能装备、精密机械、北斗导航、数字经济等一批优质项目加快建设，一个支撑航空大都市加快发展的现代产业基地初具规模。2020 年，郑州航空港经济综合实验区生产总值首次突破 1000 亿元。

4. 技术进步因素

（1）自然资源利用的深度和广度。随着科学技术的不断进步，人类利用自然资源的能力逐步提高，机场可以在越来越多的地区建设，进而极大地拓展航空经济产业布局的地域范围。技术进步提高了资源的综合利用能力，使得单一产品生产区变为多产品生产区，从而使航空工业的布局范围不断扩大。

（2）新技术的应用。随着信息、光电、复合材料以及智能技术的发展，指挥、控制、通信与技术系统等已经成为航空工业的核心技术。以机械、液压产品为主的传统航空产业开始演变为以多电飞机、电刹车、电传操纵、有源相控阵雷达等新兴产品为主的新航空产业。新航空产业的出现必将影响航空产业布局。

（三）航空产业布局的决定机制

航空产业布局的决定机制是指各种影响和决定航空产业空间分布和组合的因素互相制约和作用的内在关系。航空产业布局机制在市场经济条件下，主要通过市场机制进行。然而，由于市场机制自身的局限性，完全依靠市场机制的自发作用难以实现航空产业的合理布局，因此，世界各国在主要依赖市场机制进行配置的同时，应辅之以必要的国家干预或宏观调控。航空产业布局的决定机制具有以下特征：

（1）航空产业布局的主体是航空企业。航空企业及其关联行业的企业有权选择区位，并且较少受到国家产业政策和区域经济政策以外的非经济因素干扰。政府不能通过行政命令的方式对航空企业的区位选择进行过多干扰，但是出于战略目的或平衡区域经济发展时，政府可以通过政策引导等方式适时加以控制。

（2）航空产业布局的目标是利润最大化。在市场经济条件下，航空企业作为独立的产业布局主体，总是倾向于选择投资环境好、投资风险小、资本边际产出效率高的区域。在实践中，政府的有关政策能对企业选址产生影响，但这种影响是以改变地区盈利条件为前提的。

（3）航空产业布局的手段是经济利益导向。航空产业布局主体依据价值规律和市场价格信号，从自身利润最大化出发，优先选择成本最低、利润最高的地区。

## 二、广义航空产业布局

广义航空产业布局是指各航空产业在一国或地区范围内的空间分布和组合。

（一）广义航空产业布局的含义

1. 广义航空产业布局是各航空产业在地域上的分布状态

航空产业分布状态是广义航空产业布局的基本含义之一。它既包括各航空产业在不同地区的发展水平、聚集与分散状况，也包括主要航空产业基地的地理位置及相互之间的空间距离，还包括航空产业各生产要素在不同地区的分布状况等。

2. 广义航空产业布局是各航空产业的地域分工与协作关系

航空经济的发展不仅会在某一地域形成较为独立的产业部门，同时各产业部门在发展中也会形成一个联系较为紧密的综合体。社会生产布局的变化不仅会使产业在空间布局上发生变化，也必然会导致经济关系在空间上发生变化。所以一国或地区的分工和协作的状态与在一定自然条件和社会发展中形成的产业分布状态息息相关。

3. 广义航空产业布局是对航空产业在空间上的协调与组织

为了使社会生产顺利进行，一国或地区通过资本重组对增量的航空资产在各地进行合理分配，使存量的航空产业资产在一国或地区内优化配置。一国或地区对重大航空项目分布、航空制造业和机场的选址进行宏观调控，实现地区间的专业化协作，促进地区间经济联合。

4. 广义航空产业布局是对航空产业空间转移的合理规划

一国的各个地区由于其所处的自然条件和社会发展的历史进程等存在明显的差异，所以各地区在发展航空经济的过程中其产业的发展总是处在不平衡—平衡—新的不平衡—新的平衡的运动状态中。在社会发展的进程中，人们往往积极主动地揭示产业布局的内在规律，并由此进行有目的的经济活动。因此，对航空产业的空间转移做出长远的规划部署，也是产业布局的基本含义。

（二）广义航空产业布局的基本原则

第一，充分利用自然资源、人力资源和经济技术条件，促进整个国家、地区以及地区间经济协调发展。

第二，产销之间运输费用最小，保证航空产业相关产品从生产经运输到消费者手中的总支出最小。

第三，发挥地区比较优势，推进地区专业化生产，加强社会劳动地域分工。

## 三、狭义航空产业布局

（一）狭义航空产业布局的含义

狭义航空产业布局特指各航空产业在某一航空经济区内的空间分布和组合，是在特定的交通环境下的综合产业区位问题，也称航空经济区产业布局。

（二）狭义航空产业布局的理论模型

一般地，航空产业空间布局呈现出以机场为核心的圈层结构模式。以机场为核心，根据各种产业与机场之间的联系紧密程度不同，将不同产业规划在不同的圈层上，如图 6-2 所示。

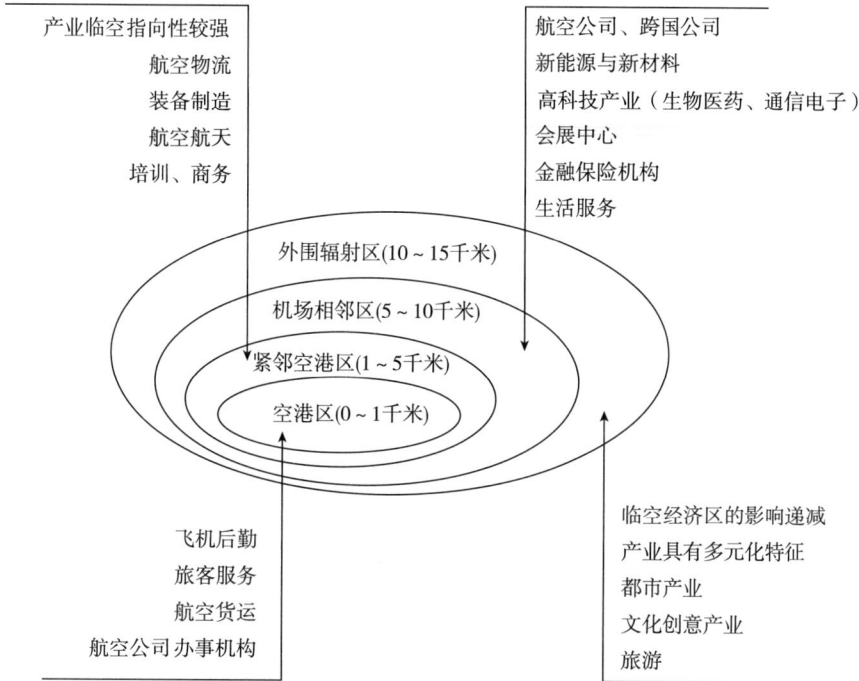

产业临空指向性较强
航空物流
装备制造
航空航天
培训、商务

航空公司、跨国公司
新能源与新材料
高科技产业（生物医药、通信电子）
会展中心
金融保险机构
生活服务

外围辐射区(10~15千米)
机场相邻区(5~10千米)
紧邻空港区(1~5千米)
空港区(0~1千米)

飞机后勤
旅客服务
航空货运
航空公司办事机构

临空经济区的影响递减
产业具有多元化特征
都市产业
文化创意产业
旅游

**图 6-2 狭义航空产业布局的理论模型**

1. 空港区

布局范围：通常位于机场周边 0~1 千米范围。

产业类型：直接服务于机场运营，包括机场的基础设施机构与机场运营相关的行业，航空指向性最强，如航材供应、航空配餐、航空维修、旅客服务、货运服务等。

2. 空港紧邻区

布局范围：机场周边 1~5 千米范围。

产业类型：航空指向性较强的产业，如航空物流、高科技制造、科技研发、商业贸易、休闲娱乐、金融、保险、酒店、会计及审计、通信服务。

3. 机场相邻区

布局范围：机场周边 5~10 千米范围。

产业类型：具有高时效性、高附加值特征的产业，如会展、总部经济、高端住宅、教育培训、休闲旅游、数据处理、中介咨询、信息及高新技术产业、电子元件制造、医疗器械制造、药物制品批发与配送、公共仓储等。

4. 外围辐射区

布局范围：机场周边 10~15 千米范围。

产业类型：受机场影响最小，分布的产业大多和机场活动没有直接的联系，其包括为前三个区域提供二次服务的产业、外围辐射区原有的产业、住宅房地产及受机场吸引转移过来的产业。

（三）狭义航空产业布局的实际情况

航空经济区产业布局的空间结构不仅取决于航空产业的特征，还取决于机场与中心城市的交通通达性、中心城市的经济结构以及周边区域环境等因素。现实中的航空经济区产业布局会随着地面条件和交通走廊以及与中心城市的经济联系而发生一些不规则的变化，往往是一个非标准的类圈层结构。

郑州航空港经济综合实验区总体产业布局如图 6-3 所示。

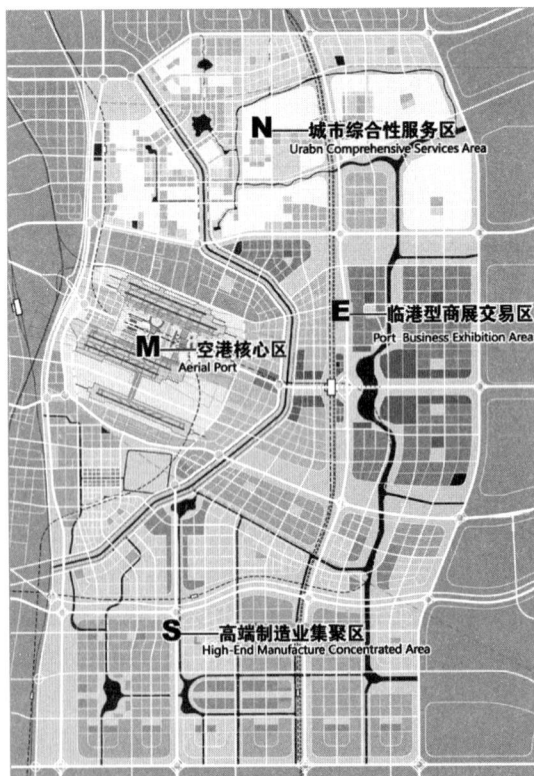

**图 6-3　郑州航空港经济综合实验区总体布局**

资料来源：郑州航空港经济综合实验区区情（http：//www.zzhkgq.gov.cn/general.jhtml？#1_4）。

（1）空港核心区：主要发挥航空枢纽、保税物流、临港服务、航空物流等功能。

（2）城市综合性服务区：主要发挥商务商业、航空金融、行政文化、教育科研、生活居住、产业园区等功能。

（3）临港型商展交易区：主要由航空会展、高端商贸、科技研发、航空物流、创新型产业等功能构成。

（4）高端制造业集聚区：主要由高端制造、航空物流、生产性服务、生活居住等功能构成。

# 第七章　航空经济区与航空大都市

正如同 18 世纪的港口、19 世纪的铁路和 20 世纪的高速公路一样，机场已经成为全球生产和商业活动的重要节点，不断地吸引相关行业聚集到其周围，航空经济正成为未来全球经济发展重要的主流形态和主导模式。航空经济的发展归根结底是航空经济区的建设。航空经济区作为一种新兴高端区域发展模式，率先出现在经济较发达的国家，美国孟菲斯航空经济区、中国香港航空经济区、韩国仁川航空经济区、荷兰史基浦航空经济区，都是航空经济区发展的成功典范。自 2013 年 3 月 7 日郑州航空经济综合实验区获批，我国各省区市纷纷出台政策支持当地航空经济区发展，因此使我国航空经济得到快速发展。

## 第一节　航空经济区发展概述

### 一、航空经济区概念界定

航空经济区发展作为一种新型经济社会现象已引起国内外学者的高度关注。美国北卡罗来纳大学卡萨达教授于 1992 年首次提出了"空港都市区"（Aerotropolis）概念。他认为，空港都市区是以机场为核心，由航空产业吸引相关商务活动、休闲娱乐活动，集聚人气，从而形成的新的城市形态。2006 年卡萨达教授又进一步说明，空港都市区是由以机场为基础的机场城以及航空相关产业集聚的周边区域共同组成的区域①。

1990 年以来，我国不少学者先后涉入此研究领域，但由于研究角度、方法和重点的不同，以及受国外研究和翻译差异的影响，国内学者对这种现象的称谓并不统一，航空城、机场城、临空经济区、空港经济区、机场经济区等多种概念被学者采用。中国民航大学曹允春教授（1999）较早地从区域经济学角度对临空经济区进行定义，"临空经济区是由于机场对周边地区产生的直接或间接的经济影响，促使在机场周围生产、技术、资本、贸易、人口的聚集，形成的具备多功能的经济区域"。刘武君（1999）认为，航空城是指以机场为核心，以相关航空产业和相邻航空产业为支柱的功能性城市。这一概念可以从广义和狭义两个方面来理解：狭义的航空城是指以机场为核心的城市化地区，就是与机场连

---

① 汤宇卿，王宝宇，张勇民. 临空经济区的发展及其功能定位［J］. 城市规划学刊，2009（4）：54.

为一体的机场周围的设施群；广义的航空城则是指生产活动所在位置到达机场不需要变换公共交通工具的城市区域。包世泰（2008）认为，空港经济区是随着机场的集聚效应、扩散效应的加强，导致机场周边地区的产业结构随之改变，机场逐渐同周边的区域进行融合，从而逐渐演化成具有自我组织能力、高度集中的经济区域。王晓川（2003）提出，空港的建设和运营增强了比邻空港地区的郊区对各种人口和产业的吸引，从而形成新的航空经济区。郝爱民等（2014）认为，从航空经济区的形成机理来看，航空经济区实际上是各种生产要素在自组织和他组织的共同作用下在机场周围的集聚过程，自组织和他组织是其发展的两大力量等。

综合国内外学者观点，我们认为，航空经济区是依托航空枢纽和现代综合交通运输体系，提供高时效、高质量、高附加值产品和服务，集聚发展航空运输业、高端制造业和现代服务业而形成的特殊经济区域，是民航业与区域经济相互融合、相互促进、相互提升的重要载体。

对于航空经济区也可从两个方面来理解：一是航空产业的载体，航空运输业、航空服务业、航空指向性产业位于航空经济区内，一系列航空经济活动在该区域内进行。二是空间地理，其包含以机场为核心、机场周边区域为外围的大片地区。航空经济区是指由于航空运输的巨大效应，促使航空港相邻地区及空港走廊沿线地区出现生产、技术、资本、贸易、人口的聚集，从而形成的多功能经济区域。从国内外实践来看，航空经济区大多集中在空港周围 5~40 千米范围内，或在空港交通走廊沿线 30 分钟车程范围内，以空港为核心，大力发展航空相关产业，与空港形成相互关联、相关依存、相互促进的互动关系。

## 二、航空经济区主导产业模式

由于机场的区位、交通条件、腹地经济基础等因素不同，各航空经济区在产业选择和发展上表现各异，表现为不同的发展模式。

（一）航空物流强势发展模式

航空物流强势发展模式与机场货运功能直接相关，借助于机场的口岸、运输条件，积极发展航空物流产业，航空物流业是推动航空经济区发展的主要动力。孟菲斯航空经济区就是通过这种模式发展起来的。孟菲斯国际机场集聚了一批世界知名的航空物流企业，世界上最大的航空物流企业联邦快递的总部设在孟菲斯，世界知名的航空物流企业如 UPS 快递、DHL 国际快递等都在机场设有航空物流机构。孟菲斯国际机场是世界航空物流规模最大、货运效率最高、服务设施最齐全的空港，在世界航空物流业界一枝独秀。

（二）物流与商务并重发展模式

一些大型枢纽机场邻近的航空经济区，同时发展航空物流产业和商务贸易。航空经济区内除了注重发展航空物流产业之外，还注重发展宾馆、餐饮业、购物、商业中心、金融业、咨询业，其功能定位类似于中央商务区。如中国香港国际机场，在做大航空运输业的同时，大力发展商务贸易，建设贸易中心、会展中心，在机场周边形成一块以现代商务为主的黄金地段。航空物流和商务贸易并重、日益融合，成为一种特殊的航空经济区发展模式。

### （三）以休闲产业为主的发展模式

以休闲产业为主的发展模式，源自机场优越的地理位置和环境。一些航空经济区借助周边地区旅游资源，大力发展特色公园、观海风景区、水上乐园、文化娱乐设施、历史文物建筑等与旅游相关的服务设施，强化自身的旅游休闲功能。例如，韩国仁川航空经济区利用海水环绕的优越环境，除发展航空物流外，还大力开发休闲、旅游产业，以优质人文生态环境凸显航空经济区的特色。

### （四）多元化综合发展模式

多元化综合发展模式适用于大型交通枢纽所在地。当机场的就业人口和居住人口达到相当规模时，必然带动航空经济区内多种产业的发展，并由此形成多个功能区，各功能区之间产业分工、功能互补。荷兰阿姆斯特丹的航空经济区，可以说是多元化综合发展模式的典型代表。该航空经济区内第一、第二、第三产业联动发展，机场周边区域有序地分布着多个高科技产业园，既发展高端制造业，又在航站楼附近建设高级商务楼，形成世界贸易中心。与此同时，阿姆斯特丹空港附近始终保留着一块农业用地，种植各种出口花卉。①

## 三、航空经济区开发模式

由于规划和开发主体的不同，国际上航空经济区的开发模式包括三种：统一规划、统一开放；统一规划、协调开发；各自规划、单独开发。

## 四、航空经济区扩展模式

### （一）渐进式发展模式

渐进式发展模式是以机场周边地区现有的城镇为基础，逐渐由机场内部向机场周边地区进行地域空间的扩张和经济空间的辐射。经过长时间演进，最终形成具有城市规模的综合性城市功能区。爱尔兰香农航空经济区是该模式的典型例子。

### （二）跳跃式发展模式

跳跃式发展模式是指在机场周边地区进行成片成块的产业区、居住区或物流园区的开发，以产业开发为先导，在此基础上延续城市化进程，最终形成航空经济区。美国丹佛国际机场航空经济区属于这一发展模式。

### （三）更新式发展模式

更新式发展模式是指原机场在新的形势下逐渐难以适应发展的要求，政府或新机场管理层便通过总结经验、不断创新，从更新换代的角度出发对新机场实行整体开发和规划，大力促进了周边航空产业的发展。中国香港国际机场航空经济区属于这一发展模式。②

---

① 沈露莹. 世界空港经济发展模式研究［J］. 世界地理研究，2008（9）：22~23.
② 周少华，韦辉联. 临空经济的主要发展模式［J］. 中国国情国力，2009（11）：57~59.

## 第二节 国外航空经济区的典型案例

### 一、孟菲斯航空经济区

（一）孟菲斯航空经济区介绍

1. 孟菲斯国际机场

孟菲斯国际机场（Memphis International Airport，MEM）位于美国田纳西州孟菲斯，是世界最大的航空货运机场。20 世纪 90 年代，孟菲斯国际机场逐步跨入美国乃至世界大型货运枢纽机场的行列。国际机场理事会（ACI）提供的数据显示：2020 年孟菲斯国际机场以 461 万吨货运吞吐量排名全球第一，相比 2019 年的 432.27 万吨增长了 6.6%。

由于地处美国国内航线网络的中心，以及著名的俄亥俄快递中枢带上，孟菲斯国际机场东西兼顾，南北适中，两小时以内的航程几乎覆盖了美国所有大中城市。与此同时，作为西北航空公司的三大枢纽之一，孟菲斯国际机场集散了美国南部以及中美、加勒比地区的航空客货，并与位于明尼阿波利斯和底特律的两个中心共同构成了西北航空公司国内枢纽网络。该网络通过与跨大西洋、跨太平洋的国际航线网络整合，实现大规模国内、国际航班客货的有效转接，进一步奠定了孟菲斯国际机场的国际航空物流货运枢纽地位。

孟菲斯国际机场始终定位于国际顶级货运枢纽。机场占地约 15 平方千米，由南北两个矩形区域构成。其北部的半壁江山为联邦快递公司（FedEx）的货运基地，有一条东西向的货机专用跑道，长约 3000 米。跑道北侧有 70 万平方米的货机坪和 160 多个货机位。联邦快递公司在此修建了占地约 30 万平方米的各类货物仓储和中转设施。场区交通由纵横交错的快速公路网构成，机场西侧建有地面交通枢纽，与通往市区的高速公路相接。布局上，机场范围内以空港货运物流业为核心，以联邦快递为重点，为航空经济发展提供源源不断的动力源泉。

2. 机场周边主要产业

孟菲斯利用其机场的环球运输网络，实现同全球市场的快速接入，融入了经济全球化发展，并赢得了美国第一航空城的称号。从产业布局来看，在航空港的东面主要发展高科技产业走廊，西面主要发展信息及通信科技、生物医药科技及相关的科研教育设施。大批知名的网络零售商在机场附近建立订购营运中心，网络零售产业成功地融合了信息科技、航空港及快递业务三者所提供的服务网络。

（1）物流产业。孟菲斯机场是世界上最大的航空物流基地，集聚了如联邦快递等一批世界知名航空物流企业。20 世纪 80 年代，当现代物流业开始在美国兴起时，孟菲斯以其得天独厚的交通区位成为联邦快递公司的核心枢纽。目前，联邦快递在孟菲斯国际机场建立了 0.36 平方千米的超级转运中心，483 千米的传送带平均每小时处理 95000 个包裹，700 多架飞机通过这里向全球 220 个国家和地区提供服务。由于靠近孟菲斯可享受最晚截件时间，越来越多的第三方物流企业如 UPS 快递、DHL 国际快递等都在孟菲斯转运中心附近建立了仓库，从而支持了孟菲斯国际机场的发展。[①]

（2）其他产业。枢纽机场的可达性使孟菲斯吸引了许多知名企业。美国最大的汽车修配连锁品牌——汽车地带、世界上规模最大的纸产品企业——国际纸业、世界最大的角膜银行——国家眼科银行中心、美国最大的通宵麻醉药品检测站——Advanced Toxicology 以及惠普、松下电器、Cingular（美国第二大无线运营商）、捷普集团、辉端制药有限公司分拨中心、Mallory Alexander 国际物流公司等都选择在孟菲斯落户。由于机场周边集聚了大量的客流、物流和信息流，商贸企业、金融企业、会展业、购物中心、商务酒店、餐饮企业也纷纷在孟菲斯国际机场周边布局。

（二）孟菲斯航空经济区的特征与优势

1. 机场设施完备、服务周到

孟菲斯国际机场的货物中心附近交通便利。货物中心的建筑设施完备，能够满足货物处理的所有要求，包括货物存储间、交叉性的码头设计、危险品存储间、冷藏间、木工工作间、公共休息室、接待室以及办公区域和管理室。孟菲斯国际机场在机场管理、航次安排、地面交通、安全检查、航务保障、后勤服务等方面为客户提供周到的服务。

2. 多种运输模式协同发展

除了拥有全球最繁忙的空运机场外，孟菲斯还拥有发达的公路、铁路和水路运输系统。东西方向横穿美国的公路将孟菲斯与美国的大部分州相连，此外有 7 条高速公路在孟菲斯相交，这使得美国的 152 个大城市到达孟菲斯都只需要一个晚上的行程。孟菲斯拥有 5 条 I 级铁路、6 个铁路码头，这些都具有联合运输的能力，平均每天有 220 班列车。孟菲斯还是美国第四繁忙的内河码头，每年大约有 63 亿吨的内河运输货物，孟菲斯码头拥有 44 个私营站，8 个政府运营站，超过 30 个国际货物运输代理公司在孟菲斯码头运营。可以说，孟菲斯具备一个集航空、水路、铁路、高速公路多模式的综合运输系统。

3. 机场与物流企业密切合作

联邦快递成立之初拟将总部设在阿肯色州小石城，但当地政府认为航空物流业的发展前景黯淡，拒绝了联邦快递的建议。然而，孟菲斯国际机场却主动地以最优质服务、最优惠价格向联邦快递提供支持。结果，在孟菲斯国际机场的支持下，联邦快递业务迅速拓展，最终成为世界最大的快递服务商，而联邦快递庞大的快递物流业务为孟菲斯国际机场成为国际顶尖货运中心做出了重大贡献。在联邦快递的带动下，DHL 国际快递、UPS 快递等纷纷与孟菲斯国际机场开展合作，进一步促进了孟菲斯国际机场的发展。

---

① 刘明君，刘海波，高峰，等. 国际机场航空物流发展经验与启示［J］. 北京交通大学学报（社会科学版），2009（10）：53~57.

4. 空港与城市密切合作

孟菲斯国际机场为孟菲斯创造了大量的就业岗位和巨大的生产总值，而孟菲斯的发展也有力地支撑了孟菲斯国际机场的发展。当空港所在城市成长为区域经济中心时，必然产生大量的客货运输需求，推动空港的发展；空港的发展，反过来又促进所在区域经济的发展。由此可见，空港与城市以互补性、依存性和共生性为基础融为一体、协同演进。

5. 制定航空城发展规划

孟菲斯国际机场与当地政府以及合作伙伴组织成立了相关委员会，共同设计了航空城发展规划，使得航空城不仅满足了速度、灵活度和联结性的核心要求，还适应了多方的特殊要求。优秀的航空城规划使孟菲斯国际机场的货物能在 48 小时内到达世界任何一个地方。孟菲斯的机场规划始终贯彻了以货运为主的发展策略，具有货运枢纽的鲜明特色。孟菲斯航空城发展规划具有前瞻性，其规划孟菲斯国际机场要在 1986 年成为全球最大的货运机场。不仅如此，机场还在南部和东部为联邦快递和 UPS 快递未来货运的发展预留了 2 平方千米的用地空间。

## 二、仁川航空经济区

（一）仁川航空经济区介绍

1. 仁川国际机场

仁川国际机场占地 58.4 平方千米，位于韩国仁川永宗岛，首尔西南方向 70 千米处，于 2001 年 4 月正式投用。自此，它逐步取代金浦国际机场，成为韩国的主要国际机场。

1999 年 2 月 1 日，仁川国际机场公司成立，负责机场的规划、建设和管理。该公司系韩国政府成立的国有企业，依据《仁川国际机场公司法》而设，具有类似私营企业一般灵活的机制体制。公司使命是将仁川国际机场打造成全球顶级机场，提升韩国经济实力和全球竞争力。为此，仁川国际机场公司出台五项发展战略，并为每项战略设立了明确的实施目标：打造临空商务区和物流区（航空城），巩固、提升仁川国际机场"东北亚领先航空枢纽"地位，优化旅客体验，增强仁川国际机场建设、运营和管理效率，引领仁川地区经济绿色低碳发展。为实现上述战略目标，仁川国际机场采取的具体措施包括：大力招引航空公司，扩大仁川国际机场航线网络；建设先进的航空基础设施；加强空港城商业和休闲娱乐功能，加快自由贸易区和 3 个机场商务中心的建设；强化仁川航空都市，尤其是仁川自由经济区的优势，并加以利用。

通过上述举措，2015 年仁川国际机场就获得了 33 个国际奖项，例如，《环旅世界》将其评为"全球最佳机场"，这已是仁川国际机场连续第 11 年获此奖项。2017 年，仁川国际机场连续第 12 年获得国际机场协会颁发的"最佳旅客服务奖"。2018 年，《旅游贸易公报》连续第 6 年将仁川国际机场评为"最佳空旅服务机场"。2019 年，仁川国际机场客、货运吞吐量达 7120 万人次和 276 万吨（共 88 家航空公司，航线覆盖 53 个国家和地区共 173 座城市）。新冠肺炎疫情暴发后，仁川国际机场公司将以恢复机场运量、增加机场营收作为重中之重。截至 2020 年第四季度，仁川国际机场货运量已恢复至 2019 年月度水平。仁川国际机场因一流的客户服务和机场运营享誉全球，是全球领先的枢纽机场。[①]

2. 仁川国际机场航空城

空港城即仁川国际机场的航空城，代表了全球机场区域商业开发的最高水准。那里汇聚众多写字楼、高级餐厅、星级酒店、会展中心、高端度假村、康养中心等休闲娱乐场所。2019 年，商业与物流业务收益占仁川国际机场总营收的 53.7%，非航空营收的 80%。其中，非航空营收多数来源于空港城的国际商务中心、机场自贸区、休闲娱乐业、航站楼商业。

（1）1 号国际商务中心。仁川国际机场 1 号国际商务中心的建设，是为了提高仁川国际航空都市内的航空客货运需求、增加机场商业营收、提高企业运营效率。1 号国际商务中心位于机场东南部，搭乘磁悬浮列车可快速抵达 1 号航站楼。1999 年 1 号国际商务中心一期建设启动，2014 年竣工，耗资 12 亿美元。一期工程主要包括建造四星级、五星级酒店，6.47 万平方米的机场皇家广场（12 层的商业综合体）以及 4 座商住综合体，即世界之门、天空世界、LG 辉煌和 D. O. 别墅区，主要满足临空指向型产业企业及其员工的商住需求。

（2）百乐达斯城综合度假村。百乐达斯城综合度假村是 1 号国际商务中心二期项目，是韩国首家赌场度假村，配备表演厅、会展厅、酒店、赌场（仅对外籍人士开放）、高级餐厅、高端商铺、夜店和室内主题公园。百乐达斯城一期工程以酒店、赌场、会展设施为主。2018 年 9 月，二期工程建设启动，引入 Chroma 夜店、艺术天堂酒店、幻乐堡室内主题乐园、汐美 SPA、艺术馆、餐厅、儿童乐园、保龄球馆、免税商场等。百乐达斯城综合度假村预计于 2022 年整体完工，届时建筑面积将达到 27.87 万平方米，总投资预计将达 14 亿美元。

（3）2 号国际商务中心。2 号国际商务中心是 2 号航站楼的商业配套区，主要满足机场员工、机务人员以及长住客的需求。2 号国际商务中心总面积 0.16 平方千米，是所有国际商务中心面积最小的。其建成或规划中的项目包括 4 家酒店（1588 间客房）、4 幢写字楼（1293 间办公室）、3 栋住宅楼或长租房公寓（1257 个房间），所有住宅楼均配底层商铺。2 号国际商务中心规划的公共绿地和人行道总面积为 0.07 平方千米。

（4）3 号国际商务中心。3 号国际商务中心占地 3.27 平方千米，位于机场西侧，10 分钟内可抵达航站楼，预计 2022 年启用。它是空港城的重点开发项目，已成功吸引 60 亿美元投资，其中多数为海外投资。3 号国际商务中心主要吸引临空指向型私营企业入驻。此外，还配备了丰富的休闲娱乐设施，包括主题公园、酒店、会展中心、购物中心、赌场等。

（5）灵感综合度假村。灵感综合度假村是永宗岛综合度假集群和 3 号国际商务中心

---

① 约翰·卡萨达. 仁川航空都市：21 世纪临空经济区建设典范［N/OL］. 看点快报，https://kuaibao.qq.com/s/20210909AO/ES FOO? refer＝spider_map，2021-09-08.

内的核心项目。度假村的建设将根据发展需求分期展开。2016 年，仁川国际机场公司、韩国 KCC 集团、美国游戏娱乐公司达成合作协议，共同设计、建设、运营集博彩、酒店、娱乐于一体的灵感度假村。灵感综合度假村一期建设分为两个阶段。2019 年 6 月，第一阶段建设正式启动，占地 0.51 平方千米，建筑面积达 34.8 万平方米，总投资 13 亿美元，预计于 2022 年完工。第二阶段建设总投资 11 亿美元，计划 2025 年完工。度假村预计于 2031 年全部建成，届时总建设投资或将达 50 亿美元。[①]

（6）南水湾。南水湾位于机场南端，分两期开发，定位为水上运动休闲中心。一期占地 0.10 平方千米，于 2011 年竣工，总投资 2190 万美元，其中包括 2.3 万平方米的赛艇中心。南水湾由韩国体育振兴基金会运营，曾举办过国际水上运动赛事，目前主要作为训练中心使用。二期位于一期东南侧，占地 0.05 平方千米，于 2013 年开工，2015 年 9 月竣工。鸟巢酒店是南水湾二期的重点项目，共有 368 个客房，设计风格融入自然灵感。

（7）72 天空高尔夫俱乐部。72 天空高尔夫俱乐部进一步丰富了仁川国际机场区域的休闲服务，也是机场未来开发的重要土地储备。72 天空高尔夫俱乐部自 2005 年开放起，举办过多次国际锦标赛。俱乐部占地 4 平方千米，有 4 个 18 洞标准高尔夫球场，共 72 洞。

（8）宝马体验中心。2014 年，宝马体验中心正式开放，总面积 23.6 万平方米，位于仁川国际机场东端，总投资 7550 万美元。游客可在 2.6 千米长的环形车道上试驾高性能宝马车型。此外，还建有综合服务中心，中心内设有酒吧、餐厅、驾驶培训学校（包括儿童驾校）和汽车展厅等。2019 年，宝马体验中心内建成生态公园，可承办户外娱乐文化活动。

（9）仁川国际机场自贸区。2006 年 9 月，空港城内的自贸区正式建成启用，占地 3.38 平方千米。东北片区为机场物流园，主要产业为国际物流和制造业；西南片区为机场货站，未来也将建设机场物流园。自贸区的货站区共有 6 个货站，占地 1.14 平方千米。目前，在此运营的航空公司有韩亚航空、阿特拉斯航空、大韩航空。相关设施占地 0.26 平方千米，建筑面积 32.87 万平方米。此外，还建有 0.03 平方千米的国际快递中心和 2000 平方米的美国军事邮件中心。截至 2019 年，已有 300 家企业入驻物流园，租赁率高达 90%以上。针对自贸区内的企业，空港城出台了一系列税收和关税优惠政策，以吸引投资，增加非航空收益，吸引依赖航空运输的产业入驻，增加机场货源。

（二）仁川航空经济区的特征与优势

1. 出台优惠政策吸引跨国物流企业入驻

韩国政府在仁川国际机场的建设上，突出强调枢纽城市以及航空和物流产业的发展，将仁川国际机场定位于一个物流网络中心。韩国建设和交通部，在政策方面确立了发展物流产业以降低物流成本，提高国家竞争力的政策目标，并明确提出要以仁川国际机场为中

---

① 约翰·卡萨达. 仁川航空都市：21 世纪临空经济区建设典范［N/OL］. 看点快报, https://kuaibao.qq. com/s/20210909AO/ES FOO？refer=spider_map, 2021-09-08.

心，建设物流网络体系。目前，由韩国建设和交通部规划建设的仁川国际机场物流园区一期项目已经完成并正式投入运营。

为了吸引外来物流企业入驻，韩国政府出台了一系列配套政策：进驻园区的外资企业根据不同行业和投资规模，可享受减免国际税、地方税、土地使用税等优惠政策。进驻园区的国内外货物，可享受免除关税、酒税等各项优惠待遇。

2. 依托机场设立自由经济区

2003 年韩国政府正式确定，依托仁川国际机场设立仁川自由经济区。自由经济区在税收、外汇管制等方面实行了一系列特殊的经济政策，取消或放宽了对外商投资的各种限制。一是对外资企业实施税费激励政策。二是放松政府管制。自由经济区内开放教育、医疗等服务行业；实行外汇制度自由化，允许主要的外国货币在自由经济区内自由使用；允许外国广播电视台进入。三是改善外国人居住环境。在自由经济区内，政府除了建设大量绿地与休闲娱乐设施外，还在政府服务中使用英语，并建立国外高校的分校，引进国外医疗机构等。

3. 加强物流配套设施建设，简化海关通关程序

韩国海关以构建"21 世纪世界最佳海关"为目标，全面提升空港海关管理的效率与效力。一是改善进出口物流管理系统。二是加强快递货物的通关服务。三是完成"电子海关"建设，这包括安装以互联网为基础的申报系统，并与以电子数据交换（EDI）为基础的业务系统合并运行；整合 31 个不同的单独系统，加强内部管理系统的连通性能；建立覆盖进出口申报和检疫申请的"一站式"电子化通关系统。

4. 实现开发模式创新，鼓励企业参与园区的开发与建设

韩国政府还对原有的"修建—营运—移交"（BOT）开发模式进行了创新，利用 BTO 方式开发、管理机场周边物流园区及工业园区。以物流园区建设为例，在 BTO 模式下，大韩航空公司根据需求向机场申请土地，然后建造符合自己要求的货站设施；在建造完成后，所有权移交给仁川国际机场；大韩航空公司获得货站设施 20 年的运营权；在运营期满后，大韩航空公司可以和机场协商后续合同。BTO 的开发模式在利用承包商专业开发经验和先进技术的同时，也为韩国政府和机场当局节约了大量投资建设资金，并且降低了投资风险。[①]

## 三、史基浦航空经济区

（一）史基浦国际机场

阿姆斯特丹史基浦机场，又名阿姆斯特丹国际机场，位于阿姆斯特丹西南方的市郊，距离市中心约 9.1 千米，是荷兰首都阿姆斯特丹的主机场，也是荷兰主要的进出门户，是欧洲第五大最繁忙的机场。

阿姆斯特丹史基浦机场海拔高度为 -3 米，是世界主要商业机场中海拔较低的机场之

---

① 赵燕霞. 韩国仁川自由经济区成功背后的"政府力量"[N]. 中国民航报，2011-09-12（007）.

一。目前机场拥有五条可以起降大型民航机的主跑道与一条主要供通用航空使用的辅助跑道，即长宽分别为 2014 米×45 米的 04/22 跑道、3500 米×45 米的 06/24 跑道、3453 米×45 米的 09/27 跑道、3300 米×45 米的 18C/36C 跑道、3800 米×60 米的 18R/36L 跑道和3400 米×45 米的 18L/36R 跑道。其中，18R/36L 跑道是该机场最新的一条跑道，于 2003年正式投入使用。史基浦机场有一个大型的航站楼，机场的所有设施都建立在该航站楼下，航站楼内设有约 165 个登机桥。同时，机场也建立了大型的购物区，这是该机场获益的另一重要来源。此外，机场有世界最高的管制塔台，高 101 米，建于 1991 年。

史基浦机场是荷兰皇家航空与其子公司马丁航空、泛航航空的枢纽机场，而向米与荷兰皇家航空有深厚合作关系的美国西北航空也以该机场作为在欧洲地区的转运枢纽，因此每年都有大批旅客以该机场作为进入欧陆地区的入口点。作为欧洲的主要港口，在客运和货运吞吐量方面，史基浦机场与英国的伦敦希思罗国际机场、德国的法兰克福国际机场、法国的巴黎戴高乐机场和西班牙的马德里巴拉哈斯国际机场相互竞争。史基浦机场仍是欧洲航线网络最为发达的机场，2019 年直通 332 个目的地，其中 138 处为洲际目的地，飞机起降架次为 49.68 万，史基浦机场旅客吞吐量达 7170 万人次。截至 2020 年，史基浦机场连续 31 年被英国商务旅客评为欧洲最佳机场，紧随其后的是伦敦希思罗国际机场、慕尼黑国际机场和苏黎世机场。[①]

（二）史基浦航空经济区

史基浦机场是荷兰的空中门户，也是整个北欧地区重要的航空网络中心。以航空产业为基础，史基浦机场本身已发展成为"机场城市"，成了阿姆斯特丹经济的主要增长极。在史基浦机场周边区域有 500 多家企业，已形成三大板块——物流园区、商务区和航天航空产业园区。

1. 史基浦机场物流园区

史基浦机场物流园区是欧洲物流集散中心。史基浦南区是开展货物装卸业务的极佳选择，这个园区提供一系列高效率的办公场地和仓储空间。史基浦物流园，适合进行大型的机场物流活动。史基浦机场物流园区还包括 A4 西园区、史基浦东南园区、阿姆斯特丹 Atlaspark 园区和阿尔梅勒 Stichtsekant 商业园等。

史基浦机场航空网络的通达性、高水准的货运基础设施服务，以及机场周边发达的高速公路网络，吸引了大量高水准配送物流公司的聚集。史基浦机场地区现有 200 余家国际物流服务供应商、货运承运商、运输代理商以及运输集成商，包括了世界著名的 UPS 快递、DHL 国际快递、联邦快递、TNT 快递、嘉里大通快递、日本运通、泛亚班拿集团等。

史基浦机场已经将物流的发展定位于多式联运。史基浦机场地区拥有发展多式联运的区位优势与交通优势。在距离机场 30 千米处是荷兰第二大港口——阿姆斯特丹港。该地区高速公路网络发达，在史基浦广场还建有火车站，不仅连通荷兰各省，同时也是欧洲高

---

① 史基浦机场连续 31 年被英国商务旅客评为欧洲最佳机场［EB/OL］. 民航资源网，http：//news. carnoc. com/list/547/547753. html，2020-11-05.

速铁路的一个节点，由此机场与整个欧洲大陆相连接，进而使空、海、路、铁实现无缝式连接。这种多式联运的优势为企业降低成本提供了重要保障。

### 2. 史基浦商务园区

荷兰阿姆斯特丹机场商务区被誉为"欧洲商业界的神经中枢"，是最为重要的欧洲物流和商务活动中心。阿姆斯特丹机场商务区包括阿姆斯特丹机场和部分阿姆斯特丹城区，由 11 家公司联合经营，该园区集合了这些公司在国际市场营销和收购方面的优势。商务区拥有高素质的人力资源、多元化的交通枢纽、良好的通信设施，为商务园区发展提供了重要支撑。

阿姆斯特丹机场商务区已吸引超过 1500 家国际公司入驻，如荷兰航空、优利系统、日本三菱、BMC 软件公司等，这些公司都将其荷兰或欧洲的总部设在阿姆斯特丹机场商务区，形成了典型的总部经济。

### 3. 史基浦航空航天产业园区

史基浦航空航天产业是史基浦机场地区最重要的产业。目前，史基浦机场地区已经成为欧洲航空航天产业的聚集地之一，该地区聚集的主要是国际知名航空航天企业的欧洲总部及零部件、物流、维修检测中心，同时还有许多航空航天类的教育和培训机构。荷兰航空航天产业每年收入约 110 亿美元，带来 55000 多个就业岗位，其中，史基浦航空航天产业园区占到了相当大的比重。

### （三）史基浦航空经济区的特征与优势

（1）政府积极引导，明确航空经济战略定位。史基浦机场在 20 世纪 80 年代的扩建过程中，荷兰政府从国家战略的高度对机场周边发展进行了定位，针对机场地区的特殊性给予了独立而完整的规划，并且机场周围用地预留充足。荷兰政府在 1988 年制定的《国家规划与发展报告（第 4 版）》中，就将史基浦机场定位于国家发展的中心地位。首先，使其成为欧洲配送中心。其次，使其成为荷兰吸引物流与客流的磁石。最后，将史基浦机场地区纳入荷兰环境房产与规划部（VROM）所负责的全国空间规划中。此外，中央政府通过国家控股的专业地产机构主导机场周边的具体规划和建设，并与史基浦机场集团、阿姆斯特丹港口集团等组织形成一个利益共同体，促使开发的顺利实施。

（2）长期规划与动态调整相结合，推动航空经济科学发展。史基浦机场周边地区的开发运营商 SADC 在史基浦机场发展的不同时期，对于机场区域的发展定位不断调整，以适应整个区域经济的发展形势与市场变化。阿姆斯特丹史基浦机场区域在最初的发展定位是航空城，为应对市场变化，动态调整策略，不断完善机场区域规划，引导机场区域的持续发展。

（3）依托机场发展，优化航空产业结构。史基浦机场在 19 世纪 80 年代扩建之前，机场周边产业类型多为第一产业，随着史基浦机场扩建，旅客吞吐量持续增长，机场周边产业的航空指向性日益增强，出现了各个高端产业园区，园区产业类型逐步向航空物流、航空维修等航空核心产业以及总部经济、高科技研发等航空引致产业转变。航空经济区的形成是一个过程，对于航空经济区产业来说，其伴随着航空经济区的形成与发展，也处于一种逐渐优化、进化的发展态势。

（4）发展多式联运，强化航空经济区资源配置功能。拥有港口与机场的阿姆斯特丹在发展初期都依托海港促进经济发展，但是随着城市产业结构调整，传统产业的优化升级，机场在带动区域经济方面的作用日益凸显，航空经济逐渐成为城市发展的一大增长极。同时，这类城市也逐步从"大海港、小空港"的发展模式转变为"海港+空港"双轮驱动的发展模式。航空经济区的核心竞争力是其资源配置能力优于其他地区，实现空港与海港的联动发展。空、海、陆等多种交通方式的联运，将不断拓展航空经济区的空间辐射能力。航空经济区成为特定区域内的交通运输网络枢纽，人流、物流的集散中心。

## 四、国外航空经济区的实践经验总结

由于各地自然及经济社会条件不同，三个航空经济区的发展模式各具特色，通过对比发现各航空经济区发展也存在一些共同特征，归纳总结，主要有以下五个方面：

（一）依托大型航空枢纽

机场的规模大小以及机场辐射范围的经济状况决定了航空经济的形成规模和发展水平。世界级转运中心或大型航空枢纽是航空经济发展的一个先决优势条件。无论是荷兰的史基浦、美国的孟菲斯还是韩国的仁川，都明显地具备这一特点。在全球范围内，这一发展趋势将越发凸显。

（二）设立自由贸易区

大部分航空经济区都在空港附近设立了自由贸易区。自由贸易区在税收、海关监管等方面的政策优势与空港在空运、中转、装卸等交通便利的区位优势相结合，实现区、港一体化运作，成为一定区域的物流集散中心，为区港繁荣提供良好的基础条件，从而将航空经济的发展潜力和带动作用发挥到最大。

（三）政府政策支持

政府的政策支持是放大航空枢纽功能、发展航空经济、拓展航空城的必要条件。航空经济的发展需要国家和地方政府以及行业管理部门出台配套政策和放松相应的管制。案例中的各国各地区政府都高度重视航空经济区的建设，政府在空港的定位和规划建设、产业园区的设立、自由贸易区的推进以及各种政策优惠的提供等方面都发挥了重要的作用。

（四）产业选择与布局合理

国外航空经济区发展的经验表明，航空经济区有其特定的主导产业和空间结构。航空经济的发展路径受到所在区域经济发展水平、产业结构、地理区位、资源禀赋及政府政策等影响和制约。要发展航空经济，必须在发展初期对其周边地区的航空产业布局进行科学引导和周密规划。

（五）具有立体化交通运输网络

诸多著名航空经济区的一个重要共同点是都以航空港为核心，建立了立体化的综合交通运输网，公路、铁路、海路与航空港充分对接，实现多联式运输。

## 第三节　国内航空经济区发展及案例

### 一、国内航空经济区发展现状

（一）国内航空经济区数量

截至 2021 年 6 月，在我国 243 个颁证运输机场中，已有 107 个机场周边规划建设航空经济区，自 2013 年 3 月 7 日郑州航空港经济综合实验区获得国务院批复，成为全国首个国家级航空经济示范区，目前全国共有 17 个国家级航空经济示范区。[①]

（二）国内航空经济区总体情况

截至 2021 年 7 月 31 日，我国 31 个省、自治区、直辖市（不包含港澳台）均已明确提出航空经济区发展的相关指导意见，已经明确规划和开始建设的航空经济区有 89 个，还有一些城市正在积极规划航空经济区。东部、中部、西部地区均有所发展，也充分体现了空港作为不依赖沿海、沿江等区位优势发展的新型港口，将成为内陆地区"换道超车"的重要功能依托。除了以上 17 个国家级航空经济区（见表 7-1）之外，上海浦东国际机场和深圳宝安国际机场以其巨大的航空运输量引领当地航空经济发展。

表 7-1　国家级临空经济示范区

| 序号 | 批复文件中的示范区名称 | 核心机场 | 所属城市 | 获批时间 | 批复机构 | 面积（平方千米） | 面积排名 |
|---|---|---|---|---|---|---|---|
| 1 | 郑州航空港经济综合实验区 | 郑州新郑国际机场 | 郑州 | 2013 年 3 月 | 国务院 | 415.00 | 2 |
| 2 | 北京大兴国际机场临空经济示范区 | 北京大兴国际机场 | 北京 | 2016 年 10 月 | 国家发展改革委、中国民用航空局 | 150.00 | 3 |
| 3 | 青岛胶东临空经济示范区 | 青岛胶东国际机场 | 青岛 | 2016 年 10 月 | 国家发展改革委、中国民用航空局 | 149.00 | 4 |
| 4 | 重庆临空经济示范区 | 重庆江北国际机场 | 重庆 | 2016 年 10 月 | 国家发展改革委、中国民用航空局 | 147.48 | 6 |
| 5 | 广州临空经济示范区 | 广州白云国际机场 | 广州 | 2016 年 12 月 | 国家发展改革委、中国民用航空局 | 135.50 | 11 |
| 6 | 上海虹桥临空经济示范区 | 上海虹桥国际机场 | 上海 | 2016 年 12 月 | 国家发展改革委、中国民用航空局 | 13.89 | 17 |

---

① 曹允春. 临空经济区成区域高质量发展新动力源［N］. 经济日报，2021-09-08（011）.

续表

| 序号 | 批复文件中的示范区名称 | 核心机场 | 所属城市 | 获批时间 | 批复机构 | 面积（平方千米） | 面积排名 |
|---|---|---|---|---|---|---|---|
| 7 | 成都临空经济示范区 | 成都双流国际机场 | 成都 | 2017年3月 | 国家发展改革委、中国民用航空局 | 100.40 | 14 |
| 8 | 长沙临空经济示范区 | 长沙黄花国际机场 | 长沙 | 2017年5月 | 国家发展改革委、中国民用航空局 | 140.00 | 10 |
| 9 | 贵阳临空经济示范区 | 贵阳龙洞堡国际机场 | 贵阳 | 2017年5月 | 国家发展改革委、中国民用航空局 | 148.00 | 5 |
| 10 | 杭州临空经济示范区 | 杭州萧山国际机场 | 杭州 | 2017年5月 | 国家发展改革委、中国民用航空局 | 142.70 | 9 |
| 11 | 宁波临空经济示范区 | 宁波栎社国际机场 | 宁波 | 2018年4月 | 国家发展改革委、中国民用航空局 | 82.50 | 16 |
| 12 | 西安临空经济示范区 | 西安咸阳国际机场 | 西安 | 2018年4月 | 国家发展改革委、中国民用航空局 | 146.00 | 7 |
| 13 | 南京临空经济示范区 | 南京禄口国际机场 | 南京 | 2019年3月 | 国家发展改革委、中国民用航空局 | 473.00 | 1 |
| 14 | 首都机场临空经济示范区 | 北京首都国际机场 | 北京 | 2019年3月 | 国家发展改革委、中国民用航空局 | 115.70 | 13 |
| 15 | 长春临空经济示范区 | 长春龙嘉国际机场 | 长春 | 2020年7月 | 国家发展改革委 | 91.30 | 15 |
| 16 | 南宁临空经济示范区 | 南宁吴圩国际机场 | 南宁 | 2020年7月 | 国家发展改革委 | 118.00 | 12 |
| 17 | 福州临空经济示范区 | 福州长乐国际机场 | 福州 | 2020年11月 | 国家发展改革委、中国民用航空局 | 145.00 | 8 |

注：表中信息截止时间为2020年12月。

资料来源：根据公开资料整理。

（三）国内航空经济区发展比较

1. 国内航空经济区概况比较

国内临空经济区相关情况如表7-2所示。

表7-2　国内临空经济区概况比较

| 航空经济示范区 | 面积（平方千米） | 航空经济区（所在区）GDP（亿元） | 增速（%） | 所在城市GDP（亿元） | 增速（%） | 2020年末所在城市常住人口（万人） |
|---|---|---|---|---|---|---|
| 郑州航空港经济综合实验区 | 415.00 | 1041.18 | 7.8 | 12003.00 | 3 | 1260.06 |
| 北京大兴国际机场临空经济区 | 150.00 | 932.80 | 2.0 | 36102.60 | 1.2 | 2189.31 |
| 首都机场临空经济示范区 | 115.70 | 1873.70 | -5.9 | 36102.60 | 1.2 | 2189.31 |
| 青岛胶东临空经济示范区 | 149.00 | 1209.63 | 7.8 | 12400.50 | 3.7 | 1007.17 |

| 航空经济示范区 | 面积<br>（平方千米） | 航空经济区<br>（所在区）<br>GDP（亿元） | 增速<br>（%） | 所在城市<br>GDP（亿元） | 增速<br>（%） | 2020年末所在<br>城市常住人口<br>（万人） |
|---|---|---|---|---|---|---|
| 重庆临空经济示范区 | 147.48 | 2009.52 | 3.6 | 25002.70 | 3.9 | 3205.42 |
| 广州临空经济示范区 | 135.50 | 2245.11 | 0.2 | 25019.10 | 2.7 | 1867.66 |
| 上海虹桥临空经济示范区 | 13.89 | 2063.09 | 1.4 | 38700.50 | 1.7 | 2487.09 |
| 成都临空经济示范区 | 100.40 | 1002.04 | 2.1 | 17716.70 | 4.0 | 2093.78 |
| 长沙临空经济示范区 | 140.00 | 1853.01 | 4.3 | 12142.50 | 4 | 1004.79 |
| 贵阳临空经济示范区 | 148.00 | 892.25 | 4.8 | 4311.65 | 5.0 | 598.70 |
| 杭州临空经济示范区 | 142.70 | 1828.47 | 1.0 | 16106.00 | 3.9 | 1193.60 |
| 宁波临空经济示范区 | 82.50 | 1201.18 | 2.6 | 12408.70 | 3.3 | 940.43 |
| 西安临空经济示范区 | 146.00 | 274.57 | 3.1 | 10020.39 | 5.2 | 1295.29 |
| 南京临空经济示范区 | 473.00 | 2509.32 | 5.3 | 14817.95 | 4.6 | 931.47 |
| 长春临空经济示范区 | 91.30 | 246.30 | 2.0 | 6500.00 | 3.6 | 906.69 |
| 南宁临空经济示范区 | 118.00 | 522.85 | 2.7 | 4700.00 | 3.7 | 874.16 |
| 福州临空经济示范区 | 145.00 | 1003.41 | 6.8 | 10020.00 | 5.1 | 829.13 |

资料来源：《中国临空经济发展指数（2021）》。

从表7-2中可以看出：①航空经济区的面积与航空经济区GDP、所依托城市的GDP，以及所依托城市的人口数量不成正比。②受新冠肺炎疫情影响，有11个航空经济区2020年GDP的增速低于所依托城市的增速，占比超过60%。

从航空经济区的面积来看，南京航空经济示范区的占地面积最大，高达473.00平方千米，但是其所依托城市的GDP以及所依托城市的人口数量却不是最多的；上海虹桥临空经济示范区的占地面积仅有13.89平方千米，但它所依托城市的GDP却是17个航空经济区中最高的。这在一定程度上反映了我国航空经济区的发展不均衡，各航空经济区之间的差距较大。导致这一现象的原因可能是上海虹桥航空经济示范区地理位置优越，基础设施、产业配套、枢纽建设较为完善。其他航空经济区要想赶上上海虹桥临空经济示范区，需要从基础设施、产业配套以及枢纽建设等多个方面、多个层次入手。

从航空经济区GDP增速与所依托城市GDP的增速来看，除郑州航空港经济综合实验区、北京大兴国际机场临空经济区、青岛胶东临空经济示范区、长沙临空经济示范区、南京临空经济示范区和福州临空经济示范区6个临空经济区GDP增速高于所依托城市以外，其余11个临空经济区GDP的增速均低于其所依托城市GDP的增速，与2019年绝大多数临空经济区GDP增长率高于所依托城市GDP增长率的状况完全相反。这与2020年新冠肺炎疫情对航空业冲击较大的现实相符，这表明在面临国内外发展环境重大变化、双循环新发展格局背景下，以航空产业发展为推手但不能仅依靠航空产业来提升临空经济区产业内涵从而促进临空经济区高质量发展，这是必须正视的重大课题。[①]

2. 国内航空经济区发展指数排名

2021 年 9 月 5 日，国家发展改革委综合运输研究所、航空经济发展河南省协同创新中心、中国城市临空经济研究中心联合发布《中国临空经济发展指数（2021）》，对国内主要航空经济区发展状况做出评价。

表 7-3　2020 年中国临空经济区发展总指数及排名

| 临空经济区 | 得分 | 总排名 | 临空经济区 | 得分 | 总排名 |
| --- | --- | --- | --- | --- | --- |
| 上海/浦东 | 82.44 | 1 | 厦门/高崎 | 62.57 | 20 |
| 北京/首都* | 75.89 | 2 | 哈尔滨/太平 | 62.18 | 21 |
| 广州/白云* | 75.79 | 3 | 合肥/新桥 | 62.06 | 22 |
| 深圳/宝安 | 75.48 | 4 | 青岛/流亭* | 61.68 | 23 |
| 成都/双流* | 74.55 | 5 | 沈阳/桃仙 | 60.69 | 24 |
| 北京/大兴* | 74.31 | 6 | 济南/遥墙 | 60.60 | 25 |
| 上海/虹桥* | 70.92 | 7 | 宁波/栎社* | 59.28 | 26 |
| 郑州/新郑* | 70.29 | 8 | 南宁/吴圩* | 58.75 | 27 |
| 重庆/江北* | 69.61 | 9 | 三亚/凤凰 | 57.97 | 28 |
| 杭州/萧山* | 67.65 | 10 | 南昌/昌北 | 57.71 | 29 |
| 昆明/长水 | 67.60 | 11 | 太原/武宿 | 57.56 | 30 |
| 南京/禄口* | 66.56 | 12 | 温州/龙湾 | 57.28 | 31 |
| 西安/咸阳* | 66.33 | 13 | 兰州/中川 | 57.21 | 32 |
| 武汉/天河 | 65.65 | 14 | 大连/周水子 | 56.72 | 33 |
| 海口/美兰 | 65.10 | 15 | 长春/龙嘉* | 56.46 | 34 |
| 天津/滨海 | 64.49 | 16 | 呼和浩特/白塔 | 55.74 | 35 |
| 长沙/黄花* | 64.33 | 17 | 福州/长乐* | 55.71 | 36 |
| 贵阳/龙洞堡* | 63.65 | 18 | 石家庄/正定 | 54.29 | 37 |
| 乌鲁木齐/地窝堡 | 63.16 | 19 | — | — | — |

注：表中标 * 的为国家级临空经济区。

资料来源：《中国临空经济发展指数（2021）》。

从综合排名来看，上海浦东航空经济区、北京首都机场临空经济示范区、广州临空经济示范区为前三甲，深圳航空经济区、成都临空经济示范区、北京大兴国际机场临空经济区、上海虹桥临空经济示范区、郑州航空港经济综合实验区紧随其后。长期来看，这几个城市的航空经济区会形成较为激烈的竞争。

---

① 资料来源于《中国临空经济发展指数（2021）》。

总指数得分高于平均分的有 17 个航空经济区，其余 20 个航空经济区得分低于平均分，说明这些航空经济区仍有较大的发展空间。排名前 20 名的航空经济区中，有 12 个国家级航空经济区；上海浦东航空经济区在多项二级指标中得分排名第一具体见表 7-3。

## 二、国内航空经济区发展案例

（一）香港航空经济区

1. 香港国际机场

香港国际机场位于中华人民共和国香港特别行政区新界大屿山赤鱲角，距香港市区 34 千米，为 4F 级民用国际机场。2019 年 6 月机场官网信息显示，香港国际机场航站楼面积共 85 万平方米，共有两条跑道，跑道长度为 3800 米，停机位 182 个，通航城市超过 220 个。以香港为基地的航空公司分别为国泰航空有限公司、国泰港龙航空有限公司、香港华民航空有限公司、香港航空有限公司、香港快运航空公司。其中，国泰航空有限公司、国泰港龙航空有限公司、香港华民航空有限公司、香港航空有限公司、香港快运航空公司在香港设立总公司。

香港国际机场一直是全球最繁忙的国际航空货运机场。2011 年，机场的货运量共 390 万吨，其货物总值占香港外贸货值的 36%，达到 25880 亿港元。2016~2020 年，香港国际机场货物运输量如表 7-4 所示。

表 7-4　2016~2020 年香港国际机场货物运输量

| 年份 | 货物吞吐量（千吨） | | | 货运飞机起降（千架次） |
|---|---|---|---|---|
| | 卸货量 | 装货量 | 合计 | |
| 2016 | 1648 | 2873 | 4521 | 70513 |
| 2017 | 1724 | 3214 | 4938 | 72866 |
| 2018 | 1815 | 3306 | 5121 | 74672 |
| 2019 | 1645 | 3165 | 4810 | 71543 |
| 2020 | 1463 | 3005 | 4468 | 8836 |

资料来源：根据香港国际机场网站公布数据整理。

（1）航空货运设施。香港国际机场设有两所航空货运站，位于南跑道以南，共占地 0.21 平方千米，营运商分别是香港空运货站有限公司和亚洲空运中心有限公司。这两所航空货运站致力于改善货运业务的硬件和软件，并推行新的计划。

为了提供顺畅的航空货运服务，机场的空运货物处理系统与海关的空运货物清关系统互相连接。两个系统连接后，在货物抵港前 3 小时便可传送有关的货物资料。空运货物清关系统与两个航空货运站、四家综合速递公司及海运码头连接，确保货物资料及通关情况的电子数据及时传送。这套系统可让尚未抵港的货物预先办理清关手续，并且提供"优先货运"服务。

（2）航空货运服务。香港航空货运服务分为两个层次：第一层次货运服务由香港空运货站有限公司、亚洲空运中心有限公司和 DHL 中亚区枢纽中心提供。香港空运货站有限公司备有先进的自动化货物处理设施，能以颇具竞争力的价格提供多项货运服务，包括实际处理一般及特殊货物、文件处理、停机坪飞机服务，以及进口货物预先清关服务。亚洲空运中心有限公司提供可靠的货物及文件处理服务，货运站具备特殊货物处理设施——冷藏及冷冻库、危险品储存室、放射物品室等，价格具有竞争力。DHL 中亚区枢纽中心于 2004 年 6 月启用，是香港首个专用的速递货运站，每小时可处理超过 3.5 万个包裹及 4 万份文件，是 DHL 在亚太地区首个大规模自动化速递枢纽。第二层次货运服务包括海运码头、机场空运中心和商贸港物流中心。海运码头提供一站式服务，连接机场与珠江三角洲内多个河港，促进了机场与货运腹地之间的空运货物联运服务。机场空运中心是机场主要的仓储服务营运商，有超过 50 家货运代理商、物流服务公司及辅助服务供应商营运，方便货运代理使用航空货运站的服务。商贸港物流中心提供多元化的物流及供应链服务。[①]

（3）物流运作模式。香港国际机场由政府拥有和经营，机场管理局将航空货运以专营权或特许经营权的方式发包给不同企业投资运营。香港国际机场现有航空货运站、亚洲空运中心有限公司、DHL 中亚区枢纽中心、海运码头、机场空运中心、商贸港物流中心六个航空物流设施，它们分别由不同私营公司经营。另外，香港国际机场正在建设物流中心和速递货运中心，以适应其航空物流规模迅速扩大的趋势。

2. 航天城

2016 年 10 月 17 日，香港机场管理局公布"SKYCITY 航天城"发展计划。"SKYCITY 航天城"发展项目位于机场岛北面，占地约 0.25 平方千米，设有购物商场、娱乐设施、餐饮场所、酒店和办公大楼。SKYCITY 航天城是香港最大的商业项目，更是香港国际机场发展的重要一环。SKYCITY 航天城位处香港国际机场，与机场客运大楼无缝连接，这个大型综合发展项目将结合购物商场、餐饮场所、酒店、娱乐设施、办公大楼等，为香港居民及访港旅客提供多元化服务，势将成为香港瞩目的新地标。SKYCITY 航天城的总投资额将达 200 亿港元，总建筑楼面面积约 41.89 万平方米，其中餐饮零售占 23.33 万平方米，体验式娱乐设施及办公楼各占 6.33 万平方米，其余为公共设施及停车场。项目中会打造全新体验式娱乐，如全港首个室内小型赛车场、VR 互动游戏设施、儿童天地体验馆等，以学习、探索、历奇为主题。

SKYCITY 航天城毗邻香港国际机场客运大楼，尽享地利优势，与大湾区其余城市紧密相连。在"一小时生活圈"的概念下，SKYCITY 航天城的商业发展潜力巨大，势将成为香港居民、访港旅客必到的香港新地标。香港国际机场 2018 年的客运量达到 7290 万人次，待三跑道系统落成后，到 2030 年机场客运量预计超过 1 亿人次，也将为 SKYCITY 航天城提供庞大数量的客源。此外，屯门至赤鱲角连接路及港珠澳大桥将大幅加强 SKYCI-

---

①　香港机场——全球最繁忙的国际空运物流中心［J］．宁波经济，2010（9）：33.

TY 航天城与珠江三角洲地区的联系。

3. 香港航空经济区的特征与优势

（1）机场商业发达，机场是一座商贸城。机场商业是以机场可供商业开发空间为基础，满足国内外旅客消费需求的新兴商业。香港国际机场是发展机场商业的成功典范。"SKYCITY 航天城"的建设使香港国际机场成了一座商贸城。香港国际机场集中的购物、餐饮、休闲娱乐等多功能商业设施，拓展了机场的服务功能，机场不仅为旅客提供航空运输的地面服务，而且还为旅客以及附近居民提供购物、休闲等商业服务。

（2）普遍采用特许经营、专营的管理模式。航空货运、航空地面辅助服务、配餐、机场商业、餐饮、广告等，香港国际机场都普遍采用了特许经营、专营的形式，交给专业的第三方经营管理。机场当局在特许经营期内收取一定的特许经营费，而且特许经营费往往与收入挂钩。由于实行特许经营，机场当局可以专门致力于机场规划、建设和管理。

（3）协调海关，实现一站式服务。香港国际机场提供"一站式"服务，香港国际机场的空运货物处理系统与海关的空运货物清关系统互相连接，在货物抵港前三小时内，可传送有关的货物信息。

（4）与其他物流枢纽相衔接，发展多式联运。受航空运输的可得性有限影响，航空运输必须与陆运、水运结合，因此多式联运是物流业发展的趋势。香港国际机场的海运码头连接机场与珠江三角洲 20 个河港，真正做到了多式联运。

（二）郑州航空港经济综合实验区

1. 概要

郑州航空港经济综合实验区是我国首个上升为国家战略、目前唯一由国务院批准设立的航空经济先行区，规划面积 415 平方千米，规划人口 260 万人，定位是：国际航空物流中心、以航空经济为引领的现代产业基地、内陆地区对外开放重要门户、现代航空都市、中原经济区核心增长极。郑州航空港经济综合实验区是一个拥有航空、高铁、地铁、城铁、普铁、高速公路与快速路等多种交通方式的立体综合交通枢纽，是我国内陆首个人民币创新试点、三个引智试验区之一、全国十七个河南唯一区域性双创示范基地、河南体制机制创新示范区，被列为郑州国家中心城市建设的"引领"、河南"三区一群"国家战略首位、河南最大的开放品牌、带动河南融入全球经济循环的战略平台。

2. 发展历程

2007 年 10 月，为加快郑州国际航空枢纽建设，河南省委、省政府批准设立郑州航空港区。2010 年 10 月 24 日，经国务院批准正式设立郑州新郑综合保税区。2011 年 4 月，根据中央编办批复精神，经河南省委、省政府批准设立郑州新郑综合保税区（郑州航空港区）管理委员会，为省政府派出机构。2012 年 11 月 17 日，国务院批准《中原经济区规划》，提出以郑州航空港为主体，以综合保税区和关联产业园区为载体，以综合交通枢纽为依托，以发展航空货运为突破口，建设郑州航空港经济综合实验区。2013 年 3 月 7 日，国务院批准《郑州航空港经济综合实验区发展规划（2013—2025 年）》，标志着全国首个航空港经济发展先行区正式起航。

3. 战略定位

2013 年 3 月 7 日，国务院批准设立"郑州航空港经济综合实验区"。规划面积 415 平方千米，定位是国际航空物流中心、以航空经济为引领的现代产业基地、中国内陆地区对外开放重要门户、现代航空都市、中国中原经济区核心增长极。

（1）国际航空物流中心。建设郑州国际航空货运机场，进一步发展连接世界重要枢纽机场和主要经济体的航空物流通道，完善陆空衔接的现代综合运输体系，提升货运中转和集疏能力，逐步发展成为全国重要的国际航空物流中心。

（2）以航空经济为引领的现代产业基地。发挥航空运输综合带动作用，强化创新驱动，吸引高端要素集聚，大力发展航空设备制造维修、航空物流等重点产业，培育壮大与航空关联的高端制造业和现代服务业，促进产业集群发展，形成全球生产和消费供应链重要节点。

（3）中国内陆地区对外开放重要门户。提升航空港开放门户功能，推进综合保税区、保税物流中心发展和陆空口岸建设，完善国际化营商环境，提升参与国际产业分工层次，构建开放型经济体系，建设富有活力的开放新高地。

（4）现代航空都市。树立生态文明理念，坚持集约、智能、绿色、低碳发展，优化实验区空间布局，以航兴区、以区促航、产城融合，建设具有较高品位和国际化程度的城市综合服务区，形成空港、产业、居住、生态功能区共同支撑的航空都市。

（5）中国中原经济区核心增长极。强化产业集聚和综合服务功能，增强综合实力，延伸面向周边区域的产业和服务链，推动与郑州中心城区、郑汴新区联动发展，建设成为中原经济区最具发展活力和增长潜力的区域。

4. 产业发展

重点发展具有临空指向性和关联性的高端产业，培育临空高端服务功能和知识创新功能，构筑中原经济区一体化框架下具有明显特色和竞争力的空港产业体系。

（1）航空物流业：以国际中转物流、航空快递物流、特色产品物流为重点，完善分拨转运、仓储配送、交易展示、加工、信息服务等配套服务功能。

（2）高端制造业：以航空设备制造及维修、电子信息、生物医药为重点，建设精密机械产品生产基地，规模化发展终端、高端产品，推动周边地区积极发展汽车电子、冷鲜食品、鲜切花等产业。

（3）现代服务业：大力发展专业会展、电子商务、航空金融、科技研发、高端商贸、总部经济等产业，打造为区域服务的产业创新中心、生产性服务中心和外向型经济发展平台。

5. 空间布局

（1）空间结构。以空港为核心，两翼展开三大功能布局，整体构建"一核领三区、两廊系三心、两轴连三环"的城市空间结构。一核领三区：以空港为发展极核，围绕机场形成空港核心区。以轴线辐射周边形成北、东、南三区。两廊系三心：依托南水北调和小清河打造两条滨水景观廊道，形成实验区"X"形生态景观骨架。同时结合城市功能形成三大城市中心，即北区公共文化航空商务中心、南区生产性服务中心、东区航空会展交易中心。两轴连三环：依托新 G107、迎宾大道打造城市发展轴带，形成实验区"十"字形城市发展主轴。同时，结合骨干路网体系形成机场功能环、城市核心环、拓展协调环的三环骨架。

（2）总体布局。空港核心区：主要发展航空枢纽、保税物流、临港服务、航空物流等功能。城市综合性服务区：集聚发展商务商业、航空金融、行政文化、教育科研、生活居住、产业园区等功能。临港型商展交易区：主要由航空会展、高端商贸、科技研发、航空物流、创新型产业等功能构成。高端制造业集聚区：主要由高端制造、航空物流、生产性服务、生活居住等功能构成。

6. 经济社会发展情况

2011 年，以郑州新郑综合保税区封关运行为标志，郑州航空港经济综合实验区进入快速发展通道。2013 年获批上升为国家战略，进一步提升了定位、强化了支撑、扩大了空间、夯实了基础。"十三五"时期是郑州航空港经济综合实验区成规模、立新城的关键期，在省委、省政府和市委、市政府的坚强领导下，在社会各界的大力支持下，全区上下积极努力、拼搏进取，基本完成各项目标任务，南部区域建设全面展开，枢纽建设加速推进，开放体系不断完善，产业培育加快升级，营商环境持续优化，城市框架快速拉大，人民生活大幅改善，航空港实验区在全省、全市中的引领支撑作用进一步提升。

2020 年，郑州航空港经济综合实验区地区生产总值达到 1041.0 亿元，同比增长 7.8%，是 2015 年的 1.7 倍，年均增长 11.4%。规模以上工业增加值达到 568.0 亿元，同比增长 10.8%，是 2015 年的 1.8 倍，年均增长 12.2%。进出口总额突破 4000.0 亿元，达到 4447.0 亿元，是 2015 年的 1.4 倍，年均增长 7%，在全省、全市占比分别达到 67.0%、90.0%。跨境电商单量达到 1.4 亿单、货值 113.9 亿元，同比分别增长 91.7%、62.0%，分别是 2015 年的 186.0 倍、128.0 倍，年均分别增长 184.6%、163.9%，全市业务量占比由 2015 年的 1.6% 提升至 60.6%。郑州机场航空货运达到 63.9 万吨，同比增长 22.5%，增速排名全国大型机场第一，是 2015 年的 1.6 倍，年均增长 9.6%，货运量全国排名由 2015 年的第 8 位提升至第 6 位。其中，国际货运达到 45.1 万吨，同比增长 47.9%，是 2015 年的 2 倍，年均增长 14.7%，"空中丝绸之路"重要节点地位进一步提升。

7. 工作谋划

2021 年是"十四五"开局之年，也是乘势而上开启全面建设社会主义现代化国家新征程、向第二个百年奋斗目标进军的关键之年。为深入贯彻落实省、市经济工作会议工作部署，统筹推动郑州航空港经济综合实验区重大项目建设，助力国家中心城市副城建设，确保全年目标任务顺利完成，郑州航空港经济综合实验区将实施项目建设"3456"行动计划，即选择 357 个重大项目，总投资 4330.1 亿元，围绕 5 大领域，年度计划投资 610.7 亿元；突出"四个一批"项目建设，即确保年内竣工投产项目 86 个、续建项目 112 个、新开工项目 99 个、前期项目 60 个。

（三）北京大兴国际机场临空经济示范区

1. 临空经济北京部分+河北部分

2019 年 9 月 5 日，北京市和河北省正式批复了《北京大兴国际机场临空经济区总体规划（2019—2035 年）》。

北京大兴国际机场临空经济区核心区面积约 150 平方千米，其中北京部分约 50 平方千米，河北部分约 100 平方千米。大兴国际机场临空经济区的战略定位为"国际交往中心功能承载区、国家航空科技创新引领区、京津冀协同发展示范区"。大兴国际机场临空经济区包括服务保障区、航空物流区和科技创新区共 3 个功能片区。航空物流区重点承载航空物流、电子商务、综合保税、国际会展、航企服务等功能；科技创新区重点承载航空导向的研发创新、科技孵化、高端制造、科技金融等功能；服务保障区重点承载航空科教、特色金融、休闲娱乐、科技创新服务等功能。

大兴国际机场临空经济区将充分利用北京大兴国际机场国家发展新的动力源优势，发挥联通国内国际双循环的枢纽节点作用，最大限度释放国家服务业扩大开放综合示范区、自由贸易试验区政策红利，实现临空经济区、自由贸易试验区、综合保税区"三区"耦合发展，立足新发展阶段，持续打造践行新发展理念的示范区、先行区，服务融入构建新发展格局的开放新高地，推动高质量发展的战略增长极，全球人才创新创业的首选地，打造全球创新资源接驳地，构建京津冀协同发展的高水平对外开放平台。根据规划，到 2025 年，建成直接为大兴国际机场服务的生产生活配套设施，初步形成京冀共建共管、经济社会稳定、产业高端、交通便捷、生态优美的现代化绿色临空经济区。

大兴国际机场临空经济区坚持与首都机场临空经济区、中关村国家自主创新示范区、天津滨海新区等合理分工、互补错位、联动协同发展的原则，构建面向全球市场的航空指向性强、航空关联度高的高端高新产业集群，重点发展航空物流、航空科技创新、综合服务保障业，着力推动空港型综保区、跨境电商综合实验区、中国（河北）自由贸易试验区和自由贸易港建设，打造高水平开放基础。

2. 河北部分

为贯彻落实京津冀协同发展战略，充分发挥北京大兴国际机场大型国际航空枢纽辐射作用，廊坊市依据《北京新机场临空经济区规划（2016—2020 年）》《北京大兴国际机场临空经济区总体规划（2019—2035 年）》等上位规划，组织编制了北京大兴国际机场临空经济区（河北部分）3 个控制性详细规划和 13 个专项规划。"3+13"规划体系主要涉及以下内容：

（1）高质量推进区域协同。坚持合理分工、互补错位，与首都机场临空经济区、中关村、天津滨海新区等区域协同联动发展。强化与大兴片区、廊坊中心城区、永清城区、固安城区在交通、生态、公共服务及市政基础设施等方面的共建共享与统筹布局，实现区域一体化发展。

（2）高水平打造国际化开放平台。充分发挥北京大兴国际机场综合交通枢纽优势，依托北京大兴国际机场综合保税区（河北片区）和中国（河北）自由贸易试验区大兴机场片区，高水平打造国际化开放平台。将临空经济区建设成为国家对外开放的重要节点、"一带一路"倡议的重要支点，加快推进河北省对外开放体系格局的构建。

（3）构建"1+2+3"核心产业体系。构建面向全球市场的航空指向性强、航空关联度高的高端高新产业集群。围绕新一代信息技术、高端智能装备、生命健康、航空科技创新、航空物流、高端服务业，构建"1+2+3"核心产业体系，打造航空科创服务和生命健康两大产业链，以及产研融合型特色创新链。

（4）建设三大产业功能区。建设三大产业功能区，承载"1+2+3"核心产业体系。根据世界级枢纽机场航空经济布局特点，规划布局航空服务功能区、科研创新区、高端产业制造区三大产业功能区。在航空服务功能区借助自由贸易试验区建设打造离岸创新中心，重点布局航企服务岛、健康生命岛、科技活力岛、综合保税区、航企及物流企业运营区、物流战略储备区。在科研创新区重点布局研发科教区、研发中试区、离岸创新服务基地、航空科技会展中心。在高端产业制造区重点布局航空装备制造、智能制造产业区、健康医药产业区、未来发展区，打造科创型航空经济区。

（5）高效率组织枢纽交通。规划以北京大兴国际机场综合枢纽为核心，推动建设廊涿城际、京雄城际铁路、北京至雄安 R1 城市轨道快线、廊坊地铁等多层次轨道系统，实现京津冀核心区 1 小时可达。对接机场、面向区域，规划形成"三纵四横"的高速公路网和"十纵八横"的骨干道路网，实现各片区之间骨干道路和客运系统无缝衔接，通勤交通便捷，物流体系高效。突出临空经济区科技创新引领的发展理念，积极发展智能交通，建设智慧交通基础设施、智能交通管理与智慧物流体系。

（6）高品位塑造门户形象。坚持中西合璧、以中为主、古今交融，强化组团式布局特点，统筹各类空间资源，严格管控建设强度、建筑风貌、"第五立面"等内容，塑造"一景苑、两轴线、三组团、十翠廊、百林田"的总体空间意象，打造平缓舒展、高低有序的城市天际线，营造"新而中"的建筑风貌和宜人的空间尺度，形成"蓝绿萦城、中轴续脉、星团聚秀、国风巧筑"的风貌特色。

（7）高品质营造人本环境。通过构筑大规模、大尺度的连片森林，实现区域生态空间互联互通，提升临空经济区（河北部分）生态环境质量，与北京协同共建"一轴、四廊、多带、多节点"的生态安全格局。加强水系生态廊道、重点生态节点、生境廊道、交通生态廊道建设，构建林水相依、林环相拥、林廊相通、林田相织、林村相映的绿色空间系统，建设"蓝绿交织、清新明亮、水城共融"的生态型临空经济区。

（四）广州临空经济示范区

2016 年 12 月，国家发展改革委、中国民用航空局联合印发《关于支持广州临空经济示范区建设的复函》，同意广州设立临空经济示范区。

1. 区域范围

广州临空经济区东起流溪河、西至 106 国道—镜湖大道、南起北二环高速、北至花都大道，加上白云国际机场综保区北区和南区范围，总面积 135.5 平方千米，其将充分依托白云国际机场、广州北站、大田铁路集装箱中心站"三港"，打造全球综合航空枢纽，辐射带动珠三角、华南地区的经济发展和产业提升。

2. 战略定位

广州临空经济区的发展战略定位和目标是建设具有国际竞争力的国际航空产业城、世界枢纽港。通过依托白云国际机场、背靠世界城市的地理优势，打开亚太地区市场，升级临空产业，形成国际发展元素集聚的临空新区；展示活力特色，吸引全球投资，最终建设成为国内乃至全球具有高度投资价值、高度驻留吸引力的临空新区。

3. 产业空间布局

通过轴向发展、点轴成带、网络化发展，形成"南商、北运、西城、东绿、中流经济、组团发展、生态间隔"的网络空间格局。在临空经济区核心区布局航空核心产业，外围布局配套项目，通过交通走廊连接并将航空产业向外辐射，与周边白云区、花都区协同发展。

4. 重点产业

大力引进和培育四大产业，包括枢纽机场功能性服务业、国际空港配套性服务业、临空指向高端化制造业、航空相关科技服务业。四大产业具体包括国际客货运输、航空维修、航空用户支援、航空租赁、航空总部、国际商贸商业、空港现代物流、航空制造、生物医药、先进装备制造、未来科技、空间信息技术等。

5. 发展策略

（1）国际航空枢纽。实施国际化发展战略，发挥广州区位优势和民航资源优势，加强国内干支线整合衔接，积极拓展国际航线网络，提升客货中转能力，完善综合交通体系，实现多种交通方式高效衔接，增强人流、物流的中转和集散能力，打造功能完善、辐射全球的国际航空枢纽，促进与"一带一路"沿线国家和地区空中航线的互联互通。

（2）生态智慧现代空港区。突出流溪河生态轴带功能，科学规划生产、生活、生态功能区，践行绿色、低碳发展理念，注重生态环境和人文环境建设，以航聚产、以产促区，建设以航空枢纽为核心、连接国内外重要节点城市的智慧空港服务体系，打造绿色、生态、智慧、开放的现代空港区。

（3）临空高端产业集聚区。实施"创新驱动"发展战略，加快航空运输、物流、维修、制造、通航、金融、空港能源等民航重点领域的创新发展，鼓励高附加值航空产品研发制造；积极参与全球化进程和国际分工，促进与航空密切关联的高端服务业、高新技术产业和先进制造业优化升级，推动地区经济进入全球产业链高端环节，努力建成航空要素流动开放、创新资源集聚、产业集约高端、资金技术汇集的临空高端产业集聚区。

（4）空港体制创新试验区。积极推进临空经济体制机制创新，在理顺示范区管理体制、提高通关效率、口岸建设、扩大双向开放、行政服务、复制应用自贸区改革经验等方面率先取得突破，探索临空经济驱动区域经济发展的模式，营造国际一流的投资和营商环境，提供国际一流的机场服务，建设成为国际一流的临空经济区。

6. 建设成果

自2016年获批以来，通过实施优化产业布局、改善营商环境、加大招商力度、支持产业升级等举措，推动临空产业向价值链中高端升级发展。截至 2020 年 4 月，区内已吸引进驻企业 17000 余家，打造面积为 11000 平方米的广州临空产业孵化器，搭建面积为 1267 平方米的广州空港众创空间，初步形成飞机维修及客改货、航空物流、跨境电商、航空总部、飞机租赁、通用航空六大临空产业集聚的发展格局。

（1）航空维修与制造业方面。将飞机维修及客改货项目列为发展重点，推动空客、波音的飞机客改货项目先后落户，承接空客项目的新科宇航 G3 机库已基本建成，承接波音项目的 GAMECO 三期 18 号机库正加快建设，初步形成全国重要的飞机维修基地和全球重要的飞机客改货基地。

（2）航空物流业方面。美国联邦快递已在区内注册独立法人公司，DHL、顺丰、唯品会等多家国内外知名物流企业均在区内建立航空物流基地，初步形成全国最大空港物流中心，机场口岸整体通关时间位居全国主要空港口岸进出口通关时效第一、二位。2019 年机场综保区进出口总额 173.31 亿元，同比增长 41.14%。

（3）跨境电商业方面。吸引入驻机场综合保税区跨境电商企业逾千家、商品备案项数超过 10 万种，覆盖 BBC 进口、BC 出口等 5 种跨境电商业务，2019 年机场综合保税区跨境电商业务货值超 160 亿元，同比增长 110%，再次实现翻倍增长，跨境电商业务已连续 6 年居全国空港首位。

（4）通用航空业方面。依托国内规模最大、功能设施最完备的白云国际机场商务航空服务基地（FBO），引进本田公务机、亚联公务机、法国优德士集团（UUDS）等 10 多家国内外商务航空服务公司，截至 2019 年，已为 30 多家客户提供 3900 多架次的航班保障服务，FBO 正成为高端商务人士来往粤港澳大湾区的首选陆空中转点。

（5）飞机租赁业方面。首架融资租赁飞机于 2015 年 9 月 22 日在广州临空经济区成功实现当天交付，实现广州飞机租赁业态零的突破。近年来，航空租赁业务范围和规模正在不断开拓，迄今已落地租赁飞机 130 架次，货值超过 400 多亿元，广州临空经济区已成为华南航空租赁业务发展的新增长极。

（6）航空总部方面。加快建设临空经济区总部经济园，提升产业承载能力，已入驻南方航空、九元航空等主基地航空公司，以及东方航空、深圳航空等近 80 家航空公司，其中国际及地区航空公司达 50 家。

7. "十四五"规划

根据《广州临空经济发展第十四个五年规划》，到 2025 年，国际先进、功能完善、绿色生态、产业高端的国家临空经济示范区基本建成。临空经济增加值超 1000 亿元，白云国际机场综合保税区进出口额超 1000 亿元，空港跨境电商国际枢纽港商品货值超 3000 亿元。机场年旅客吞吐量达到 1 亿人次、年货邮吞吐量达到 350 万吨。"港产城"正向促进作用更加明显，空铁融合经济发展规划建设已具雏形。到 2035 年，建设成为具有国际竞争力的世界枢纽港，引领粤港澳大湾区、辐射全球的国际航空城。

为推进广州临空经济发展"十四五"规划目标实现和任务落实，《广州临空经济发展第十四个五年规划》列出了 99 项重点建设项目，总投资超过 3700 亿元；提出进一步拓展白云国际机场航线网络，形成东南亚4小时、全球12小时航空交通圈，建设集机场、高铁、城际、地铁、公路于一体的立体化综合交通体系，构建以白云国际机场为核心的大湾区世界级机场群；提出树立"大空港"发展思路，构建"一核六区、一轴三圈、多点联动"临空经济空间布局；提出重点发展现代航空物流、航空维修、通用航空、航空运营服务保障四大航空核心产业①。

（五）杭州临空经济示范区

2017年5月23日，根据国家发展改革委、中国民用航空局《关于支持杭州临空经济示范区建设的复函》，杭州临空经济示范区正式获批建设。

1. 区域范围

杭州临空经济示范区位于萧山绕城以东，紧邻大江东产业集聚区，规划面积142.7平方千米，以杭州萧山国际机场为中心，主要包括杭州空港经济区、萧山区瓜沥镇头蓬快速路以西的区域及红垦、红山农场绕城高速以东的区域。辖区户籍人口23.75万，总人口约50万。

2. 战略定位

（1）区域性航空枢纽。充分发挥与香港机场管理局国际化合作优势，在中国港澳台、日韩和东南亚优势航线基础上，全力深耕亚太航运市场，进一步完善国际航线网络结构和提升航班运力，构筑国际化营商环境，不断提高机场国际服务水平和综合竞争力，建设面向全球的区域性航空枢纽、浙江第一开放门户，成为长三角世界级机场群核心机场。

（2）全国高端临空产业集聚区。充分利用浙江民营经济优势以及航空枢纽的人才、技术、知识、信息等外溢效应，创新临空经济发展模式，主攻临空现代服务业和临空先进制造业，加快构建现代产业体系，带动浙江民营企业转型升级，建设成为国内知名的高端临空产业集聚区。

（3）全国跨境电商发展先行区。抓住全国首个跨境电子商务综合试验区建设的先机，依托机场口岸功能和杭州保税物流中心优势，加快整合行业资源，着力在跨境电子商务关键环节开展先行先试，率先打造成为国内领先的跨境电商生态圈，为全国跨境电子商务健康发展形成一套成熟的、可复制的、可推广的经验。

（4）全国生态智慧航空城。坚持生态优先，依托航坞山、昭东水乡和钱塘江沿岸生态区域，构建生态安全格局，促进生产、生活、生态"三生"融合发展。充分发挥浙江省、杭州市信息经济发展优势，推进示范区物联网、大数据等智慧化应用，建设智慧机场，打造全国一流的生态智慧航空城。

3. 产业体系

依托航空港交通网络优势和要素集聚优势，重点聚焦临空现代服务，大力发展临空先进制造，做大做强航空运输物流，延伸拓展临空关联服务，构建引领区域转型升级的临空型产业体系。

---

① 广州：加快打造全球领先的国际航空枢纽，建设世界级空港［N/OL］．广州日报，https://www.gzdaily.cn/amucsite/web/index.html#/detail/1659901，2021-09-14.

（1）重点聚焦临空现代服务。一是跨境电子商务。以中国（杭州）跨境电子商务综合试验区为重要契机，建设线上"单一窗口"平台和线下"综合园区"平台，完善信息共享、金融服务等功能，积极吸引电商龙头企业入驻。二是临空总部经济。大力引进国内外航空公司总部或地区总部、运营中心等，集聚航空租赁、信息服务、航油、航材等服务公司。三是航空金融服务。积极发展物流金融、贸易金融、信息金融以及供应链融资、进出口贸易融资服务，拓展航空运输保险业务，鼓励民营企业和跨国公司利用空港条件设立财务中心、结算中心。四是临空会展服务。大力发展专业会展、航空会展及会展关联产业，举办大型航展活动，打造成为区域性临空会展中心。

（2）大力发展临空先进制造。一是智能制造装备。加强新型传感器、智能控制系统等核心部件研制，发展智能轨道交通等智能化成套设备，培育具有自主知识产权的 3D 打印企业。二是生物医药。积极引进国内外优秀创新型企业和团队，加快建立生物技术药物创新服务平台，提升生物技术药物研发能力。三是智慧电子。大力发展机载电子设备、地空通信、人机智能交互等航空智能电子装备，突破高清视频通信芯片、宽带应急通信等技术难题。四是航空设备维修。引进大型航空维修战略合作伙伴，建设公共机修平台，形成飞机大修、中修检修、特殊修理、航线维护等相关服务能力。五是航空高端装备。努力引进航空仪器仪表、精密航空轴承等航空装备制造企业。

（3）做大做强航空运输物流。一是航空快递物流。深化与快递公司的战略合作，推进主要快递公司全国航空快件枢纽基地、全国航空总部基地建设。二是航空特货物流。强化与航空公司邮货子公司及分公司的合作，积极引进大型航空货运公司。三是航空客运服务。积极争取更多国内外航空公司在杭州扩大现有经营规模，增建基地航空公司，提高旅客的集散能力和客运能力。四是保税仓储物流。加快推进保税物流中心升级为综合保税区，完善保税仓储、配送分拨、中转通关、分拣包装、出口加工、产品展示、国际采购等保税和物流增值服务。

（4）延伸拓展临空关联服务。一是"互联网+"信息服务。面向临空经济发展需求，积极培育大数据、云计算、云存储等"互联网+"服务，以及数据存储和信息安全、数据容灾备份等信息技术增值服务。二是通航运营服务。建立飞行培训基地，吸引国内外航空运营机构在示范区内开展公务飞行、航空俱乐部、应急救援等飞行业务。三是临空旅游休闲。建设航空科技博览城、南阳观潮城，推进航坞山、昭东水乡、休闲农庄等区域和产品开发。四是机场交通服务。引入第三方运营公司、汽车电子商务运营公司、汽车租赁公司等，完善停车、维护、租赁等服务功能。

4. 空间布局

杭州临空经济示范区主要包括航空港区、临空现代服务业区、临空先进制造区、城市功能区和生态功能区。按照集约紧凑、产城融合、区域协同的发展理念，示范区规划形成"一心一带六区"的总体布局框架。一心，即航空枢纽区；一带，即机场路产业带；六区，即国际商务区、沿江生活区、东部仓储物流区、航空港区、产业制造走廊、瓜沥小城市。

（1）国际商务区。规划面积 10.2 平方千米，重点布局发展临空总部经济、临空高端商业、临空会展服务等产业。建设浙江门户，成为展示杭州城市国际化的最佳窗口和发展高端服务业产业的首选之地。

（2）沿江生活区。规划面积 13.2 平方千米，重点布局发展与临空经济发展相关的信息服务、商务金融、科技研发、服务外包、教育培训等生产性服务业和行政办公、生态居住、现代商贸、健康休闲、文体娱乐等多元化的城市综合服务功能。打造杭州的机场城市板块，成为城市的腹地。

（3）东部仓储物流区。规划面积 7.5 平方千米，重点布局发展航空快递物流、航空特货物流、保税仓储物流和跨境电子商务产业。打造以智慧物流为主导的空港型特色小镇。

（4）航空港区。其包括杭州萧山国际机场及周边为机场服务的区域，总面积约 23 平方千米。重点布局发展航空客运、航空货运以及机场发展所需的配套服务功能。

（5）产业制造走廊。规划位于机场西侧区块，重点布局发展人工智能与物联网等产业，打造集产学研为一体的智能制造创新创业平台及产业高地，同时积极发展轨道交通设备等智能化成套设备领域。

（6）瓜沥小城市。结合瓜沥小城市建设，打造区域城市综合服务功能承载区，加快促进示范区常住人口和就业人口的聚集增长，营造宜业宜居的城市环境。①

## 第四节　航空大都市

### 一、航空大都市基本含义

航空大都市由美国北卡罗来纳大学教授约翰·卡萨达首次提出。卡萨达（2013）认为，在速度经济时代，机场已经成为全球生产和商业活动的重要节点，也是带动地区经济发展的引擎，它不断地吸引着众多的与航空业相关的行业聚集到其周围。随着越来越多的商业企业在机场以及交通走廊周围集聚，一种新型的城市出现了，即航空大都市。

航空大都市是在以机场为依托，以航空产业为主导、多种产业相关联的航空经济发展下，促使各类要素在机场周边集聚形成的功能逐渐齐全的城市属性区域，航空大都市模型如图 7-1 所示。

---

① 杭州临空经济示范区［EB/OL］．杭州市萧山区人民政府，http：//www.xiaoshan.gov.cn/art/2018/2/6/art_1303007_6494192.html，2018-02-06.

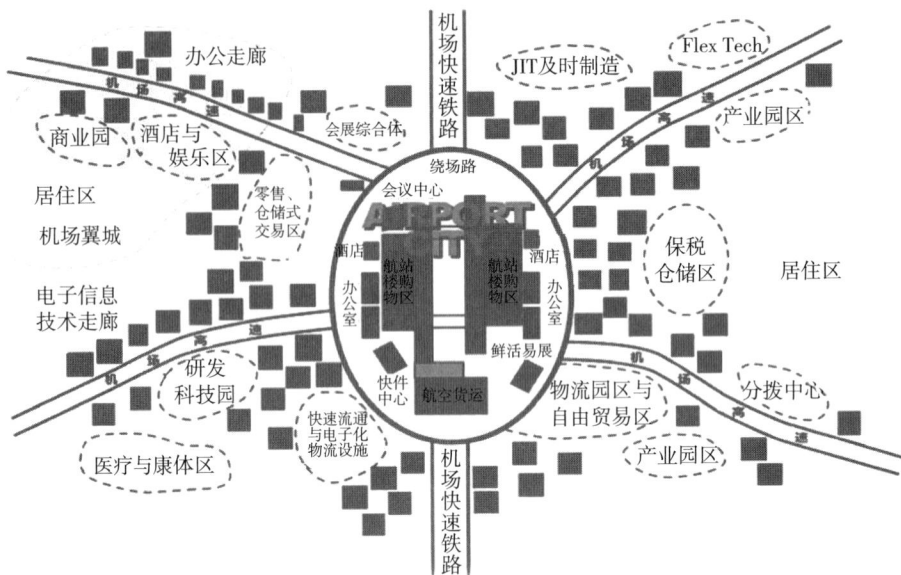

**图 7-1　航空大都市模型**

资料来源：［美］约翰·卡萨达. 航空大都市：我们未来的生活方式［M］. 郑州：河南科学技术出版社，2013.

## 二、航空经济发展阶段与航空大都市

航空经济的发展将加速一个城市的国际化进程，进而推动城市能级的提升。根据区域要素资源的集聚程度、驱动要素的差异，航空经济的发展过程一般分为萌芽期、成长期和成熟期三大发展阶段，与此同时机场周边地区依次经历了空港地区、航空经济区和航空大都市。

（一）萌芽期与空港地区

机场处于建设运营初期，航空运输活动才刚刚起步，城市区域内新增了"空运"这种可以同外界快速连接的新交通运输方式。航空运输不仅迅速拉近了城市区域同外界的空间距离，而且还不受区域地理位置的限制。尤其对于内陆、交通不便的地区，航空运输相当于开辟了一条与外界沟通的便捷通道，增强了其与外界的联系，而且这种联系不受高山、河流、沙漠以及遥远空间距离的阻隔。

萌芽期机场航空活动规模较小，没有成为区域对外联系的主要交通方式，因此对区域经济的贡献度相对较小，并且主要为航空直接经济效益贡献。由于吸引的产业有限，航空经济对区域的产业结构影响也相对有限，以航空核心产业为主，包括航空客货运输业务、通用航空业务，以及为航空运输服务提供直接支撑的各类服务保障性企业（空管、地服、航油、航材、航食等），有条件的地区还可以发展航空研发制造业，但产业规模普遍不大，服务能力相对有限。航空经济区的规模以机场为核心，相关产业主要集聚在机场运营区域内。目前，很多百万级以下的机场及航空经济区基本处于这一阶段。

（二）成长期与航空经济区

机场处于建设完善期，配套设施齐全，并且初具发展规模。机场航站区容量、飞行区等级都具有一定规模，机场客货吞吐量、飞机起降架次数、航线网络覆盖率都实现增长，机场对客流、物流的集聚能力显著增强，以机场为核心的周边产业逐渐呈现集群式分布。

成长期航空经济发展不仅受核心机场驱动，而且与航空经济区的土地及腹地经济高度相关，产业链联动效应显著增强，本阶段航空核心产业、航空关联产业和航空引致产业都有了一定程度的发展。

航空核心产业方面，航空运输业、航空物流业、航空服务保障业都具有一定规模，并且继续向航空产业链的上游产业延伸发展，航空维修、航空培训等逐渐兴起，航空研发制造业发展动力强劲，并且依托龙头企业形成具有一定规模的产业集聚，并逐渐向产业高端延伸。

航空关联产业方面，随着航空核心产业与城市区域经济的耦合度不断增强，依赖航空客货运输发展起来的电子信息、生物医药、空港会展、临空旅游、总部经济等产业涌现，在规模和数量上不断提升，并且呈现集聚式发展，形成具有一定规模的产业集群。

航空引致产业方面，随着航空核心产业以及航空关联产业的发展，住宿餐饮、休闲娱乐等引致产业逐渐出现，并逐渐改变区域商务与生活环境。

航空经济发展区域由机场运营区逐渐向紧邻机场区拓展，由机场逐渐发展成为航空城，目前国内很多千万级规模以上的机场及航空经济区基本处于这一发展阶段。

（三）成熟期与航空大都市

成熟期机场的规模能级在区域城市群中具有显著地位，其机场基础设施、配套设施也十分完善。同时，机场运营业务繁忙，客货吞吐量和飞机起降架次数达到一定量级，机场航线网络广度和密度都很高，覆盖国内外主要城市或地区，成为城市或区域城市群的核心枢纽。机场周边客流、物流集聚，集聚产业的数量和密度也非常可观，航空经济区以枢纽机场为核心融入全球供应链体系。

成熟期航空经济发展主要由"港—产—城"综合驱动，枢纽机场、区域产业、城市发展高度融合，枢纽机场成为城市经济发展的核心发动机，航空核心产业、航空关联产业和航空引致产业都高度发达。

航空核心产业、航空关联产业进一步发展，在规模上、数量上将继续扩大，同时开始向产业链高端演进，以科研、科创为特色的科创产业、以高精尖为主的先进制造业快速发展。同时，航空引致产业除休闲娱乐、住宿餐饮等生活性服务业集聚发展以外，金融、保险、中介、信息传播等生产性服务业也将出现并快速发展。

航空经济发展区域由以运营机场区、紧邻机场区为主拓展至外围辐射区，由航空城演变为航空大都市，成为融入世界经济的桥头堡。

### 三、航空经济区与航空大都市的区别

（一）地域范围不同

航空经济区以机场为中心并沿交通线向外扩张，在国内有明确范围。航空大都市则往往没有固定的边界，根据卡萨达教授关于航空大都市速度、连接度、敏捷度的相关研究，可以发现距离决定了区域的航空优势，在不同交通条件下，航空大都市依据与机场的时间关系形成不同的布局形态。

（二）产业集聚的原因不同

在我国，航空经济区集聚临空关联度高的产业，以发展产业为先导，形成产业集群；航空大都市充分利用机场陆路交通可达性，产业布局更加符合交通特性，与城市空间相互融合，注重城市功能与产业的协同发展。

（三）发展目标不同

航空经济区发展的成熟状态和发展目标是产业集聚与产能提升；航空大都市则是与机场紧密联系的城市化区域，城市建设是其重要的发展目标。

### 四、中国的航空大都市：郑州航空港经济综合实验区

（一）"这里已被誉为'中国的航空大都市'"

2019 年 2 月 28 日在"外企爱上郑州——外宣全媒体郑州航空港经济综合实验区采风"活动上，卡萨达表示"这里已被誉为'中国的航空大都市'"。卡萨达认为，郑州航空港经济综合实验区是中国第一个也是唯一的一个将企业、多式联运地面交通体系、机场、城市功能有机结合的航空大都市。其在严格遵循并实施航空大都市规划黄金环的基础上，吸引了巨大投资，实现了贸易的快速发展和高质量的城市建设。①

（二）郑州航空港经济综合实验区的规划目标

2013 年 3 月 7 日，国务院批复《郑州航空港经济综合实验区发展规划（2013—2025年）》，提出"建设绿色航空智慧都市"，具体包括"建设高水平城市综合服务区""推进现代化基础设施建设""加强生态建设和环境保护"。自 2013 年以来，郑州航空港经济综合实验区执行规划，在航空大都市建设上取得了令人瞩目的成绩。

（三）郑州航空港经济综合实验区航空大都市建设的成绩

郑州航空港经济综合实验区抢抓对外开放和"一带一路"发展机遇，不断提升开放发展水平，激发创新活力，探索出了一条内陆地区开放引领、高质量发展之路。

1. 开放创造机遇，拓展高质量发展空间

截至 2019 年 11 月 12 日，郑州机场累计完成货邮吞吐量 52.3 万吨，同比增长22.2%，累计增速在全国主要机场中位居第一。其中国际地区完成 36.4 万吨，同比增长

---

① ［美］约翰·卡萨达. 郑州航空港已被誉为航空大都市［EB/OL］. 郑州航空港经济综合实验区，http：//www.zzhkgq.gov.cn/mtgz/1087186.jhtml，2019-03-01.

49.4%；全货机完成 40.4 万吨，同比增长 52.0%，提前 49 天达到 2019 年全年货邮吞吐量目标。

"不沿边、不靠海，一条跑道通蓝天"，繁忙的"空中丝绸之路"成为内陆大省河南扩大对外开放的战略突破口。"十三五"时期，郑州航空港经济综合实验区加快推进枢纽建设，将内陆劣势转变为开放优势，充分发挥郑州交通区位优势，为区域高质量发展拓展了新空间。

枢纽位势能级持续提升，内陆开放门户地位进一步凸显。《郑州国际航空货运枢纽战略规划》获批实施，郑州空港型国家物流枢纽入选国家物流枢纽建设名单，机场三期北货运区工程启动建设，作为郑州机场三期扩建工程的重要组成部分，该项目建成后，郑州机场年货邮保障能力将增至 110 万吨，日均邮件处理量可达 68.6 万件。

"空中丝绸之路"越飞越广，航线网络覆盖全球主要经济体。卢森堡货航在郑承运的货运量由 2016 年的 10.7 万吨增至 2019 年的 12.5 万吨。国内航空新增基地公司 3 家，西部航空郑州分公司、中原龙浩航空有限公司、中州航空有限责任公司相继挂牌投入运营。引入全球最大的国际货运航空公司——卡塔尔货运航空公司，全球前 20 位的货运枢纽机场中已开通 16 个航点。

多式联运体系加快构建，物流通道更加畅达。郑州南站项目建设如火如荼，郑合高铁、郑万高铁建成通车，辐射郑州、开封、焦作的城际铁路与地铁 2 号线全部接入，郑州机场至南站城际铁路全线试运行，空铁双核驱动优越格局逐步显现。"三纵两横"的高速路网、国省干线和快速路网初步建成投用，陆空联运卡车航班货运集疏网络覆盖全国 70 余座大中城市。"客运无缝隙零换乘、货运高效率快中转"的多式联运体系加快构建，郑州作为全国综合交通枢纽的中心地位进一步强化。

2. 开放吸引产业，夯实高质量发展基础

数据显示，"十三五"时期，郑州航空港经济综合实验区产业集群培育提质增速，高质量现代产业体系正在加快形成。以智能终端为代表的世界级电子信息产业集群稳步扩容，累计 200 余家企业入驻，2019 年电子信息产业总产值 3170 亿元，同比增长 14.1%，成为全市"一号"产业。战略性新兴产业培育不断推进。冷链、快递、电商物流快速发展，累计入驻俄罗斯空桥货运航空公司、顺丰速运、安博速递、"三通一达"等物流业企业 400 余家，初步构建了服务于航空运输的现代物流产业体系。跨境电商连续四年翻番式增长，天猫国际、京东国际、唯品国际、苏宁海外购、全球速卖通、eBay、Wish 等国内外知名电商平台已入区开展业务。新能源汽车、新型显示、智能装备、精密机械、北斗导航、数字经济等一批优质项目加快建设，一个支撑航空大都市加快发展的现代产业基地初具规模。

3. 开放带动创新，激发高质量发展活力

"十三五"期间郑州航空港经济综合实验区航空口岸全面实施"7×24"小时通关机制和出口货物"提前申报"通关模式，机场口岸和综保区通关时效大大提升；"先入区、后报关"缩短进境货物入区时间半天以上；"批次进出、集中申报"将货物进出区时间由 2

个小时缩短至 30 分钟；取消手机自动进口许可证验核，节省企业通关准备时间近三周；创新开展"港仓内移"业务，整体物流时效由 22 天缩短到 15 天内。伴随着不断扩大开放的脚步，郑州航空港经济综合实验区放眼全球、对标先进，通过创新激发高质量发展活力，极大提升了区域的国际竞争力。

数据显示，2019 年，郑州航空经济综合港实验区跨境电商产业发展持续加快，连续四年翻番式增长，单量撑起中国（郑州）跨境电子商务综合试验区"半壁江山"。

郑州航空港经济综合实验区已经形成种类多、功能全、效率高的立体大口岸体系，其中，进境水果、肉类、冰鲜水产品、食用水生动物、澳洲活牛、汽车整车、国际邮件、进境粮食等功能性口岸相继投入运营；国际邮件枢纽口岸申报已取得实质性进展，是继北京、上海、广州之后全国第四个国际邮件枢纽口岸。2019 年，郑州新郑综合保税区累计完成进出口总值 3461.9 亿元，同比增长 1.4%，实现封关以来"8 连增"，稳居全国综保区第一方阵。①

4. 活力新城，改革创新蓄积发展动能

"十三五"时期以来，郑州航空港经济综合实验区不断优化发展环境，突出国际化、生态化发展方向，强化产业生态、公共服务、基础配套、文化元素的国际化特征，努力塑造宜居宜业的良好环境。

大力推进体制机制创新，人民币创新试点、引智试验区、国家级区域性"双创示范基地"等一批创新平台获批落地，复制叠加中国（河南）自由贸易试验区、郑洛新国家自主创新示范区、中国（郑州）跨境电子商务综合试验区等国家、省、市平台政策，郑州航空港经济综合实验区构建起充满活力的发展平台，战略优势日益突出，国际竞争力不断增强。

改革创新打造一流营商环境。高水平推进"一网通办，一次办成"改革，974 项政务服务事项全部实现一网通办，完成"一件事"流程再造 300 余项。持续深化商事登记制度改革，实现"三证一章"、独任登记制、电子营业执照、名称自主核准等多项改革成果，走在全省前列。市场主体总量呈井喷式增长，截至 2020 年 8 月底，郑州航空港经济综合实验区实有各类市场主体 31414 户、注册资本 2764.34 亿元，同比分别增长 28.59%、12.89%，全区大众创业、万众创新热情得到进一步激发。

郑洛新国家自主创新示范区航空港辐射区正式获批，郑州航空港经济综合实验区首只创投基金设立，建成"双创"综合体超过 300 万平方米，省、市级研发平台累计达到 103 家；高新技术企业累计达到 55 家，科技型中小企业累计达到 202 家。引智试验区建设再获突破，引进院士 4 名、国家级专家 8 名、"智汇郑州"聚才计划人才 86 名，设立院士工作站 3 个。

5. 宜居新城，现代航空都市美丽多姿

作为一个先有产后有城的新兴城市，郑州航空港坚持海绵城市、智慧城市、国际化、

---

① 杨凌. 枢纽+开放 "空中丝绸之路" 越飞越宽——郑州航空港经济综合实验区"十三五"发展成就巡礼（上）[N]. 河南日报，2020-12-02（11）.

生态化、信息化等发展理念，以枢纽、物流、产业、都市四维发展为开发思维，以"绿色智慧、生态宜居"现代航空都市为目标，以空港、古城、会展物流、双鹤湖"四大片区"为载体，以点的突破带动港区全域城镇化发展。

聚焦城市管理水平的提升，"十三五"时期以来，郑州航空港经济综合实验区着力在增强都市综合承载能力上下功夫，按照"突破中部、启动北部、做实南部、谋划西部"总体要求，加快道路、管网、绿化等基础配套设施建设，不断提升城市综合承载能力，2020年新建停车位7615个，有效解决停车难、停车乱的问题。围绕提升"序化、洁化、绿化、亮化"水平，以机场出入口、核心区主干道、广场游园等节点区域为重点，提升亮化水平，营造文化氛围，打造更多有品位的公共服务空间。公共文化服务中心、国际经济文化交流中心、国际科教创新区三大核心板块加快建设，营造出更具吸引力和国际化的生活环境。

数据显示，截至2019年底，郑州航空港经济综合实验区建成区已达94.85平方千米，基础设施覆盖超过200平方千米，区内道路通车里程接近500千米，建成生态水系总长度达40千米，建成区绿化覆盖率达31%，铺设供水、电力排管、燃气等管网合计超过100千米。从"港"到"城"，产城融合、互为促进，一个脱胎换骨的大都市正在这里拔地而起。

6. 幸福新城，百姓获得感不断增强

"十三五"期间，郑州航空港经济综合实验区"安居工程"按下"加速键"，累计交付安置房项目56个，建筑面积约1222万平方米，房屋91784套，安置群众127240人。从"忧居"到"有居"再到"优居"，老百姓的"安居梦"正在迅速变成现实。

聚焦增进民生福祉，着力提升人民群众的获得感、幸福感、安全感，"十三五"时期，郑州航空港经济综合实验区加快推进各项民生工程建设和社会事业发展，建成各类学校170余所。累计建成各类医院、卫生院、社区卫生服务中心12个，可供床位1779张，初步形成15分钟就医服务圈，省立医院二期部分投用，郑州市第一人民医院港区医院开诊，郑州中医骨伤病医院、港区公共卫生综合服务中心及郑州市中医院建设快速推进。医疗保险、养老保险实现全覆盖，累计新增城镇就业1.89万人，居民年人均可支配收入达到34009.7元，年均增长8.1%。

一个产业发达、生态优美、宜居宜业、幸福和谐的航空大都市，已从蓝图变为现实，正奋力张开有力的双翼，加快建设国际化特征鲜明的国家中心城市副城，为黄河流域生态保护和高质量发展做出新的更大贡献！①

---

① 杨凌. 瞄准国际化　现代航空新城魅力初绽——郑州航空港经济综合实验区"十三五"发展成就巡礼（下）[N]. 河南日报，2020-12-02（12）.

# 第八章　航空金融

现代经济发展不可能离开现代金融分化发展。因此，作为新经济形态的航空经济的产生与发展必将产生新金融活动形式和内容，航空金融的发展反过来又促进航空经济快速发展。

## 第一节　航空金融发展概况

### 一、航空金融发展现状

（一）航空经济已成为区域经济发展重要推动力

当前，全球经济已迈入"速度经济"和"效率经济"时代，我国航空经济发展也进入快车道，在国民经济中的地位越来越重要。航空经济在逻辑上并列于陆地经济和海洋经济，是以民用航空业为核心的航空活动引起的各种经济活动的总称，主要包括直接或间接依赖航空运输和通用航空而进行的生产制造业和服务性产业活动（夏兴华，2011）。理论上，航空经济是继轮船与水路运输、火车与铁路运输、汽车与公路运输等为代表的运输技术发展阶段和相应的经济组织形态之后出现的以信息处理技术和飞机制造技术为代表的新技术发展阶段及与之相适应的新经济组织形态（耿明斋和张大卫，2017）。航空经济发展依托航空业，通过航空运输带动人流、物流、信息流等要素流动，充分发挥要素流动的流入流出效应和乘数效应，形成了以航空指向型产业为主导、多种产业有机关联的产业集聚，对区域经济产生强有力的推动力，是提升区域经济综合竞争力、辐射力和国际化水平的重要途径，从而成为带动区域经济发展的重要引擎（河南省社会科学院课题组，2016）。

2012 年 7 月，国务院发布《关于促进民航业发展的若干意见》，首次明确提出要大力推动航空经济，指出要通过民航业科学发展促进产业结构调整升级，带动区域经济发展。时任中国民用航空局局长李家祥在 2012 年"两会"期间接受采访中明确表示我国应大力发展航空经济，并将其作为推动国家经济整体转型升级的重要抓手。2013 年 3 月，国务院正式批复《关于郑州航空港经济综合实验区发展规划（2013—2025 年）》，标志着我国第一个国家级航空经济实验区正式诞生，拉开了我国航空经济大发展的序幕。截至

2021 年底，我国已经批准建设 17 个国家级临空示范区。这些临空经济区对所在地区的经济增长产生了巨大的带动作用。正如《航空大都市：我们未来的生活方式》一书的作者卡萨达教授所言，航空运输已经成为继海运、内河航运、铁路、公路之后推动经济发展的"第五个冲击波"。据统计测算，航空运输对所在城市经济的产出贡献率约 4.5%，机场每创造 100 美元的产出，会带动其他附加产出 325 美元，机场每创造 100 个工作岗位，会间接创造 610 个其他行业的工作岗位。大型枢纽机场的拉动作用更大，客运量每增加 100 万人，将拉动地方经济增长 0.5 个百分点，并增加就业岗位 1 万人；每增加 10 万吨航空货物，将创造 800 个工作岗位；每新增一个异国国际直达航班航线，可为当地增加 1500 多个就业机会。

（二）航空经济发展离不开金融的支持

在航空经济发展的产业链条中，民用航空业是主导产业。民用航空业是典型的资本密集型行业。这主要体现在飞机制造和运行维护成本高昂、机场投资规模巨大和航空发动机等核心装备的研发支出庞大等方面。在飞机制造方面，以波音公司开发的 747 机型为例，早在 1969 年，当时波音公司在 747 飞机上的开发与生产成本就已经超过 10 亿美元，该项支出甚至超过公司本身净值，已经超过了波音公司本身能够承受的水平。当时一架 747 飞机的售价为 2500 万美元。现在一架 747-400 的售价已经超过 1.5 亿美元。面对如此天价的飞机价格，航空公司采用金融租赁方式购买飞机已经成为常态。在机场建设方面，按照我国民用机场分类，一个二类机场的建设投资通常需要在 100 亿元以上，一些枢纽二类机场的投资更是高达 200 亿元以上，一类机场的建设更是达到了天文数字。据公开报道的数据显示，北京大兴国际机场的投资就已经达到了 800 亿元的水平。在航空发动机研发方面，由于发动机成本占据飞机总成本的 30% 左右，发动机的研发成为飞机制造的关键环节。据报道，中国未来 20 年将花费 3000 亿美元研发航空发动机。[①]

金融支持航空经济的发展，即金融对航空业及相关产业发展起到加速资本积累和提供风险管理等支撑作用。本质上，这属于经济增长与金融发展之间关系的理论范畴。美国耶鲁大学经济学家帕特里克提出了两者之间存在"供给推动"和"需求跟随"的关系，前者指金融发展是经济增长的源泉，并引领经济增长，金融机构的产生、金融资产的提供以及相应的金融服务在经济活动中发挥主导作用，而后者则相反，经济增长是金融发展的动因，金融发展只是完全被动地适应经济增长的要求。陈萍（2015）认为航空经济与其他经济形态一样，会经历形成期、发展期和成熟期等不同阶段。在达到成熟期之前，航空产业的金融需求被激发，并通过金融市场表现出来，由金融机构参与完成，提供不同发展阶段所需要的金融产品，以满足航空产业发展的金融需求，这就是帕特里克所说的"需求跟随"，其实质是金融市场对航空经济发展过程中金融需求的被动反应，是由航空经济发展的内生性决定的。金融机构及相关金融服务往往更加敏感，能先于航空产业提出金融需

① 周壮．中国未来 20 年花费 3000 亿美元研发航空发动机［EB/OL］．金融界，http://stock.jrj.com.cn/hot-stock/2016/02/01104520516274.shtml，2016-02-01.

求之前，提供并引导航空产业相应的金融需求，产生帕特里克的"供给推动"。在这样的情况下，金融机构则会按照市场的原则，以航空经济的发展为导向，将金融资源最大限度地配置到航空经济发展的方方面面。"供给推动"则是由金融发展的外生性决定的，金融机构的健全程度、金融市场的完善程度、金融工具的发达程度都决定了金融体系的供给模式，直接影响着航空经济的发展。

（三）航空金融组织体系日益健全

金融组织体系是指在一定的社会经济及金融制度下，由国家法律形式确定的银行体系和非银行金融机构以及各类金融市场组成的系统，反映了金融机构和金融市场在整个金融体系中的不同地位、职能和相互关系。近年来，随着我国航空业不断发展，越来越多的金融机构开始介入航空业，成立专营机构或者设立单独子公司，开始在航空业进行投融资活动。除了常规地为航空制造企业和运输企业及机场建设提供贷款支持外，金融机构进入航空业最典型的是银行业进入飞机租赁行业，成立银行控股的金融租赁公司，大大提升了我国飞机租赁业的实力。国内飞机租赁市场开始改变了十年前受制于人的被动局面。目前中资控股的租赁公司已发展成为国内航空公司的重要合作伙伴，90%以上的国内新飞机租赁市场由中资租赁公司占据。截至 2019 年底，中国民航全行业运输飞机在册架数 3818 架。中资租赁公司持有全球近 1/4 飞机资产，实现了自身资产规模的快速积累。金融市场也为航空公司和航空制造企业融资提供了巨大便利。截至 2019 年底，我国主要的 12 家航空公司中已经有 8 家上市，获得了资本市场的青睐。在航空制造领域，上市公司逐渐成为航空制造的主力。在国产的 C919 客机的产业链中就有 28 家上市公司参与其中，极大地促进了飞机的研发和制造进程。除此之外，一些产业投资机构也开始涉足航空业。2009 年西安国家航空产业投资基金成立，标志着航空产业基金成为我国航空金融中主要的组织形态。截至 2020 年 1 月，我国共有各类航空产业投资基金 17 只，极大地激活了航空金融市场。这也促使为航空金融投融资服务的中介机构快速兴起与发展，如专业的航空资产评估师、会计师事务所、律师事务所、咨询机构、评级机构等中介型航空金融组织，从而形成了我国相对完整的航空金融组织体系。

（四）航空金融交易日益活跃

近年来，我国以航空制造、航空运输、航空物流等为代表的航空产业快速发展，加速了航空业与金融业的融合，促进了航空金融发展。飞机租赁、航空企业上市、航空保险、航空产业投资基金、机场资产证券化、航空供应链金融等各类航空金融交易活动日益活跃。尤其是随着我国航空市场的爆炸式增长，飞机租赁市场迅速膨胀，推动了各类航空金融创新活动。天津东疆保税港区已经成为全球第二大飞机租赁聚集地。截至 2019 年 7 月，天津东疆保税港区飞机租赁机队突破 1500 架，其中民航运输飞机超过 1200 架，约占我国民航运输飞机总量的 1/3，通航各类飞机 260 余架。在飞机租赁政策创新方面，天津东疆保税港区走在了全国前列，已落实如经营性租赁收取外币租金、进口租赁飞机跨关区联动监管、母子公司共享外债等多项租赁创新政策，并且是国家租赁配套外汇制度创新试点。在商业模式上，天津东疆保税港区开展了进口租赁、出口租赁、离岸租赁等四十余种租赁业务模式，完成了跨境转租赁、联合租赁、退租再租赁等众多飞机租赁跨境交易的第一单，引领飞机租赁创新的风向。

## 二、航空金融的界定

### （一）相关研究综述

航空金融是航空业与金融业的有机结合，属于中观层次的产业金融范畴。当前国内对航空金融并无统一定义。丁勇和苟大舜（2013）较早对航空金融进行界定，认为航空金融从广义上来说就是和航空产业相关的所有金融活动的集合，包括和航空产品直接和间接相关的货币兑换、结算和资金融通等各种有关的经济活动；从狭义上来讲就是具有明显的航空产业特性的金融活动，主要是关于飞机的融资活动。同时，他们认为广义航空金融范畴里的很多金融活动是具有普遍性的，相关的论述已经很多，所以航空金融的研究重点应放在狭义的范畴上。贾品荣（2016）从技术经济的角度，将航空金融定义为与航空产业链相关主体资金的融通、货币流通和信用活动以及与之联系的经营活动的总称。陈萍（2015）从金融发展理论入手，运用帕特里克的"需求跟随"和"供给推动"理论，分析了航空经济发展不同阶段中的金融需求，指出金融支持发生作用的过程，实质上就是金融在市场经济中充分发挥资源配置的过程，通过金融总量的扩张、金融结构的安排、金融效率的提高等金融功能的发挥，使金融部门与航空经济部门之间相互作用，产生多重、稳定状态的平衡，来推动航空经济的发展。河南省金融学会课题组（2016）认为，航空金融是指与机场枢纽、航空产业、航空都市建设等航空经济新形态相关的货币流通、信用活动、资本运营、价值交换等经济行为的总称。李鹏（2017）认为，航空金融在广义上指围绕航空产业而产生的所有金融活动的总称，而狭义上主要指围绕飞机及其相关运营设备的各类融资活动，并进一步指出航空金融的不同业务形态，包括航空产业信贷、航空公司股权融资、航空保险、航空租赁、航空燃料油期货、航空产业投资基金、航空风险投资等不同种类。在航空金融实务中，对航空金融的理解往往等同于飞机租赁。飞机的单体价值高，资产残值稳定，是非常优良的租赁标的物，同时飞机租赁业务具有创税能力强、关联产业拉动明显、对经济带动作用巨大等特点，使其成为航空金融研究中的热点。冯登艳（2018）从航空经济发展的角度研究航空金融对其支持的作用，认为航空金融是航空企业经营运作过程中伴随着的一切资金往来与运动，通常指航空企业生产经营运作过程中发生的与金融融资、保险、货币保管、兑换、结算和融通等国内国际经济活动以及一系列与此相关的业务总称。

### （二）航空经济发展演进背景下的航空金融范畴界定

在现有对航空金融界定的相关研究中，绝大多数学者从航空产业发展的角度对航空金融概念进行界定，缺乏从航空经济演进的角度在历时层次上对航空金融进行深入梳理。理论上，航空金融的界定应该根植于金融发展与经济增长的理论范畴。换言之，航空金融在航空经济发展的不同阶段有着不同的研究内容和重点，体现的是金融支持航空经济发展的本质。本章认为，在航空经济发展的不同阶段，航空金融的范畴是不同的。

整体上，航空金融是航空业和金融业的交集，是围绕航空产业而产生的各类投融资活动的总称。但随着航空经济发展从空港经济、临空经济向航空经济逐渐深化，航空金融的研究内容和重点也发生变化。如图 8-1 所示，在航空港经济阶段，航空金融的重心在机场建设、航空公司引入、航线开辟、飞机租赁、航空产业园区建设等方面，而在临空经济阶段，航空金融的重心在航空制造业产业链的融资、航空产业投资基金的运作以及航空保险等相关金融服务的提供上，最后到航空经济阶段，航空业全球化垂直分工体系和网络化产业组织形式相对成熟，航空金融的重心在航空供应链金融、航空产业基金、跨境金融等方面，同时随着大量客流、货流、信息流和资金流等资源汇集形成航空大都市，航空大都市的建设融资也成为航空金融的重要内容。

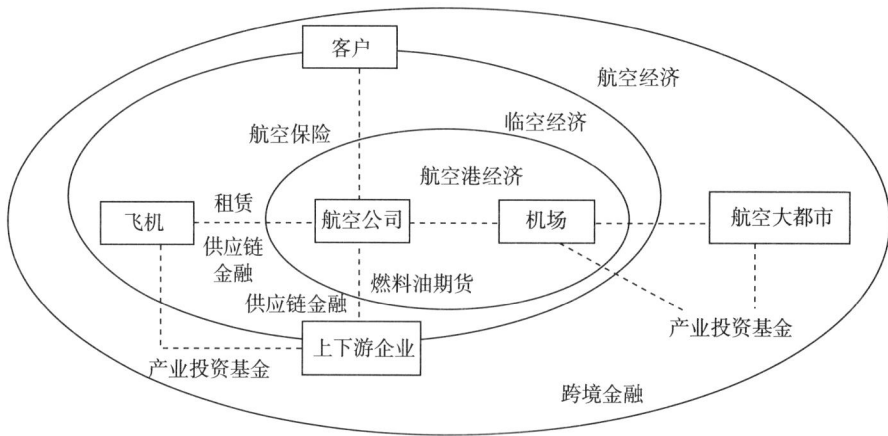

**图 8-1  航空经济发展演进背景下的航空金融范畴界定**

注：虚线表示资金运动关系。

**（三）航空金融的特征**

一是与航空产业的高度相关性。这是航空金融最本质的特征，也是航空金融最直观的特征。航空金融是产业金融理论在航空产业运用的产物。二是资本密集型特征。航空制造和航空运输企业的资金需求金额大、期限长，社会资本高度集中。三是跨境特征。这是由航空经济的国际性和开放性特征所决定的。在航空金融中，航空器进出口、出口信贷、航空国际融资中的国际债券、离岸结算和航空跨国并购等均成为常态。四是高技术性和复杂性特征。这是由航空金融交易的复杂性决定的。尤其在跨国跨境的航空金融交易中，除需要了解和掌握高难度的航空技术外，交易涉及的主体多，环节复杂，法律实务处理难度大，交易的复杂性高。

## 三、航空金融支持航空经济发展的机理

金融是现代市场经济的核心。航空金融支持航空经济发展作用的分析应基于金融功

能的理论框架。金融发展理论是罗纳德·I. 麦金农和爱德华·S. 肖在 20 世纪 70 年代提出的，金融功能整体表现为资源配置的媒介作用以及通过金融深化对经济增长的促进作用。莫顿和博迪在 20 世纪 90 年代将金融功能细化为六个核心功能，分别是商品服务交易的支付、企业融资的资金池构建、跨期限跨区域和跨行业的经济资源转移、不确定性管理和风险控制、不同部门经济决策的价格信号提供、信息不对称和逆向选择的应对。郑联盛（2019）认为，金融功能是金融体系在不确定环境下对经济资源跨时空调度与配置的便利化媒介，进一步可以分为交易促进、资源配置、风险管理和经济调节的基本功能。交易促进功能主要指金融体系的交易、支付、结算、兑换、计价等基础功能，目标是交易实现和价值交换。资源配置功能主要是指金融体系在储蓄者与投资者资金融通中的期限转换、信用转换和流动性转换等媒介功能，亦是金融体系的核心功能，其目标是引导价值交换、要素流动和资源配置有序进行。风险管理功能是金融体系通过储蓄投资风险转换以及金融机构风险管控、金融市场纪律约束以及金融监管标准强化等来实现金融风险缓释与转移。经济交换调节功能是金融体系显著的扩展性功能，该功能与宏观政策特别是货币政策的实施密切相关，针对金融对航空经济发展的机理分析，贾品荣（2015）认为，其运作机制主要包括资金形成机制、要素配置机制和风险管理机制。陈萍（2015）认为，航空经济在自身动态的系统演进过程中，通过现代金融体系功能的发挥，使航空经济发展所需要的经济要素逐步达到合理配置，产业结构实现优化升级。金融支持航空经济的作用机制具体体现在资金形成机制、投资导向机制、资金集中机制、风险防范机制和技术传导机制方面。

综上所述，航空金融支持航空经济发展的机理体现在：一是促进资本的形成和转化。资本的形成过程即储蓄转变为投资的过程。航空金融机构通过吸收储蓄并将资金贷放给企业，或者金融市场上航空企业发行证券，均可以实现储蓄资金向企业实际投资的转化，也实现了资金资源的最优化配置。二是风险管理机制。金融的本质就在于对风险的有效管理，而航空业是高风险行业，在航空企业的研发、投资、销售和管理过程中面临种种风险。金融机构可以帮助航空企业进行风险分散、风险对冲、风险转移、风险规避和风险补偿，做到对风险的有效管控。三是技术创新引导机制。航空金融的逐利特征使得资金流向有市场前景、高技术含量和创新能力强的航空企业，以获取超额收益。反过来，这会诱导航空企业转向这些高新技术的研发，从而提高航空业整体的技术创新水平。四是缓解信息不对称。金融机构自身拥有强大的信息收集和甄别能力，能够为航空企业投融资提供项目咨询、评估和交易撮合等服务，帮助企业缓解投融资的信息不对称。在金融市场上，航空企业通过发布投融资信息，能够更快地被各类投资者获取，并通过大规模的交易，以市场定价来反映交易背后的真实信息，引导投融资的投向，提升投融资效率。

## 第二节 基于机构和产品视角的航空金融需求分析

### 一、基础设施建设对多元化融资方式的需求

（一）机场枢纽建设

机场枢纽建设包括客货运跑道、航站楼、航空货运仓储中心、快件集中监管中心、海关监管仓库等设施。大致上，机场枢纽建设的融资可以通过内源融资、政府投资、政府补助、银行贷款、股票和债券市场融资、引入战略投资者、PPP 模式等途径解决。

（二）高效便捷的交通集疏系统

高效便捷的交通集疏系统主要包括高铁、地铁、城际轨道以及与周边区域的高速公路建设，还包括机场枢纽内部干道路网系统建设。以政府投资和补助、企业股权或商标权质押融资、贷款融资、PPP 融资等多元化融资方式，开拓融资渠道，创新投资和融资模式，通过多元化融资体系和多层次资本市场建设高效便捷的交通集疏系统。

（三）航空产业园区及市政公用和公共服务配套设施建设

该类建设项目可通过成立航空产业投资基金、设立投融资平台、发行地方政府专项债券进行融资，还可以运用非常适合航空大都市建设的项目融资、"拨改租"融资等方式进行融资。

### 二、航空核心产业发展的航空金融需求

航空核心产业直接利用机场枢纽资源，聚集航空运输和航空制造产业链上的企业。

（一）航空企业的融资风险管理

一般而言，航空企业多是高负债企业，这导致企业容易出现融资风险，表现在融资不足、稀释控制权、偿债危机、盈利能力降低和委托代理问题方面。因此，需要对融资风险进行识别、评估、预警和控制。

（二）飞机租赁的需求

飞机价值高、交易金额大，这导致航空公司在扩大机队规模时难以解决因自购带来的融资难题，所以往往采用飞机租赁的方式来实现购机目的。当前，全球大致有 50% 以上的飞机是通过租赁方式获得的，这带来了巨大的飞机租赁需求。

（三）航空公司航油套期保值交易需求

在航空公司的成本结构中，航空燃油成本是重要的组成部分。航油费用占运营总成本的比重高达 30%，航油价格的大幅波动会给航空企业带来巨大的经营风险。航空公司将采用燃料油期货套期保值交易以规避航油价格波动风险。

（四）航空公司外汇风险管理

航空公司是典型的外向型企业，在经营过程中不可避免地面临较大的外汇风险。如何有效进行外汇风险管理是航空公司面临的挑战。一方面，航空公司在经营时往往用到外币，并形成大量的外币负债；另一方面，航空公司在经营中外币收入不断增加，形成外币资产。在人民币汇率双向波动的背景下，巨额外币资产和外币负债使得航空公司面临较大的外汇风险。

（五）航空保险需求

航空保险是针对航空这一特殊行业的航空风险而产生的保险需求，是航空风险管理的重要手段。航空风险是指航空活动中发生航空事故或事件导致财产损失、人身伤亡或责任损失的可能性。与其他运输工具相比，尽管航空运输发生意外事故的概率非常低，可是一旦发生事故，大多是毁灭性的，对旅客、飞机以及货物造成伤害或损坏。航空承运人将面临航空事故带来的灾难性损失与巨额赔偿的巨大风险，所以其对航空保险的需求也逐年增加。

## 三、航空关联产业发展的金融需求

航空关联性产业对航空运输方式高度依赖，主要指航空物流、电子信息、生物医药等高时效、高附加值型产业。

（一）航空物流业金融需求

航空物流业金融需求包括航空物流结算需求、航空物流仓单金融需求、航空物流授信需求和进出口金融需求等。

（二）航空供应链金融需求

航空供应链金融是金融服务提供者依托航空产业供应链参与企业之间的协同合作关系，为供应链上的企业提供全面的金融服务。航空供应链金融将航空产业供应链的物流、商流、信息流与金融结合为一体，将航空产业链中的买方、卖方、第三方物流及金融机构紧密联系起来，以实现用航空产业供应链物流盘活资金，同时用资金激活航空供应链物流，提高航空供应链物流的协同性，降低其运作成本。

（三）航空产业投资基金需求

航空产业投资基金是产融结合的一种资本运作形式，主要投向航空发动机、智能制造等高端精密制造、区域性通用机场建设、航空服务业等方面，实现航空产业和金融资本的融合，促进航空产业发展。随着航空产业链的上下延伸，航空产业投资基金也开始关注航空产业上下游和外围的产业投资需求。

## 四、航空引致性产业发展的金融需求

随着航空核心类产业、航空关联类产业所引发的客流、货流、信息流和资金流等资源不断聚集，逐渐形成各类辅助、配套和支持型服务产业。

（一）专营性的航空金融服务机构

随着航空金融服务规模的扩大和专业性的增强，尤其是航空器跨境交易、与航空相关的出口信贷和离岸结算等跨境航空金融需求的扩大，要求成立专营性航空金融服务机构的呼声也越来越大。

（二）现代服务业发展的高端金融业态需求

其主要包括航空专业会展、电子商务、总部经济、服务外包、航空咨询等服务业的融资和结算等金融需求。

（三）相关中介服务机构的需求

金融业与航空产业的融合离不开专业的中介机构，如会计师事务所、律师事务所、征信机构、资产评估机构、金融信息服务公司等。

## 第三节　航空租赁

### 一、航空租赁的内涵

（一）航空租赁的定义

租赁是以收取租金为条件让渡资产使用权的经济行为。在这种经济行为中，出租人将自己所拥有的某种资产交与承租人使用，承租人由此获得在一段时期内使用该资产的权利，但该资产的所有权仍保留在出租人手中，承租人为其所获得的资产使用权需向出租人支付一定的费用（租金）。传统的租赁业是以融物为目的，而现代租赁业一般是将融资和融物相结合，以融资为主要目的。

航空租赁是指标的资产为航空飞行器及航空设备的金融租赁活动。一般而言，航空租赁的主要标的物以民用飞机为主而以航空设备为辅。

（二）航空租赁的类型

按照不同的分类方法，航空租赁有不同的类型。

1. 航空金融租赁和航空经营租赁

按照交易的目的划分，航空租赁可分为航空金融租赁、航空经营租赁。

航空金融租赁，又称为航空融资租赁。其具体是指由出租人根据承租人的请求，按双方的事先合同约定，向承租人指定的出卖方购买承租人指定的飞机等资产，在出租人拥有资产所有权的前提下，以承租人支付所有租金为条件，将飞机等资产的占有、使用和收益权让渡给承租人。航空金融租赁具有融物和融资的双重功能。它以融通资金为直接目的，以飞机为主要租赁对象，以航空企业为承租人，是一种通过融资租赁形式获得资金支持的金融业务，是一种长期的完全支付的租赁业务。

航空经营租赁是承租人从租赁公司租入所需要的飞机等资产，承租人在租期内按期支付租金，并获得租期内飞机的使用权的行为。航空经营租赁一般不购买飞机，是一种可撤销的租赁。出租人在租期满时只能部分收回投资，属于不完全支付的飞机融资形式。表8-1显示了航空金融租赁和航空经营租赁的主要区别。

表 8-1　航空金融租赁与航空经营租赁的区别

| 项目 | 航空金融租赁 | 航空经营租赁 |
|---|---|---|
| 租金水平依据 | 占用资金的成本及时间 | 使用时间 |
| 特征 | 物权和债权分离 | 物权和债权分离 |
| 租赁目的 | 承租人获得飞机 | 承租人短期使用飞机 |
| 标的选择 | 承租人自由选择 | 出租人购买，承租人使用 |
| 租赁合同期限 | 中长期（3~5年，甚至10年） | 一般短期使用（3年以内） |
| 标的物管理责任 | 承租人 | 出租人 |
| 保险购买 | 按约定购买 | 出租人购买 |
| 中途是否可解约 | 不可以 | 可以 |
| 合同期满处理 | 留购 | 归还出租人 |

2. 直接航空租赁、杠杆航空租赁、回租航空租赁和转航空租赁

从交易的程度分为直接航空租赁、杠杆航空租赁、回租航空租赁和转航空租赁。

直接航空租赁是指一项由出租人独自承担购买飞机等设备全部资金，获得所有权后出租给航空公司并收取租金的租赁行为，即"购进租出"。由于出租人承担了所有的飞机购买资金，对出租人的资金实力要求很高。经济发达国家的一些租赁公司普遍采用直接租赁的做法。

杠杆航空租赁又称衡平航空租赁，是融资性租赁的一种方式，也是减税租赁的一种形式。在杠杆航空租赁中，出租人投资飞机等资产总购买价 20%~40% 的资金，其余大部分资金以出租人的名义向银行借贷，购买飞机并出租给承租人使用。出租人必须以飞机作为抵押并将有关权益转让给贷款人。在航空租赁中，由于飞机等资产价值高昂，杠杆租赁使用非常广泛。

回租航空租赁是指承租人将拥有的飞机等资产的所有权按市场价格卖给出租人，然后又以租赁的方式租回飞机的一种租赁方式。回租航空租赁的优点在于使承租人迅速回笼资金，加速资金周转，同时在租赁期满后还可以根据需要决定续租还是停租，提高承租人对市场的应变能力。一般在回租航空租赁中以二手飞机和设备为主要标的资产。

转航空租赁是转租人向其他出租人租入飞机等资产再转租给第三人，转租人以收取租金差为目的。飞机等资产的所有权归第一出租人。转航空租赁的主要目的：一是为了从其他租赁公司手中获得租金融通，从而扩大自己的租赁业务；二是为了利用各国间关于飞机租赁的税务规定的差别以获得更多的税收优惠。

（三）航空租赁的特征

1. 所有权与使用权分离

在租赁合同期间内，航空租赁物的所有权属于出租人，承租人在合同期内交付租金只能取得对租赁物的使用权。

2. 产业一体化特征明显

出租人提供的包括金融融资、贸易以及围绕航空租赁物的各项服务，不仅是纯粹的租借行为。航空租赁既是对金融活动的创新，也是对商品贸易和服务贸易的创新。

3. 产业发展环境要求高

由于航空租赁业务环节较多，需要各项法律法规来规范涉及的各类主体的行为，需要国内外会计准则界定统一的规则和披露信息方法。另外，国家的税收优惠鼓励，以及适度的监管制度支持对于航空租赁业的发展也至关重要。

4. 对经济带动作用强

航空租赁能够有力地促进飞机销售，并带动相关投资，同时利用税收优惠、投资减税并带动消费。此外，航空租赁能够促进金融业、物流业、会展业、旅游业和服务业的开展，并带动航空港基础设施建设和房地产的长期繁荣。

（四）航空租赁的交易流程

1. 航空经营租赁的交易流程

经营租赁交易结构及交易流程相对简单，具体操作流程解释如下：

（1）租赁公司与航空公司等承租人签署经营性租赁协议；

（2）租赁公司与银行签署贷款协议、保险权益转让协议、设备抵押协议；

（3）航空公司根据协议安排向租赁公司支付保证金；

（4）租赁公司与供应商签署设备采购协议；

（5）银行向租赁公司提供资金，租赁公司向供应商付款购买设备；

（6）飞机制造商或代理商向租赁公司移交飞机等设备，租赁公司将飞机出租给航空公司；

（7）航空公司按照经营性租赁协议向租赁公司支付租金，租赁公司向银行还本付息；

（8）租赁期结束，航空公司向租赁公司返还飞机，租赁公司根据飞机耗损程度确定抵扣保证金数额，多余部分返还航空公司。

2. 航空金融租赁的交易流程

航空金融租赁的交易流程解释如下：

（1）航空公司与供应商签署设备采购协议；

（2）航空公司与租赁公司签署金融租赁协议、购买合同转让协议、保险权益转让协议、设备远期回购协议；

（3）租赁公司与银行签署贷款协议、设备抵押协议、租赁权益转让协议、保险权益再转让协议、担保人与银行签署担保协议；

（4）银行向租赁公司提供资金，租赁公司向飞机提供商购买飞机；

（5）供应商向租赁公司提供设备，租赁公司将飞机租赁给航空公司；

（6）承租人按照金融租赁协议定期向租赁公司支付租金，租赁公司向银行还本付息；

（7）租赁期结束，承租人与租赁公司按照远期回购协议规定交易飞机，实现飞机产权向航空公司转移。

3. 售后回租航空租赁的交易流程

售后回租的交易流程解释如下：

（1）租赁公司与航空公司签署售后回租协议；

（2）租赁公司与银行签署贷款协议，担保人与银行签署担保协议；

（3）租赁公司与航空公司签署设备买卖协议、保险权益转让协议；

（4）租赁公司与银行签署抵押协议、保险权益再转让协议；

（5）银行向租赁公司提供资金，租赁公司向航空公司付款购买设备；

（6）航空公司按照售后回租协议向租赁公司支付租金，租赁公司向银行还本付息。

（五）航空租赁公司的类型

1. 按照控制权归属不同分类

国内航空租赁市场上有三类公司可以从事航空租赁业务：第一类是外资背景的租赁公司，如 GECAS、AerCap 等；第二类是银行背景的银行系租赁公司，如交银金融租赁有限公司、国银金融租赁股份有限公司、农银金融租赁有限公司、工银金融租赁有限公司、民生金融租赁有限公司等；第三类是具有航空行业背景的租赁公司，如中航国际租赁有限公司、渤海租赁股份有限公司等。

2. 按照特许经营分类

从事航空租赁的公司分为经金融监管部门批准的金融租赁公司和一般的从事航空租赁业务的租赁公司。对于金融租赁公司而言，由于可以吸收符合要求的存款，因此需获得银行监管部门的特许。目前，银行背景的租赁公司在我国航空租赁市场上发挥着核心作用。根据 2007 年施行的《金融租赁公司管理办法》中规定，经过特许的金融租赁公司可以开展的业务包括融资租赁业务、吸收股东一年期（含）以上定期存款、接受承租人的租赁保证金、向商业银行转让应收租赁款、经批准发行金融债券、同业拆借、向金融机构借款、境外外汇借款、租赁物品残值变卖及处理业务、经济咨询以及经批准的其他业务。由于涉及吸收存款以及发行债券等金融业务，我国金融监管部门对金融租赁公司的监管相对严格。

## 二、国内外航空租赁业发展的历程与现状

（一）我国租赁业发展的历史回顾

伴随民航事业的快速发展，我国飞机租赁业从无到有，从单一业务到多样化，对航空产业尤其是民航业的发展起到了积极的作用。1980 年初，经中国国际信托投资公司推荐，民航总局与美国汉诺威尔制造租赁公司和英国劳埃德银行美国分行合作，首次采用杠杆租赁方式从美国引进一架波音 747SP 飞机，标志着中国航空租赁业务的开始。

中国民用航空总局①数据显示，中国航空公司的飞机在1998年以前主要是通过直接购买的方式取得，航空公司自行向银行申请贷款购买飞机并自己拥有飞机的所有权。金融租赁业作为支撑航空公司机队规模发展的主要工具和载体并没有发挥应有的作用，这是与当时我国金融租赁公司发展相对滞后有关。20世纪90年代，我国的金融租赁公司经营相对混乱，租赁公司的业务比较分散，航空公司很难借助租赁公司获得飞机，不得不利用自主资金购买飞机。金融租赁的行业整体负债率较高，系统风险很大，这使得整个金融租赁行业一度到了崩溃的边缘，全国金融租赁业务几乎停顿。直到1999年深圳金融租赁公司成功重组，为金融租赁公司发展提供了契机和改革样板。2000年中国人民银行出台了《金融租赁公司管理办法》，对金融租赁业进行政策支持，并强调只有中国人民银行审批的融资性租赁公司才可以冠以"金融"头衔，对我国金融租赁业进行特许经营，设置了较高的进入门槛，强调了金融租赁公司的稳健性经营，我国的金融租赁业开始逐渐恢复元气，但是由于没有银行业等大规模资本的进入，我国金融租赁业发展始终处在停滞状态。

直到2004年《融资租赁法》准备工作引起了整个社会对租赁行业的关注，金融租赁业务开始缓慢复苏。以2007年银监会颁布《金融租赁公司管理办法》为标志，我国金融租赁业开始步入高速发展期，银行业资本开始大规模进入租赁行业，银行系金融租赁公司开始成为我国租赁市场的主力军。同时大型民用飞机的研制被正式列为国家战略，伴随着银行系金融租赁公司的不断壮大，航空金融租赁业务也开始快速发展。尤其在2004年以后，飞机租赁在我国航空公司机队规模中所占比重不断提高。2011年，我国航空公司飞机中的约70%为租赁形式取得，经营租赁和金融租赁大约各占35%。飞机租赁是各国航空公司更新和扩充机队的基本手段之一，也成为我国航空公司机队规模扩大和市场占有率提高的捷径。2009年12月1日，工银金融租赁有限公司在天津东疆保税区完成了国内SPV融资租赁的第一笔业务，打破了国际飞机融资租赁企业对国内飞机租赁业的长期垄断。自此保税租赁模式开始快速普及，最终形成了中国航空租赁的"东疆模式"。

2013年，国务院出台了《关于加快飞机租赁业务发展的意见》，意见中指出飞机租赁对国家航空经济的发展有巨大的推进作用，同时也对飞机租赁业提出了"三步走战略"：第一阶段是在2015年前，加快建成有利于国内飞机租赁业发展的政策环境；第二阶段是2015~2020年，在保持国内市场的同时去开拓国际市场；第三阶段是2020~2030年，打造一群具有国际竞争力的飞机租赁公司。据中国民用航空网信息，截至2015年6月，中国民航运输类飞机约2528架，资产规模超过1250亿美元，同比增长超过15%。其中，以租赁方式引进的飞机约占2/3，资产规模超过800亿美元，同比增长超过20%。截至2020年底，民航全行业运输飞机期末在册架数3903架，其中客运飞机3717架，货运飞机186架。通用航空在册航空器总数达到2892架，其中教学训练用飞机1018架。中国民航驾驶

---

① 中国民用航空局前身为中国民用航空总局，在1987年以前曾承担中国民航的运营职能，2008年改制为国务院部委管理的国家局，同时更名为中国民用航空局。

员有效执照总数为 69442 本，全行业无人机有效驾驶员执照达到 88994 本。① 截至 2017 年底，我国航空租赁行业机队规模达到了 3320 架以上。其中，民航租赁机队占比为 72%，是航空租赁市场的主力军，直升机租赁机队和公务机租赁机队占比分别为 20% 和 8%。根据波音公司公布的《当前市场展望》中预测，中国在未来 20 年内将成为世界上最大的国内旅游航空市场，在 2036 年，中国拥有的飞机架数总规模可能达到 8150 架，占全球的 17%。

（二）我国飞机租赁业务的发展现状

1. 我国飞机租赁行业处在快速发展阶段

我国的航空租赁业历经近 20 余年，从艰难起步到目前已迈入快速发展阶段。20 世纪 80 年代，国家开发银行就控股成立了深圳金融租赁有限公司（国银金融租赁股份有限公司前身），但是直到 2000 年，深圳金融租赁有限公司才涉足飞机租赁业务，成为首家开展航空租赁的本土租赁公司，我国航空金融租赁业才真正开始起步。此后由于政策、资金等诸多限制，飞机租赁业务陷入停滞。随着 2007 年《金融租赁公司管理办法》出台，银行资本大量进入租赁业，大量银行系金融租赁公司成立，我国航空租赁业才迎来了发展新时期。表 8-2 显示了我国从事航空租赁业务的主要租赁公司。相比国外航空租赁公司，此时我国从事航空金融租赁的租赁公司从业时间较短、资金实力较弱，拥有的飞机数量较少，存在较大的差距。更重要的是，国外的航空金融租赁行业处在较为宽松的市场环境中，法律法规比较健全，税负相对较低，行业政策环境比我国更加有利于航空金融业的发展，这使得外资航空金融租赁公司在当时不仅占据了世界航空租赁市场的主要份额，也占据了我国航空金融租赁行业的半壁江山。据统计，2007 年，我国航空租赁行业中，中资租赁公司机队拥有量占比仅为 5%，我国航空租赁市场 95% 的份额为国外租赁公司所占据。

表 8-2　金融租赁业国内十强（按照注册资本排序）

| 序号 | 企业（母公司） | 获批年份 | 注册资金 | 主要业务 |
| --- | --- | --- | --- | --- |
| 1 | 国银金融租赁股份有限公司（国家开发银行） | 1984 | 80 亿元 | 飞机、船舶、商用车 |
| 2 | 渤海租赁股份有限公司（海航集团） | 2007 | 62 亿元 | 飞机、设备等 |
| 3 | 工银金融租赁有限公司（中国工商银行） | 2007 | 50 亿元 | 飞机、船舶和设备等 |
| 4 | 建信金融租赁有限公司（中国建设银行） | 2007 | 45 亿元 | 飞机、船舶等 |
| 5 | 交银金融租赁有限公司（交通银行） | 2007 | 40 亿元 | 飞机船舶、设备等 |
| 6 | 民生金融租赁有限公司（民生银行） | 2007 | 34 亿元 | 公务机、船舶等 |
| 7 | 长江租赁有限公司（海航集团） | 2004 | 38 亿元 | 大飞机、船舶等 |

① 中国民用航空局发展计划司.2020 年民航行业发展统计公报［EB/OL］.中国民用航空局门户网站，http：//www.caac.gov.cn/XXGK/XXGK/TJSJ/202106/t20210610_207915.html.

| 序号 | 企业（母公司） | 获批年份 | 注册资金 | 主要业务 |
|---|---|---|---|---|
| 8 | 招银金融租赁有限公司（招商银行） | 2008 | 20 亿元 | 飞机、船舶等 |
| 9 | 新疆金融租赁有限公司（长城资产管理） | 1993 | 15 亿元 | 飞机、船舶等 |
| 10 | 华融金融租赁股份有限公司（华融资产管理） | 1984 | 14 亿元 | 飞机、船舶等 |

2015 年 9 月 8 日，国务院办公厅出台《关于促进金融租赁行业健康发展的指导意见》，提出要把金融租赁放在国民经济发展整体战略中统筹考虑，力争形成安全稳健、专业高效、充满活力、配套完善、具有国际竞争力的现代金融租赁体系，航空金融租赁业深受鼓舞，迈入了深化发展阶段。该意见从行业指导方向、配套政策实施、行业自律等多个方面，进一步明确了金融租赁产业的发展路径，对加快航空金融租赁行业发展进行了全面部署。其中，在市场准入方面，明确积极引导各类社会资本进入金融租赁行业，支持民间资本发起设立风险自担的金融租赁公司，推动有条件的金融租赁公司依法合规推进混合所有制改革。在租赁企业融资方面，允许符合条件的金融租赁公司上市和发行优先股、次级债，丰富金融租赁公司资本补充渠道，允许符合条件的金融租赁公司通过发行债券和资产证券化等方式多渠道筹措资金，适度放开外债额度管理要求，简化外债资金审批程序，支持金融租赁公司开展跨境人民币业务，给予金融租赁公司跨境人民币融资额度，积极运用外汇储备委托贷款等多种方式，加大对符合条件金融租赁公司的支持力度，建立形式多样的租赁产业基金，为金融租赁公司提供长期稳定的资金来源。这项政策的出台被认为是我国金融租赁行业发展进入新阶段的标志。

在上述政策的鼓励和引导下，我国飞机租赁市场格局开始发生逆转。2017 年，中国航空租赁公司拥有机队数量在国内航空租赁市场中的占比增长至 50%，在当年我国新增租赁机队中，中国租赁公司占据了 85% 以上的份额。我国航空租赁公司实力快速提升，竞争能力不断增强，市场份额已经开始逐步超越外资租赁公司。表 8-3 列出了截至 2020 年 6 月底的全球飞机租赁 20 强公司具体信息，其中渤海租赁、中银航空租赁、工银金融租赁已经进入了全球前 10 强。

表 8-3　全球飞机租赁公司 20 强（按照飞机资产估算价值排序）

| 排名 | 公司名称 | 飞机资产估算价值（亿美元） | 机队规模（架数） | 公司注册地 | 实际控制人/所在地 | 成立年份 |
|---|---|---|---|---|---|---|
| 1 | AerCap | 304 | 1008 | 爱尔兰 | 私募基金/美国 | 1995 |
| 2 | GECAS | 206 | 1112 | 美国 | GE/美国 | 1993 |
| 3 | BBAM | 193 | 524 | 美国 | Onex/加拿大 | 1989 |
| 4 | Avolon | 187 | 549 | 爱尔兰 | 渤海租赁/中国 | 2010 |

| 排名 | 公司名称 | 飞机资产估算价值（亿美元） | 机队规模（架数） | 公司注册地 | 实际控制人/所在地 | 成立年份 |
|---|---|---|---|---|---|---|
| 5 | Air Lease Corporation | 160 | 382 | 美国 | 私募基金/美国 | 2010 |
| 6 | 中银航空租赁 | 149 | 376 | 新加坡 | 中国银行/中国 | 1993 |
| 7 | 工银金融租赁 | 147 | 412 | 中国 | 工商银行/中国 | 2007 |
| 8 | SMBC Aviation Capital | 141 | 414 | 爱尔兰 | 三井住友银行/日本 | 2001 |
| 9 | Aviation Capital Group | 91 | 329 | 美国 | Tokyo Century Corporation/日本 | 1989 |
| 10 | DAE Capital | 90 | 348 | 阿拉伯联合酋长国 | Dubai Aerospace Enterprise/阿拉伯联合酋长国 | 1985 |
| 11 | 交银金融租赁 | 75 | 232 | 中国 | 交通银行/中国 | 2007 |
| 12 | 国银金融租赁 | 70 | 227 | 中国 | 国家开发银行/中国 | 1984 |
| 13 | Jackson Square Aviation | 62 | 173 | 美国 | 三菱商事株式会社/日本 | 2010 |
| 14 | Goshawk | 61 | 182 | 爱尔兰 | 新创建（周大福）/中国香港 | 2013 |
| 15 | ORIX Aviation | 60 | 209 | 爱尔兰 | ORIX Group/日本 | 1991 |
| 16 | Aircastle | 52 | 283 | 美国 | 丸红株式会社/日本 | 2004 |
| 17 | Nordic Aviation Capital | 51 | 486 | 爱尔兰 | 私募基金/丹麦 | 1990 |
| 18 | 中国飞机租赁 | 40 | 137 | 中国香港 | 光大集团/中国 | 2006 |
| 19 | Standard Chartered Aviation Finance | 40 | 133 | 爱尔兰 | 渣打银行/中国香港 | 1998 |
| 20 | 中航国际租赁 | 38 | 108 | 中国 | 中航资本/中国 | 1993 |

资料来源：飞机租赁行业现状和竞争格局研究，亚太地区市场发展前景广阔［EB/OL］. 华经情报，https：//xueqiu. com/1973934190/171247013，2021－02－07.

2. 我国飞机租赁市场已形成内资为主、外资为辅的局面

目前，我国航空租赁市场主体主要有两类：一类是以 GECAS、AerCap 和 BBAM 为代表的外资金融租赁巨头；另一类是以工银金融租赁有限公司、国银金融租赁股份有限公司、民生金融租赁有限公司和长江租赁有限公司为代表的内资主导力量。目前，在我国飞机租赁市场中，已形成内资为主、外资为辅的局面。

（1）外资租赁公司。

根据聂伟柱和陈洪杰（2018），相关外资租赁公司主要有：

GECAS（GE Capital Aviation Services）为通用电气金融集团下属的通用电气金融航空服务公司，主要从事通用电气集团的飞机采购和租赁业务。当今世界上专门从事飞机租赁的专业租赁公司之一。其前身为 GPA 公司，该公司 1975 年在爱尔兰成立，是全球第一家

真正意义上的飞机租赁巨头。1993 年，GPA 被美国通用电气公司下属的通用电气投资公司兼并，更名为 GECAS，成为一家提供民用、支线、货运、政府、军队等业务的全系列飞机租赁公司。我国航空业租赁的第一架飞机就是通过 GECAS 完成的。GECAS 可以为用户提供各种型号的飞机，还可以提供飞机采购与生产解决方案、债务担保、发动机和零部件维护、飞行培训等多种服务。目前通用电气金融航空服务公司在全球设立三个总部，分别位于新加坡、爱尔兰克莱尔郡的香农、美国康涅狄格州的诺沃克，并在全球 22 个城市设有办事处，为全球将近 60 个国家和地区的 200 家航空公司提供服务。在全球市场占比方面，GECAS 在美国飞机租赁占比 22%，英国和加拿大占比 21%，中国占比 11%。在飞机租赁方式方面，GECAS 经营租赁占比 79%、融资租赁占比 8%。

AerCap 成立于 1995 年，起初总部设立在阿姆斯特丹，2016 年迁址爱尔兰的都柏林。该公司在 2013 年 12 月 16 日收购国际租赁金融公司（ILFC），共耗资约为 54 亿美元，其中 30 亿美元以现金支付，其余以新发行普通股支付。通过这项交易使得 AerCap 的总资产达到 430 亿美元，拥有超过 1300 架飞机。AerCap 的业务主要由租赁与贸易、资产管理组成。值得一提的是，ILFC 是美国一家全球著名的飞机租赁及销售公司，总部设在洛杉矶，作为 AIG 下属的一家租赁机构，是除 GECAS 之外的另一个全球飞机租赁巨头。ILFC 是 AIG 的全资子公司，公司建于 1973 年，旗下拥有近 1000 架各种型号的飞机，总价值超过 550 亿美元。ILFC 已与中国的主要航空公司开展了飞机租赁业务，累计对中国租赁飞机达 30 余架。

1991 年，BBAM 作为 Babcock&Brown 的全资子公司成立，总部设在旧金山。BBAM 致力于全方位的飞机经营租赁活动，已发展成为世界最大的经营性飞机租赁公司，主要业务包括采购飞机、与航空公司进行售后回租业务等。同时，BBAM 为投资者和金融机构提供全方位的服务以维护航空资产价值，主要包括飞机和发动机资产运作，包括零部件、货物转换、收回和租赁重组活动，以及开展定期飞机和记录检查、飞机维修和租赁现金流预测管理等业务。

（2）国内主要飞行器租赁公司。

中国飞机租赁集团控股有限公司。该公司是目前我国最大的独立经营性飞机租赁商。公司成立于 2006 年 3 月，集团发展的愿景为凭借其丰富且具国际市场经验的精英团队及全球化融资的能力，成功打造成为飞机全产业链解决方案提供商。在提供经营性租赁、融资租赁、售后回租等常规服务的基础上，中国飞机租赁集团控股有限公司更为客户提供机队规划咨询、结构融资、机队退旧换新、飞机拆解等广泛的增值服务，为客户提供量身定制的飞机全生命方案。集团总部位于香港，在北京、天津、上海、深圳、哈尔滨、纳闽岛、图卢兹、都柏林均设有办事处。中国飞机租赁集团控股有限公司于 2014 年 7 月 11 日在港交所主板上市，是亚洲首家上市的飞机租赁商。

国银金融租赁股份有限公司。国银金融租赁股份有限公司是在 2008 年国家开发银行对深圳金融租赁有限公司进行股权重组并增资后变更设立的非银行金融机构，注册资本 80 亿元，是国内注册资本和资产规模最大的金融租赁公司。截至 2012 年，国银金融租赁股份有限公司占据国内金融租赁公司飞机租赁资产总额的 56.9%，在国内航空租赁市场的占有率位居第三，仅次于世界著名飞机租赁公司 ILFC 和 GECAS，在全球飞机租赁公司资产排名中位列第十一位。国银金融租赁股份有限公司与近 30 家境内外航空公司及波音公司、空中客车、庞巴迪宇航公司、巴西航空工业公司、中国商用飞机有限责任公司等航空制造企业及 GECAS、ILFC、AerCap、Aircastle 等世界主要飞机租赁机构建立了战略和业务合作关系。在航空租赁业务带动下公司业务蓬勃发展，资产规模已经突破千亿元人民币，盈利水平不断提高。2010 年 11 月，该公司与中国商用飞机有限责任公司签订了《C919 客机启动用户协议》，确认订购 15 架 C919 大型客机，成为国内首家订购的金融租赁公司。

天津渤海租赁有限公司。天津渤海租赁有限公司的前身是 2007 年成立的天津海航租赁控股有限公司，2008 年天津海航租赁控股有限公司更名为天津渤海租赁有限公司。作为海航集团与天津市政府共同组建的专业金融租赁公司，天津渤海租赁有限公司利用海航集团和天津市政府的股东优势，大力发展航空租赁和基础设施租赁，目前已成为国内第二大金融租赁公司。天津渤海租赁有限公司打造以融资租赁业为轴心，以天津市政和其他重点项目为契机，联结制造业及其相关上下游产业和其他金融服务业在内的完整的产业链，实现产业与金融协同发展的良性循环。尤其在天津作为空客 A320 的总装基地，天津渤海租赁有限公司在 2009 年完成天津空客 A320 总装线厂房在建工程融资租赁项目，有力地促进了天津航空产业发展。2011 年，天津渤海租赁有限公司成为国内首家拥有上市融资平台的金融租赁公司。

中银航空租赁公司。中银航空租赁公司的前身是新加坡飞机租赁公司，2006 年被中国银行收购后，成为其下属的专业飞机租赁机构，其客户遍及全球 30 多家航空公司，包括美国西南航空公司、俄罗斯航空公司、加拿大航空公司、深圳航空有限责任公司。中银航空租赁公司机队机型主要是空客 A320 和波音 737 新一代飞机，也包括部分宽体机型，如空客 A330 和波音 777 等。中银航空租赁公司从飞机制造商处直接订购飞机，也通过与航空公司进行购机回租的方式购买飞机。此外，中银航空租赁公司亦直接或通过母公司中国银行提供各类租赁管理与飞机融资服务，也可以通过中国银行安排条件有利的贷款业务，为航空公司客户的自有飞机提供融资。

长江租赁有限公司。该公司成立于 2000 年 6 月，注册资本达 38 亿元，是经国家商务部批准的首批融资租赁试点企业。该公司是一家具有航空技术背景的专业化租赁公司，依托海航集团强大的航空产业优势及注册地天津滨海新区金融改革试验区的良好投资环境，积极开展境内外飞机及各种航空设备的买卖及租赁业务。长江租赁有限公司自成立起，便致力于国内飞机的租赁业务，特别是在支线航空市场上业绩不俗。长江租赁有限公司已经成为目前国内规模领先、技术雄厚、拥有丰富飞机资源的民族航空租赁企业，依托股东方强大的产业背景，公司在发展过程中与国内航空制造企业建立起了良好的业务关系。公司已将大力发展国产飞机租赁业务作为长期发展的方向之一。

中航国际租赁有限公司。中航国际租赁有限公司成立于 1993 年，是由中国航空工业集团有限公司控股的专业金融租赁公司，是国内唯一拥有航空工业背景的航空租赁公司。该公司致力于为中国航空工业集团有限公司在产品研发、生产和销售等领域提供以融资租赁为主要形式的金融支持和相关增值服务。中航国际租赁有限公司的主营目标定位于促进国产飞机销售、提供飞机租赁服务，是中航工业国产民用飞机制造的重要销售平台。依托中国航空工业集团有限公司的专业优势、业务优势等，中航国际租赁有限公司在国内飞机租赁服务领域具有较明显的竞争优势。在强大的航空产业集团支持下，中航国际租赁有限公司于2007年7月与奥凯航空公司签订10架国产支线飞机"新舟60"融资租赁合同，通过租赁销售模式大大提升了"新舟60"飞机的竞争力和市场开拓能力，而且对国产飞机的销售起到了较好的示范作用。

3. 以天津东疆保税区为核心的全球第二大飞机租赁中心

天津东疆保税区于2006年8月经国务院批准设立，面积为10平方千米。2007年12月，保税区一期正式开关运作。2012年9月，海关总署批复同意天津东疆保税区实施封闭监管，正式实现整体开关运作。近年来，天津东疆保税区充分利用我国保税区政策与制度优势，不断进行飞机租赁的制度创新，逐渐成为仅次于爱尔兰的全球第二大飞机租赁中心。据公开的数据显示，截至2019年4月末，天津东疆保税区已累计交付飞机1470架。①从民用飞机规模来看，截至2018年末，全国约有3600架民用飞机，天津东疆保税区交付占比近1/3，在全国以租赁方式引进的民用航空飞机中，天津东疆保税区占比近80%。据民航资源网数据显示，截至2018年底我国民航运输飞机共3615架。以工银金融租赁有限公司、国银金融租赁股份有限公司、建信金融租赁有限公司、中航国际租赁有限公司、交银金融租赁有限公司等为代表的一大批飞机租赁公司聚集在天津东疆保税区，持续扩大东疆飞机资产规模。

（1）飞机租赁的"东疆模式"。

经过数年的积累，天津东疆保税区飞机租赁已经形成了独特的"东疆模式"。东疆飞机租赁模式打破了我国航空融资租赁市场长期被国际租赁企业垄断的局面，为国内飞机融资租赁行业的发展开拓了新的思路，给参与国际飞机租赁市场竞争的中国融资租赁公司提供了崭新的平台。图8-2从政策功能、法律环境、产业规模和服务团队方面详细列出了"东疆模式"的主要特征。

（2）"东疆模式"的创新点。

天津东疆保税区自开展飞机租赁业务以来创新不断，推动了我国飞机租赁市场的发展。其独特的"东疆模式"不断推动着我国飞机租赁业的创新。下面将近年来"东疆模式"中的创新点总结如下：

第一，可退出的融资租赁。这种租赁模式不同于普通的融资租赁模式，它允许承租人在一个或多个指定日期申请租赁，将租赁的飞机归还出租人，承租人也不再有这种债务。

---

① 东疆管委会副主任杨柳：不断推动租赁产业政策创新，加快搭建租赁全产业链平台［EB/OL］．搜狐，https：//www.sohu.com/a/315530293_816084，2019－05－21．

```
                        ┌──────────┐
                        │  东疆模式  │
                        └──────────┘
        ┌───────────┬───────────┼───────────┬───────────┐
   ┌─────────┐ ┌─────────┐ ┌─────────┐ ┌─────────┐
   │政策功能方面│ │法律环境方面│ │产业规模方面│ │服务团队方面│
   └─────────┘ └─────────┘ └─────────┘ └─────────┘
```

| 政策功能方面 | 法律环境方面 | 产业规模方面 | 服务团队方面 |
|---|---|---|---|
| 1.属于海关特殊监管区域；2.享受增值税、消费税出口退税政策；3.中国唯一的飞机租赁试点区域；4.优先提供与天津空客战略合作 | 1.享受天津市租赁合同司法解释试点；2.时刻针对飞机租赁新需求出台系列法律法规文件 | 1.市场份额占国内飞机"保税+融资租赁"业务总量的70%；2.进驻各类大型飞机租赁公司形成规模效应 | 1.拥有专家级飞机租赁业服务团队；2.拥有海关税务、商务等部门的联合团队；3.可代理完成公司注册、运营、业务操作等工作 |

图 8-2　飞机租赁的"东疆模式"

这种商业模式使航空租赁公司能够获得表外融资和全额支付的双重收益。

第二，交付监管模式。交付监管是指天津东疆租赁资产交易平台监管租赁交易文件和资金，把控租赁交易时点和风险，保障双方资金、文件的安全买卖交接。交付监管模式适用于 SPV 股权交易和大额的租赁标的物交易。交易监管平台不仅使交易更加高效安全，而且大大降低了交易风险。

第三，在经营租赁中增加购买选择权。在租期满十年后，承租人可以选择是否提前购买所租赁的飞机。如果承租人不购买，租金就会在之后的两年左右适当增加，最后由出租人收回。在这种模式下，购买飞机会给承租人带来一定的现金流压力，但这也为承租人提供了获得更高飞机残值的机会。除此之外，这种方式极大地降低了出租人的飞机残值风险，更加有利于吸引投资。

第四，"囤飞机模式"与"随买随贷"模式。"囤飞机模式"适用于拥有大量客户市场的融资租赁公司，这部分融资租赁公司由于拥有很多的客户资源，所以经常将客户的订单集合起来，统一从制造商那里购买飞机，或者事先购买飞机然后去匹配客户，在这种模式下，一方面有一定的价格优惠，另一方面节省了购机时间节约了时间成本，称为"囤飞机"。除了"囤飞机模式"，有部分融资租赁公司还提供"随买随贷"服务，是指在客户有购机需求时再提供相关金融租赁服务。

第五，法国杠杆租赁业务。法国杠杆租赁是法国金融机构和我国融资租赁公司合作的一种跨国租赁业务模式。在这种模式下，因为有计提资产折旧抵免税收和避免双重征税的政策，所以节约了不少资金成本，备受我国各大航空公司的欢迎。天津东疆国银租赁采用法国杠杆租赁模式先后引进两架飞机，推动此租赁模式在我国其他保税区开展。

第六，海关异地监管。海关异地监管是指采用"属地申报、口岸验放"的模式，如在国外进口的货物运输过程中需要经过几个港口时，只需要在首个海关区进行通关及缴费，此后不需要重复缴费及监管。在这种模式下，节约了企业通关时间及运输成本，也为大型机械出口租赁开创了新模式。

（三）国外飞机租赁业的发展现状

1. 爱尔兰

爱尔兰是 SPV 飞机租赁模式的诞生地。爱尔兰以境内极低的税负水平和全面的金融服务为基础，推出了飞机融资租赁业务的新模式，促进了飞机融资租赁业的快速发展，使爱尔兰从 20 世纪 50 年代的落后农业国一跃转变成了世界第六的金融强国。据统计，全球机队排名前十的航空金融企业均在爱尔兰设有机构。爱尔兰的航空租赁业如此发达离不开国家政策、法律的支持。当前，爱尔兰航空租赁在税收、法律、融资、专业服务等方面已形成了完善的配套措施，有力地支撑了航空租赁业的发展，使爱尔兰在国际飞机租赁市场上占有绝对的市场份额，尤其在飞机租赁定价权方面具有很大的话语权。

爱尔兰的飞机租赁有两大特征：一是航空租赁业务平台的全球化。爱尔兰地区聚集了全球各地的租赁企业，有将近 1500 家的国际性飞机租赁公司，其中包含 ILFC 等国际知名租赁公司，产业聚集效应明显。这使得爱尔兰各个层次的飞机租赁市场非常发达，尤其为租赁公司规避飞机残值风险提供了绝佳平台，使得租赁公司在飞机残值的处理上可以通过二次销售或者转租的方式将飞机资产进行盘活，从而降低风险，起到了分散风险的作用。二是享有高度的飞机资产定价权。这主要是由于爱尔兰的飞机租赁市场已形成的寡头垄断格局有关，国际知名金融租赁公司的市场占有率已经达到 40% 左右，其对市场上飞机资产的定价影响举足轻重。在很大程度上，爱尔兰飞机租赁市场左右着全球飞机租赁市场的走势。

爱尔兰飞机租赁市场如此发达主要基于五大优势：一是优惠的税收政策。爱尔兰已经与全球 69 个国家和地区建立了双边税收协定，有效地避免了重复征税问题；同时，针对飞机租赁设立的 SPV 征收的企业所得税税率为 12.5%，增值税实际为 0，对飞机交易免征印花税，远低于其他国家的水平。二是采用特殊的飞机折旧会计处理方法。在爱尔兰，飞机资产可以允许使用直线折旧法进行折旧，年限为 8 年，接近于飞机租赁期限。三是发达的金融市场支持。爱尔兰的地理位置非常优越，金融市场非常发达，能够帮助飞机租赁公司获取低成本的资金。四是发达的航空产业链服务体系。爱尔兰已经建立起了从飞机制造、飞机引进、飞机转销等完整的飞机租赁业务链，服务体系非常完善，在产业链前端有最好的飞机制造商保证飞机的质量，购置飞机时有完善的税收优惠及发达的金融市场，飞机维修保护也能得到保障，后期飞机资产的退出有广泛的多次转销渠道。更为重要的是，爱尔兰政府已与国际航空电信协会（SITA）合资成立了 Aviareto 公司，该公司主要服务于全球飞机和已出租飞机的国际注册。如果登记的已出租飞机造成任何纠纷，都将在爱尔兰司法管辖区解决。五是飞机租赁专业人才聚集。在爱尔兰有众多的各个层次的从事飞机租赁业务的专业人才，大约有超过 1000 名飞机租赁直接从业人员。若加上飞机租赁公司相关的律所、会计师事务所等人员，整个爱尔兰飞机租赁业的相关从业人数可达到约 3000

人。这在全球首屈一指。同时爱尔兰曾经拥有专业化的飞机租赁 GPA 公司，该公司被誉为飞机租赁行业的"黄埔军校"，全球租赁企业颇具影响力的人物都曾在 GPA 公司工作。

2. 新加坡

新加坡作为后起之秀也通过极其优惠的政策吸引了不少公司来当地注册或设立办公室。新加坡是亚洲著名的航空枢纽中心，拥有亚洲最佳航空公司——新加坡航空公司，亚洲最佳机场——樟宜国际机场，也是亚太地区的门户机场，接待 100 多家航空公司，经营的航线覆盖 60 多个国家和地区的 200 多个城市。新加坡是名副其实的亚洲最重要的航空金融租赁中心。全球前 10 大飞机租赁巨头都有进驻新加坡。其中原因：一是稳定清廉的政治体制和清晰透明的法规监管环境为投融资保驾护航。二是优惠的税收政策。新加坡政府自 2007 年出台了 ALS 计划。根据该计划，在新加坡总体企业所得税税率 17% 的基础上，针对飞机租赁业务收入的适用税率可在 5 年间降至 10% 或甚至 5%。同时，在 2017 年3 月 31 日前用于购买飞机或飞机发动机的贷款的利息和还款本金可享受预扣税豁免。此外，还允许飞机资产的加速折旧（5~20 年）。三是新加坡与 70 多个国家和地区签署了双边税收协定，避免双重征税，而且协定的预提所得税率都比较低，甚至为 0。特别地，2011 年新加坡与爱尔兰签署了避免双重征税协议（DTAA），为爱尔兰出租人提供针对新加坡预扣税的全面保护。

3. 爱尔兰和新加坡在飞机租赁业的共性优势

（1）拥有得天独厚的地理位置。爱尔兰处于欧洲和美洲之间，是跨大西洋的重要门户。尤其是香农，处于欧洲与美洲的中间点。早在 1927 年，首位单独横渡大西洋的飞行员查尔斯·林白回忆道，"当看到了爱尔兰的青山时，就知道已进入欧洲领空"。2015 年，李克强在访问巴西的途中，就经停爱尔兰的香农。当时，给参与接待的埃德蒙印象最深的便是，中国领导人已认识到，对中国企业而言，香农不仅是进入欧洲的门户，也是进入大西洋的门户。与其他爱尔兰地区相比，香农地区的独特之处在于庞大的航空产业集群。1975 年，香农就成立了先锋飞机租赁公司 GPA（现在的 GECAS），为爱尔兰如今成为全球飞机租赁中心奠定了良好的基础。2012 年，爱尔兰政府宣布香农机场为一家独立的国有商业机场。2014 年，拥有香农机场、国际航空服务中心、香农历史遗产和香农商业地产四大主要业务的香农集团正式成立，成为爱尔兰经济增长的主要贡献者。

新加坡位于东南亚及太平洋多个主要目的地的中枢位置。新加坡位于连接印度洋与太平洋的马六甲海峡，所处的地理位置是世界的十字路口之一。得天独厚的地理条件使之发展成为一个主要的商业、通信和旅游中心。新加坡政府认为航空是先进制造技术的一个关键领域，是新加坡制造业的关键一环，必须致力于加强和提高新加坡在航空领域的地位。过去 20 年该领域以 8.6% 的年均增长率成长。目前，航空维修与制造业的产值约 120 亿新加坡元，占 GDP 的 4%，直接从业人数约 2 万人。综合航空运输、航空维修与制造，新加坡航空产业年产值约 420 亿新加坡元，占 GDP 的比重超过 10%，从业人数 8 万人。航空业已成为新加坡国民经济的重要组成部分，在新加坡经济结构转型过程中起着十分重要的作用。近年来，政府组织力量深入研究航空产业对新加坡经济的作用，全力推动航空产业再上新台阶。2016 年 1 月成立的新加坡未来经济委员会确认航空业是先进制造的一个关键领域，委员会针对强化新加坡在这方面的地位提出建议，以开辟和加强工业园区的方式，确保新加坡继续成为亚太地区领先的售后服务中心，并加快推动本地航空产业转型发展。其重点是在原合资授权维修的基础上转型升级，凭借地理位置、高素质人才资源等优势，做强原本较为薄弱的航空制造业。

（2）法律体系与欧美相同，制度环境优越。由于飞机租赁主要是跨境业务，商业纠纷会牵涉不同的司法管辖区问题。爱尔兰和新加坡奉行普通法制度，与欧美地区的公司为同一法律体系，有利于飞机租赁业发展。一旦在飞机租赁中出现纠纷，各方能够迅速达成共识，并且能够在同一国际法框架下得到处置，降低了交易成本。

（3）采用极具竞争力的税收政策吸引国际飞机租赁公司落户。爱尔兰曾以 10% 的公司所得税率吸引众多飞机租赁公司迁往当地，目前虽然税率升至 12.5%，但相比于其他地区的税率仍占优势；新加坡则对政府认可的飞机租赁商仅征收 5% 或 10% 的优惠税率。爱尔兰和新加坡均有广泛的双重课税协定网络。飞机租赁商在达成协议的司法管辖区内经营无须同时在注册地和公司所在地缴纳双重利得税。即使在尚未签署双重课税协定的司法管辖区的经营业务，爱尔兰和新加坡亦向相关飞机租赁公司提供税项抵免。另外，爱尔兰和新加坡还豁免飞机购置的预扣税，并且允许租赁公司自行调整税务折旧期抵扣税收。

（4）政府大力支持发展飞机租赁产业。爱尔兰政府积极推进完善飞机租赁上下游产业链的发展，目前当地有成熟的飞机租赁关联支持产业、完善的教育体系和高素质专业人才队伍。以会计记账服务为例，当地服务公司可以为飞机租赁公司完成从项目公司设立，到外派董事、申报税务、编制月度报表、配合审计、档案管理等全过程工作，协助处于发展初期的飞机租赁公司在爱尔兰迅速开展业务，也使成熟的飞机租赁公司更专注核心业务的发展。新加坡政府也推行类似的奖励措施促进飞机租赁产业快速发展。

### 三、我国航空租赁业务发展面临的主要问题

#### （一）融资相对困难

飞机是一种高技术和资本密集型的产品。飞机租赁是一个资本推动的行业，国际上几乎所有涉及飞机租赁的公司，都离不开上千亿美元资产的大集团支持。这些租赁公司资金力量雄厚、资金来源多样化、资金筹集能力强，可以通过向母公司拆借、银行贷款、发行金融债券、发行定向股票、资产证券化、信托等多样化方式融资。对于我国国内租赁公司而言，融资困难和资金不足已经成为困扰租赁业发展的重要问题。非银行系的租赁公司融资方式单一，往往只能依靠银行贷款解决，而银行系的融资公司虽然融资途径除了银行贷款外，可以通过同业拆借等其他途径进行融资，但是总体上相比国外租赁公司融资途径仍然匮乏。国内资本市场不发达，发行股票困难，发行债券的条件不具备，债权融资和股权融资两条渠道都不通畅。整体而言，目前国内租赁公司的融资成本高，贷款期限不能与飞机租赁租期相匹配，存在巨大的资产负债匹配风险，租赁公司的融资手续多且效率低，国内租赁公司存在巨大的融资需求。

（二）税负仍然较重

我国目前对设备融资租赁和设备购买的不同税收待遇，限制了飞机租赁业务的开展。根据《财政部　国家税务总局关于调整国内航空公司进口飞机有关增值税政策的通知》，从 2004 年 10 月 1 日起对国内航空公司进口空载重量在 25 吨以上的客货运飞机，享受进口关税 1%和增值税 4%的税收优惠。但是对于金融租赁公司而言，进口同样规格的飞机，则执行进口关税 5%和增值税 17%的税收政策。国内租赁公司仍需缴纳 25%的所得税和5%的营业税，虽然国家在北京、天津、上海等城市的保税区开展税收优惠试点工作，但这些试点远远不够支持国内飞机租赁业的发展。相比其他国家如爱尔兰，企业只需要缴纳12%的所得税，此外没有任何其他的收费，因此吸引了全球众多的飞机租赁公司。我国飞机租赁公司总体税负远远高于国际市场。另外，我国飞机租赁公司还面临所得税投资抵免政策不明确和重复纳税的问题。

（三）担保渠道少、成本高

目前我国航空公司拥有的大中型客机大都是从国外租赁引进的，我国的商用大飞机还没有正式进入航空市场。航空公司租赁飞机的前提条件是，不管是金融租赁业务还是经营租赁业务，都必须要有银行的担保，实际上是政府的隐性担保。在飞机金融租赁业务中，国外贷款人在提供融资时往往要求两项保证条件，即中国的银行担保和飞机抵押权。在经营租赁业务中，出租人也要求中国的银行对承租人按时偿付租金提供担保。我国大部分租机担保是由中国银行承担的，相当于政府担保。自开办民航飞机租赁担保业务至今，随着对外担保额的增加，中国银行账外的或有负债有了相应地增加，已超过有关规定，促使中国银行不愿再继续承担为国外飞机租赁出具保函等被认为风险大而收益低的业务，并在保函保证金和收费方面做了很大调整，使国内航空公司难以承担。

在一些国家，如俄罗斯通过设立基金为飞机租赁提供担保，较好地解决了困扰航空租赁业发展的担保问题。1997 年，俄罗斯政府、国家杜马和联邦委员会，针对国家航空领域的状况，从国家预算中拨出 40000 亿卢布作为组织国产飞机租赁的国家担保，即国家将为这个数目内的贷款提供担保，使俄罗斯航空公司能够低成本地引入先进飞机，有力地促进了俄罗斯航空业的发展。

（四）专业人才匮乏

现代飞机租赁作为一种特殊的融资方式和交易方式，既是资本密集型产业，更是智力密集型和知识密集型产业。其要求从业人员具备高学历、高素质和外向型的特征。航空租赁尤其是航空金融租赁的一些租赁业务的交易结构、法律关系、合同文本相当复杂，需要既懂飞机性能、航空市场等领域专业知识，又需要金融投资、保险精算、信托、法律、国际贸易、税收、国际会计、外语、计算机等专业技能的综合型高素质人才。这些人才目前在我国的飞机租赁公司中缺口较大，已经开始滞后于我国航空租赁业务的快速发展。

## 第四节　案例分析：郑州建设中西部航空金融中心的实践

### 一、航空金融中心的内涵

金融中心的本质是金融资源的集聚（孙国茂和范跃进，2013）。相应地，航空金融中心是指航空金融资源在空间聚集而形成的中心。从金融功能角度，航空金融中心的核心功能是为航空产业发展进行投融资和风险管理，以实现资源的最优配置。与一般意义上的金融中心发挥着宏观意义上金融运行的神经中枢作用相比，航空金融中心层次相对较低，主要在航空产业层面发挥较强的影响力和辐射力。航空金融中心的形成往往依托于所在区域优良的地理位置、较强的金融机构实力、发达的航空产业、完善的航空基础设施、丰富的人力资源以及良好的政策环境等。这些要素在航空金融形成中缺一不可。与金融中心产生的一般规律类似，航空金融中心的形成有自然、政府推动以及两者相结合等路径。自然形成路径是一种渐进式的制度变迁过程，主要由市场力量推动，以航空金融需求为先导的金融要素逐渐聚集的自然过程，而政府推动形成则是由行政力量推动的，以航空金融要素供给为先导的金融要素人为聚集的过程。

### 二、郑州建设航空金融中心的必要性

（一）国家"一带一路"建设的迫切需要

"一带一路"建设涉及多个国家和地区，横跨欧亚大陆，纵穿崇山峻岭，短时间内实现公路和铁路的全面互联互通较为困难，这种背景下航空运输成为首选。通过在"一带一路"国家和地区主要航空节点上开通货运和客运的运营线路，能够以最快的速度和效率将人流、信息流和物流送达目的地。事实上，自"一带一路"倡议公布后，航空业已经成为率先受益的行业之一。这必将带动中西部机场建设的基础投资资金需求以及庞大的飞机租赁需求。郑州作为我国内陆地区中心城市，是我国中西部地区连接欧亚的桥头堡。依托丰富的资源和人口优势，郑州已成为"一带一路"上重要的航空节点城市。郑州建设航空金融中心将使得金融资源在空间上逐步聚集，极大地提高了中西部地区机场建设融资效率，并带动航空租赁业发展，加速飞机机型的更新换代以及航线布局的优化。

（二）郑州建设国家中心城市的需要

2017年1月，国家发展改革委出台《关于支持郑州建设国家中心城市的指导意见》，明确提出郑州要努力建设具有创新活力、人文魅力、生态智慧、开放包容的国家中心城市。建设国家中心城市的核心是要增强经济综合实力，提高城市的首位度，提升对区域经

济的辐射能力和影响力。一般而言，国家层面的中心城市既是经济中心往往也是金融中心。郑州建设航空金融中心能够吸引航空金融机构总部在郑州聚集，各类金融中介机构也会随之跟进，高端金融人才源源不断汇集起来，逐渐形成资金交易市场和金融产品创新的集中地。本章认为应该将航空金融中心建设作为郑州建设国家中心城市的首要任务，充分发挥金融对经济的强力支撑作用，提高金融业对经济增长的贡献度，发挥金融业对经济增长直接和间接的促进作用。此外，通过航空金融中心建设，能够加大对航空制造、电子信息、智能设备等高端产业的金融支持力度，加快郑州高端服务业发展，优化郑州产业结构，为国家中心城市奠定坚实的产业支撑。

（三）郑州发展航空经济的需要

2013 年 3 月，国务院批复《郑州航空港经济综合实验区发展规划（2013—2025年）》，郑州航空港经济综合实验区成为我国首个国家战略层面上的以航空经济为主体的特别规划区。其中，郑州定位为国际航空物流中心和以航空经济为引领的现代产业基地，重点建设辐射力广和竞争力强的国际航空货运枢纽，强化以航空物流、高端制造业和现代服务业等为代表的航空港经济产业体系。航空金融也一直作为郑州航空港经济综合实验区重点发展的现代服务业之一。当前，郑州航空港经济综合实验区正处在快速成长并逐渐向稳步发展期迈进的关键时期（河南省金融学会课题组，2016）。郑州建设"一带一路"上重要的航空金融中心，积极发展航空金融租赁和航空物流金融，既是落实国家航空港经济综合实验区建设的重要举措，也是郑州建设航空枢纽的重要支点，有利于最大限度地发挥河南省的区位优势，郑州和航空港经济综合实验区的制度优势，从而提高河南在"一带一路"建设中的重要性，同时也促进了河南整个航空产业的发展，并带动河南航空制造业发展，成为推动河南经济和社会快速发展的新增长点。

## 三、郑州建设航空金融中心的优劣势分析

（一）优势

1. 地理地缘区位优势突出

郑州作为河南的省会，是中原城市群核心城市，也是我国重要的交通枢纽，已经基本建成贯通南北、连接东西的现代立体交通网络，成为连接境内外和辐射中东西的重要门户。"一带一路"建设提出后，郑州通过推进民航、铁路、公路等重大基础设施协同建设，无缝衔接，强化以航空枢纽为主体，陆空衔接、公铁集疏、内捷外畅的综合枢纽新优势。其中，位于郑州航空港经济综合实验区的郑州新郑国际机场更是拥有三大突出优势。一是航线枢纽优势，郑州新郑国际机场位于我国航路中心，适合作为联程联运的中转中心。截至 2018 年 12 月，郑州新郑国际机场有 55 家客运航空公司，208 条客运航线，116个客运通航城市；21 家货运航空公司，34 条货运航线，40 个货运通航城市，已经基本形成了枢纽航线网络。二是货运优势突出。郑州新郑国际机场提出"货运为先、国际为先、以干为先"的战略，极大地发挥了郑州作为物流中心的优势。2010～2015 年，机场航空货运量从 8 万吨增长至 40 万吨，年均增长率达 38%。2020 年，郑州新郑国际机场完成货

邮吞吐量63.94万吨，同比增长22.49%，全国排名提升至第6位。目前，郑州新郑国际机场已成为国内枢纽型货运机场。三是机场辐射能力强。以郑州新郑国际机场为中心的两小时航程能够覆盖我国90%的国土和90%以上的人口。这不仅使得货运呈爆发式增长，客运总量也在1000万级城市中率先迈入2000万新量级，这凸显了郑州新郑国际机场明显的市场容量和潜在优势。

2. 经济金融综合实力较强

2016年河南地区生产总值突破4万亿元大关，进入"4万亿"俱乐部。2017年1月，国家发展改革委复函支持郑州建设国家中心城市。2016年，郑州完成地区生产总值7994.2亿元，列全国城市第17位，比2015年前移1位，综合实力进一步提高。2020年，郑州完成地区生产总值12003亿元，进入中国城市综合竞争力20强。在2021年全国百强城市排行榜中，郑州位列第14位。

作为河南首位度最高的城市，2015年郑州金融业增加值占现代服务业的比重超过20%。2015年郑州地区生产总值在全国居第18名，但金融业增加值却位居第13名，凸显了金融业对郑州经济社会发展的强大支撑作用。2018年，郑州金融业发展继续取得新突破，金融业增加值突破千亿元大关，达到1145.8亿元，占地区生产总值的比重达到11.3%。2019年上半年，郑州金融业增加值占地区生产总值的比重达到12.3%，排名全国第五位。郑州银行业发展更是创下业内的"郑州现象"。目前，全国性股份制商业银行和政策性银行已经全部聚首郑州，总部位于郑州的中原银行和郑州银行成功跻身全国20强，主要经营指标优于全国平均水平。近年来，在银行业金融机构强势发展的同时非银行金融机构也开始快速启动。以中原资产管理有限公司和河南中原消费金融股份有限公司为代表的非银行金融机构已增至12家。2016年2月，《郑州建设国际商都发展战略规划纲要（草案）》中，明确到2049年要将郑州建成亚洲经贸金融中心城市。

3. 航空产业发展基础良好

按照王章留等（2013）对航空产业的分类，航空产业可以分为航空核心产业、航空关联产业和航空引致产业。郑州航空产业主要依托郑州航空港经济综合实验区，建立了八大航空产业园区，分别涉及智能终端、航空制造维修、生物医药、商贸会展、精密机械、电子商务、电子信息和航空物流产业，基本覆盖了航空产业主要领域。

目前，郑州航空产业在航空运输、电子商务、航空物流、智能终端等方面具备较强的实力和竞争优势。在航空核心产业中，以郑州新郑国际机场为依托，航空运输业、航空物流业以及航空维修业实力不断增强。目前，新郑国际机场客货运吞吐量增速位居全国大型机场首位。郑州作为全国5个跨境贸易试点城市中，以河南保税物流中心为依托的全国唯一的"E贸易"平台已经在业务单量、纳税额、企业数量方面位居全国试点城市首位。随着"菜鸟"物流网络枢纽、唯品会电商物流基地、顺丰航空快件集散中心以及中通航空快递集散中心等一批物流项目建成，郑州的航空物流产业实现了集群式发展，对国内电商以及跨境贸易提供了强有力的支持。在航空维修产业中，郑州航空港经济综合实验区已与中国航空工业集团有限公司、庞巴迪宇航公司等国内外航空工业龙头企业开展战略合作，重点发展飞机总装与维修、飞机零部件、航空电子设备、公务机 FBO 等产业。在智能终端制造方面，以富士康为代表的终端制造企业在郑州航空港经济综合实验区已经聚集了上百家，生产智能手机产量约占全球的 1/6，已经成为全球重要的智能终端生产基地。

4. 通用航空发展后劲足

通用航空和公共运输航空是民用航空的"两翼"。长期以来，通用航空在我国发展一直受限于空域等因素的影响，发展停滞不前。但自 2010 年《关于深化我国低空空域管理改革的意见》以来，全国通用航空进入快速发展期。可以说，这一历史机遇使得各地通用航空市场发展站在了同一起跑线上。河南目前有郑州上街机场和安阳机场 2 个通航运营机场，还有 4 个在建通用机场，以及 3 个兼顾通航的民用运输机场。通航机场的空间布局基本合理，基本覆盖河南大部分经济区域。在通航产业链方面，郑州市啸鹰航空有限公司已经在郑州航空港经济综合实验区开展小型通航飞机零部件制造。在通航运营方面，共有6 家合格通用航空公司，运营 78 驾拥有合格证的通用航空器。在通航培训方面，共有安阳航空运动学校、中国民航飞行学院洛阳分院等专业培训机构，以及郑州航空工业管理学院、安阳工学院等航空特色优势明显的本科院校。在通航园区建设方面，2017 年 1 月，郑州上街和安阳已经进入全国首批 26 个通用航空综合示范区，入选数量在中西部地区位居前列。

（二）劣势

1. 航空产业链亟须完善

与天津、西安等"一带一路"重要节点城市相比较，郑州航空产业的产业链相对不完整。这主要体现在航空关联产业竞争力强，但航空制造业短板明显，同时航空引致产业发展相对滞后。在航空制造业方面，天津已经形成了以 A320 飞机总装线为龙头的民用航空制造和以中航工业直升机总部为龙头的通用航空制造齐头并进的格局，并且带动了飞机零部件研发、销售和维修等各企业在天津聚集，同时以航空租赁、航空会展为代表的航空引致产业也快速跟进。目前，天津已经成为全国航空金融租赁的中心。与天津相比，西安的航空制造基础也较为雄厚。2005 年西安阎良航空高技术产业基地作为全国首个国家级航空高新技术产业基地，主干产业涵盖整机制造、飞机设计、强度试验、试飞鉴定等环节。以新舟 700 为代表的飞机研制项目带动了整个航空制造业的发展。据统计，陕西集中了我国航空业将近 1/4 的专业人员，创造了全国航空工业 1/3 的总产值，从中可以看出陕西航空制造业的实力。

2. 航空金融业务亟待突破

当前，郑州的航空金融业务仍然处在起步阶段。航空金融市场主体单一，航空金融业务亟待突破。从市场主体方面，从事航空租赁业务的公司主要有中原航空融资租赁股份有限公司和河南九鼎金融租赁股份有限公司两家，还未形成金融租赁公司的集群式发展格局。在航空产业基金运作方面，共有河南 PPP 发展投资基金、新型城镇化基金和中原航空港产业投资基金，但这三只基金主要是由政府主导设立的，未形成与民间资本的良性互动机制。在航空金融租赁模式方面，与国内领先的天津东疆保税区租赁已成熟的 SPV 租赁模式相比，郑州航空金融租赁业仍然处于探索阶段。

3. 金融中心建设相对迟缓

早在 2007 年河南省政府就颁布实施了《郑州区域性金融中心建设规划纲要》，明确提出将郑州建成服务中原、辐射中西部，在全国有重要影响的区域性金融中心。2012 年出台的《中原经济区郑州都市区建设纲要》中，明确将金融中心作为郑州都市区的功能定位之一。金融中心建设是一项综合性工程，在金融中心快速推进的过程中，能够助推航空金融中心的建设。从中西部省会城市的定位来分析，在金融中心建设方面，西安和武汉与郑州形成竞争格局。根据 2015 年 9 月中国（深圳）综合开发研究院公布的第七期中国金融中心指数来看，郑州、西安和武汉的指标值分别为 29.68、30.61 和 34.86。从中可以看出郑州和西安差别不大，而与武汉相比仍有一定的差距。根据 2021 年 1 月中国（深圳）综合开发研究院公布的第十二期中国金融中心指数相关数据，郑州位列第 14 位，排在西安和武汉之后。

## 四、郑州建设航空金融中心的建议

（一）提升航空基础设施水平

根据发展经济学家罗丹提出的"社会先行资本"概念，应该进一步加快郑州航空港经济综合实验区的基础设施建设，充分发挥基础设施对航空经济的基础性作用。一是要加快机场货运枢纽建设，强化郑州在"一带一路"中的货运枢纽优势，建议尽快建设第三跑道和货用专用跑道，保障货运能力。二是加快郑州南站高铁中心建设，尽快完成高铁"米"字形框架，实现高铁与航空运输的无缝对接。三是加快构造"环形+放射"的路网框架，形成"三横三纵"的路网布局，以提高郑州航空港经济综合实验区的内外通达性。四是加快市政公用设施和产业园区生活配套基础设施的建设，真正形成宜居宜商的航空都市。

（二）夯实航空产业发展基础

航空金融中心的建设是建立在坚实的航空产业基础之上的。郑州发展航空产业应该构建以航空器和智能终端制造为代表的高端制造业为核心，以电子商务、航空物流和航空金融为代表的现代服务业为支撑，以"互联网+"为代表的新兴业态为补充的航空经济产业体系。本章建议重点发展通用航空器制造业和维修业，突出与天津、西安现有航空制造业的差异化定位，把郑州建成全国通用航空制造业的中心和民用航空维修业的基地。在不断提升新郑国际机场客货运枢纽地位的基础上，通过航空制造业和维修产业的发展，增强航空核心产业竞争力。同时，结合河南自贸区建设，大力拓展电子商务和航空物流，提升现代服务业水平。此外，加快郑州航空港经济综合实验区的产城融合，完善旅游、会展及文化产业，拉长航空引致产业链条，形成真正的现代化航空大都市。

（三）优先发展航空物流金融和通用航空租赁业务

在航空金融发展方面，郑州应率先发展航空物流金融和通用航空租赁业务。具体思路是，在航空物流金融方面，继续支持郑州银行打造物流专业银行，不断强化金融机构与物流企业合作，开展动产质押融资、仓单融资、保兑仓融资、应收账款融资等传统物流金融业务；随着河南自贸区建设的不断推进，适时开展进出口贸易融资业务（朱一鸣，2013）。在通用航空租赁方面，抓住即将到来的我国通用航空爆发式发展契机，依托河南提出的"一个中心、两个基地、多点支撑"的通用航空布局，积极引入和本土培养专注于通航资产运营的租赁公司。为了提高通用航空租赁资产的流动性，积极建立区域性的资产交易中心，为租赁公司运营提供良好平台。通过通用航空租赁业务的开展，充分发挥河南通航中下游产业链优势，弥补上游产业的短板，增加通航产业链的增加值。

（四）完善的航空金融组织体系

完善的航空金融组织体系是航空金融中心建设的基础。一是完善传统金融组织体系对航空产业的支持力度。与王铭利（2016）学者观点不同，本章认为不必要专门发起成立航空行业性质的银行机构，而是现有银行等金融机构要提高与航空产业的契合度，真正创新出适合航空产业发展的特色产品，以满足航空产业发展带来的金融需求。二是大力发展非银行类金融机构，如航空金融租赁公司、保理公司、资产管理公司、航空保险经纪公司、航空产业基金、航空风险投资公司等。三是完善金融中介服务组织。航空融资业务链条长，涉及主体多，离不开会计师事务所、资产评估公司、律师事务所和征信机构等中介组织的参与。实际上，上述航空金融组织只有形成有机的金融组织生态体系，才能共同推动航空金融发展。

（五）发挥各项金融支持政策效力

郑州航空金融仍然处在起步阶段，亟须各项金融政策的支持。一是在政府层面，通过发行地方债券和设立发展基金以及投融资平台等方式直接加强对航空产业的支持力度。二是对开展航空金融业务的金融机构实施一定的财政补贴，鼓励金融机构研发金融产品，创新金融服务方式。三是利用河南自贸区建设的契机，复制推广国内其他自贸区金融优惠政策，鼓励和允许区内企业利用境外金融市场发债筹集资金，并为跨境电商外汇支付以及人民币跨境使用提供便利，对离岸金融业务进行探索。四是强化对航空租赁行业的优惠政策。对注册资金超过一定规模的航空租赁企业实行奖励制度，鼓励大型金融租赁企业入驻郑州航空港经济综合实验区。允许区内注册的融资租赁公司设立项目子公司，并且对子公司不设立注册资金门槛，同时对向境外购买的飞机在进口增值税环节提供优惠，以鼓励租赁公司创新租赁模式。

（六）优化航空金融生态环境

良好的金融生态环境是建立航空金融中心的保障。具体包括法律环境、政策环境、政务环境、创新环境、人才环境等。其中在以下方面要重点关注：一是政策环境方面，根据先行发展通用航空金融的思路，积极落实郑州《关于发展通用航空产业的意见》

等政策文件，为通用航空产业发展奠定基础。二是转变行政管理作风，提高行政运行效率，实施"一门受理、并联审批、多证联办"的"政务超市"审批服务模式。三是创造宽松的创新环境。积极引导和培育高校毕业生、高校科研教师、归国创业人员、科学家等建立创新企业。为这些创新人才提供创业培训综合性服务平台，提供咨询、融资、信息交流、知识产权等"一条龙"服务。四是积极从国内外引智，培养航空金融运营和管理人才。

# 第九章　航空经济发展的政策实践

航空经济发展是个复杂的系统工程，其特殊性表现在航空制造业的重大意义和极高的市场准入门槛、巨大资金需求；航空运输安全性、航空运输管制与区域经济发展的协调；机场建设投资巨大、回收期长，具有一定公共性和基础性；机场周边地区的开发利用必须与机场功能相符合等。这些因素间的复杂关系是任何一个单一主体难以解决的。因此，航空经济发展必然需要中央政府、行业主管部门和地方政府的公共政策和详细规划的支持和协调。从国内外航空经济发展实践来看，政府政策支持在航空经济发展过程中起到至关重要的作用。

## 第一节　国外航空经济发展政策实践

### 一、美国航空经济发展政策

美国政府对民用航空产业的支持和干预却是持续不断的。美国对民用航空工业的支持政策可分为三类：一是直接针对大型民用飞机（以下简称"大飞机"）的政策；二是针对航空运输业的规制与支持政策；三是针对其他领域的规制与支持政策。

（一）大飞机产业的支持政策

2018 年 5 月 15 日，WTO 上诉机构宣判欧盟及其四个成员国——法国、德国、西班牙及英国非法补贴金额达 220 亿美元。2019 年 3 月 28 日，WTO 上诉机构对持续 15 年的空客与波音的互诉补贴大战做出终裁，称认定美国以华盛顿州税收减免形式向波音公司提供补贴非法。[①] 上诉机构在判决中指出，在 2012 年 WTO 做出判决，认定波音接受了最少 50 亿美元的非法补贴，并要求美方撤销对波音的补贴后，美方的这些补贴并未停止。欧盟和美国围绕着空客和波音是否受到补贴互诉对方由来已久。截至 2021 年美国的波音、欧洲的空客是世界两家最大的干线飞机制造商，获得这样地位与政府支持不可分割。

直接针对民用航空产业的支持政策，其内容包括：对航空运输和飞机制造商的运营和

---

① 冯迪凡. WTO 对空客波音互诉补贴案作出终裁［EB/OL］. 第一财经，https：//www.yicai.com/brief/100150728.html，2019-03-29.

发展提供直接补贴，通过政府采购和支持基础研发为民用航空产业提供间接财务支持，通过出口信贷支持民用航空产业的海外销售，通过放松反垄断调查与规制鼓励兼并重组以增强产业竞争力。

1. 政府采购合同的间接支持

政府采购是政府支持大飞机项目发展重要的政策工具之一。美国国防部对各种军用飞机、卫星、导弹及其他相关的国防武器装备的采购一直占据着美国航空制造业市场销售份额中很大的一部分。美国甚至采取立法的形式鼓励政府部门参与民用飞机及零部件的采购。在法案（HR3848）中，美国国会鼓励各政府部门在从事太空实验时采用美国本国民间公司生产的太空发射器，而这些公司极大部分都是民用航空企业。美国政府在两次世界大战中巨量的军品采购促使了美国航空制造业的巨大成功。虽然军用飞机在和平时期的需求量远小于战争期间的需求量，但是美国国防部依旧是航空制造业的巨大客户。2001~2012 年美国航空航天工业的销售总额中美国国防部采购总额所占的比重在最低时也高达 32.96%，而最高时则达到 49.36%，占将近一半的比重。①

政府大量的采购为大飞机制造企业带来了稳定的收入和充足的现金流，为大飞机项目的研制提供了有力的资金支持。波音在从事大飞机研制的最初 20 年中所需的研制费用非常巨大，而波音之所以能度过这一艰难时期就在于它从军品合同项目中所获得了巨大的利润，民兵洲际导弹和 B-52 轰炸机两个项目就是最好的例子。此外，许多军用飞机是直接从大飞机改装而来的，这意味着，政府采购合同对军用飞机资金的注入在一定程度上也必然有益于相关的大飞机项目。例如，20 世纪 80 年代初，美国空军向麦道订购了 60 架由民用飞机 DC-10 改装的 KC-10 加油机，正是由于这批改装民用飞机 DC-10 的订货，麦道才得以维持其民用飞机 DC-10 的生产线。因此，美国国防部军品采购的支出在美国大飞机项目的发展中扮演着极为重要的角色。

2. 基础研究和军事研发项目溢出效应的间接支持

美国政府一般是通过委托飞机制造商参与军用飞机以及航空航天研制计划的方式来促使飞机制造商积累相关的技术经验和能力，从而减少他们从事民用飞机制造的研制支出。美国政府通常通过类似于美国国防部高级研究计划局（Defense Advanced Research Projects Agency，DARPA）以及美国国家航空航天局（National Aeronautics and Space Administration，NASA）这样的组织来资助航空科技的基础研究、军用项目以及军民两用项目的研究。

作为美国飞机制造业的重要客户，美国国防部借着开发军用飞机项目或是军民两用飞机项目的名义，通过 DARPA 参与飞机的研发、测试与评估活动。由于军用飞机项目和军民两用飞机项目存在显著的溢出效应，一旦有关企业获得 DARPA 的资助，其结果或将改善企业的财务状况，或将加快有关项目的研发速度。正如著名的经济学家 Mowery 和 Rosenberg 所言，美国商用飞机产业技术开发有很大一部分是军用航空技术和知识的商业

---

① 方思琦. WTO 框架下民用飞机补贴法律问题研究［D］. 长春：吉林大学硕士学位论文，2017.

化应用，而这些军用航空技术和知识却是由政府出资研发的。将军用飞机项目中的研究成果应用于民用飞机可以为飞机制造商节省极为可观的前期研发费用，这种变相的补贴方式不仅稳定性强而且相当隐蔽并难以取证。

NASA 是美国政府组织开展航天科技研究的主要机构，NASA 的规章制度中明确了NASA 要以改善和提高航空运输工具的性能、速度、安全性和飞行效率为目标。NASA 所资助的项目中的大部分成果，如增加提升力、降低摩擦力、增加有效载荷等，都可应用于民用飞机的制造及优化。当民用飞机制造企业承担 NASA 的研究项目时，还可以免费使用NASA 研究中心中大量的研究设备，从而极大地减少了购买研究设备的巨额资金，最终的研究成果，还可以应用于自身民用飞机的开发领域。当本国的飞机制造业面临挑战时，美国政府还会通过 NASA 对航空制造业采取更为明显的扶持政策。例如，为了面对来自空中客车的竞争压力，NASA 于 1992 年启动了 AST 项目，旨在为新一代的亚音速民用喷气式飞机的研制提供技术支持，从而使美国夺回大飞机技术领域的主导地位。美国国防部和NASA 还会通过转让知识产权给波音的方式对波音进行间接支持。欧盟认为，美国国防部和 NASA 已经放弃和/或转让价值至少百万美元的知识产权给波音，包括专利权、商业秘密权和数据权。

3. 激励性的税收优惠政策

美国政府扶持大飞机项目的另一项重要措施是政府提供给大飞机项目的各种税收优惠政策。其中最为典型的税收优惠政策是美国对大飞机项目实行的"全部完成合同征税"，即在大飞机制造合同履行完毕后才对合同所涉及的收入进行确认并依该收入计税。"全部完成合同征税"一般适用于税额较大的税种，这种延期纳税的方法使得纳税者可以通过延迟计算巨额收入来减少纳税税额。这种征税方法的实质是政府默许将一部分税收收入让渡给纳税者。"全部完成合同征税"被美国于 1989 年废除，波音和麦道在这种征税方法废除后的若干年才依照规定缴纳完延期的税款。在这漫长的缴纳期的背后，从延期纳税中节省下来的巨额利息为波音和麦道带来了不小的收益。

1984 年美国修改了国内国际销售公司（Domestic International Sales Corporation，DISC）立法而建立了海外销售公司（Foreign Sales Corporations，FSC）税制。FSC 是美国一项重要的税收优惠政策，即对于"在国外存在的""在国外管理的"以及"在国外进行经济操作过程的"美国出口商，其出口销售收入的 15% 可以免缴美国税收。在欧盟的干涉下，美国为了避免贸易伙伴的报复，于 2000 年 11 月通过了"FSC 放弃和国外所得排除法"（FSC Repeal and Extraterritorial Income Exclusion Act of 2000，以下简称"FSC 放弃法"）。FSC 放弃法虽然否决了 FSC 的做法，但是也取消了对享受税收优惠的美国出口商要在国外设立独立分支机构的要求，这一规定反而扩大了免于征税的适用范围。这一法案的出台立即遭到了欧盟的强烈反对，2004 年 7 月，WTO 争端解决机构同意了欧盟提出的价值40.34 亿美元的贸易仲裁清单。①

---

① 廖龙柳. WTO 框架下大飞机项目补贴法律问题研究 ［D］. 上海：华东政法大学硕士学位论文，2013.

除了联邦政府以外,华盛顿、伊利诺伊、堪萨斯等州政府和地方政府也为大飞机项目提供了各种形式的税收优惠政策支持。例如,堪萨斯州就通过税收豁免和"波音债券"形式为波音提供了9亿美元的补助。此外,波音还可以从美国国防部与NASA所资助的研究项目中得到其他的税收优惠。虽然美国的税收优惠政策不断遭到来自贸易伙伴的挑战,但是美国政府仍一直坚持给予大飞机项目巨额的税收优惠。根据廖龙柳近年来对波音年度报告中所披露财务情况的分析发现,2007~2011年,由于FSC、税收豁免等税收优惠政策所致,波音实际每年的所得税的平均税率仅为27.92%,远远低于法定名义的税率35%。

### 4. 市场销售支持与干预

为了促进大飞机制造企业的销售,美国政府一方面通过适航设计和验证体系作为技术壁垒来提高其他国家民用航空产品进入美国市场的门槛,从而保护国内市场;另一方面又利用政治影响力促使其他国家取消针对美国民用航空产品的技术壁垒,降低甚至减免相应的关税来促进大飞机的海外销售。同时,美国进出口银行通过提供出口信贷的方式促进本国大飞机以及民用航空产品的对外出口。美国进出口银行2012年5月25日宣布,扩大应用于大飞机的航空工业出口政策以促进大飞机制造企业的销售。

美国政府还会运用外交手段和政治影响力促成大飞机海外销售合同的缔结。其中最著名的一个事例便是1993~1994年,美国政府充分利用其在国际上所获得的政治影响力,经过几个回合的谈判,挫败了欧盟及其成员国的外交努力,最终促成了波音和麦道与沙特阿拉伯价值约60亿美元的大飞机交易。

为了促进海外销售,美国还会对准备购买大飞机的国家和地区提供极具诱惑力的政策。1995年,美国为了吸引日本采购美国的大飞机,对日本提供了10亿美元的优惠贷款。

20世纪90年代后美国政府对大飞机市场干预的次数增多,但是也未像欧盟那样形成一种惯例,与欧盟相比,美国政府对大飞机市场的干预要弱得多。

### (二) 航空运输业的规制与支持

航空工业的成功无疑与航空运输业有很大关系。在航空运输业发展的早期,航空公司很少受到经济的或安全的管制。那时,速度是最重要的,因为速度是航空运输优于公路运输和铁路运输的唯一优势。结果,随着飞行事故的增多,公众要求对航空运输业进行管制的呼声也越来越高,为了避免恶性竞争,航空运输公司也呼吁政府对航空运输业进行规制。于是,美国政府开始增加对航空运输业的立法管理。这些立法管理举措却在无意中促进了飞机制造业的发展。

### 1. 对航空运输业的规制

美国政府通过多部法律限制航空运输业的收费、线路、安全标准、环境标准、市场进入等,这些规制保证了航空运输公司的高利润,而这些利润又会有一部分以购机费用进入航空制造企业,进而促进了航空制造业的发展繁荣。

安全管制尽管经常被人们认为是成本高昂的"麻烦事",但是它可以起到保护产业的作用。安全规制的高昂成本使得那些实力不济的公司无法进入这一市场,并且安全标准本身就可以用来作为市场进入的壁垒。安全标准还刺激了航空运输公司不断地对飞机升级换代，因为人们往往认为新一代飞机的安全标准更高，这又刺激了航空制造企业不断地研发新的民航飞机。安全规制与经济规制合起来就保证了私人部门的资金不断通过航空运输公司进入航空制造公司，以弥补政府通过国防采购流入航空制造公司资金的不足。

下面的案例可以很好地说明，针对一个行业的管制可能会对另一个行业产生意想不到的影响。1978 年，美国的经济危机对航空运输业产生了巨大影响，航空公司最初的反应是减少对飞机的订购，但是为了保住原有市场并抢占新的市场，航空公司开始了价格战。价格战的结果是导致了航空运输公司的大量亏损。1982~1992 年，美国航空公司共亏损了75 亿美元。于是美国航空管理局开始限制价格竞争，与此对应，航空公司不得不寻求其他的竞争方式——提高服务质量、增加两个城市间的班次以便为顾客提供更为及时快捷的出行服务。提高服务质量主要是依靠新机型的引入，而飞机班次的增加又导致了航空运输公司对飞机需求的增加。对价格的限制最终导致了航空运输公司对飞机需求（包括数量和机型）的增加。再如技术进步使得飞机的有效寿命由原来的 25 年增加到 50 年左右，这延长了航空运输公司更换飞机的时间周期，减少了对飞机的需求。但是，美国《通用航空振兴法案》规定，航空制造企业对于自己产品的责任有效期只有 18 年，这就迫使航空运输企业在 18 年后提前报废某些尚可使用的飞机。这也增加了航空运输企业对新型飞机的需求。

从 20 世纪 80 年代起，当军用飞机与民用飞机的性能标准开始分离时，民机制造部门来自政府资助的军事研发费用也大幅减少，这进一步导致了航空科技进步的速度放缓。高昂的研发生产成本增加了飞机制造商的现金流需求，飞机制造商必须在提高飞机销售价格的同时扩大飞机销售数量，这样才能弥补巨额的前期研发制造成本。更高的价格又降低了航空公司增加或重置飞机的能力，这又进一步限制了民用航空制造业开发新技术、新机型的能力和积极性。

为了保持美国民机技术的领先水平，美国政府通过征收燃油附加税、安全与环境规制等手段来促使航空公司对旧飞机进行更新换代，以促进新型飞机的使用和技术进步。新型飞机的高风险阻碍了航空制造企业对于新技术的研发和运用，于是美国就在 1994 年出台的《通用航空振兴法案》中降低了飞机制造商对于产品的责任，这有助于航空制造企业降低关于产品责任的高昂保险费，而把这些资金用于研发，促进了新型飞机的运用和技术进步。这种加速更新又进一步提高了飞机制造企业的销量和产量，从而使这些企业获得更大的规模经济和学习效应，进一步降低了这些企业产品的生产成本，提高了它们的竞争优势。

由于对航空运输业进入和价格的规制，航空运输企业之间的相互竞争只能是在服务和质量上展开，而这种竞争只有通过购买更为先进的机型来实现，航空运输公司的这种更新换代又进一步促进了飞机制造业研发与生产的繁荣。

2. 对航空运输业的扶持政策

出于经济和政治等各种原因的考虑，各国都希望扶持本国的民航业，尽力保护本国航空公司，限制外国航空公司在其领土上运营的自由。美国政府对本国航空公司的扶持政策主要体现在政策法规支持、财政支持和运营环境支持三个方面。

美国政府的政策法规支持，主要体现在通过政策法规协助本国航空公司开拓国际市场和保护国内航空运输市场，使美国航空公司的利益最大化。

在国际层面上，美国作为航空大国，在国际航空运输业中具有较强的话语权，无论是航空自由的倡导、第五至第七航权的推进，还是开放天空体系的建立、航空联盟的反垄断豁免，美国无疑是最大的受益者。早在1944年的芝加哥会议上，美国就极力主张航空自由，并在其后半个多世纪里不断推进航空自由化。20世纪70年代末开始推行的放松管制政策造成了国内航空市场的运力过剩，于是决策者极力促使国内航空运输企业进入国外市场，从而把过剩的运力输出国外，因此美国政府在国际运输市场中不断促进开放天空体系的建立，竭力鼓励外国政府给予美国航空公司更多的运营权利。当然，这种开放天空和运营权的给予不是完全对等的，美国坚决反对不利于本国航空公司经营的航权交换，如与欧盟国家的跨大西洋自由运输。尽管美国政府宣称，开放天空政策将会促使创造一个真正开放的国际航空运输服务环境，但该政策的实际效果是为美国航空承运人创造了巨大的竞争优势。

在国内层面上，美国对申请美国航线经营权的外国航空公司建立了严格审查制度，对申请美国航线经营权的外国航空公司经营者和所有者进行严格审查，对于外国承运人在美国的航空运营权也加以控制，从而确保美国航空公司的利益不受侵犯。此外，美国本国航空公司的外资比例不能高于25%，而且美国政府或国民是否对本国航空公司具有实质的所有权、能否对其进行有效控制，将受到严格审查，以防止外国航空公司通过控股美国航空公司占领美国国内航空运输市场。荷兰皇家航空公司曾企图投资美国西北航空公司而对其进行控制，但并未成功。

美国政府对航空公司的财政支持，既包括通过对特定航线和重大事件向航空公司提供直接财政补贴，也包括通过减免相关税费等方式提供间接财政补贴。

1978年《放松航空管制法》出台之后，美国航空运输业被完全推向市场，但是为了保证一些远离中心城市的公众享受到航空运输服务，美国对一些支线航线提供财政补贴，确保经营该航线的航空公司在该航线上保持一定的合理利润，维持该航线的经营。这些支线航线的客运量通常每天只有几人次，有的航线客运量甚至每天低至2人次。据统计，交通部每年为这些支线航线提供超过1亿美元的补贴，最高可达到一条航线运营成本的93%，从而保证这些支线航线的旅客能够享受合理的票价。这本是在1978年《放松航空管制法》施行后出台的一项为期10年的临时政策，但却已施行30余年。虽然美国政府由于财政原因将减少对部分航线的补贴，但该国前交通部官员预计该补贴政策将继续施行。此外，对于新开国际航线的地区，地方政府会对该地区的国际航班提供财政补贴。

除了对特定航线提供补贴之外，美国政府在重大事件中为其国内航空公司提供的补贴也极为可观。近年来每当有重大事件发生时，美国国内会强烈呼吁对民航业给予财政支持，因其"不仅关切人员和物资的流通，而且在美国经济中产生广泛的效应"。"9·11"

事件后，美国政府向其航空公司无偿援助 50 亿美元，并按照《航空运输安全和系统稳定法》额外提供无息贷款和低息贷款各 50 亿美元。2003 年，因伊拉克战争，美国政府给航空公司补助 24 亿美元，其中 1 亿美元用于驾驶舱门的加固以及其他加强安保措施的费用。此外，在航空公司并购中，政府也会给予财政支持。例如，在美国航空公司并购环球航空公司过程中，美国政府和美国航空公司达成协议，政府承担原环球航空公司相当大的部分债务，避免造成因被并购航空公司的财务问题拖垮并购航空公司。2020 年受新冠肺炎疫情影响，美国最大的四家航空公司——美国航空公司、达美航空公司、美国联合航空公司和美国西南航空公司总共获得了 192 亿美元的补贴。

除此之外，相关税费减免也是政府对航空公司的一种间接补贴方式。美国政府对其航空公司提供多项免税政策，如航空器材免税，以降低航空公司的运营成本。在 2005 年航空业亏损报告发布之后，美国除了多项直接财政补贴政策之外，还成立了"航空运输安定委员会"，为航空公司提供 100 亿美元的贷款担保。

美国政府对航空公司运营环境的支持，不仅包括提供使用费低廉的运营场地和设施，还包括在市场、人员和研发等方面的支持。

运营硬件环境方面，美国政府保障其国内航空公司以相对低廉的费用使用土地、机场和空中交通管理设施等。美国联邦政府对机场向航空公司收取的场地和设施使用费有严格的管理体系，确保机场不能因其垄断地位而对航空公司的利益造成负面影响。美国大部分机场的所有权属于市政府或郡政府，少数机场由独立的公共组织机构负责，具有典型的公共基础设施性质。美国机场和航空公司之间签订具有法律约束力的合同，即《机场使用和租赁协议》，详细规定了航空公司必须支付的机场使用费用和租金、相关费用和租金的计算方法以及机场地面保障设施和航站楼等设施的使用条件等。这些协议通常保证了某些航空公司在机场的资本投资决策中占据着重要的地位。根据协议中的多数利益条款，与机场有协议的航空公司共同承担了机场绝大多数的运输量，这些航空公司将支付给机场比较低的降落费。地方政府还通过向航空公司提供优惠或免费的土地来吸引航空公司，如底特律和丹佛分别向美国西北航空公司和美国联合航空公司提供优惠的土地使用权。

市场方面，航空公司通过运输合同的方式得到美国政府和政府企业的大力支持，主要体现为政府运输合同、政府企业运输合同和政府行政人员的国际差旅三种情况。美国政府和政府企业所需的航空运输（如军需物资和人员的航空运输、美国邮政等政府企业的邮件和货物运输等）必须由美国的航空公司来承运，政府行政人员的国际差旅必须优先考虑美国航空公司，在特定情况下才能搭乘外国航空公司的国际航班。

人员和研发方面，美国政府每年的财政预算中都有相当一部分航空运输研究基金用于航空运输研究，这包括对国际市场、国际航空法规和航空公司内部运行管理等方面的研究费用。例如，美国政府给其航空公司提供欧美、亚太地区航空运输市场分析；航空公司的收益管理系统最初是由美国政府出资研究的。美国政府有关部门为其航空公司提供了大量的数据支持，以方便航空公司做出科学决策。同时，美国军方研发的飞机技术可以免费转让用于民用飞机生产。毫无疑问，美国政府的研发支持无形中为航空公司节约了大量的研究经费。在人员培养方面，航空公司的飞行员、机械师都由军方出资培养，也为航空公司节省了大量人员培训的开支。

（三）发展枢纽机场政策

在当前的国际航空格局中，枢纽模式仍然是发展主流，美国亚特兰大国际机场、孟菲斯国际机场是世界上的大型现代化机场，机场从建立到成为国际枢纽机场，形成了独具特色的发展模式。

1. 美国亚特兰大国际机场：完善的设施与环境造就世界第一大机场

（1）亚特兰大国际机场概况。亚特兰大国际机场也称亚特兰大哈兹菲尔德-杰克逊国际机场，地处距离亚特兰大市 19 千米处。该机场的一个突出特点是登机口数量居全球机场之首，共有 6 个航站楼，拥有将近 100 个近机位。

（2）亚特兰大国际机场发展的实践。空域资源丰富、地面流程通畅为亚特兰大国际机场中转提供了充足的保障，优越的地理位置和丰富的城市内涵更有助其稳定发展。

不断完善硬件设施，发挥强大的枢纽功能。亚特兰大国际机场适应机场的发展需求，不断加强硬件设施建设，以完善其枢纽功能。在这方面，亚特兰大国际机场最具代表性的做法是制定了一个十年发展规划，该规划对新跑道、新候机楼等机场硬件设施建设做出了有序安排，不断推进机场的改扩建工程，以确保亚特兰大国际机场的枢纽功能和领先位置。

不断完善货运体系，发挥强大的物流功能。亚特兰大国际机场拥有大面积的货运服务区，总面积达 16.7 万平方米，这是其发挥良好物流功能的基础。同时，亚特兰大国际机场还拥有先进的货运服务，有专业处理货物运输的能力。目前，亚特兰大国际机场与 4 条高速公路相连，有上百家为其提供地面运输服务的汽车运输公司。更为重要的是，亚特兰大国际机场紧邻外贸物流园区，与该园区形成了良好的物流效应。

不断完善中转系统，发挥强大的客运功能。亚特兰大国际机场的旅客中转系统非常发达。其地下中转疏导系统是实现机场旅客高效中转的重要保障。系统主要通过密集运行的小火车实现旅客在候机大厅间的高效中转。同时，地理位置相对集中的候机大厅也为旅客中转提供了便利。

不断完善中枢航线网络，发挥强大的航运服务功能。亚特兰大国际机场以强大的基地航空公司为基础，着力打造发达的航线网络。目前，亚特兰大国际机场航线辐射全球 190 个城市和地区，每天组织的航班集群高达 10 个以上，每个集群的波峰量超过 80 架次，以高密度、高频率的航运服务向航线覆盖城市提供高频率、低成本和低票价的服务。

不断完善机场服务体系，发挥强大的服务功能。亚特兰大国际机场吸纳了大量的机场服务公司入驻并开展机场服务，这也是其保证服务质量的重要前提。亚特兰大国际机场凭借众多的服务资源，为基地航空公司、旅客提供优质的服务，并联合亚特兰大市政铁路快线系统为旅客提供便捷的交通运输服务，多重方式打造完善的机场服务体系。

（3）亚特兰大国际机场以完善的硬件基础提升核心竞争力。亚特兰大国际机场具有完善的机场设施、货运系统、旅客中转系统，这些是保证机场在全球机场业领导地位的基本硬件基础，也是打造国际枢纽机场的重要基础。发达的中枢航线网络和中枢结构则是亚特兰大国际机场的核心竞争力，也是其在全球机场中保持领导地位的重要因素。

2. 孟菲斯国际机场：航空物流引领航空经济发展

（1）孟菲斯国际机场概况。孟菲斯国际机场是一个位于美国田纳西州孟菲斯以南5千米的军民两用机场，也是联邦快递主要的全球枢纽机场。目前，拥有60多万人口的孟菲斯已成为特色鲜明的航空城。其1/10劳动力直接从事运输业，1/3的人员职业与航空有关。

（2）孟菲斯国际机场发展的实践。航空和货运已经成为孟菲斯的两大产业支柱和经济引擎。联邦快递总部的入驻带动了孟菲斯国际机场的快速发展，也带动了整个城市经济的布局与发展。因此，无论是孟菲斯国际机场还是孟菲斯城市本身，其发展都来自联邦快递总部的入驻与带动。

依托联邦快递总部，促进机场与城市发展。孟菲斯国际机场启用于1929年，成立初期只有3个机库和1条跑道；1969年，机场更名为孟菲斯国际机场，其由弱转强、由小变大的过程与美国联邦快递公司的入驻密不可分。目前，联邦快递每天运送的邮件已达4万个，其中40%都经由孟菲斯国际机场。从孟菲斯始发，联邦快递业务能够在24小时内到达北美任何地方，在48小时内到达全球主要城市。依赖孟菲斯国际机场航空快递优势，众多企业在当地建立了自己的分拨中心，这些企业包括惠普、松下等。

区位交通优势推动航空城新一轮发展。孟菲斯国际机场不仅区位条件好，其周边还拥有完善的交通网络。以其为中心的高速公路网四通八达，4个小时的车程可到达美国中南部的大多数城市。公路方面，孟菲斯与横穿美国东西方向和南北方向的公路相连，7条高速公路在此相交，使得美国152个大城市到孟菲斯只有一晚行程。铁路方面，孟菲斯拥有5条I级铁路，6个铁路码头，每天有220班列车。水运方面，孟菲斯是美国第四大内河码头，每年约有63亿吨内河运输货物，其拥有44个私营站、8个政府运营站，超过30个国际货物运输代理公司。良好的区位交通优势促进机场周边形成科研、加工制造、仓储、物流及商务等一系列高端产业聚集。在航空港的东面发展了高科技产业走廊，航空港的西面发展了信息及通信科技、生物医药科技及相关的科研教育设施。此外，还有大批知名的网络零售商在机场附近建立了订购营运中心，这种崭新的业态成功地融合信息科技、航空港及快递业务三者所提供的服务，成为机场经济增值链上的新特色。

（3）孟菲斯国际机场是航空物流型航空经济发展的典范。航空经济的发展是打造国际枢纽机场的重要支撑。孟菲斯国际机场的发展与联邦快递的入驻密不可分。吸引联邦快递入驻到成长为国际枢纽机场，孟菲斯国际机场的发展轨迹为发展航空物流型航空经济提供了重要的模板。

（四）其他领域的政策

航空制造业的发展除了得益于其自身和相关领域的发展外，其他领域的政策支持也是十分重要的。美国政府针对其他领域的政策支持主要包括对技术转移的限制和对产业基础的建设。

### 1. 对技术转移的限制

由于航空科技的军民两用性，因此航空科技就成为美国政府限制技术转让的领域。这样也保证了美国航空制造业的技术领先和垄断地位。因为与外国合作者协作生产被认为是技术转移的主要途径，所以美国政府一般会禁止这样的项目。早在20世纪五六十年代，美国政府就单边叫停了几个与欧洲国家合作的项目。美国这种强势的单边主义政策引起了欧洲各国的强烈不满，使得欧洲各国下决心联合研制自己的民用航空飞机。

不过批评者也认为，美国的这种出口管制政策导致美国市场份额的丧失，并影响到与其他国家的关系。因此"冷战"结束后，为了在经济利益与国家安全之间寻找平衡点，帮助航空工业扩大出口，美国政府开始放松了对技术转移的限制，允许更多的技术出口到其他国家，同时简化了出口的程序。

### 2. 对产业基础的建设

任何产业的发展都需要一定的基础条件，这些基础条件包括人才培养、基础设施建设、市场环境塑造等，航空制造业的发展也离不开这些基础条件的支撑。奥巴马政府在2009年颁布的《重振美国制造业政策框架》中就提出，要从以下方面着手重振美国制造业：人才培养与员工技能提升计划、推动技术和商业实践创新计划、培育稳定高效的资本市场以促进商业投资、帮助制造业密集区和产业工人转型、交通通信基础设施投资计划、创造公平的国际与国内市场环境、为制造业提供更好的商业环境。

### （五）对促进我国航空经济发展的启示

从美国航空经济发展的政府支持政策来看，政府在航空制造业的发展中主要扮演了这样四个角色——消费者（尤其是军用飞机）、规制者、投资者和某些设施设备的所有者与提供者。由于航空制造工业具有投资大、风险高、回报周期长、技术难度大、技术溢出性强，以及本身所具备的规模经济、学习效应、自然垄断等特点，使得航空制造工业领域的国家干预十分必要。美国的一些经验和做法，对我国航空经济发展实践提供了有益启示。

### 1. 做好顶层设计，制定产业长期发展规划

美国政府虽然通过多条途径支持航空工业的发展，但总体来看美国并没有一个统一的航空产业发展规划，也正因为如此，才给欧洲空客留下了市场机会。也有学者认为，正是因为没有长远计划，所以美国政府的很多政策带有临时性、应急性的特征。在我国，由于航空科技工业基础薄弱、技术落后、体制分割、机制不畅等问题，尤其是面临外国成熟而强大的民用航空工业巨头对我国民用航空工业的竞争与封杀，要在我国发展大型民机产业绝对不是一蹴而就的事情。此外，民机产业的发展涉及很多地区和部门，所以也需要一个长期规划来协调各个地区、各个部门的利益和关系，引导各主体的投资行为，以形成推动航空工业发展的合力（平剑峰，2011）。根据达尼·罗德瑞克（2011）的观点，在存在规模经济的产业中，政府的协调作用在这个产业的初创阶段具有十分重要的作用。

### 2. 坚持军民协同，实现军地资源共享

美国的飞机制造商原来都是既生产军用飞机，又生产民用飞机，是典型的军民融合型企业。在美国，对航空制造产业的扶持主要是通过国防项目来实现的，而对商业飞机制造

业的支持也主要是通过军方订货和军用航空研发项目来实现的。军用飞机注重性能与机动性，而民用飞机更注重经济性和安全性，军用飞机与民用飞机的不同需求可以共同促进飞机制造产业的发展。此外，通过军方途径补贴民用飞机产业也可以避开关于国际贸易补贴的争端。军民融合还有助于飞机制造商通过军用飞机订货平抑民用飞机订货的市场波动。

从我国大飞机项目的立项过程来看，由于受航空工业体制局限以及各方利益的博弈，我国的大飞机研制选择的是"军民两立、并行研发"的路径，这种路径选择既考虑到军用飞机与民用飞机设计要求和技术路线的差异，也照顾了不同行业部门与地区的利益诉求，也有利于军用飞机与民用飞机设计团队的竞争，更有利于充分利用国际航空工业现有技术，以实现我国大飞机早日腾飞。可是，军用飞机与民用飞机在技术上毕竟有很多相通相似之处，如何共享这些技术和设施，有效利用有限资源，避免军用飞机与民用飞机研发生产的分割竞争，也是高层主管部门需要思考并加以协调的问题。同时，为了有效利用各种科技生产资源，大飞机项目还存在一个航空产业与航天产业融合发展、航空产业与其他战略性新兴产业融合发展的问题。

3. 坚持系统设计，研究制定完善的航空产业政策支持体系

商用大飞机项目作为一个庞大的系统工程，没有来自各个方面的系统政策支持，要取得成功是非常困难的。民用航空产业的成功需要多方面的努力和支持，因而我国可以综合运用经济的、行政的、法律的手段，对航空制造业从技术上和商业上、产业内与产业外、产业链上各个环节进行全方位支持。

从政府组织体系来看，每个政府部门都要思考如何为发展我国民用飞机产业服务，并有效整合各个部门的政策形成合力，为我国民用飞机产业发展创造有利的外部环境。当然，政策设计也要避免民用飞机产业对国家支持的过度依赖，同时避免政策设计被该产业部门"俘获"。

在强化政府支持的同时，我们也必须充分利用市场机制。美国的航空工业基本上是在市场环境中成长起来的，在其发展的初期基本上没有受到政府的过多干预，在两次世界大战的催生下迅速繁荣起来，只是随着航空工业的发展，航空工业本身的特点——规模经济、学习效应等所导致的自然垄断——表现得越来越突出，加上来自国外竞争的加剧，美国政府对航空工业的干预才逐步增加。

4. 坚持自主创新，加大研发投入力度

2015 年 11 月 2 日，由我国自主研制具有自主知识产权的大型民用客机 C919 总装下线。2017 年 5 月 5 日，C919 首飞成功。2021 年 3 月 1 日，中国东方航空股份有限公司和中国商用飞机有限责任公司签订购机合同，C919 拿到首张订单。根据国际航协预测，未来 20 年中国的航空载客量将以 5.5% 的增长率增长，2025 年中国将超越美国成为全球最大的客运市场。未来 20 年中国将接收超过 8600 架 50 座以上客机，市场价值超过 1.3 万亿美元。[①] 目前以国际航线为主的 C929 仍处于研制阶段，我国要依靠我们的自主研发与

① 曹恩惠. 从 ARJ21 到 C919：中国"大飞机"鹏举万里［N］.21 世纪经济报道，2021-07-01（008）.

创新。此外，启动大飞机项目不仅是要造出我国的大飞机，更重要的是要借机提升我国科技创新水平。因此我们要始终把坚持自主创新放在第一位。大飞机项目有很多急需突破的技术难点。我国政府要加大航空航天领域基础研究的投入力度，更加注重人才培养和科研设施的建设。

5. 打造国际枢纽机场应注重软硬件建设

一是硬件是基础。要结合实际情况，建设集多种交通方式于一体的交通枢纽，这是扩大机场服务半径、扩大机场腹地市场的重要举措。要根据区域发展需求，不断加强机场自身设施建设，提升机场服务能力，推进国际枢纽机场建设。旅客中转是国际枢纽机场的重要功能，因此在加强机场设施建设的过程中，要注重打造完备的中转设施，包括多条跑道的飞行区、流程合理的中转设施、先进的航班信息系统及相关配套服务等。二是要注重构建"以人为本"的服务体系。完善的服务体系是国际枢纽机场的基本要求之一。在打造国际枢纽机场的过程中，要以乘客为服务核心，加强与乘客的沟通交流，在与乘客的互动交流中不断完善和提升机场服务能力，满足乘客多样化的需求，提升乘客满意度，从而实现硬件、软件服务两方面都有保障。[①]

## 二、欧洲航空经济发展政策

20 世纪五六十年代，欧洲的航空经济发展（以下简称"民机产业"）还无足轻重。为了使欧洲的航空产业生存并且更好地发展下去，欧洲各国通过合伙经营的方式成立了空中客车公司，并在此后的 30 年中完成了一体化的进程。作为欧洲民机产业的代表，空中客车整合了欧洲各国的民机制造企业，在技术上不断创新，以各国协作的方式来进行研发与生产，形成了优势互补的良好局面。专业化分工在降低生产与研发成本的同时，极大地提升了研发与生产效率，形成了规模效应。从 20 世纪 60 年代末欧洲所有国家民机产业的市场总和不到全球的 10%，到目前已形成与美国全面抗衡的格局，欧洲航空经济发展取得了巨大的成功。在此过程中，欧洲各国政府采取的大力扶持政策起到了非常关键的作用。

（一）欧洲各国的协作式发展政策

欧洲在民机制造领域采用协作式发展战略，这种战略来自促使经济活动有效进行而形成的一种工业组织理念。该理念认为，有效地进行经济活动取决于三个要素，即竞争环境、政府管理者的主观因素、可掌握的资源与能力，以及三者共同作用的结果。领导人的主观因素是指对某种经济活动的预测和评价，诸如对市场占有率、利润的预测，以及对国家利益的评价等。竞争环境是一个宽泛的概念，指与经济活动有联系的相关要素。资源与能力主要指的是战略资源，包括管理资源、适用的技术、商业诀窍、资金等。这些因素互为条件、相互作用，共同影响着工业组织的战略选择。

---

① 葛小飞，李国军，谢远铭，等. 国外成熟枢纽机场的运营经验及启示［J］. 空运商务，2012（15）：46-48.

1. 政府管理者的主观因素

欧洲各国都十分重视发展自己的民机制造业，这在英国政府对德·哈维兰公司"彗星"系列飞机的大力扶持，以及英、法两国对"协和"飞机在研发上的支持都得到了很好的体现。就任何一个国家的领导人而言，民机产业发展都是被放在十分重要的战略地位而倍加关注。民机产业的开放性和所采用技术的先进性，可以极大地促进军用航空的技术进步，从而提升一个国家的国防能力和国际政治地位。民机产业的经济意义在于扩大"内需"、增加就业机会，带动大批相关产业的发展，提高科技水平，增进政府税收。

2. 竞争环境

20世纪五六十年代世界民航运输业的巨头还是美国的洛克希德·马丁公司、麦道公司和波音公司，虽然当时欧洲不少国家都有自己的飞机制造企业，但由于力量分散、各自为政，其市场总和还不到全球市场的10%，任何欧洲单个国家的民机产业都无法与强大的美国公司竞争。这些国家都充分地认识到，不联合就无法与美国民机产业相抗衡，这使得欧洲通过协作式的发展战略来发展自己的民机产业。另外，"二战"后欧洲一体化进程也促使欧洲在民机制造领域进行多国合作。

3. 资源与能力

欧洲主要国家在经济和政治上已经实现了区域经济一体化，这使得资源要素可以在各个国家之间自由流通。因此，在民机产业上采取协作式的发展战略，可以使发展民机产业所需要的资源得到更加有效的配置，从而可以大大提高经营效率。另外，欧洲各国在民机制造业上也有着深厚的技术储备，其发达的经济为发展民机产业提供了资金上的保障，以及欧洲在民机制造业上的跨国合作有着悠久的历史，这些都为欧洲各国采取协作式来发展民机产业提供了便利的条件。

4. 因素分析

民机产业在经济学上具有其特殊性，即民机制造领域的项目作为巨型工程具有很高的交换成本，属于大型规模经济，在实施中具有较大的技术风险和经济风险。这种风险表现在这一领域的开发周期较长，如商用飞机的研发一般要5年以上。可以说，当时在欧洲很难找到一家公司可以独立承担这样的大型项目。通过欧洲各国的协作来发展民机产业，可以优势互补，无论在财力、人力还是物力上都得到了很大的提升，形成了规模效应。专业化分工使得生产和研发流程更加流畅，大大提高了研发与生产效率，使得单位产品的开发与制造成本显著降低。

总之，无论是从商业上、技术上还是从政治上考虑，都使得欧洲通过协作方式来发展民机产业成为必然。

**（二）欧洲各国政府大力支持大飞机产业发展政策**

欧洲国家抛开了政治上的分歧，以整体利益为重，整合欧洲的飞机制造企业成立了空中客车公司。法国前总统戴高乐、德国著名政治家施特劳斯等都曾亲自参与空中客车公司的组建工作。这些人从欧洲的大局利益出发，以极大的政治勇气，做出了联合欧洲各国组建空中客车的政治决断。

从 20 世纪 70 年代末只能对美国飞机制造业所几乎垄断的全球市场望洋兴叹，到目前已构成与美国全面抗衡的格局，空中客车所取得的巨大成功，是与欧洲各国政府的积极参与和大力扶持密不可分的。欧盟对航空工业的补贴、支持与美国类似，形式多样。

1. "启动援助" 形式的直接补贴

政府扶持和直接干预是欧盟及其成员国支持大飞机项目发展的重要特征。其中，直接补贴的方式主要采用的是启动援助（Launch Aid），即政府对新机型的开发提供优惠贷款，优惠贷款的利率低于一般商业贷款的利率。在此种优惠贷款下，企业并不是根据预定的时间偿还贷款，而是根据被援助项目的盈利情况来决定还款数额。如果被援助项目取得商业成功并产生了利润，则在贷款被完全偿还后，政府有权继续按出售的产品收取权利金（Royalty）；如果被援助项目研制失败，则有关企业无须返还贷款。启动援助类似于一种投资形式，其中包含着风险分担的精神。事实上，由于偿还规定模糊并且得到政府的默许，启动援助贷款的偿还不仅取决于大飞机制造商的支付能力，还取决于制造商的意愿，以至于大部分的启动援助贷款最终都是由政府来承担。以法国为例，据统计，1962～1977年，法国政府平均每年为大飞机项目提供启动援助贷款约为 8.29 亿美元，而同时获得的启动援助贷款偿还额平均每年仅为 2300 万美元。

随着 1992 年《民用飞机贸易协定》的达成，启动援助被美国和欧盟正式确认为对大飞机研制的直接补贴。根据该协定的规定，政府为大飞机项目提供的贷款不得超过项目全部开发成本的 33%，并且仅能将贷款提供给能够在 17 年内合理偿还的项目；在此 17 年内，空中客车须依照政府的贷款利率偿还全部开发成本的 25%，剩下的 8% 则须以高于政府的贷款利率一个百分点的利率偿还；空中客车在偿还贷款时应避免特别拖延。至此，欧盟及其成员国对大飞机项目的启动援助贷款才受到了真正意义上的严格限制。

欧盟及其成员国启动援助是空中客车崛起的主要推手。20 世纪 70 年代以前，美国在大飞机市场上处于绝对垄断的地位。自空中客车诞生之日起，欧盟及其成员国就通过启动援助形式持续不断地为大飞机领域提供强力支持，空中客车自 1974 年交付首架飞机时起，市场份额保持了稳定上升态势。2003 年，空中客车在全球民用飞机市场上的份额达到了 53%，取代波音成为大飞机年交付量第一的企业，成功将美国寡占大飞机市场的格局转换为双寡头的竞争格局。

2. EIB 优惠贷款与军机生产和采购的间接支持

欧盟及其成员国通过欧洲投资银行（EIB）为大飞机项目新机型的研发提供了大量的优惠贷款。根据有关数据，EIB 为空中客车新机型的研发提供了 11 笔总额将近 16 亿欧元的优惠贷款。其中，EIB 在 2002 年为空中客车 A380 机型的研发提供了 7 亿欧元的 "个人贷款"，借贷利率与条件远低于市场标准。EIB 的优惠贷款是欧盟及其成员国作为启动援助的补充而实施的重要的间接补贴手段。

欧盟及其成员国之所以采用 "EIB 提供优惠贷款" 此种方式，是因为其认为 EIB 不是政府所控制的 "公共机构"，而是一个特殊的区域性国际性金融机构。EIB 是欧盟各国政府间具有独立法律人格的一家金融机构，其拥有独立的财政自主权，EIB 的运营依靠的是市场利率而不是欧盟各国政府的财政，所以 EIB 并非像美国所说的那样由政府所控制。因此，欧盟认为通过 EIB 提供的优惠贷款不构成补贴。此外，欧盟认为 EIB 与世界银行性质是一样的，其经营的宗旨并不是利益最大化。根据《罗马条约》的规定，EIB 不以营利为目的，其提供长期贷款与融资担保的项目范围包括欧共体内落后地区兴建的项目、有助于促进工业现代化结构改革的计划和有利于欧共体或几个成员国的项目等。由此可见，EIB 自身的资源以及从资本市场中获得的资源是用来保证欧共体经济领域的平稳和平衡发展的，它的宗旨是追求经济领域和促进社会各个方面更为广泛的发展。因此，欧盟认为 EIB 提供的优惠贷款即使是补贴，也不构成专项性补贴。

欧盟及其成员国对大飞机项目采用的另一个重要的间接补贴手段是军用飞机生产和采购，只是相对于美国而言这一手段产生的间接扶持作用要弱一些，一直为人们所忽视。但事实上，在欧盟大飞机项目的发展过程中，军用飞机生产和采购一直扮演着非常重要的角色。"空中客车工业"的四家合伙公司在过去十年里所获得的军用飞机研发生产合同高达850 亿美元。1980～1989 年正是空中客车发展最为迅速和最需要资金支持的期间，欧盟正是通过这种对军用飞机生产和研发投资的方式使民用飞机的发展获得间接的支持。

20 世纪 90 年代以后，欧盟成员国更为重视飞机产业中军民两用技术的发展，制订了一系列的发展计划。英国[①]政府在发展计划的基础上建立了一些军民两用研究中心，如系统与软件工程中心、结构材料中心、信息处理与电信革新中心等。1995 年，英国政府还成立了国防鉴定和研究总局，专门负责军民两用技术的研发工作。军民两用技术的研发与生产无疑会有利于飞机的设计和生产能力的提高，从而促进民用飞机研发技能的相应提高。

3. 对航空科技建设的直接投入支持

欧盟及其成员国十分注重航空科技研究在大飞机项目发展中所具有的长远战略意义。第二次世界大战以后，欧盟及其成员国对航空科技研究的资助一直未停止过。

在国家层面，英国、德国、法国等在国家的科技项目设计上，通过设立研发项目和研发计划，限定条件将大飞机项目的研发补贴纳入国家创新支持计划予以支持，从而予以直接的资金支持。同时，欧盟的大部分成员国都建有类似美国 NASA 那样的航空科技研究机构，如皇家航空研究院、联邦德国航空航天研究试验院以及法国国家航空航天研究院等。这些航空科技研究机构通常承担航空科技研发成本的 50%，同时设计并亲自参与航空科学的研发项目。如果欧盟成员国的航空科技研究机构承担了航空科技研发的成本，那么这些机构就有权拒绝公开研发成果，以致此类研发成果无法被欧盟成员国以外的其他国家所共享。在基础设施和设备方面，德国、法国、西班牙、英国四国政府为 A380 项目的基础建设提供了用地以及设备配备等方面的支持。在空中客车决定启动 A380 项目时，德国政府花了近 7.5 亿欧元将一个国际保护湿地米尔博格湖 20% 的湿地变成工业用地，同时还为 A380 总装设备的建设提供了资金支持。德国政府还为 A380 的使用而专门建设了不来梅机

---

① 2020 年 1 月 30 日，欧盟正式批准了英国脱欧。

场的延伸公路。法国政府则在图卢兹为大飞机项目提供了航空工业用地及其相关的设施。

在欧盟层面，欧盟一般通过框架计划及其具体的文件来对大飞机项目研发给予财政支持。欧盟在第二、三、四、五、六、七框架计划中均通过文件对大飞机项目进行了补贴。其中，2006年底实施完毕的欧盟"第六框架计划"更将航空航天作为一个单独的发展领域，提供10.75亿欧元的财政支持，占该计划全部科研总投入的9%。至于欧盟的大飞机项目从欧盟及其成员国的扶持政策中所获得的利益，目前尚无主流的说法。被引用较多的是波音于1990年向美国商务部所提供的一份报告，该报告指出仅在1980~1989年，英国、德国与法国三国政府对空中客车间接扶持的金额就高达42亿美元，其中还不包括军品采购以及军事研发所导致的溢出效应。

4. 销售空间的拓展

"政府促销"对于欧盟国家来说是一种不可或缺的、已然形成惯例的政府扶持大飞机项目的重要手段。法国前总统弗朗索瓦·密特朗甚至公开向记者宣称他就是"A320的头号推销员"。

美国政府在大飞机海外促销中使用的外交手段也是欧盟成员国政府"推销"大飞机的惯常方式。为了促成大飞机交易，欧盟及其成员国对捷克共和国、俄罗斯、沙特阿拉伯、以色列等国家均施加过不同程度的政治影响。近几年较为著名的一个案例是2004年土耳其航空公司购买空中客车的案例。据2004年6月的一篇文章指出，德国前外交大臣费舍尔曾经对土耳其国会的一位官员表示，希望土耳其购买的民用飞机中80%都是空中客车的产品。最终，土耳其的确将民用飞机购买订单的80%给了空中客车，20%给了波音。许多观点认为，土耳其之所以将订单的80%给了空中客车，是因为欧盟声称将延缓土耳其加入欧盟的进程，从而使得土耳其政府在政治压力下做出了购买决策。

除了使用外交手段外，为购买者提供优惠的着陆权是欧盟"推销"的另一个重要手段。对于国际航空公司来说，拥有优惠的着陆权意味着可以获得优惠的机场使用费并能开辟更多的航线，从而增加自身的竞争优势。因此，提供优惠的着陆权对航空公司来说具有极大的吸引力。例如，加拿大航空公司曾经是波音忠实的客户，但后来却转向了空中客车，其中一个很重要的原因就是欧盟国家政府承诺为其提供在有关国家的机场额外优惠的着陆权。此外，欧盟及其成员国还采取提供空中飞行权、贸易协议、低额融资利率、合作承诺额、区域经济协助等优惠措施来"推销"大飞机。

（三）发展枢纽机场政策

在当前的国际航空格局中，枢纽模式仍然是发展主流，世界上的大型现代化机场，如法兰克福机场、伦敦希思罗机场、巴黎戴高乐国际机场、阿姆斯特丹史基浦机场这四大欧洲枢纽空港地位依然稳固。这四大机场从建立到成为国际枢纽机场，形成了各具特色的发展模式。

1. 德国法兰克福机场：以基地航空为主导打造欧洲重要中转枢纽

（1）法兰克福机场概况。法兰克福机场即法兰克福国际机场，位于法兰克福市中心南部，距市中心约12千米。法兰克福机场于1936年启用，是德国在"二战"时期最重要的空军基地之一。机场在 1972 年建成新航站楼（1 号航站楼）之后，转型为民用机场，其中转业务、航班衔接能力不断提升。目前，法兰克福机场占地 24 平方千米，共有 2 座航站楼和 4 条跑道，已成为欧洲最大的机场，也是全球繁忙的国际枢纽机场之一。

（2）法兰克福机场发展的实践。法兰克福机场由法兰克福机场集团公司（Fraport AG）拥有并负责机场管理工作。法兰克福机场之所以能成为欧洲重要的中转枢纽，既有其区位的因素，也有其机场探索创新、寻求发展的成果。概括起来，法兰克福机场具有以下特点：①发挥区位优势，确立中转枢纽地位。从地理位置来看，法兰克福机场位于德国的中心，也是欧洲的中心，集两个"中心"于一体的区位优势为法兰克福机场成为欧洲中转枢纽提供了重要的条件。目前，法兰克福机场的中转比率与中转旅客数量都在欧洲位列第一。2010 年，法兰克福机场以旅客吞吐量 5300 万人次成为欧洲第三大繁忙机场、全球第九大繁忙机场，以 227.5 万吨的货运吞吐量列欧洲机场第二名、全球机场第七名。②联合航空公司，共同做大航空市场。法兰克福机场在建立之初就注重与航空公司的合作，成为德国汉莎航空股份公司的主场基地，也是星空联盟在欧洲最大的枢纽机场。目前，星空联盟成员为法兰克福机场提供了 2/3 以上的客源。法兰克福机场能实现与基地航空公司的合作共赢主要有两方面原因：一方面，机场会派专门部门去倾听航空公司的意见和建议，并向对方提供深度的市场分析报告，以保持发展步调一致；另一方面，机场注重帮助新生力量开拓市场，如寻找地区代理人和旅行社、打广告、提高飞机日利用率等。2010 年，入驻法兰克福机场的航空公司达到 112 家，航线覆盖了 106 个国家和地区的 266 个城市。[①] ③扩大腹地市场，发展"空铁联运"系统。1972 年法兰克福机场在修建 1 号航站楼时，将铁路引入了机场，成为全球第一家实现直达铁路运输服务的机场。在完善交通体系的同时，法兰克福机场还注重提供空铁联程服务，在机场附近的远程火车站里提供乘机办票柜台和行李输送系统。此外，机场通过航空公司实现了与德国铁路系统的代码共享，方便旅客购买空铁联程票。有统计数据显示，法兰克福机场中约有一半的旅客是通过铁路交通进入机场的。目前，法兰克福机场的服务半径达到 200 千米，覆盖 3800 万人口，是欧洲辐射人口数最多的机场。这都得益于其对"空铁联运"系统的打造。[②] ④加强基础建设，提升机场容量。为了在未来依然保持枢纽地位，法兰克福机场不断提升机场容量。机场投入 70 亿欧元进行第四跑道扩建，机场容量提升了近一半，达到每小时起降 126 架次。同时，3 号航站楼将于 2016 年建成，届时可增加 2500 万人次的旅客容量。不断提升的机场容量是法兰克福机场成为国际枢纽机场的重要条件。⑤强化地面管理，打造机场服务品牌。法兰克福机场的地面服务部门是世界上最大的地面服务提供商，其地面服务也是机场业务收入的主要部分。机场地面服务主要包括对旅客、货运等业务的服务。法兰克福机场地面服务的基本理念就是"45 分钟转机"，这也是法兰克福机场地面服务的核心竞争

---

① 黄晨、王泓、光琪凝等的《法兰克福机场：欧洲枢纽地位当仁不让》文章。
② 张建民，杨子敬. 法兰克福机场地面服务的管理经验及其对中国的启示 [J]. 经济研究导刊，2010（25）：197-199.

力。凭借自身的核心竞争力与运营经验，目前法兰克福机场的地面服务范围涵盖了 200 多条航线。

（3）基地航空公司主导机场发展是法兰克福机场发展的核心动力。法兰克福机场从加强基础设施建设、提高服务水平、提高机场容量等各个方面入手打造国际枢纽机场。其中，基地航空公司主导机场发展是其提升国际枢纽机场地位的核心动力。作为德国汉莎航空股份公司、星空联盟的重要基地，法兰克福机场拥有高质量的航班群，一方面提升了机场的航空服务能力；另一方面扩大了机场的航空服务覆盖范围。这既是法兰克福机场作为国际枢纽机场的核心竞争力，也是法兰克福机场成为欧洲重要中转枢纽的重要保证。同时，在德国汉莎航空股份公司推动下，法兰克福机场成为欧洲唯一推动空铁联运服务的机场，这不仅扩大了机场的辐射范围，也为机场成为国际枢纽机场奠定了坚实的基础。

2. 英国伦敦希思罗机场：以机场发展引领航空经济园区发展

（1）伦敦希思罗机场概况。伦敦希思罗机场距离市区 24 千米，20 世纪 40 年代投入使用，面积大约 12 平方千米，拥有 2 条跑道和 5 个航站楼。伦敦希思罗机场是英国最主要的国际枢纽机场，是整个欧洲空中交通的中心，也是全世界繁忙的机场之一。

（2）伦敦希思罗机场发展实践。伦敦希思罗机场由英国机场管理公司（BAA）负责营运。伦敦希思罗机场凭借众多的基地航空成为全英国最繁忙的机场，以其特有的机场运营模式带动了航空经济区发展，为国际枢纽机场打造航空经济区提供了重要的经验。伦敦希思罗机场发展有四个特点：①众多航空公司总部入驻促进了航空资源聚集。作为英国最重要的国际枢纽机场，英国的大型航空公司，包括英国航空公司、英国米特兰航空公司、大不列颠航空公司等公司的总部都入驻于伦敦希思罗机场，这是该机场成为英国最繁忙的机场、成为整个欧洲空中交通中心的重要原因。目前入驻伦敦希思罗机场的航空公司达90 家，航线覆盖了全球 170 余个机场。2012 年，伦敦希思罗机场旅客吞吐量达 7005 万人次，客流量在全球机场中位列第三。②完善的服务体系提升了机场服务水平。在完善机场服务体系方面，伦敦希思罗机场着重于设置人性化的服务设施，加强与乘客交流，提升乘客满意度。例如，合理设置退税柜台，提升退税服务效率。因为伦敦希思罗机场国际乘客较多，机场在航站楼设置两个退税柜台，在办理行李托运之前与安检之后，分流乘客，减少排队，从而合理利用机场空间，提升退税服务的效率。合理设置指引路标与问讯台，提升机场服务水平。同时，设置了很多人性化的有偿服务设施。在此基础上，建立以用户为核心的机场网上门户，每年对乘客进行满意度调查，以完善的信息反馈系统改进机场服务。③通过与公共交通无缝对接形成了完善的交通体系。在与公共交通的对接方面，伦敦希思罗机场实现了与地铁、火车、汽车等公共交通的无缝对接，可以实现直达市区。同时，伦敦希思罗机场在停车问题上采取了短期、商务和长期停车三种方式进行分类管理，方便乘客自驾出行。④以商务服务引领航空经济园区发展。从机场商业发展来看，英国机场管理公司抓住伦敦希思罗机场国际乘客多的特征，以免税商品价低的优势积极发展机场商业，实现了航空旅行与地面购物的完美结合。从航空经济区发展来看，伦敦希思罗机场6～10 千米航空经济区城镇间职能分工明确，各具特色，形成错位竞争局面。如伦敦列雷丁地段已成为英国的硅谷，是电子、计算机和半导体行业的科研和发展中心；史脱克里园商务区离机场仅有1.6千米，拥有高尔夫球场等一系列设施，可为各种规模的公司提供优质服务，是欧洲最成功的商务场所。[①]

（3）伦敦希思罗机场经济圈围绕商务中心功能进行合理的产业布局。从伦敦希思罗机场经济圈的发展可以看出，国际枢纽机场不仅具有交通枢纽功能，还显现出经济发展、实现就业等功能。要实现这种功能，机场与区域协同发展、合理布局航空经济是重要条件。伦敦希思罗机场注重从基地航空公司、机场服务体系、机场交通体系等方面入手打造国际枢纽机场，并以机场为中心，建立航空经济园区。其在航空经济园区发展方面最突出的做法是，围绕商务中心功能，结合航空经济园区各个城镇的特色，进行合理的产业布局，形成了机场与各个城镇协同发展的航空经济格局。

3. 法国巴黎戴高乐国际机场：与基地航空协同推进国际枢纽机场建设

（1）巴黎戴高乐国际机场概况。巴黎戴高乐国际机场即巴黎夏尔·戴高乐国际机场，距离巴黎市23千米，机场内设有9个航站楼，是全球第二大航空公司法国航空公司的总部，是法国主要的国际机场和欧洲重要的航空枢纽站，是欧洲第二大中转平台，仅次于伦敦希思罗机场，是世界重要的枢纽机场之一。

（2）巴黎戴高乐国际机场发展的实践。巴黎戴高乐国际机场现由巴黎机场集团运营。2011年，巴黎戴高乐国际机场以6100万人次的客运量排名欧洲第二位、世界第七位。对巴黎戴高乐国际机场快速发展影响最大的因素就是机场的合理规划，而这也是打造国际枢纽机场的重点内容：①机场容量规划突出长远性。巴黎机场集团对巴黎戴高乐国际机场航站楼的建设制定了长期规划，以5年为一阶段，划分了三个发展阶段，分阶段建设新的卫星厅与航站楼，提高机场容量，于2020年达到1.3亿人次的年吞吐量。②机场交通规划突出全局性。巴黎机场集团对巴黎戴高乐国际机场公共区交通的规划工作体现出长期性和全局性。机场通过旅客捷运系统、摆渡巴士等交通方式为旅客提供便利的中转服务。同时，机场交通规划通过公路、轻轨、铁路联合形成立体交通体系，有效提高了机场的服务辐射半径。全局性的交通规划形成了机场的合理布局，为巴黎戴高乐国际机场成为国际枢纽机场奠定了重要的基础。③机场设施规划突出高效性。巴黎戴高乐国际机场在机场设施的建设利用方面注重成本控制与效率提升，并着力降低运行成本。巴黎戴高乐国际机场拥有7个出入境现场和安检现场，为减少在联检现场的人力投入，机场以外包的形式雇佣服务人员维持现场秩序并解决各种问题，有效提升了旅客通关与中转的速度，实现了人力成本的控制与服务效率的提升。

（3）合理规划提升巴黎戴高乐国际机场的综合竞争力。机场的高效运营和管理必须基于机场合理的规划。巴黎戴高乐国际机场在机场容量规划方面突出了长期性，发展方向与发展步骤清晰，并注重结合不同阶段的发展特征对机场容量进行相应的调整，以适应机场的发展形势与市场变化，为机场未来的发展预留了广阔的空间。在交通规划方面突出了

---

① 王涛．英国希思罗机场：探索精益管理［N］．经济日报，2008-07-30（15）．

全局性，从铁路、轻轨、高速公路到中转交通系统，考虑得非常全面。在机场设施建设方面，从规划环节开始就强调高效便捷，并力图降低运行成本。巴黎戴高乐国际机场的发展真正体现了规划对于机场发展的重要性。

4. 荷兰阿姆斯特丹史基浦机场：卓越规划成就航空都市城

（1）阿姆斯特丹史基浦机场概况。阿姆斯特丹是荷兰的首都，也是荷兰最大的城市和第二大港口。阿姆斯特丹史基浦机场因地处阿姆斯特丹而得名，也叫阿姆斯特丹国际机场。阿姆斯特丹史基浦机场的一个突出特点是距离市中心比较近。目前，已与全世界91个国家和地区的260个目的地建立了直航。阿姆斯特丹史基浦机场的旅客吞吐量在欧洲的机场中位居前列。2011年的数据显示，其旅客吞吐量达到4975万人次，在欧洲排名第四位，在全世界排名第14位。

（2）阿姆斯特丹史基浦机场发展的实践：①针对阿姆斯特丹史基浦机场这个国际枢纽机场的区位特征，荷兰政府实施了"海港+空港"双轮驱动的发展战略，推动了航空经济的发展。②预留空间促进航空经济区持续发展。在阿姆斯特丹史基浦机场扩建过程中，荷兰政府从国家战略的高度，针对机场地区的特殊性，给予了独立而完整的规划。机场周围用地预留充足，为其可持续发展提供了更多的空间。阿姆斯特丹史基浦机场靠近出海运河，连接高速公路，广场下面是地铁车站，乘地铁可直达连接欧洲铁路网的阿姆斯特丹中心火车站。借助立体化的快捷交通网，阿姆斯特丹将机场和几十千米外的其他城市，以及附属的商业办公设施、港口等连接在一起，形成强大的腹地辐射能力。③明确定位促进航空经济区可持续发展。在不同时期，阿姆斯特丹史基浦机场的发展定位也有所不同，经历了一个不断调整的过程。最初，荷兰政府以"航空城"对航空经济区进行了发展定位，之后为了应对市场的变化，政府采取了"动态调整"策略，提出"海港+空港"双轮驱动战略，不断完善区域规划，推动航空经济区的可持续发展。④发展产业促进航空经济区可持续发展。阿姆斯特丹依托机场发展，加快形成高端产业园区，推动航空经济产业结构优化，打造机场与荷兰第二大海港——阿姆斯特丹港联动的发展模式，在提升机场空间辐射带动能力的同时，加速优势资源在城市的集聚与配置。目前，多家企业将总部设在了机场附近，这些企业为经济区域乃至荷兰整体经济做出了独特的贡献。

（3）阿姆斯特丹史基浦机场"海港+空港"双轮驱动推动航空经济发展。阿姆斯特丹是荷兰最大的城市和第二大港口，这是阿姆斯特丹史基浦机场在推动航空经济发展方面得天独厚的优势。在发展过程中，荷兰政府注重海港和空港结合发展，对机场进行动态规划，在机场用地、交通网络建设等方面充分考虑了与海港的互动发展，为将阿姆斯特丹史基浦机场打造成国际枢纽机场奠定了良好的基础。同时，推动空港与海港的产业对接，发展航空经济，使其成为区域经济发展的重要引擎。

（四）欧洲各国战略性贸易政策

战略性贸易理论一个显著的特征是政府与企业共谋，形成一个特殊的利益共同体。战略性贸易政策，主要表现为政府实行干预主义的出口鼓励政策，以帮助本国企业扩大出口、争夺市场份额及提高国际竞争力。

（1）按照传统的国际贸易理论，自由贸易是实现国际经济利益最大化的途径。然而，垄断行业是一个例外。民机产业由于科技含量高、投资巨大，一般资本根本无法进入。一旦先行者获得领先地位，后来者的进入成本将会迅速上升，先行者就可以确立垄断地位，获得巨大的垄断收益。在空中客车的成立之初，大型客机市场基本上由波音麦道等美国少数几家公司所垄断，它们每一方都有影响价格的能力，一方的行动都会影响另一方的行为。作为后进入市场的挑战者，空中客车面临着巨大的成本壁垒，为了生存下来，必须以更低的成本来为所生产的飞机定价，以保证其市场的竞争力。

（2）通过提高生产率来不断降低成本，使得企业能够占据更多的市场份额，对于高技术壁垒、高研发成本和生产周期漫长的民机产业来说是很困难的。因此，欧盟对空中客车采用战略贸易政策来对民机产业进行保护，具体表现为：从诞生之日起，空中客车就以政府对航空工业贷款的形式接受政府直接给予的津贴，这些贷款的利率低于市场利率，还可以根据企业的盈利状况来决定是否偿还，债务谅解是经常发生的，这在自由竞争的市场上是绝不会发生的。

（3）欧盟除了直接为空中客车提供津贴以外，还提供了出口信贷，并在制造过程和销售等方面提供帮助，这些战略性政策帮助空中客车获得市场竞争力。例如，在20世纪80年代，欧盟为了空中客车利益而实行政治干预，不惜代价地以低价销售；承诺为伊朗建造核电站以换取伊朗订单；向顾客施加政治压力以迫使其购买空中客车飞机。再如，由于欧盟采取的一些鼓励政策，绝大多数欧洲的航空公司都倾向于购买空中客车的客机。政府通过战略性贸易政策对空中客车加以保护与扶持，帮助空中客车扩大出口、争夺市场份额及提高国际竞争力，使得它不断发展壮大。

（五）欧洲各国技术领先政策

随着全球贸易自由化的不断发展，国际贸易中的关税壁垒大幅度降低，配额与许可证等非关税壁垒的作用范围也迅速缩小。贸易保护主义中的技术性贸易壁垒成为发达国家巩固其领先地位的最有力手段。这就要求企业不断地进行技术创新，构筑企业的核心技术竞争优势，使企业在产业中保持技术领先地位，这对于民机这样一个技术密集度很高的产业来说尤其如此。

通用性是空中客车新一代喷气机的独到之处，它从电传操纵技术发展而来，从真正意义上实现了相同的驾驶舱、系统和相似的操纵特性。其优势体现在缩短飞行员和工程师从一种机型换到另一种机型的培训时间，还可以通过改进维修程序和减少备件库存来节约成本，并为排班计划人员提供了前所未有的灵活性。同时，也为飞行员执行从短程到超远程的多样化航线提供了可能。交叉驾驶资格（CCQ）也是空中客车发展的独特概念，有了它，飞行员从一种电传操纵系列的飞机到另一种机型，只需通过差异训练就可以了。

空中客车最新项目A380飞机的经济性和环境目标推动了新一轮的技术创新，其中包括更大范围地采用复合材料，改善复合材料的制作技术，以及采用GLARE制造飞机机体的上层蒙皮，这些都大大地提高了飞机的性能。

（六）欧洲航空经济发展政策支持对我国航空经济发展的启示

欧洲各国所采取的战略贸易政策保护以及政府的大力支持，使得欧洲的航空经济发展取得了巨大成功，这对我国航空经济发展具有现实的借鉴意义。

1. 政府应加大对民机产业的扶持力度

第一，我国政府应该从战略上把发展民机产业作为一项十分重大的战略举措来看待，应该借鉴欧洲在 2003 年开始的"第六框架计划"中把民用航空产业作为重要的发展领域的做法，把发展民机产业纳入国家创新体系，重点扶持、优先发展，大飞机项目就是一个高起点的开始。

第二，从行动上应该制定出坚定的、连续的和长远的发展政策。在空中客车最初不盈利的 25 年当中，欧盟一如既往地对其进行大力支持的经历告诉我们，对于资金回收周期长，但具有重大战略意义的民机产业，需要政府制定出长远的规划，在高层达成共识，确定发展方针，避免出现以往的反复和徘徊。中国民用航空产业的振兴，绝不仅是中国航空工业企业的责任，发展民用航空产业牵涉多个行业，需要集中各方面科研力量协同攻关。

第三，我国飞机制造业尚处于幼稚期，需要在制造、引进、合作、市场优惠、市场保护等方面制定统一性和连续性的政策。政府要提供政策保护，为在商业资本推动下的民族航空制造业占领足够的市场提供保证。

2. 实施有效的产业组织政策

欧洲民机产业的先天不足是国家多、企业多（在 20 世纪 50 年代，每个主要的欧洲国家至少拥有一家民用喷气飞机制造厂，仅英国就有 11 家飞机制造公司）、单家企业规模小，欧洲为了能够与美国的民机产业一争高下，各的政府、企业进行了包括购并在内的多种尝试。欧洲各国通过跨国兼并组建了空中客车，欧洲宇航防务集团整合了 9 个国家的航空、航天产业。通过这些兼并使得欧洲真正地实现了协作式发展，这是欧洲民机产业取得重大成功的关键因素。我国民机产业的发展受到历史、政治等因素的制约和影响，形成了今天的布局。集中力量将科研、设计、试验、生产、销售、服务有机地形成一个整体，实现大联合，建立具有当代水平的民用航空企业是发展民机产业的根本。

3. 实施航空产业发展技术支持政策

欧洲在发展民机产业的过程中，在技术创新上始终走在世界前列，其典型代表空中客车把技术的不断创新作为其生存制胜的重要法宝之一。

我国过去往往把技术发展路线的注意力更多地放在转包生产和国际合作上，如 20 世纪八九十年代通过转包生产与麦道公司合作生产干线飞机，但我国的转包生产大部分只是局部制造而已，往往涉及的只是劳动密集型领域，或者是技术含量不高的领域，根本不可能涉及核心的技术领域。如果局限于这种模式，我国的民机产业就只是在从事低端的生产活动，只能为别人加工零部件，不可能形成自己的技术优势，也不会拥有属于自己的先进产品，发展民机产业也只能是纸上谈兵。所以，通过国际合作和与国外民机制造业开展联合开发等方式不断增加技术储备，但根本上还要靠自主研发创新。

4. 打造国际枢纽机场要注重建立合理布局的航空经济园区

国际枢纽机场需要有相应的服务园区，航空经济园区则是满足国际枢纽机场服务需求的重要腹地。因此，在打造国际枢纽机场的过程中，要注重结合机场的功能定位与特色，建立与其功能相匹配的航空经济园区，合理规划园区的产业结构和功能布局，为机场提供必要的服务，形成机场引领航空经济园区发展、航空经济园区服务于国际枢纽机场建设的局面。

## 三、日本航空经济发展政策

日本航空港建设和航空产业是日本航空经济的重要组成部分。日本的成田国际机场是世界著名的现代枢纽。1970 年，日本政府将航空工业列为三大战略产业（航空、核能、信息）之一，视为能推动经济大面积发展的知识密集型支柱产业。20 世纪 80 年代日本航空工业被定为新兴产业之一。1996 年航空航天领域被确定为 14 个新经济增长领域之一，其也是 1999 年确定的 16 个高速增长的技术领域之一。

（一）日本成田国际机场：宽松政策推动国际枢纽港建设

1. 成田国际机场概况

东京成田国际机场位于日本关东地区，坐落于距东京市区 68 千米的千叶县成田市，是日本最大的国际航空港。东京成田国际机场年旅客吞吐量居日本第二位（第一位是羽田机场），货运吞吐量居日本第一位、全球第三位，是整个亚洲的航空枢纽，也是日本航空公司和全日空航空公司的总部所在地。成田空港是日本航空公司、全日空航空公司、美国联合航空公司、美国西北航空公司的亚洲枢纽港。

2. 成田国际机场发展实践

成田国际机场快速发展成为亚洲的航空枢纽，其主要原因是近年来日本政府推行的一系列宽松政策与相关规划的引导，为成田国际机场建设发展成为国际枢纽机场提供了重要机遇与发展动力。

政策之一：天空开放协议。日本与美国、东盟国家以及欧洲签订了天空开放协议，并于 2013 年 3 月在日本成田国际机场开始生效。根据这个协议，航空公司可以在成田国际机场自由地新开航线和增加航班量。目前，三大航空联盟，即星空联盟、天合联盟、寰宇一家，都将成田机场作为亚太航班运营的枢纽，投入相对平衡的航班量。

政策之二：财年中期计划。成田机场集团制订了一个三个财年中期计划（2013～2015年）。该计划确定，成田国际机场将在 2014 年把每年的飞机运转量从 27 万增加到 30 万，进一步提升机场的竞争力和鼓励更多的航空公司增加航班运营数量。

政策之三：绿色生态规划。成田国际机场于 2005 年制定了《生态机场总体规划》，并成立了"生态机场规划与开发委员会"。在航空经济区的发展过程中，成田国际机场以《生态机场总体规划》为指引，打造具有节约型、环保型、科技型、人性化等特征的生态机场航空经济，生态机场的独有特性带动了相关产业的飞速发展，也带动了航空经济的快速发展，实现了机场与区域的协同发展、可持续发展。

3. 政策与规划导向为成田国际机场打造国际枢纽机场提供重要保障

国家层面的政策支持与规划引导是国际枢纽机场建设最强劲的动力。成田国际机场的发展得益于天空开放政策的推动与规划引导，天空开放政策与三个财年中期计划的实行大大提升了机场的竞争力，生态机场总体规划的引导则促进了机场航空经济的快速发展。

当然，不只是日本成田国际机场，其他大型机场基于各种法规的约束，对于节能与环境保护十分重视。例如在智能建筑与节能方面，三井物产在羽田机场的国际线货运航站大楼的整个楼顶上设置了输出功率达到 2000 千瓦的太阳能发电面板，每年可减排二氧化碳 700 吨。

（二）对民机型号投资或直接给予资金支持

日本在研制 YS-11 支线飞机时，政府拥有项目主体——日本飞机制造公司（NAMC）55% 的股份。日本政府在其开发阶段出资 42 亿日元，占资本金的 54%；在其生产、销售阶段，除在公司融资、债券发行时给予政府担保外，没有直接资金资助；项目失败后，政府承担损失达 71 亿日元。继 YS-11 支线飞机之后，在波音 767 项目上，日本政府在调查研究阶段资助资本金的 75%，在开发阶段资助资本金的 52%，共计资助了 160 亿日元，政府的开发补助附有盈利后偿还的条件。此外，日本通产省 1994 年为酝酿中的 YSX 支线飞机的预算投入达 16 亿日元。①

（三）有效的航空产业技术政策

航空技术对日本国民经济的带动作用很大，根据自 1970 年以来 30 年的数据，技术带动效应所产生的金额达 7913.84 亿美元，是日本航空工业生产产值的 9.2 倍。在日本航空经济发展过程中，航空产业技术政策扶持的特点明显。

"冷战"时期制定的相关方针政策多数是针对军用航空产业的，所以下文主要讨论"冷战"之后针对民用航空产业发展的政策。

1. 加强政府对发展科学技术和技术产业化的宏观调控

（1）政策支持。日本政府通过制定政策、法规引导和推动技术产业化。1994 年制定了"产业科学技术研究开发方针要点"，确定将新材料、生物工程、电子、信息、通信、机械、航空、空间等 13 个技术领域作为重点开发方向。1995 年日本政府将 1980 年的"技术立国"提升为"科学技术创新立国"，并且颁布了《科学技术基本法》。1996 年 6 月制订了《科学技术基本计划》。当时的通产省确定信息通信、新制造技术、商务支持系统、生物技术、航空航天产业、新能源与节能等 14 个领域为"新经济增长领域"。

之后，日本政府推出了《新业务创新促进法》《产业活力再造特别措施法》《产业再造计划》《宇宙开发计划》《信息通信政策大纲》等一系列促进科学技术和产业发展的法规和政策。在加强独创性技术开发的基础上，重点发展生物、信息、材料、能源、电子、航空航天、环保等 16 个高速增长的技术领域。航空工业被定为面向 21 世纪具有牵引车作用的产业。新《科学技术基本计划》的重点领域是生命科学领域、信息通信领域、环境

---

① 孟培. 日本临空经济发展的经验与借鉴［J］. 商业文化，2011（6）：157.

保护领域、纳米技术与材料领域，此外还有与社会发展密切相关的能源领域、制造技术领域、社会基础领域（含民用运输机）和前沿技术领域。这些领域的技术研究和储备为日本军用技术，特别是军用航空技术的发展奠定了坚实的基础。[①]

（2）经济扶持。日本政府采用信贷、税收优惠和政府补贴等政策，鼓励和扶持技术产业化。对投资期限长、风险大的高技术项目，如基础研究、战略技术研究，日本政府补贴金额为项目费用的 1/1、2/3 或 1/2，还分担研究开发费用。日本政府支持和资助企业研究开发以民用飞机、传感器相关技术为主体的民用尖端技术。

（3）改革科研体制。日本政府出面组织、协调"官产学"联合行动，集中人力、财力和物力联合攻关，加快高新技术产业化，这已被证明是一条高效的研究发展模式。日本的超大规模集成电路、深海探测船、运载火箭、航天飞机等都是"官产学"联合研究开发的成果。

2. 鼓励民间企业发挥主力军作用

（1）鼓励企业加大研究开发投资力度。

（2）鼓励企业广泛应用高新技术，鼓励国家研究机关、民间企业、大学积极合作，共同进行研究开发工作。

（3）引导和鼓励企业开发利用外国科技成果，民用飞机、汽车、电子等产业都是借助引进的航空技术发展起来的。

3. 增强研究开发的综合能力

（1）加强基础研究、应用研究和开发研究的协调发展。

（2）加强科技投入和战略性技术研究开发，首先是增加政府对科学技术的投入；其次是重点研究开发能够带动经济发展的战略性技术，以保障持续发展和增强国际竞争力。

（四）边远地区航空的支持

航空公司经营的地区性短航线，有的能够盈利，有的则是亏损。随着航空运输政策的变化，盈利的航线加入了多家公司，亏损的航线则没有公司经营，这正是政府需要解决的事情。2000 年日本修改民航法后，对于不通铁路、公路的地区，国家对经营至这些地区航线的航空公司予以补贴。如航空公司起降费、飞机的资产税、航空油料税等都有所减免，同时对航空公司购买航空器材给予补贴。

（五）日本航空经济发展政策对我国航空经济发展的启示

1. 日本从 20 世纪 90 年代开始逐步对航空运输实行放松管制的政策

航线准入、航空运价基本上是航空公司根据市场状况自主决定的，但政府主管部门也并非放任不管。航空公司不能随意退出航线，航空公司确定的价格在执行前必须报政府主管部门备案，这样做有利于加强市场监管和保护消费者的合法权益。

2. 政府"看得见的手"积极介入地区航空发展

为了弥补市场失灵，日本政府在充分发挥市场"看不见的手"作用的同时，政府

---

① 孟培. 日本临空经济发展的经验与借鉴 [J]. 商业文化，2011（6）：157.

"看得见的手"也积极介入边远地区航空运输的发展，保障边远地区获得基本的航空运输服务。其采取直接补贴、税收和费用的减免为经营这些航线的航空公司创造较好的市场环境，这值得我们发展支线航空运输时借鉴。

3. 把经营许可管理的诸多问题纳入法律规范的层次

日本的航空法对设立航空公司的经济和安全方面的条件以及审批的程序都有比较明确和具体的规定。也就是说，有关经营许可管理的诸多问题都被纳入法律规范的范围内。这样做有利于增强航空公司经营许可条件及程序的权威性、严肃性。借鉴日本的这些做法，建议我国在修改民航法时，尽量扩充航空公司设立条件和审批程序的内容，使之更具有指导性和可操作性。

4. 机场定位准确、功能明确

日本的机场和航空公司的定位比较准确，机场基本上是经营管理型的，没有地面代理服务企业，不经营属于航空公司的业务。这样做有利于机场和航空公司各司其职、公平竞争。这对于我国理顺机场和航空公司的关系、实现机场由经营型向管理型的转变有借鉴作用。

## 四、澳大利亚航空经济发展政策

澳大利亚历届政府对航空经济发展都采取同样的态度，在放松管制的环境中政府的角色就是给航空经济发展以有力的支持。

与干线航空运输相比，澳大利亚支线运输的增长要慢得多，甚至为负。从支线运输量上来看，1984~2005 年支线与都市区之间航线的年均收益增长率为 5.9%，而支线与支线之间航线的年均收益增长率为负值（-1.5%）。高密度航线年均收益增长率为 7.9%，而其他支线与都市区航线的年均收益增长率为 4.2%。从支线机场数量上看，支线机场数目从 2005 年开始下降，从 2006 年的 154 个下降到 2007 年的 141 个，在对支线的四个分类（内部支线、外部支线、偏远支线和非常偏僻支线）中，各个类型的支线机场的数目都在下降；在非常偏僻的支线中，所有（55 个）机场都失去了航空服务功能；在偏僻支线中，在过去的 22 年里，机场数量减少了一半。从支线航空公司的数量上看，从事支线航空运输服务的航空公司数量同样也在减少，1984~1991 年，有 3 家公司亏损；1991~1998 年，有 3 家公司亏损倒闭；1998~2005 年，有 13 家公司亏损倒闭；2006 年，只有 28 家支线航空公司。另外，支线航空公司所经营的航线密度、航线长度等相关参数水平同样在逐年降低。[①]

可见，澳大利亚地区航空公司的市场逐渐变小。原因主要是居民收入水平相对较低、偏远地区的人口逐步移居到大城市、航空运输基础设施老化等。人们更愿意自驾车到大机场乘坐飞机，而不愿从小机场乘坐飞机到大机场。但是，对于位置偏远，地面交通设施匮乏的地区来说，运输一些特殊的货物和商品，航空运输就成为必然。为此，澳大利亚政府

① 任新惠，刘震. 澳大利亚支线航空补贴政策以及对我国的启示 [J]. 空运商务，2010 (6)：43-48.

对支线特别是偏远地区的航空产业实行扶持政策。

澳大利亚政府对区域性和偏远的社区支线航空发展的扶持项目包括偏远航空服务补贴 (The Remote Air Services Subsidy，RASS) 计划、航路收费计划、远程机场安全计划（Remote Aerodrome Safety Program，RASP）。

（一）偏远航空服务补贴（RASS）计划

该计划旨在为在澳大利亚边远地区和偏远地区提供每周定期的旅客和货物运输（如教育材料、药品、新鲜食品和其他紧急物资）。由于距离遥远，进入这些地区的道路会由于雨季而停止，所以定期航空服务全年提供了可靠的、唯一的运输工具。航空运营商与澳大利亚政府达成协议，RASS 救助是直接发给运营商的。每月支付补贴额度是预计的运营收入减预计的运营支出的不足部分，以及根据协议每年给予 5% 的利润来计算。航空运营商在规定的区域开展固定的航空服务。澳大利亚邮政也会与几家 RASS 协会的航空经营商商洽，以运送邮件。运营商通过竞争性的公开竞价来获得运营权利，每两年为一个服务周期。

为了加入 RASS 计划，社区必须符合一定的资格标准。财政承受的能力使该计划每年的预算只能资助有限的社区。要想申请 RASS 的资助，社区必须满足两个基本要求：一是必须有稳定的航空运输服务需要；二是社区离大都市的距离遥远。

除上述的条件外，如果该社区有自费的定期航班，社区也有资格获得 RASS 计划的救济服务，但前提条件是社区必须证明自费航班服务的成本远远高于在 RASS 资助下获得同等服务的成本水平，因此社区必须提供成本分析数据。

实行 RASS 计划是依据澳大利亚统计局的分类标准来划分的。判断社区位于边远地区还是更边远的地区，其标准是以社区为中心，要想到达能够提供必要的货物和服务的地区，单程是否超出两小时，如果超出两小时即为更边远的地区。只要到达另一社区单程超出一小时，都有资格获得 RASS 救济协会的帮助或类似的扶持项目。

目前，RASS 计划已经资助了 239 个偏远和孤立的社区航班，这些航班负责乘客、货物、药品、生鲜食品、教材以及邮件等的运输。假如没有资助，这些地区将失去定期航班服务。

RASS 计划的经费由澳大利亚联邦政府提供，由基础设施、运输区域发展和地方政府部门负责管理。近年来政府已经增加了对 RASS 计划的开支，从 2007~2008 年的 440 万美元提高到 2008~2009 年的 1170 万美元。

（二）澳大利亚航空服务的航路收费计划

航路收费计划实施是为了确保安捷航空公司倒闭后由安捷航空公司及其分支机构经营的区域航线服务不中断。根据该计划安排，将起飞重量在 15 吨以内机型的航线导航费退还经营者。在西澳大利亚州，若航线只有一个的经营者，其航空公司所用的 15~21 吨之间的飞机也可退费。这些航空公司载客每年超过 250 万人次，连接澳大利亚偏远地区和主要城市。

澳大利亚政府决定，该计划将继续在现有水平上持续四年，在这个时期将使用 2400

万美元。为了控制这些成本开支，该补贴只限于现有的航班和航线。这一决定是为了使现有航空公司引进更多的服务，同时控制成本。

（三）澳大利亚政府的其他援助

1. 国家远程机场安全计划（RASP）

澳大利亚政府在2007年7月1日开始一个周期为4年总量为2000万美元的拨款，与州和当地机场运营商合作，设立RASP计划。该计划旨在协助偏远地区的简易机场升级，以改善它们的安全性和便捷性，并协助提供非商业性质的航空服务。通过与州和地方政府合作，该项目可对偏远机场的安全工程、关键基础设施进行投资。

2. 消费税收入的重新分配

通过消费税收入的重新分配对某些州和地区提供不附带条件的援助。澳大利亚政府已承诺给予150个澳大利亚支线机场3600万美元资金用于加强基本的安全设施建设维护，如路标、照明、报警系统和访问控制等设施。

3. 偏远机场检查计划

偏远机场检查计划向依赖于航空服务的澳大利亚北部地区提供了机场安全检查服务和技术咨询。通常这种类型的机场是由该机场的拥有者或经营者负责，并且难以提供专业的技术服务。如果在这些机场经营的航空公司的利润低于合同规定的水平以下，那么则由政府对这些航空公司进行补贴。该计划需要定期审查，并通过公开招标来确定航空公司。

4. 州政府对支线航空的支持

一些州政府以某种形式向航空产业提供援助——直接补贴、限制低密度航线的竞争、为机场维护和升级提供资金支持。

西澳大利亚州：随着安捷航空公司倒闭，西澳大利亚州政府解除了一些原本被管制的航线，以确保某些偏远社区的航线能继续运营。西澳大利亚州目前有两个管制航线网络（沿海和北部金矿区），并授权给航空公司经营，规定其航线在拥有一定数量的乘客时可向第二方运营商开放。两个进出布鲁姆和金伯利地区的管制路线直接获得补贴资助。2008年3月，西澳大利亚州政府公布了州内服务的总结报告，其中包括现行政策制度的持续效力。

南澳大利亚州：该地区的航空主管部长有权申报单个或多个州内所有航空公司的航线路线。目前有两条航线已经确定（阿德莱德至库伯佩迪以及阿德莱德至奥古斯塔港），并将许可证发放给了一家运营商。

昆士兰州：航空市场的准入限制适用于某些偏远的路线。这些路线以公开招标和专属服务合同的方式确定航空公司。2005年7月，州政府将5年的航空服务合同交给澳大利亚航空公司，用以提供10个农村和偏远地区航空服务。与此同时，这些合同的有效期延长了五年，昆士兰州政府每年投资480万美元用以保持航线持续运行和低廉的票价。

新南威尔士州：新南威尔士州政府通过限制低密度航线竞争的基础上，规定限制州内航线。这些规定适用于年客运量小于5万人次的航线。州政府以竞争性申请的方式确定经营这些航线的航空公司并发放有效期为5年的运营许可证。除此之外，州政府放松对高密度路线的管制，允许公开竞争。据新南威尔士州政府解释，这些安排能使高密度路线增加经营竞争力，而低密度的航线受到保护，以提供更加稳定的航空服务环境，鼓励了航线的发展。

澳大利亚政府对支线航空的补贴具有针对性，对不同机场有着不同的补贴额度，而且补贴标准制定较为明确。政府特别注重对偏远地区航线的扶持，并实行一线一证的模式，在维持了基本航空服务的同时，有力地保证了航空公司的利益。澳大利亚支线航空政策体系比较完整，不仅联邦政府有相应的政策，各地方政府同样依据自身实际制定了相应的扶持措施。

（四）澳大利亚航空经济发展政策对我国航空经济发展的启示

以发达国家支线航空发展规律可以发现，政府是支线发展必不可少的后盾，政府相关政策的支持，不仅为支线发展创造良好的发展环境，更重要的是为其发展提供有力的资金保障。分析澳大利亚支线航空发展现状及其政策体系，可以对我国支线航空发展提供诸多启示。

1. 加强宏观调控

机场具有准公共产品属性，这决定了机场是地区交通中必不可少的基础设施，为了保证地区交通体系的完整性，国家必须运用宏观调控手段，保证支线机场的持续运营。

2. 财政政策的适当倾斜

2002 年以来，我国机场进行了有条不紊的属地化改革，在取得成绩的同时，同样暴露出了一些问题，如地方财政不足以支撑机场正常运营等。对于这些地区，中央财政补贴力度应适当倾斜，以保证机场的正常运营。

3. 完善补贴体系

建立健全机场补贴标准体系，按照机场的地理位置、地区经济情况、机场客源、机场实际收入等不同参数因素综合考虑并对机场分类，依据不同规模等级的机场设立不同的补贴额度。在对各个机场进行补贴的同时，应兼顾补贴实施措施的优先次序，对偏远的、规模小的机场重点优先实施补贴。

4. 拓宽融资渠道

财政支出不足是制约机场补贴力度的最大障碍，为此进一步拓宽融资渠道，保证支线补贴政策的持续性。在不威胁航空经济公共产品属性的前提下，积极吸引私人乃至外国资本的投入，使之成为补贴资本源，在横向上拓宽补贴资本源。

5. 建立多层次的补贴体系

纵向延伸机场补贴体系，中央政府和地方政府共同支持机场运营的持续性。中央政府和地方政府在补贴比例上应适当灵活放宽，在经济相对较好的地区中央政府补贴比例可以低一些，以集中有限资金补贴经济欠发达地区支线航空经营主体。

6. 增加补贴对象

大力扶持支线航空的发展不仅局限于对支线机场的补贴，为了能够吸引航空公司经营利润较小的航线，必须对支线航空公司进行补贴，并在税收方面给予优惠。同时，可以对只有一家航空公司飞行的航线签订具有时限的独立运营证，以保证其基本收益。

7. 加强补贴政策稳定性

国外对支线发展的补贴政策相对稳定，补贴额度稳步提升，发生突发事件时，适时地增加对机场的补贴额度。鉴于此，我国应该在完善补贴标准的同时，加强补贴政策的稳定性。减少各支线机场及航空公司的运营顾虑，尽量保证其运营收益的平稳增加。

8. 特色型空域开放

澳大利亚实行"天空开放"的航空政策后，使航空公司集中在高利润的城市航线及高密度的支线航线，造成了其支线航空的萎缩，支线机场数、支线航空公司数、支线密度、支线长度都在逐年下降，这也促使澳大利亚政府制定一系列扶持措施，鼓励支线航空的发展。

如果空域开放是发展航空产业的必然趋势，那么可以考虑在中西部符合条件的地区实行中低空域的天空开放政策，以促进该地区航空产业的发展。我国国内只有少数支线机场是盈利的，对于大多数支线机场如何生存是摆在我们面前最重要的问题，特别是机场属地化改革以来，该问题更加严重。所以，这就要求政府从满足公众基本出行需求考虑，必须对难以生存的支线主体给予补贴。

# 第二节　国内航空经济发展政策实践

## 一、大飞机产业的支持政策

《国家中长期科学和技术发展规划纲要（2006—2020年）》将发展大飞机作为增强我国核心竞争力和建设创新型国家的重大战略举措，列入国家重大科技专项。成功研制大飞机并掌握其核心研制技术的意义固然非凡，而以此为前提形成并壮大产业，进而带动我国制造业转型升级才是发展大飞机的战略意义所在。

具体而言，大飞机产业是直接或间接从事飞机设计、制造、装配、销售和提供相关服务以及提供机体、发动机、机载设备、零部件及特殊材料等各种企业的总和。具体到我国大飞机产业，它包括中国商用飞机有限责任公司全部、隶属中国航空工业集团的民机生产制造部门，以及我国国内与中国商用飞机有限责任公司建立供应合作关系的相关企业。[1]

在我国航空工业发展的早期，由于国内国际形势，航空工业部门主要致力于研制生产军用飞机，我国航空工业也因此走上了一条"先军后民"的发展道路。20世纪60年代，随着我国国民经济发展逐渐向好，政府部门开始认识到民机的重要性，由此开启了我国研

---

[1] 洪亚军．我国大飞机产业政策工具选择研究［D］．上海：上海交通大学硕士学位论文，2016.

制民用飞机的历程。由于历届政府对民机重要性的认识程度不同，我国民机研制时断时续，相关政策也经历了颇为曲折的演变发展过程。

（一）产业政策回顾

1970 年 8 月，国家计委和中央军委国防工业领导小组联合以《国家计划革命委员会、军委国防工业领导小组关于上海市、广州市、济南地区制造飞机的批复》，向上海市下达试制大型运输机的任务。该型飞机即我国首款自主研制的大型客机——运-10 运输机，它的成功研制曾使我国一度接近了欧美等民机产业强国的发展水平，然而却由于一系列原因而搁置。

运-10 项目搁置后，时值改革开放初期，国家战略规划与工业计划再次成为我国政府部门产业政策的主要形式。为满足国家民航业发展需要，航空工业主管部门制订了民机发展"三步走"计划，希望通过与国际上成熟民机厂商的合作，逐步发展飞机工业，实现自主研制大飞机的目的。第一步计划即与麦道公司合作生产 MD80/90 飞机，进程过半却由于合作公司麦道公司被波音公司兼并而致使计划流产；第二步计划是分别与德国合作研制 70 座级支线飞机 MPC-75 飞机，与韩国、新加坡和空中客车合作研制 100 座级支线飞机 AE-100 飞机，但均以失败告终；第三步计划因前两步计划的失败而无法继续执行。这一时期，航空工业主管部门基本主导了全部的国际合作项目，各项目从洽谈到立项、从组织到保障都有相应的政策文件为依据；项目立项过程中，国务院、国家计委、中国民用航空总局等主管部门层层下发项目建议书对项目进行规划与指导。由于对民机产业发展规律理解的局限性，这一时期我国民机研制技术及其产业并未得到较好的发展，甚至出现了倒退的迹象。

进入 21 世纪后，国际合作的失败教训让航空工业部门坚定了走自主发展民机产业的道路。与此同时，中央政府加深了对民机产业战略意义的认识，指示有关部门要在政策上积极引导并支持我国民机工业的发展。经多方努力，一款名为"21 世纪先进支线飞机"的民机项目，即后来的 ARJ21 飞机被列入我国"十五"规划，民机产业也由此成为"十五"期间国家重点发展的新型产业之一。此外，政府部门还试图通过组织架构调整来整合航空工业优势资源，以促进民机项目的发展。将中航工业总公司拆分为两个集团公司，将民机项目交由资源相对丰富、基础能力比较好的第一集团承担；对中航一集团内部有关厂所进行撤并，将中国航空研究院 603 所与中国航空研究院 640 所合并组建成中国航空工业第一飞机设计研究院，从事这型飞机的研发，还专门组建了中国商用飞机有限责任公司来承担民机项目的运营。该型飞机于 2015 年 11 月底成功实现商业交付，这意味着我国民机项目的发展已取得初步成功。

掌握了支线飞机的研制技术并不代表能够研制大飞机，大飞机与小飞机的研制也不是简单的工作量的倍数关系。为实现我国自主研制大飞机的夙愿，经有关航空科学家、学者的积极倡导与强烈呼吁，在相关研究单位坚持不懈的建议下，我国政府决定重启大飞机项目。2005 年 2 月，国务院颁布《国家中长期科学和技术发展规划纲要（2006—2020 年）》，将大飞机专项列入我国"未来 15 年力争取得突破的 16 个重大科技专项"之中。

作为大飞机项目研制主体的中国商用飞机有限责任公司于 2008 年 5 月在上海挂牌成立。该公司的使命不同于以往任一时期民机项目研制主体，其目的不仅在于成功研制出一款具有自主知识产权的大飞机，更重要的使命在于以项目研制带动我国大飞机产业的形成，进而推动我国制造业的转型升级及国家自主创新能力的提升。

### （二）大飞机产业规划引导政策

#### 1. 政策汇总

在产业的顶层规划方面，中央及上海市政府均出台了相关意见与文件对整个产业的发展方向进行了规划引导。

2005 年 2 月，国务院发布《国家中长期科学和技术发展规划纲要（2006—2020）》将大飞机确定为我国"未来 15 年力争取得突破的 16 个重大科技专项"之一。

2006 年 2 月，国务院发布《国务院关于印发实施〈国家中长期科学和技术发展规划纲要（2006—2020 年）〉若干配套政策的通知》为营造激励自主创新的环境、推动企业成为技术创新的主体、努力建设创新型国家，制定十大配套政策。

2006 年 1 月，上海市政府发布《上海中长期科学和技术发展规划纲要（2006—2020年）》将"支线与干线飞机"作为上海铸造自主产权、实现产业升级换代的空天战略产品，列入上海中长期技术创新的主要任务。

2006 年 5 月，上海市政府发布《上海市人民政府关于实施〈上海中长期科学和技术发展规划纲要（2006—2020 年）〉若干配套政策的通知》，为更好地落实科教兴市主战略，落实国家和上海市中长期科学和技术发展规划纲要，制定十项三十六条配套政策。

2007 年 5 月，国家发展和改革委发布《关于印发高技术产业发展"十一五"规划的通知》，提出"十一五"期间我国民用飞机产业发展的重点：一是启动大型飞机研制，加快建设空中客车 A320 系列飞机组装生产线；二是加速研制 ARJ 新支线飞机，促进新舟 60 飞机的改造改型，推进国产支线飞机系列化和产业化，进一步提高 ERJ145 支线飞机的国产化水平；三是统筹发展通用飞机、直升机、教练机等；四是着力发展航空发动机产业，扩大转包生产，初步建立我国航空产业配套体系。

2009 年 5 月，上海市政府发布《关于加快推进上海高新技术产业化的实施意见》，提出到 2012 年，产业规模达到 200 亿元。形成大型客机的总装和研发基地、ARJ21-700 支线飞机 30 架批产、商用飞机发动机研发中心和航电系统集成产业化。2009 年第一批拟推进的大型客机总装和研发基地、商用飞机发动机研发中心等重点项目，主要聚集在浦东、闵行、宝山等区域。

2009 年 9 月，上海市经济和信息化委员会发布《上海推进民用航空制造业高新技术产业化行动方案（2009—2012 年）》对推进上海航空制造业的思路、目标等做了进一步的说明与规划，包括关注产业内的四大重点领域、构建五大产业区域等。

2009 年 10 月，浦东新区政府发布《浦东新区推进高新技术产业化实施方案（2009—2012）》，提出到 2012 年，成为国内最主要的大型商用客机研发、总装及配套产业化基地。商用飞机项目总部落户陆家嘴，设计研发中心落户张江高科技园区，总装制造基地落户祝桥。同时，在临港主产业区、祝桥空港工业园区、南汇工业园区重点发展航电、机电、环控及材料等民用飞机配套产业，重点在临港主产业区内建设航空工业园。

2011 年的《上海市国民经济和社会发展第十二个五年规划纲要》再次明确了航空制造产业作为战略性新兴产业的地位，与之呼应的《上海市民用航空产业"十二五"发展规划》细化了"十二五"期间航空产业发展的指导思想、总体目标、主要任务等，提出上海航空产业的发展必须服从服务于国家民用航空产业的总体布局和发展要求，关注产业集群与技术创新驱动。

2013 年 5 月，工业和信息化部发布《民用航空工业中长期发展规划（2013—2020年）》提出至 2020 年我国民用航空工业发展的指导思想、基本方针、发展目标、重点任务、重大工程和计划、保障措施；民用飞机产业化实现重大跨越，C919 大型客机、ARJ21 涡扇支线飞机、新舟 60 涡桨支线飞机等一批重点产品实现产业化。

2016 年，国务院发布了《"十三五"国家战略性新兴产业发展规划》，此次的规划中将航空产业单独列出，明确要求通过各项政策措施的落实大力推进民用航空产品产业化、系列化发展，构建全面的产业配套体系，推进航空产业军民深度融合发展。在重点任务分工中也专门提出由工业和信息化部、国家发展和改革委牵头，财政部、科技部、中国民用航空局、国家质量监督检验检疫总局①等按职责分工负责"实现航空产业新突破，组织实施新一代民用飞机创新工程"。

2018 年，根据前述两份文件，上海经济和信息化委员会出台了《上海市航空制造产业链建设三年行动计划（2018—2020）》，提出要打造"上海制造"的战略优势，进一步扩展上海航空制造产业链体系，以大型客机、航空发动机等重点项目为牵引，建设航电系统、零部件核心装备、智能制造整体解决方案、航空维修等平台，力争在上海打造具有国际影响力的航空制造产业集群。

对这些文件进行研究可以发现，中央政府主要强调发挥航空制造业的带动作用与溢出效益，要求将产业发展纳入地区经济与社会发展规划，强调相关体系政策与基础建设的建立。地方政府（上海市政府、浦东区政府）则主要侧重按照中央的决策与统一部署，在产业发展方面进行相对细化的规划与统筹，确立发展重点与任务，强调政府提供的资源与服务，从而确保上海的大飞机产业发展能够更好地满足国家战略发展与地区定位的要求。政府当前对于发展飞机产业的规划主要包括以重点项目为牵引与契机，政府提供良好的政策、基建设施与公共服务吸引国际先进企业及人才的进入，推动国内企业参与融入国际合作，促进产业集聚，从而实现本土企业在制造、维修、金融等全产业链条上的提升与培育，力争在 2035 年实现航空制造业总产值 3000 亿元的战略目标。

2. 体制改革政策

长期以来，由于航空制造的军民两用性与战略性，我国航空制造业的研制主要属于国家行为，有着显著的计划经济色彩，航空制品的研发设计与实际生产几乎都由不同的独立

---

① 其于 2018 年 3 月被撤销，并组建为中华人民共和国国家市场监督管理总局。

科研设计单位与生产制造企业承担，即俗称的"厂所分离"，其中生产厂属于企业、设计所属于事业单位。这将导致面对复杂的基础建设与研发制造任务，不同厂、所间缺乏共同经济利益，难以实现统筹规划，往往各行其是，造成工作协调困难、沟通渠道不畅、生产效率低下，无法参与国际上的激烈竞争。

在认识到这一问题后，当时的航空航天部门以及国防科学技术工业委员会开始大力倡导并推进实现航空工业的"厂所结合"。以《关于进一步推进科技体制改革的若干规定》和《关于推进科研设计单位进入大中型工业企业的规定》为参考，将航空工业内的主要企事业单位进行了梳理。1999 年，将航空产业内两百余家主要的研究院所与制造企业重组建立了中国航空工业第一集团公司与中国航空工业第二集团公司，又在 2008 年将两者再次重组整合建立中国航空工业集团有限公司，集团与其下辖的 100 余家成员单位及 26 家上市公司对应建立母公司、子公司体制，并且按照现代企业制度进行内部的资产重组与生产管理。同时，将众多航空科研事业单位转制，实行企业化，如西安飞机设计研究所、上海飞机设计研究所等，推动其进入企业集团，参与航空制品的协同研制。除此之外，在前述航空资源整合的基础上，为了更好地实现航空制造的商业化与市场化，2008 年 5 月经国务院批准，中国商用飞机有限责任公司在上海挂牌成立。中国商用飞机有限责任公司作为新成立的按市场化运作的公司，搭建了我国与国际同行交流与合作的渠道和平台，充分表明了政府采用新的体制机制发展航空制造产业的坚强决心。这些举措不仅是对航空制造业的纵向整合，还初步实现了科研生产一体化与尝试向市场化经营体制发展的航空制造体系改革。①

（三）大飞机产业发展要素保障政策

影响产业发展的要素主要包括资金、技术、人才等，政府对这些要素是否进行了充分投入是一个产业能否持续健康发展的重要保障。对于产业发展的要素保障进行分析梳理，有助于及时总结经验、发现问题，从而在产业发展调控上做到扬长避短，保障政策的有效性。

1. 资金支持政策

航空制造业是一个需要大量资金投入的产业，并且投资回报周期很长，这决定了民间资本对航空制造业的投入相当有限。事实上，综观其他航空产业发达的国家，其产业发展初期都具有浓厚的国家意志，即便到了现在，这些主要企业的背后依然存在国家的影子，享有着政府直接或间接的财政扶持。一般而言，政府对航空制造业的资金支持主要体现在直接的资金投入与补贴、间接的金融保障以及税收优惠方面。

就产业整体的资金投入而言，近 5 年上海市直接投入航空装备制造领域的资金超过150 亿元，其中约 41% 是科研经费支出。2017 年，全国对商用航空产品固定资产投入超 41.00 亿元，其中上海投入约为 19.06 亿元，占全国航空制造总投入的 46.49%。此外，上海市还设立了战略性新兴产业发展专项资金，对符合要求的高端制造项目提供高达

---

① 张婧. 上海航空制造产业发展的政府扶持研究［D］. 上海：华东政法大学硕士学位论文，2020.

1 亿元的专项支持以及总量高达百亿元的高新技术产业发展重大项目专项资金；并针对包括航空、智能制造在内的战略性新兴产业与项目设立了各类产业引导基金，如表 9-1 所示。

表 9-1　C919 飞机上海市级与区级政府出资产业引导基金

| 类型 | 设立时间 | 产业引导基金 | 规模（亿元） |
|---|---|---|---|
| 上海市级政府出资产业引导基金 | 2010 年 | 上海市创业投资引导基金 | 696.00 |
| | 2014 年 | 上海市天使投资引导基金 | 25.00 |
| | 2017 年 | 上海科创基金 | 300.00 |
| 上海区级政府出资产业引导基金 | 2010 年 | 闵行区创新创业投资引导基金 | 62.00 |
| | 2011 年 | 上海嘉定创业投资引导基金 | 656.00 |
| | 2015 年 | 青浦发展创业投资引导基金 | 6.00 |
| | 2017 年 | 黄浦区创业创新产业引导基金 | 30.00 |
| | 2017 年 | 奉贤区产业发展引导基金 | 20.00 |
| | 2018 年 | 金山区创新创业引导基金 | 15.00 |
| | 2018 年 | 上海市长宁区航空产业基金 | 10.01 |
| | 2019 年 | 浦东科技创新投资基金 | 200.00 |

资料来源：根据互联网相关信息收集整理。

就政府提供的资金补贴而言，为了吸引并帮助更多的航空制造企业实现规模化发展，上海自贸区新片区集中出台了一部分补贴政策，范围覆盖航空制造产业链各环节。对于实到资本金 5000 万元以上的企业，按实缴资本的 3%～5% 分三次给予奖励；对在向新片区内非关联企业进行采购，年金额累计在 500 万元以上的航空企业，按相关金额的 2% 予以奖励；对年度销售收入首次突破 5 亿元、10 亿元、50 亿元与 100 亿元的航空制造企业予以百万元级别的不同档位的奖励补贴；对成功并购重组国内外产业链相关企业或重点研发机构，并购资金超过 1000 万元的企业，给予实际发生额 5% 的补贴。

在金融保障方面，中国进出口银行、国家开发银行等政策性银行通过资金、债券、信托等方式为航空金融提供融资支持，在航空运输、飞机租赁、航空制造等领域提供了总计超千亿元的融资性支持。

除了对航空制造产业发展予以资金支持与金融保障外，财政部、税务总局、海关总署等还对航空制造产业予以多项税收优惠。例如对符合条件的高新技术企业，其企业所得税在获利年度起的两年内予以免除，两年之后依照 15% 的税率征收；允许企业依照当年实际技术开发费用的 150% 对当年应纳税所得额进行抵扣，抵扣不足的可在五年内转结抵扣；自 2018 年 1 月 1 日至 2023 年 12 月 31 日，对从事大型民用客机发动机、中大功率民用涡轴涡桨发动机研发项目而形成的增值税期末留抵税额予以退还；自 2019 年 1 月 1 日至 2020 年 12 月 31 日，对纳税人出产出售新支线飞机减至 5% 征收增值税，并对制造销售新支线飞机以及从事大型客机与其发动机研发项目而形成的增值税期末留抵税额予以退还；对上述纳税人及其所属子公司自用的科研、生产、工作房产及土地，免征房产税、乡镇土地使用税等；对生产制造民用飞机、发动机、机载设备等所需进口的关键零部件与原材料免征关税及进口环节增值税，其中对应的进口零部件及原材料目录基本上能全面覆盖飞机生产所需从国外市场进口的所有系统成品件，大大降低了制造企业的生产成本。

2. 技术发展政策

技术创新是产业发展之源，建立完善的科研创新体系对于高技术密集型产业的发展尤为重要。对于技术创新的支持最直接的表现在研发投入上。据统计，2017 年上海航空产品的研发投入为 75.79 亿元，占全国航空制造研发总投入的 60.86%，主要投资包括航空发动机制造基地建设等。为了支持实体经济的技术升级，上海仅 2018 年就向民用航空、新能源汽车、信息技术等技术改造领域投资了 690 亿元，技术改造投资同比增长 10%。截至 2019 年 5 月，上海全社会研发投入占地区生产总值的比例达到 4%，较 5 年前提升0.35%，近几年上海的综合科技进步水平指数持续位居全国前二。2019 年上海航空机械有限公司、爱信诺航天信息有限公司等航空航天领域内的部分企业通过上海市科技小巨人工程获得了市级财政资金补助；上海航天精密机械研究所、上海航天测控通信研究所等机构被选为专利工作示范单位，可获得最高 60 万元的补贴，这些研发投入极大地助力了航空制造业的技术创新。

除此之外，上海还发布了促进高新技术成果转化的若干规定与配套政策鼓励企业与个人参与高新技术的开发，通过转化专项资金支持科技人员或高科技企业通过高新技术成果获得收益，并对成功申请成果转化的发明专利授权在五年内减免相关的营业税、所得税、增值税的地方收入部分，其当年应纳税所得额可按技术开发费用的 150% 进行抵扣。上海出台的《上海市首批次新材料专项支持办法》《上海市工业强基工程实施方案（2017—2020）》《上海市高端智能装备首台突破和示范应用专项支持实施细则》等专项政策对航空制造产业先进技术、核心工艺与关键零部件的研发突破也提供了一定程度的支持。

3. 人才保障政策

2016 年，全国航空产业从业人员为 32.68 万人，其中上海的航空研制人员约为 2.6 万人，较 2015 年增长了 1 倍。在人才保障方面，上海市政府近几年加强了对航空领域人才的引进，航空制造高技术人才可申报政府特殊津贴，将航空专业人才列入战略性新兴人才开发目录、上海市紧缺急需专业目录以及人才高峰工程行动方案，在经费、住房、医疗、落户、配偶就业、子女入学等方面提供各种便利；对于航空制造企业集中的区域，尤其是重大项目大飞机总装制造基地以及航空发动机制造商中国航发商用航空发动机有限责任公司所在的临港自贸片区实行人才住房政策，将限购调整为在临港片区工作满一年的特殊人才即可购买配套人才公寓，自贸片区内相关核心人才的居住证转上海户口年限由 7 年缩减至 3 年；对签约重点航空企业和航空项目的外地人才落户上海提供额外加分优惠等。

近5年上海航空制造产业的从业人员逐年上涨，占全国航空工业从业人数的比例从3.62%增加至7.47%。

4. 其他综合扶持政策

除了上述扶持外，上海在用地、组织、进出口等方面也对航空制造产业予以了多方位综合性的支持。对纳入市重大项目的航空制造产业链重点项目，经上海"三委两局"（经济和信息化委员会、发展改革委、科技委、规划和自然资源局、生态环境局）共同商议认定，其用地指标由市级统筹予以保障，土地出让年限与航空制造业主体项目维持一致。截至2018年，上海共为重点项目提供设计研发用地1200亩，总装制造用地4000亩，试飞场地168亩，售后服务中心用地190余亩。2009年，国产大飞机总装制造基地落户浦东新区祝桥镇，为了实现土地保障，祝桥镇在现有建筑用地上进行重新改造，按照每亩20万元的标准腾退转移了一批科技含量低、存在环保或安全隐患的企业。同时，为了支持国产大飞机的航空研制，按照区委与区政府的部署，浦东新区经济和信息化委员会专门组建了航空产业处，下设"推进大型客机项目领导小组办公室"，负责协调与飞机设计研究中心、总装制造基地建设相关的河道改建、绿化建设、民房拆迁等工作，协助相关企业与环保局、规划和自然资源局等进行沟通，半年时间内就完成了设计中心所在的张江镇内600多户居民、40多家企业的动拆迁工作。

除了强化组织与土地保障实现资源统筹，由于航空制造涉及大量国外先进技术与零部件进出口，政府相关部门如海关、商务委员会、科学技术委员会等也对航空产品或技术进口的审批、清关、备案、免税等给予了流程简化与政策优惠，主动叠加航空产业政策和自贸区政策红利，优化登记备案的步骤流程，从而提高航空企业的运作效率。由于飞机制造涉及大量的零部件进口，按照以往的清关流程时间可长达两三周，若生产线遇到紧急缺件只能"停工"等待，造成很大损失。现在通过海关对流程申报的简化以及与海关提前沟通报备，清关时长可缩短至原来的1/3。浦东新区商务委员会创新优化了技术进出口的登记备案步骤，将备案时长缩短了一半，使得业务人员真正实现了"少跑腿"。

（四）大飞机产业市场培育政策

市场需求是拉动产业发展与升级的重要动因，国内外航空运输市场的发展带来了对飞机及其相关零部件的需求，为航空制造产业提供了广阔的发展空间。2004年与2005年分别出台的《关于加快发展国内航空货运若干政策措施的意见》和《促进国际航空运输发展若干政策措施的意见》，放松了对航空运输的限制，促进了我国航空运输业务的发展。除此之外，国内航空客运量与货运量的发展得益于我国的国民经济增长与城镇化建设。国民收入的提高逐渐改变了居民的消费习惯，航空运输这种相对成本较高的交通方式已经被广泛接受。根据国际航空运输协会（IATA）预计，未来五年内中国将取代美国成为全球最大航空客运市场，到2035年，中国旅客的数量将达到13亿人次。随着国民经济的增长，航空运输量将保持增长，相应地对于航空制品的需求也将持续上升。

2018年末我国常住人口城镇化率为59.58%，较2017年同期提高1.06个百分点，比4年前提高近5个百分点。城镇化的发展带动了基础设施建设、人口流动与新城市群的产生，从而释放了相关航空客运与货运需求。在城镇化建设的同时，为了扭转我国市场区域发展不平衡的问题，通过发展支线航空带动地方经济与旅游文化发展，国家出台了众多航空服务政策，并通过民航发展基金对航线、中小机场、乘客予以补贴，支线航空的补贴预算额由 2013 年的 4.3 亿元增加到 9.9 亿元，将民航服务惠及欠发达地区，挖掘了这些地区企业与居民的潜在航空出行需求。除了扩大航空客运及货运的需求外，政府为促进国产飞机的销售配备了出口信贷、加速折旧等政策，并通过多方面的政策与补贴支持首家运行国产飞机的航空公司进行示范运营，以此带动国产飞机在海内外的销售。

（五）大飞机产业监管政策

政府对于市场的干预引导很大一部分体现在对于行业的监督管理方面。对于航空制造产业而言，其所需资金投入大、产业内企业以国资控股居多、生产产品具有适航安全性的特殊要求，因此现阶段对于航空制造的产业监管主要包括对国有企业、对资金投入的监管追踪以及对于航空制造生产过程与航空制品的适航审定。目前对于承担航空制造重点项目的产业内龙头企业如中国商用飞机有限责任公司及其子公司，国家审计署于 2012 年及 2017 年分别针对重点项目实施情况、企业经营管理等内容进行了审计并发布了审计结果公告，公布了财务与内部管理方面的问题共计 29 项。中央巡视组亦对重点项目相关的科研经费与基建费用共计 500 余亿元进行了追溯检查。

除了对重点项目的资金投入与龙头企业进行监管，政府部门对于航空制品的监管也下了力气。国务院出台了《中华人民共和国民用航空器适航管理条例》，中国民用航空局颁发了《运输类飞机适航标准》等一批涵盖不同飞机与航空设备的适航标准，对航空制品的适航要求予以规定。航空制造企业生产的产品，只有满足了相关适航标准才可以进入国内市场。为了满足国际市场的适航要求，中国民用航空局与境外各国家地区积极开展合作，推动国外民航局方接受认可我国的适航审定结论，目前我国已与 32 个国家及地区签署了约 226 份双边适航协议和技术安排。这些适航标准构建了航空制造产业的产品适航要求体系，对国内航空制品进入国内市场与国际市场建立了标准。中国民用航空局还成立了相应的适航审定组织机构，以确保产业内适航标准体系的覆盖落实，其中，中国民用航空华东地区管理局与上海审定中心负责对上海的航空制造企业及产品进行适航检查和管理。为了确保管辖企业有能力对于其航空制品进行全寿命周期的安全管理，中国民用航空华东地区管理局于 2020 年启动了针对试点单位的指导与检查工作，帮助所管辖单位建立运行航空制品的安全管理体系。此外，由于航空器在运行时会产生尾气、燃油、尾迹等污染物，使得其对大气的环境影响较其他运输载体更为显著，当前国际市场对于航空制品的环保性能越发重视。为了更好执行对于产业环保生产的监管，中国民用航空总局参考《芝加哥公约》以及美国航空条例 FAR 第 34 部的相关内容，于 2002 年就航空飞机的燃油排泄和排气物做出了规定。同时，中国民用航空局还成立了节能减排的相关工作小组，确保航空制造企业在研发制造发动机、航空器等航空制品时，其产品最终排出的燃油与气体的含量、成分等均满足具体的限制要求。

## 二、通用航空业政策

（一）国家通用航空业的政策

1. 国家通过颁布法规、条例，促进通用航空业的发展

《中华人民共和国民用航空法》《非经营性通用航空登记管理规定》《通用航空经营许可管理规定》规范了经营性通用航空企业及非经营性通用航空单位的筹建认可申请及经营许可申请的初审工作、通航企业的运行合格审定初审工作。2003 年，国家实行《通用航空飞行管制条例》，开启了中国通用航空规范化发展时代。

2012 年 12 月修订版《引进通用航空器管理暂行办法》印发，规定通用航空器的购买审批权下发到各地区民航管理局；2013 年 11 月，中国人民解放军总参谋部和中国民用航空局联合印发《通用航空飞行任务审批与管理规定》，规定除九种情形外，其他通用航空任务一律不需申请和审批，但在飞行实施前，须按照国家飞行管制规定提出飞行计划申请，并说明任务性质。2014 年 1 月，国务院印发了《关于取消和下放一批行政审批项目的决定》，取消和简化了国内通用航空企业承担境外通用航空业务审批等 7 项涉及民航的审批项目。2014 年 9 月，《民用航空器驾驶员和地面教员合格审定规则》（CCAR-61-R4）正式公布，极大地简化了对通用航空飞行员的资质限制，对于促进飞行员培训的发展意义重大。2014 年 10 月，国务院召开国务院常务会议，再次修订政府核准的投资项目目录，明确要求下放通用机场审批。2015 年 4 月，中国民用航空局飞行标准司正式发布 CCAR-91 部运行合格审定程序，简化了通用航空企业申报流程。2015 年 5 月，国家发布《高层民用建筑设计防火规范》，要求高度超过 100 米，并且标准层建筑面积超过 1000 平方米的公共建筑，宜设置屋顶直升机停机坪或供直升机救助的设施。

2019 年 1 月《关于推进通用航空法规体系重构工作的通知》发布，落实"分类管理、放管结合、以放为主"的要求，更好地鼓励和推动通航发展，积极支持社会资本投资通航产业，中国民用航空局研究制定了通用航空法规体系重构路线图，形成了通航业务框架和通航法规框架（以下简称"两个框架"）。"两个框架"是开展中国民航通航政策法规体系重构的总体性文件，明确了未来一段时间中国通用航空整体政策走向、立法思路和制度设计需要遵循的基本原则和具体要求。

2. 国家通过制定通用航空发展战略，引导通用航空发展

2005 年 2 月，《国家中长期科学和技术发展规划纲要（2006—2020 年）》将"低空多用途通用航空飞行器"列为"重点领域"的"交通运输业"的优先主题内容和国家科技支撑计划的重点内容。

2006 年 3 月，《中华人民共和国国民经济和社会发展第十一个五年规划纲要》把通用飞机和干线飞机、支线飞机、直升机和先进发动机并列纳入"民用飞机"高技术产业工程重大专项。

2011 年 3 月，《中华人民共和国国民经济和社会发展第十二个五年规划纲要》明确提出积极推动通用航空产业发展；2011 年 4 月，《中国民用航空第十二个五年规划》针对性

提出加快我国通用航空产业发展的思路和措施；2012 年 7 月，国务院印发《"十二五"国家战略性新兴产业发展规划》，将通用航空提升至国家战略高度予以重点发展。

2016 年 11 月 19 日，国务院发布《"十三五"国家战略性新兴产业发展规划》，明确将通用航空业作为战略性新兴产业发展，大力培育通用航空市场，促进通用航空制造与运营服务协调发展。通用航空产业因其具有上下游产业覆盖细密、较广的服务领域，较强的辐射带动能力等特征，对于创新型国家建设、产业结构调整和人民生活水平提升具有重要意义。通用航空产业是国家强力支持的战略性新兴产业，近年来国家高规格政策不断出台，政策红利集中释放，我国通用航空产业进入大发展时期。2017 年 2 月中国民用航空局出台《中国民用航空发展第十三个五年规划》，其中与通用航空有关的内容主要集中在两个方面，即通用航空机场的建设和全面提升航空服务能力。具体内容如下：加快通用航空基础设施建设。完善通用机场建设标准，由省级政府组织编制本地区通用航空机场布局规划，民航地区管理局加强与各省级发展改革部门、军队部门的工作协调，简化通用机场建设审批程序。鼓励社会资本参与通用机场、飞行服务站、油料供应、固定运营基地等建设，完善通用航空维修服务体系，提升通用航空运营保障能力。转变通用航空管理方式。实现通航发展从部门行为向政府行为，从行业行为向社会行为的观念转变，放开市场，激活社会资本活力，调动各方面积极性，形成促进通航发展的合力。拓展通用航空服务领域。以扩大有效供给和品质提升满足新需求。强化交通服务，在偏远地区、地面交通不便地区发展短途运输，提供多样化机型服务，实现常态化运输。扩大通用航空公益服务范围、提升民生服务功能，鼓励和加强通用航空在抢险救灾、医疗救护等领域的应用。扩大通用航空农林作业面积，基本实现主要林区航空护林。推广通用航空在工业、能源、国土等领域应用。

3. 国家通过完善相关政策，推动通用航空发展

2009 年 12 月，中国民用航空局制定《关于加快通用航空发展的措施》。

2012 年 7 月，《关于促进民航业发展的若干意见》出台，提出了促进通用航空发展的政策措施。

2013 年 1 月，《关于印发促进民航业发展重点工作分工方案的通知》，对通用航空业的发展提出了具体指导意见和详细的权责分工。

2014 年 8 月，国务院公布《关于促进旅游业改革发展的若干意见》及任务分解表，国家发展改革委、中国民用航空局、交通运输部等部门组织提出低空飞行旅游的补助措施。

2015 年 11 月，国务院在《关于积极发挥新消费引领作用加快培育形成新供给新动力的指导意见》中明确提出通用航空的时尚消费已成为消费升级重点领域和方向。随后为适应通用航空消费结构、消费模式和消费形态变化，促进通用航空产业发展，国务院、国家发展改革委先后出台各项支持政策。

2016 年 5 月，国务院在《关于促进通用航空业发展的指导意见》中提出要大力培育通用航空市场，加快通用机场建设，促进产业转型升级，扩大低空空域开发，强化全程安

全监管，努力构建布局优化、便捷高效、制造先进、安全有序、应用广泛、军民兼顾融合的通用航空体系。2016 年 10 月，国家发展改革委发文《近期推进通用航空业发展的重点任务》，着力开展中央与地方合作共建，推动通用航空业发展示范省建设，开展通用航空旅游试点，开展航空运动试点。2016 年 11 月，国家发展改革在《关于做好通用航空示范推广有关工作的通知》中提出 10 项通用航空短途运输网络示范工程、16 项通用航空旅游示范工程、15 项航空飞行营地示范工程。

2018 年 7 月，中国民用航空局出台《关于通用航空分类管理的指导意见》，意在构建通用航空分类管理体系，建设"四个一"工程。创建一套独立完整、科学适用的通用航空标准制度体系，培养一支融合职业化与社会化需要的通用航空人才队伍，做实一组创新包容、监管适度的通用航空工作机制，搭建一个公开透明、集约共享的通用航空服务平台。到 2020 年，初步建成与我国通用航空发展起步阶段相适应，有别于公共运输航空的分类监管体系和安全规范、应用广泛的分类保障体系。

4. 国家通过建设、改扩建通用航空机场，保障通用航空发展

2011 年 4 月，国家发展改革委发布《产业结构调整指导目录（2011 年本）》，提出鼓励机场建设和通用航空的发展。

2012 年 6 月，中国民用航空局发布《通用机场建设规范》（MH/T 5026-2012），通用机场的建设得到规范管理。2012 年 12 月，财政部、中国民用航空局联合印发《通用航空发展专项资金管理暂行办法》，提供通用航空作业和飞行员培训及完善通用航空设施设备等方面的专项资金。

2016 年 11 月，中国民用航空局出台《关于鼓励社会资本投资建设运营民用机场的意见》，全面放开通用机场建设，对投资主体不做限制，并全面放开通用机场和其他市场主体之间的投资限制。国务院、国家发展改革委、民航部门政策文件明确了培育通用航空市场、加快机场建设、促进产业升级、扩大低空领域开放、强化全程安全监督五大任务，合力推动万亿级市场的形成和发展。

5. 国家通过开放低空域管制，加强通用航空建设

2007 年 4 月，国家空管委提出 2020 年前开放低空空域，拉开空域改革的序幕。

2010 年 11 月，国务院、中央军委联合发布《关于深化我国低空空域管理改革的意见》，标志我国低空空域改革进入实质阶段，明确低空空域管理改革目标任务，在全国"两区一岛"和"两大区、七小区"组织较大范围的低空空域管理改革试点，涉及全国 14 个省区市，试点地区占全国空域的 33%。据空军统计，在试点地区共划设各类空域 254 个，其中，管制空域 122 个、监视空域 63 个、报告空域 69 个，另划设低空目视航线 12 条；通航飞行计划报批时限由原来前一天 15 点前缩短为飞行前 4 小时，飞行计划报备时限只需在飞行前 1 小时、报告空域只需在飞行前半小时提出即可，极大方便了通航用户，改革试点取得积极成果。

2015 年国家空管委批准济南和重庆地区开展低空空域管理和通用航空发展综合配套改革试点；2016 年国家空管委批准在珠三角和海南地区开展空域精细化管理改革试点；

2017 年中国民用航空局批准在西北地区组织通用航空低空空域监视与服务试点；2018 年国家空管委批准由四川省政府牵头、军民航和当地公安部门共同参与的低空空域协同管理改革试点。

（二）地方政府通用航空产业政策

2015 年 6 月，重庆飞行管制区成为低空空域管理和通用航空发展综合配套改革试点，将为国家最终出台全面放开低空空域管理改革的意见提供借鉴。下面以重庆为例探讨地方政府发展通用航空产业的政策选择。

2009 年，重庆市政府把航空产业列为该市需重点培育的八大新兴产业之一。通用航空产业作为航空产业的重要组成部分，将按全产业链打造，其中包括基础（机场、导航、专用设备），制造（机身制造、发动机），培训（飞行员、个人），运营（运输、空管、保险租赁），维护（飞机维修、保养）。

2014 年 4 月，重庆发布《关于发展通用航空产业的意见》和《重庆市通用机场建设管理暂行办法》，重庆将以构建通用航空全产业链为出发点，坚持市场化发展方向，以企业为主体，发挥政府引导和促进作用，积极有序推进通用航空基础设施建设，大力发展通用航空器制造、通航飞行、教育培训、应急救援等各项产业，实现通用航空产业一体化、建设运营市场化，努力把通用航空培育发展成为重庆的新兴产业。2014 年 7 月，重庆发展改革委在前期广泛征求意见的基础上，正式发布了《重庆市通用机场布局规划》，遵循军民航运输优先、普遍服务、资源共享、分层分类布局四个原则，在充分利用现有及规划民航支线机场和空军机场的基础上，新规划建设一批通用航空机场和直升机起降平台，满足应急救援、旅游观光、商务飞行、航空会展、教育培训等实际需要，力争至 2017 年实现重庆市所有区（县）通用航空功能全覆盖。

2015 年 7 月，在国家空管委领导下，成都地区空管协调委成立重庆分区低空改革试验工作小组，主要职责是传达贯彻国家空管委指示要求，组织实施重庆分区低空改革试验，重新划设低空空域、组织低空空域评估论证、简化通用航空作业申报程序，完善低空目视航图，推进信息化服务站建设，建立违法违规飞行分级联动处置机制。

重庆内的开发新区和区县也出台相应的政策。2014 年，重庆两江新区整合市内外资本发起成立重庆航空产业基金，为重庆通用航空设立新的融资平台，并在 2016 年出台促进通用航空产业发展的措施；2015 年 6 月江北区发布通用航空产业扶持办法（征求意见稿），对入驻江北区的通用航空企业给予税收减免和补贴方面的扶持。

## 三、枢纽机场发展政策

枢纽机场能够提供高效便捷、收费低廉的服务，从而让航空公司选择其作为自己的航线目的地，让旅客选择其作为中转其他航空港的中转港。枢纽机场既是国家经济发展的需求，也是航空经济发展的需求。《中国民用航空发展第十三个五年规划》提出打造国际枢纽，着力提升北京、上海、广州机场的国际竞争力。2021 年 3 月公布的《中华人民共和国国民经济和社会发展第十四个五年规划和 2035 年远景目标纲要》中提出建设京津冀、长三角、粤港澳大湾区、成渝世界级机场群。上海机场的国际枢纽地位在上述两个规划政策中均有所体现。下面以上海"一市两场"建设为例阐述发展枢纽机场的相关政策。

上海有浦东国际机场和虹桥国际机场两座大型国际机场，是我国第一个拥有两座机场的城市。虹桥国际机场历史悠久，浦东国际机场于1999年正式通航。2008年虹桥枢纽正式建成，这标志着上海以浦东国际机场为主、虹桥国际机场为辅的"一市两场"模式基本形成。多年来，上海从战略定位、政策扶持、规划引导、机制保障等方面探索创新"一市两场"发展模式，为各地枢纽机场发展提供了有益借鉴。

上海地处长江入海口，东向东海，南濒杭州湾，西与江苏、浙江两省相接，是我国最大的经济区——"长三角经济区"的龙头，也是亚、欧、美三角航线上的重要节点。优越的地理位置为上海城市发展带来了各种机遇。1999年，上海浦东国际机场正式通航，标志着我国第一个拥有两座机场的城市正式诞生。以"一市两场"为基础，以航空经济为核心带动上海城市及长三角区域新一轮发展，既是上海探寻特大城市自身发展路径的必然需求，也是寻求长三角一体化协同发展的重要途径，更是我国打造新经济增长极的战略制高点。

2003年12月，中国民用航空总局和上海市政府共同成立推进上海航空枢纽建设联合领导小组，随后该领导小组相继编制了《上海航空枢纽战略规划》《推进上海航空枢纽建设行动纲要》等重要文件，推进上海航空枢纽建设。以此时间节点为起点短时期制定了大量的相关政策，以促使上海航空枢纽战略的实现。

（一）规划引导上海发展，实现"两场"互补优势

1. 国家层面给予规划引导

从国家层面来看，2004年中国民用航空总局与上海市共同出台的《上海航空枢纽战略规划》对上海航空枢纽进行了明确的功能定位；2010年国家发展改革委印发的《长江三角洲地区区域规划》、2012年交通运输部出台的《交通运输"十二五"发展规划》、2013年中国民用航空局出台的《中国民用航空发展第十二个五年规划》，分别明确了上海浦东机场国际枢纽的定位，上海虹桥机场区域枢纽的定位，并指出两大机场服务长三角、服务国家战略需要的基本方向。

2. 市级层面进行规划落实

从上海层面来看，《上海市国民经济和社会发展第十一个五年规划纲要》明确指出，要加强以浦东国际机场为主、虹桥国际机场为辅的上海航空枢纽港建设，初步确立亚太地区航空枢纽港地位。

从机场自身发展与城市发展相结合的角度来看，《上海市航空运输"十二五"规划》明确指出，要坚持上海"一市两场"既定功能定位：以浦东国际机场为主建设国际复合型门户枢纽，重点提升浦东国际机场枢纽核心竞争力，加快构建枢纽航线网络和航班波；虹桥国际机场在枢纽结构中发挥辅助作用，以国内点对点运营为主，通航少量的国际包机和地区航班。同时，虹桥国际机场承担城市和地区通用航空（如公务机等）运营机场的功能。围绕上海航空枢纽战略目标，该规划提出"十二五"期末发展目标，提升浦东国

际机场中国国际门户枢纽的能级，巩固国际货运枢纽地位，把虹桥国际机场建成以商务快线为特色的国内枢纽；积极开辟国际航线，基本建成浦东枢纽，步入世界民航二十强；积极争取改善上海地区空域紧张状况，建立上海地区终端管制区。上海国际航空枢纽国际竞争地位及各项主要指标的世界排名显著提升，满足地方经济发展需求，成为上海发展现代服务业和长三角区域经济发展的发动机。

从机场发展与城市功能相结合的角度来看，上海 2012 年印发的《上海市主体功能区规划》依托"两场"发展，提出了构建"两轴两带、多层多核"的城市化格局。其中"两轴"是"优化和提升城市东西向发展轴"，即沿虹桥商务区—虹桥经济技术开发区—中山公园地区—静安寺、南京西路地区—人民广场地区—外滩、陆家嘴地区—张江高科技园区—国际旅游度假区—浦东空港地区，打造体现国际大都市标志性风貌和"四个中心"功能的城市发展主轴。"两带"是要构建"东部沿海滨江发展带"，依托浦东空港、洋山深水港、沪陕高速公路和规划中的沪通铁路等交通枢纽和干线，推进长兴岛海洋装备产业基地、国际旅游度假区、大飞机总装基地、临港地区、奉贤海湾旅游度假区、上海化学工业经济技术开发区、金山滨海旅游度假区等重大项目和产业基地建设，形成沿海滨江产业发展带；构建"西部沪宁沪杭发展带"，依托虹桥商务区、虹桥综合交通枢纽和沪宁、沪杭交通干线，以嘉定、青浦、松江等新城为主体，发展西部新城群，形成服务长三角、辐射全国并具有国际竞争力的综合服务和高端制造基地。

（二）建立运行机制，促进上海"两场"同步发展

2003 年，中国民用航空总局和上海市政府共同成立推进上海航空枢纽建设联合领导小组，对上海"一市两场"布局进行整体统筹。自"两场"同步运行以来，上海市政府积极加快体制机制创新，通过实行管委会重点管理与区属公共管理相结合、多元化运作等重点机制创新，为"两场"的良性发展提供了必要的机制保障。

1. 建立自由贸易试验区，打造"两场"经济发展特色

与浦东国际机场关系最紧密的上海浦东机场综合保税区，是浦东新区东海岸线的区域中心节点之一，于 2009 年 7 月经国务院批准设立，现属于中国（上海）自由贸易试验区的管辖范围。设立以浦东国际机场为核心的机场综合保税区旨在发挥浦东国际机场亚太航空枢纽的优势，进而将机场综合保税区打造成为"临空经济服务创新实验区"。

与虹桥国际机场关系最紧密的是上海虹桥经济技术开发区与上海虹桥商务区。虹桥商务区主功能区面积为 27 平方千米，主功能区范围包括长宁和闵行两个行政区，紧邻江浙两省，处于长三角城市轴的关键节点，与周边主要城市距离均在 300 千米之内，又为联系亚太地区、面向世界的门户，是连接世界的桥梁。作为上海"十二五"期间重点发展区域，虹桥商务区开发建设是市委、市政府立足全局、着眼长远的重大战略决策，目的是依托虹桥综合交通枢纽、国家大型会展项目等重大功能性项目，带动上海经济发展方式转型、促进城市空间布局调整、助推上海国际贸易中心建设，更好地服务于国家长三角一体化发展战略。虹桥经济技术开发区在 1986 年经国务院批准成为国家级开发区。开发区占地面积 0.652 平方千米，是面积最小的国家级开发区，根据面积小、位于市区的特点，开

发区定位于涉外商贸中心，在功能上以展览展示、商务办公、宾馆居住、外事等为主，是全国最早以发展服务业为主的国家级开发区，也是全国唯一辟有领馆区的国家级开发区。

2. 实行多元化管理，促进"两场"经济有序发展

从自由贸易试验区的管理来看，上海主要采取了管委会重点管理与区属公共管理相结合、社会参与等方式实现多元主体参与管理，有效地促进了自由贸易试验区的有序发展。

根据《上海市虹桥商务区管理办法》，上海虹桥商务区管理委员会作为市人民政府的派出机构，主要履行编制与落实商务区规划及产业政策、保障交通枢纽的正常运行、指导实施商务区的土地使用与基础设施建设、指导商务区商务功能开发、统筹商务区专项发展资金、指导商务区相关部门履行职责等七大职责。中国（上海）自由贸易试验区管理委员会作为上海市人民政府派出机构，机构内部设置相关组织部门，负责中国（上海）自由贸易试验区范围内相关改革试点任务和行政事务。

虹桥经济技术开发区不设行政管理委员会，上海虹联投资管理有限公司既是开发区的开发主体又是管理主体。2007年7月，市建交委批准成立"虹桥开发区管理办公室"，与上海虹联投资管理有限公司下设的"区政管理部"为两块牌子一套班子，负责区域内的管理和协调工作。其主要职能是负责开发区区域管理和党建、工会组建以及为政府部门提供信息，协调各楼宇之间日常事务运作，管理区域内的绿化、道路、市容环境和基础设施的建设、维护和保养等。同时，上海虹联投资管理有限公司注重动员社会力量参与开发区管理，先后动员辖区企业成立了虹桥开发区物业管理联合会、虹桥开发区商务楼宇治安管理协会等社会组织，为加强开发区管理，推动和促进开发区全面、协调、可持续发展提供了重要的社会支撑。

上海浦东机场综合保税区属于中国（上海）自由贸易试验区的管辖范围，该区的管理模式适用中国（上海）自由贸易试验区的管理模式，即由中国（上海）自由贸易试验区管理委员会负责区域内相关改革试点任务和行政事务，其中中国（上海）自由贸易试验区管理委员会属于上海市人民政府派出机构。

3. 推行市场化管理，实现"两场"健康发展

为实现"两场"的合作共赢发展，打造"一市两场"的新格局、新模式，1998年5月上海市人民政府批准组建了上海机场（集团）有限公司，对浦东和虹桥两大国际机场进行统一、集中管理。上海机场有限公司（集团）分别以"世界级枢纽""人性化机场"为战略目标，通过探索实施"两位一体"的模块式管理，将两大机场功能相近的部门单位合并，对两大机场的人、财、物进行统筹运作管理，有效地提高了"两场"的运行效率，降低了"两场"的管理成本。

目前，有全球95家航空公司开通了上海的定期航班（其中国内24家，国际及地区71家），航线网络遍布全球230个城市（其中国内111个，国际及地区119个），基本涵盖除南美洲以外的主要国际航点和60%的国内城市，网络覆盖度基本达到国际大型枢纽机场的水平，航线通达性接近世界大型枢纽水平。同时，通过两大机场的改扩建工程，上海机场的处理能力达到年客运量8000万人次以上、货运量470万吨，具备了国际枢纽机

场的处理水平。

（三）完善配套政策，优化上海"两场"发展环境

上海"一市两场"模式的发展既是上海自身发展的需求，更是国家寻求经济新增长极的战略制高点，因此上海"一市两场"的发展得到了中央层面与上海市区级层面的多方支持，从国务院出台《关于推进上海加快发展现代服务业和先进制造业建设国际金融中心和国际航运中心的意见》到国务院正式批准设立上海浦东机场综合保税区，再到国务院印发《中国（上海）自由贸易试验区总体方案》，中央层面的多项政策与举措，尤其是上海浦东机场综合保税区和中国（上海）自由贸易试验区的成立，在税收与贸易方面有力推进了上海市"一市两场"探索与发展，为打造"四个中心"提供了重要的政策环境。围绕"四个中心"建设目标，上海市与浦东、长宁两区就"一市两场"发展进行整体统筹，分别在产业、土地、税收、基础设施和人才等方面进行重要政策部署，为"一市两场"健康发展提供了良好的政策环境。

1. 打造符合机场特色的航空产业

按照上海"四个中心"建设目标，上海就机场的区位特征和功能定位，分别出台相关政策促进"两场"航空产业发展。

在促进浦东国际机场发展中，上海以航运中心与贸易中心建设为引领，依托"三港三区"，着力打造民航制造业、航运服务业、现代物流业三大特色产业。在民航制造业方面，注重发挥大飞机项目的引领作用，并加快完善配套设施，促进民航制造业相关产业集聚。目前，中国商用飞机有限责任公司总部、研发中心、总装基地已整体落户浦东综合保税区。在航运服务业方面，以提升现代航运服务功能和全球航运资源配置能力为重点，以洋山临港、外高桥、浦东国际机场、陆家嘴等航运服务集聚区为主要载体，吸引高端航运服务业相关的重点企业和机构入驻，推进国际航运发展综合试验区建设。同时，浦东新区下发了《浦东新区促进航运业发展财政扶持办法》，促进高端航运服务业企业和机构聚集。2013年，首家国际航运非政府组织设立的民办非企业组织——波罗的海国际航运公会上海中心在浦东揭幕。在现代物流业方面，围绕贸易中心建设的重点，大力发展与贸易相关的口岸物流、生产性物流与现代物流，推进国际进口贸易促进创新示范区创建。

在促进虹桥国际机场发展的过程中，上海积极抓住虹桥交通枢纽和虹桥商务区建设机遇，按照"三区两带"的总体布局要求，加快虹桥国际贸易中心、中山公园商业中心，特别是虹桥临空经济园区的开发建设，通过功能、产业、形态"三位一体"发展，着力提升虹桥地区的国际商务商贸功能和总部经济功能。推进贸易订单、贸易规则咨询、贸易信息发布和贸易金融等平台落地；推动国内外各类经贸组织、行业协会、商会、代表处等贸易机构在虹桥地区集聚；以尚嘉中心、金虹桥国际中心等商业设施建成为契机，积极引进集成店、体验店等新型业态，发展一批国际品牌和国货精品店，不断提升以顶级和中高端为特征的新虹桥商业中心能级，实现区域国际商务商贸功能创新。

2. 形成符合区域功能的土地利用格局

在推进虹桥国际机场发展的过程中，一是注重坚持"国际、商贸、文化"功能特征，

以精心打造虹桥核心区为抓手，努力把虹桥国际贸易中心打造成为繁荣繁华的标志性商务区之一，完善重大项目推进机制，加大现有开竣工、改扩建项目推进力度，按照整体设计、分步推进、梯度腾挪的思路，对接国家战略，积极推动虹桥核心区成片改造和规划项目建设，高标准打造核心区。二是按照东临空基本建成、西临空开发建设全面启动的任务要求，积极推进土地收购、有序出让和经济楼宇建设，着力打造"一核一片、两条轴线、一条景观带"的新形象。突出重点地块整体规划与设计，探索与总部经济相适应的土地出让方式，注重源头引进知名企业，提升开发水准和后续运营能力。

3. 完善符合区域发展需求的配套设施

在探索"一市两场"模式中，上海注重结合区域特色，完善自贸试验区的配套设施，加快形成符合区域发展需求的设施环境。"十一五"期间，市政府对"两场"扩建工程和征地等方面给予了大力支持，共安排 70 亿元资金（浦东国际机场 40 亿元、虹桥国际机场 30 亿元）加快机场硬件设施发展。

在浦东国际机场的发展过程中，上海以综合保税区功能布局为导向，从"三港三区"的内部与外部配套两方面着力形成符合区域发展需求的配套体系，并逐步打造集空港、铁路、港口、轨道交通"四位一体"的上海东部交通枢纽，加快形成完善的集疏运体系。在内部配套方面，上海着力推进洋山深水港区四期、浦东国际机场第四、五跑道等重点工程建设，满足"三港三区"自身发展需求。在外部配套方面，上海以功能布局为导向，在迪士尼、商用飞机基地、大型居住社区等配套设施需求最旺盛的区域加快完善配套设施，满足区域发展需求。同时，上海注重加快临港新城滴水湖站交通枢纽、湿地公园等一批工程建设。

在虹桥国际机场发展过程中，上海注重从商业配套、交通绿化配套、文化配套等多方面完善区域配套设施。推进商业步行街、SOHO 文化广场、临空 1 号公园（体育中心）等配套项目建设，积极完善交通绿化等，推进临虹路桥、广顺北路桥等建设，完善临空北部地区的对外交通和东西临空交通衔接，优化区域公共交通系统和绿化体系。加强城区综合体中文化空间打造，重点推进虹桥国际贸易中心、中山公园商业中心和虹桥临空经济园区新建楼宇的文化配套设施建设，提升商务楼宇文化品位。

4. 探索试验符合自由贸易试验园区功能的税收政策

按照国务院印发的《中国（上海）自由贸易试验区总体方案》，上海积极探索试验自由贸易试验区功能，加快形成符合自由贸易试验区功能的税收政策体系。按照《中国（上海）自由贸易试验区总体方案》部署，上海对自由贸易试验区内符合条件的企业分别采取分期纳税、增值税优惠、免税与退税等税收优惠政策。同时，为进一步发挥自由贸易试验区功能，上海探索破除外汇与税收政策障碍，试点在保税区推行非保税货物免征增值税，实现境内关外政策，进一步优化自由贸易试验区的运营环境。

5. 构建符合区域发展需求的人才政策体系

为打造符合与"四个中心"建设相适应的人才政策体系，上海制定了《上海市中长期人才发展规划纲要（2010—2020 年）》，明确了重点任务、重大工程与体制机制保障。

同时，上海针对自由贸易试验区各个功能区的不同特点，出台了适宜功能区与产业发展需求的人才政策体系，积极打造良好的人才发展环境。

在浦东国际机场航空经济区发展过程中，上海以"国际人才创新试验区"建设为引领，加强人才的引进、培育与发展，满足"四个中心"核心功能区建设的人才发展需求。加快张江高科技园区、陆家嘴、临港等海外高层次人才基地建设，促进重点领域人才的集聚与培育；设立人才服务中心，为高层次人才提供医疗、子女教育、住房、创业等方面的配套服务，优化人才发展环境。

在虹桥国际机场开发区的发展过程中，上海统筹现代服务业人才、高技能人才等各类人才队伍建设。坚持以产业高地构筑人才高地，加快推进各类人才创新实践基地和园区特色人才高地建设，重点推进博士后、硕博士创新实践基地建设，努力形成人才高地和产业高地相互支撑的良好局面，大力集聚海外人才和高端人才。加快培养领军人才、拔尖人才及创新团队，继续做好优秀人才引进、储备工作。建立人才发展基金，完善人才扶持政策，加大人才专项资金投入力度，建立健全区域人才考核评价和表彰激励机制。加强人才服务，以实施人才安居工程为重点，努力解决各类人才关注的居住、医疗和子女教育等实际问题。

## 四、支线航空的支持政策

根据中国民用航空局的数据统计，截至2020年底，民航全行业运输飞机为3903架，但支线飞机仅有201架，机队结构发展不平衡的现象仍然十分突出。显然，这一现状与当前我国世界第二民航大国的身份有些不符。对于中国民航运输业来说，要实现行业健康发展就必须大力发展支线航空，有效推动民航服务供给侧结构性改革，才能更好地满足我国经济和社会发展的需求。

首先，由于国内支线航空市场不成熟，航空公司又没有战略定力去深耕支线市场，因此"没人飞"是发展支线航空首要解决的问题。目前，国内60余家航空公司中，完全运营支线航空的只有华夏航空、幸福航空和天骄航空三家，以支线业务为主的也只有四五家。因此，尽管2016年中国民用航空局下发了《关于加强新设航空公司市场准入管理的通知》，进一步抬高了航企的准入门槛，但对于新成立的航空公司从事支线航空运输，中国民用航空局依旧维持鼓励的态度。天骄航空就是受益者，作为运营全支线飞机的航空公司，也是近年来中国民用航空局批筹的为数不多的客运航空公司。同时，中国民用航空局还鼓励航空公司开通更多支线航线，对支线航线全部采取登记管理。

其次，在"用什么飞"的问题上，中国民用航空局对于支线飞机的引进同样也持鼓励态度。在中国民用航空局的机队管理政策中，与干线飞机重点调控的基调不同，对于支线权则是逐步放开规划指标，只要航空公司的运营保证能力满足要求就可以进行采购。这一政策对于许多苦于缺少足够飞机规划指标的中小型航空公司来说具有很大的吸引力。

最后，在"愿不愿飞"的问题上，从2006年开始，中国民用航空总局就出台了一系列积极的政策举措，除了上述提到的对支线航空运输发展实施分类指导、放宽支线航空运输的市场准入之外，大力加强支线机场建设、对部分支线运输和中小机场实行政策性补贴等，都体现了政府对于发展支线航空的态度和决心。

中国民用航空总局 2006 年颁布的《民航专项基金投资补助机场建设项目实施办法》，充分体现了"向安全建设倾斜、向不发达地区倾斜、向中小机场倾斜"的政策导向。2008 年，《民航中小机场补贴管理暂行办法》和《支线航空补贴管理暂行办法》（民航发〔2018〕）的制定和颁布，标志着制度化补贴时期的到来，分别明确规定了对支线机场和航空公司的补贴规则。

此后，支线航空补贴政策进入实施、反馈、修正和不断完善的阶段。2012 年，财政部发布《民航发展基金征收使用管理暂行办法》，以民航发展基金取代原来的"一金一费"，即民航基础设施建设基金和民航机场管理建设费。2013 年，《支线航空补贴管理暂行办法》（民航发〔2013〕）颁布，对已执行 5 年的原支线航空补贴办法进行首次修订。2019 年 6 月，中国民用航空局发布了《关于调整民航支线机型的通知》，明确了包括 ARJ21、新舟 60、CRJ、ERJ 等在内的 13 种机型免缴民航发展基金。在经过了几轮补贴方案改革后，中国民用航空局的补贴方案围绕以下方面进行了明显的改进：一是更加突出了基本航空服务属性，支线航空补贴不断向"连接中西部地区、老少边穷地区"以及"区域枢纽机场和支线机场之间"的航线倾斜。二是补贴对象变得更加合理，允许地方根据实际情况动态调整所补贴的航线。三是鼓励使用支线飞机运营支线航线，区分支线飞机和非支线飞机的补贴客座率范围，对支线飞机执飞的航线，能够享受补贴的航班客座率由 80% 提高到 90%。使用支线飞机运营的支线航线，补贴标准按同类航线补贴标准上浮 20%。同时，补贴也不再"一碗水端平"，大力提升特殊支线的补贴力度，运营连接除西藏自治区以外的藏区、新疆维吾尔自治区内机场、高原（高高原）机场的支线，补贴标准上浮 20%。对西藏自治区航线采用"兜底补贴"策略，规定"运营西藏区内航线和连接西藏机场的跨区航线，对核定的运营亏损全额予以补贴"。从金额上来看，2013 年中国民用航空局对支线航空的补贴额为 4.3 亿元，2019 年这一数字上升到 8.5 亿元，根据中国民用航空局 2019 年 9 月公布的 2020 年度支线航空补贴预算，2020 年补贴额将继续提高至 11 亿元，而这一数字还不包括支线机场基础设施的投资以及贷款贴息等资金支持。[①]

## 五、我国航空经济发展政策的不足

### （一）政策缺乏针对性、系统性

由于航空领域特点、大飞机产业特点，其无论是大飞机产业还是通用航空，都对税收、融资、进出口、专有人才、市场保护等方面有着较其他产业相对特殊的需求，现有相关政策大多缺少针对性，使得政策落实时可能会出现效果不显著或缺乏灵活性的情况，从而不能全面有效地对目前尚不成熟的本土大飞机产业提供政策保障。

除在政策针对性方面尚存不足外，政府对于大飞机产业组织、产业保护、产业监管等

---

① 田云. 支线航空市场的欢鸣与困扰〔J〕. 大飞机，2020（1）：25-29.

层面的政策还较为零碎、体系不全，尚未形成涉及整个产业链相关领域的协同呼应的政策群，并且部分已出台的政策在规定内容与指导意见上不够具体，这可能会使得少数专项政策陷入难落实、少保障等局面。目前，政策缺乏系统性的问题依然存在。

（二）过于依赖技术进口，国产化程度低

无论是支线客机 ARJ21 还是大型客机 C919 都是经过攻克技术难题最终实现了系统集成。然而产业链中最为核心也最能实现价值增值的核心技术与关键零部件的生产制造工艺仍掌握在国外供应商的手中。以大型客机 C919 为例，由 C919 的部分核心系统供应商（见表9-2）可以看出我国与外国在核心技术领域存在着很大差距，国产化程度不高。技术差距使得产业内的许多本土企业只能进行技术含量低且附加值低的转包生产、原材料加工、基础维修等工作。

表9-2 C919大型客机部分核心系统供应商情况

| 系统组件 | 供应商 | 供应商资本构成 |
| --- | --- | --- |
| 机鼻段机身 | 成都飞机工业（集团） | 中国 |
| 前后段机身 | 中航工业洪都 | 中国 |
| 机尾段机身 | 中航工业沈阳飞机工业（集团） | 中国 |
| 中段机身（含机翼副翼等） | 中航工业西安飞机工业（集团） | 中国 |
| 涡轮扇叶发动机 | CFM International | 美法合资 |
| 发动机罩含反推装置 | Nexcelle | 美法合资 |
| 发动机排气系统 | Nexcelle | 美法合资 |
| 起落架系统 | 利勃海尔中航起航空有限责任公司 | 中德合资 |
| 航电核心 | 昂际航电 | 中美合资 |
| 辅助动力装置 | Honeywell Aerospace | 美国 |
| 机轮、轮胎、刹车系统 | Honeywell Aerospace | 美国 |
| 启动发电系统 | Honeywell Aerospace | 美国 |
| 大气惯导系统 | Honeywell Aerospace | 美国 |
| 空气管理系统 | Liebherr Aerospace | 法国 |
| 惰化系统 | Parker Hannifin | 美国 |
| 液压系统 | Parker Hannifin | 美国 |
| 外部通信系统 | Panasonic | 日本 |
| 照明系统 | Goodrich Hella Aerospace | 德国 |
| 防火系统 | Kidde Aerospace | 美国 |
| 电源系统 | UTAS | 美国 |

资料来源：根据互联网及中国商飞发布全球市场预测年报整理。

### （三）高端人才短缺

以通用航空为例，由于准入门槛高，需要飞行、机务、签派、管制等专业人员，人才队伍建设是实现通用航空产业发展的关键。在国家大力支持发展通用航空产业、各地竞相发展的背景下，既对安全效益提出了更高的要求，又对高质量的飞行人才队伍提出了刚性需求。因此，通用航空人才逐渐成为制约地区通用航空产业发展的瓶颈。

以航空制造业为例，上海仍是人才需求旺地。由于本土人才供给不足，上海航空制造产业的人员主要依赖于外部人才引入。航空制造产业作为新兴产业，各地区人才储备的增长远不及飞机量产所需人员的增速。C919 即将进入批量生产，对相关技能人才的需求将会更大。ARJ21 支线客机其相关装配技能人员约 670 人，其中 300 多人是新手，年产量大概为 25 架。若要完成该客机目前已取得的 600 多架订单，每年装配人员的缺口高达数百人。除了技能工人外，在当前整个行业人员构成中，高精技术研发人员、航空供应链管理人员、适航审定人员以及海外专家等专业人才群体的紧缺更加突出。可以肯定在今后上海航空制造的高端人才缺口问题将进一步加剧。

## 六、我国航空经济发展政策的改进建议

### （一）完善航空产业相关的政策立法

从前述航空制造业的历史发展与现状中，我们可以从运 10 的失败中看到长期的国家战略发展规划与稳定的政策法规对航空研制的重要性，也可从与麦道公司、空中客车等的合作失败中看到单纯依赖国外技术引进而无自主创新的落后航空工业体制是不可取的。航空制造是战略性高科技产业，我们应充分汲取过去的经验与教训，飞机型号研制一旦慎重启动，相关决策就不能反复更改，应有稳定的政策法规长期扶持，避免因为机构改革、领导调任等产生政策变动风险。以航空霸主美国为例，为适应其航空业的发展，美国于1994 年签署《通用航空振兴法》，将国家的航空产业发展战略规划通过立法进行长期保证。我国现有的政策法规在规章协调性和统一性方面仍存在缺失与不足，可以考虑通过制定《航空法》、修改完善《中华人民共和国民用航空法》以及制定《航空制造产业发展条例》的方式将航空产业的战略产业地位、决策体制与程序、国家的支持政策予以确定，之后对已有的具体政策进行梳理比对，适时进行有针对性的调整或者补充，确保各政策内容能够协同呼应。使得各类政策能够真正落到实处，确保国家战略决策的贯彻实施与巨大投入的效益实现，切实提升航空产业的竞争力。

### （二）坚持技术自主创新

现有的航空领域政策强调与国外先进企业开展合作，引入国际先进技术。这种技术引入相较进行自主研发具有风险低、见效快的特点，但需要警惕避免对国外技术产生严重依赖，仅满足于仿制、复制先进技术的情况。政府应当明确在航空经济的发展中，引进先进技术的目的不仅在于提高自身技术管理水平，更是为了最终超过竞争对手，获得更多的市场份额。这要求引导航空领域的技术在加强国际合作的同时坚持自主创新，从技术基础做起，进行长期的学习与攻关。

政府应当确保对航空领域技术进行基础研究以及自主创新方面的持续投入，包括设立科研基金、建立科研实验室、购买科研设备；通过技术入股、合资经营等方式鼓励产业中的企业积极参与创新研发，制定科研成果价值评定标准及成果收益分配办法以保障其技术成果转化效益并完善知识产权保护措施对其创新成果予以维护；对于参与政府科研项目的企业，保障其对研发成果的优先使用权；对基础性的研究成果向社会公开；对涉密及领先的科研成果部分公开，企业优先享有使用权；对专项性强的技术由企业所有。

由于航空领域的技术研发投入很高，除前述措施外，还应尽快推动建立军民融合的科研体系来降低研发成本，保证技术供给，包括设立军民融合创新示范基地、开展军民融合综合改革试点等。研发机构可通过军方实验室或公益性的大型实验室、国家实验室等超级计算机、大型风洞等价格高昂的先进实验设施进行部分基础研究、尖端技术开发等。这种方式不仅能培养原始的创新能力、保证持续的技术进步，还能有效规避 WTO 关于补贴与反补贴的限制，对当前形势下的航空制造产业发展起到很大的支持作用。

（三）改善航空领域人才的保障

航空领域的人才保障主要有两大问题：一是本土人才供给资源较少，主要依赖于外部人才引入；二是高素质的专有人才存在缺口且人员流动率较高。对此，政府可从以下方面予以改善：

首先，注重后备人才的培养储备，可以鼓励有条件的院校设立航空相关专业，建设航空学院，推动产学研结合，支持航空企业、高校与科研院所之间的合作，支持科研人员到企业兼职以及企业人员到院校培训，着重培养航空企业需要的专业技术人才、经营管理人才、技能工艺人才以及适航审定认证人才。

其次，继续吸引行业领军人才，通过丰富人才引入政策、创新人才引入形式提升人才政策的吸引力，建立人才综合服务平台提供相关行政服务，完善人才引入的后续保障机制以确保人才政策落实。

最后，结合当前航空领域的实际情况对产业内占主体的国有企业进行薪酬机制的调整与监管，与高端制造业的行业市场水平接轨，确保做出贡献的优秀人才获得相应的正向激励，同时逐步对相关企业进行改革，推动其成为市场化主体，使得企业能够通过高效灵活的市场化运营为人才提供相应的薪资福利，营造公平合理的就业环境，从而为产业发展提供持续的人才保障。

# 第三节　国际航空经济发展政策实践经验及其启示

## 一、开展航空经济区建设评估，营造良好的投融资环境

航空经济准备阶段中，政府需要从宏观角度出发测算经济腹地和城市的竞争力，评估

机场建设的可行性。如果具备建设航空经济区的条件，需要统一规划经济区的地理位置、占地面积、交通水电和噪声污染处理等。

基本原则是经济区内部设施具备人性化、现代化特点，外部主体建筑坚持不以破坏环境为原则，注重循环使用的环保理念，建立土地利用和保护机制。在建造经济区时政府可以通过"杠杆原理"采用多渠道融资方案，引进市场机制以降低政府风险，并继续发展本地区主导产业，推行适合本地主导产业发展的优惠政策，使本区域经济基础更加坚实。

## 二、完善航空港服务体系，出台航空指向性产业发展优惠政策

由于航空指向性产业发展迅猛，航空经济成长阶段中政府应加大对其支持力度。通过税收优惠和财政补贴等手段营造良好的投资环境，做好核心产业的同时鼓励高新技术产业的发展和科研机构的建立，不断吸引跨国公司的进驻和基地公司的建立，增强区域竞争力和实现品牌效应。

政府还应从横向、纵向两个方面发展产业链，丰富企业数量，促进上下游产业之间的联系。注重空间上合理布局，根据产业的不同类型初步划分航空经济园区，实现土地利用效率最大化。

## 三、以主导产业带动产业全面发展，激励和扶持创新型产业和现代服务业

市场机制以促进产业升级，是航空经济成熟阶段中的重要特征。产业集群和规模经济的相继出现，预示政府对投资和跨国公司的吸引工作基本完成，空间分布、产业结构逐步趋于合理，这些都促使政府适当放开并积极利用市场机制完善资源配置。

引入市场机制的同时，政府应把管理的重点集中在控制恶性竞争方面，在把航空经济这块"蛋糕"做大的理念下，协调各方利益主体的关系以形成合力共同发展。政府需要注重航空经济对周边地区的带动作用。如政府可以加强对本地区原材料供应商的支持力度，解决剩余劳动力的就业问题；支持服务业和创新型产业发展，完善周边地区产业结构促使就业结构合理转变。

## 四、重点支持核心产业，发挥市场机制作用预防产业链断裂

航空经济瓶颈阶段，是最需要政府关注的关键时期：

第一，政府应该保护效益好、关联性强、可持续发展的核心产业。没有航空指向性产业的发展就不存在航空经济，更没有后面产业链的延伸，所以政府在各企业激烈竞争时应利用市场机制淘汰部分缺乏生命力的企业并保护核心产业。

第二，需要区分外迁企业，有选择性地安置和扶持。尤其是与核心产业联系紧密的配套产业，以及能够带来大量税收和解决就业的产业，使其继续发挥带动地区经济的作用。部分企业在市场机制的调节下外迁，政府应该引入合适企业以填补外迁企业在空间上、经济上的空缺，维护产业链的稳定，防止产业链出现断裂。如建立营利性高新技术研发机

构，既可以促使航空经济园区向高端产业发展，又可以弥补税收财政上的空白。

第三，应合理规划和高效利用土地资源。

## 五、政府部门之间应建立良性协调机制，杜绝"条块分割"和各自为政

在航空经济发展的前期，政策的实施大多由一个或两个行政单位，如市一级行政单位和区、县一级行政单位共同完成。在航空城开发阶段，由于其空间上已经远远超出航空经济园区的范围，成为多个区、县一体发展的综合功能区，就需要各区、县在发展自身经济、完善产业结构以及在上一级政府统筹安排的基础上解决规划问题，还应避免恶性竞争的发生。例如，产业的选择和转移问题、各区县在竞争与合作之间如何抉择等问题，这些都需要各级政府协调解决，特别注意防止"条块状"发展模式。

# 第十章 "空中丝绸之路"实践

"丝绸之路"是由德国地理学家费迪南·冯·李希霍芬在 1877 年出版的著作《中国：亲身旅行的成果及据此的研究》一书中提出的。李希霍芬在 1868~1872 年对中国进行了 7 次考察活动，是近代中国地质学的奠基人。其把"从公元前 114 年至公元 127 年间，中国与中亚、中国与印度间以丝绸贸易为媒介的这条西域交通道路"命名为"丝绸之路"，这一名词很快被学术界和大众所接受并被正式广泛运用至今。"丝绸之路"虽然因丝绸贸易而命名，但自产生之初就逐渐成为中国与西方政治经济文化往来通道的统称，其中最重要的内容仍是经贸往来活动。

"空中丝绸之路"是基于"丝绸之路"概念而提出的与航空运输密切关联的跨国政治经济文化活动渠道的总称。"空中丝绸之路"的构想在 20 世纪 90 年代就有学者提出，试图通过航空运输架起区域经济发展的空中桥梁。2017 年 6 月 14 日习近平在人民大会堂会见贝泰尔时指出，深化双方在"一带一路"建设框架内金融和产能等合作，中方支持建设郑州—卢森堡"空中丝绸之路"，要加强文化、教育、体育等人文交流，提高人员往来便利化水平等。"空中丝绸之路"建设自此上升为国家战略，进入了新的快速发展时期。

"空中丝绸之路"建设是航空经济发展的特殊方式和重要实践，它推动了相关城市或地区的航空经济实践行稳致远，也带动了相关产业快速开放发展。在全球化趋势滚滚向前与逆全球化思潮蔓延之际，中国"空中丝绸之路"实践与"一带一路"建设、国际商务深化发展、航空城（航空港）建设等一系列国际、国内、区域重大经济社会行动紧密融合，其现实意义和历史意义至为重要而深远。

## 第一节 "空中丝绸之路"与"一带一路"

### 一、"空中丝绸之路"是"一带一路"的细化和拓展

为迅速推进"一带一路"建设，迫切需要改善交通运输条件，打造"空中丝绸之路"，发展现代航空运输业。现代航空运输业相较于传统的海运、铁路、高速公路等交通方式，具有时效性、可达性和产业带动性三方面的特征，具有明显的优势和重要的现实意义。

2019 年 5 月 31 日，经首届"空中丝绸之路"国际合作峰会组委会倡议，多个航空领域有代表性企事业单位和社会团体组织积极响应，在中国国际服务贸易交易会上，首届"空中丝绸之路"国际合作峰会在北京临空经济核心区正式举行。峰会期间，北京临空国际技术研究院院长马剑代表 15 家联盟首批发起单位宣读联盟发起倡议书，倡议书认为，"空中丝绸之路"是以"一带一路"相关国家和地区航空枢纽城市为服务对象，以民用航空运输为基础，以推动国产民用飞机和北斗产业链"走出去"为支撑，以拓展机场和临空经济区建设为平台，以口岸通关便利化、临空产业集群化为重点，以"一带一路"沿线国家和地区枢纽机场城市为产业合作的优先承载区，建立中国与相关国家和地区之间的航空运输互联互通及临空产业联通的经济合作创新模式。

首届"空中丝绸之路"国际合作峰会前后，"空中丝绸之路"国际合作联盟筹建正式启动，参与联盟创始发起的国内外机构有中国城市临空经济研究中心、中国航空学会、中国口岸协会、中国卫星导航定位协会、中国民航机场建设集团、国家发改委综合运输研究所、北京临空国际技术研究院、郑州航空工业管理学院、西安航空基地综合保税区、中国—白俄罗斯工业园管委会、赞比亚—中国经贸合作区、中国—印尼经贸合作区、巴黎机场管理集团（ADP）、英国航空（British Airways）等 15 家单位。联盟"要着力推动陆上、海上、天上、网上四位一体的联通"。联盟成立后已协助北京临空经济核心区与赞比亚—中国经贸合作区、中国—白俄罗斯"巨石"工业园区建立跨境战略合作，帮助国产通用飞机制造商签署海外销售批量订单等相关业务。

"空中丝绸之路"国际合作峰会组委会秘书长单位北京临空国际技术研究院负责联盟日常运营的具体工作。为全面推动"空中丝绸之路"建设，提供航空经济国际合作"一站式"解决方案。联盟以全面落实"四位一体"联通为发展目标，整合国内外临空产业资源，发挥平台优势，引领中国临空产业上下游企业抱团出海，让"中国服务""中国方案"服务"一带一路"共建国家。联盟组建后秉持"一带一路"的"共商共建共享"原则鼓励成员单位参与在丝路沿线重要节点城市机场周边建设临空跨境经贸合作区，鼓励并吸引民用飞机及零部件制造、北斗导航网络技术应用、跨境电子商务项目孵化、高端电子产品制造、冷链物流设施建设、高附加值产品研发等航空产业链核心或依托航空运输优势的产业在临空跨境经贸合作区集聚。

"空中丝绸之路"国际合作联盟运营模式：按照国家对社团管理要求，借鉴行业国际组织运营管理经验，建立联盟全职工作团队，采用定向委托的方式为成员单位提供专业服务和行业资源赋能，切实推动"一带一路"国际合作。联盟愿景：成为中国航空经济领域首家真正具备国际产能合作基因的联合体，引领国内临空优势产能参与国际合作，实现国内国际产业双循环相互促进发展的新格局，推动"空中丝绸之路"高质量建设和发展。

"空中丝绸之路"国际合作峰会作为服贸会航空领域唯一重点论坛，已成为我国航空领域规模最大、级别最高、影响范围最广的行业盛会，取得了一系列理论成果与经济成果。每年峰会期间都先后发布了《中国临空经济发展指数报告》《中国航空物流枢纽发展指数报告》等，促成多项空中丝路国际合作项目签约。

总之，"空中丝绸之路"相对陆地运输和海上运输的物理空间的"连续性"，航空运输具备的特殊性和国际性可以满足其采用"蛙跳式"（即"非物理连续性"）的联通方式，高度切合国家"一带一路"倡议的时效性、先导性需求。"空中丝绸之路"丰富了高质量共建"一带一路"的内容，使"一带一路"建设覆盖的维度更加广阔和措施更加深入细化；"一带一路"成为"空中丝绸之路"建设的宏观基础背景和可靠的核心依托。

## 二、"空中丝绸之路"建设现状与未来发展

"空中丝绸之路"建设离不开企业、政府、智库等多元主体的共商共建，"空中丝绸之路"建设更离不开机场建设。经过多年的努力，中国民航机场布局和建设发展取得了显著成绩，截至2021年6月27日成都天府国际机场投入运营，我国民航运输机场达到243个（不含港澳台地区）。其中，4F级机场14个、4E级机场38个、4D级机场38个、4C级机场148个、3C级机场4个、3C级以下机场1个。截至2021年6月底，全国在册管理的通用机场数量达到353家。

（一）"空中丝绸之路"建设

2021年8月，在第三届"空中丝绸之路"国际合作峰会召开前，中国城市临空经济研究中心秘书长、北京临空国际技术研究院院长马剑在接受《每日经济新闻》专访时认为，从交通的连接方式看，海上丝路和陆上丝路都是物理连续性，空中丝路的最大优势实际上（体现在）它是空间的节点概念，两点之间可能有无数种连接方式。从本质属性上讲，空中丝路实际上是对"一带一路"的补充完善，让"一带一路"建设覆盖的维度更加广泛，不仅连接大陆、沟通海洋，还在浩瀚的天空中构架起合作桥梁。

马剑认为，航空业专业化程度比较强、分得很细。从空中丝路面临的问题来讲，国内航空产业链上下游的企业之间应先有一个基本战略，即先抱团，打破本位主义、部门主义利益。抱团建立游戏规则、话语权，然后再"出海"参与国际竞争。不管是开辟一条新航线，还是销售一架国产大飞机，中国航空经济在行业里制定规则的话语权能力要提升，形成让对方接受的标准，这是空中丝路平台的远期目标。成立"空中丝绸之路"国际合作联盟的初衷和作用就是与强者为伍，以强者为师，站在强者的肩膀上行动。如学习英国盖特威克机场的精细化管理，开拓第三方市场等。为此，应搭建和利用好"空中丝绸之路"国际合作峰会这样的合作平台，扩大空中丝路国际交往产业链的朋友圈，增强共识，吸引一些新鲜的血液，强化产业合作联盟组成一个闭环生态圈。通过合作去引领、去打造商业模式、运行规则。

马剑提到，修复调整我国民航业的货运短板，加强全货运机场建设，对航空货运提供补贴支持。大力完善国内航空货运产业链建设。利用通用航空打通中国航空的"最后一公里"，它解决低空1000米以下大众航空消费服务需求问题。我国通用航空还有巨大的发展空间，处于美国的5%~6%的水平。这同时也是我国通用航空快速发展的好机会。

马剑表示，"空中丝绸之路"建设也为航空经济区（或临空经济区）、航空大都市、航空关联产业发展建设提供良好机遇。通过航空这个"点"带动区域发展的"面"。航空

运输是推动区域化、国际化融合的加速器。目前，依托航空枢纽发展开放型经济、统筹空天资源进行产业要素组织和开发的能力仍较欠缺。

发展航空经济应遵循行业发展基本规律，摆脱传统政府主导、强势推行的方式。结合我国"一带一路"倡议中六大经济走廊的布局，推动民航与高铁、城际铁路之间的空铁联运，推动区域内的机场与机场、机场与高铁站之间的互联互通。积极参与"空中丝绸之路"建设的空港城市，提前谋划以"一带一路"沿线国际枢纽机场城市为产业合作的优先承载区，以"双国双园"模式促进口岸通关便利化、临空产业集群化为重点，实施多领域、全方位合作，构建航空运输互联互通和临空产业联通的区域开放创新合作模式。

（二）"空中丝绸之路"建设中我国国际航空货运能力现状

"空中丝绸之路"建设的重要内容是国际贸易范围和种类不断扩大与国际航空货运能力的持续提升。"空中丝绸之路"的未来发展必将在提升我国国际航空货运能力方面拓展思路。因此，下面主要从我国国际航空货运能力方面[①]分析"空中丝绸之路"建设现在与未来。总体上讲，目前我国国际航空货运能力短板明显，与我国在全球产业链中的国际地位不匹配。主要表现在如下两个方面：

1. 中国在全球产业链的枢纽位置要求有匹配的国际物流服务体系

中国与美国、德国并列为全球产业链三大制造中心。自加入 WTO 以来，我国依托低成本劳动力优势和全球领先的工业体系已取代日本，居于全球产业链的枢纽位置。据麦肯锡对全球 186 个国家和地区的贸易状况进行分析，2019 年发现有 65 个国家的第一大进口来源地是中国。世界发展指数（WDI）显示，截至 2018 年，中国已成为 120 多个国家和地区的最大贸易伙伴，成为全球制造中心的重要节点。我国跨境电商发展迅速，成为航空货运的新增长极，已批准设立 59 个跨境电商综试区，形成区域全面覆盖新格局。跨境电商迅猛发展促进了国际及港澳台快邮的增加，2010~2019 年我国国际及港澳台地区快递量年均复合增长率为 27.20%。我国跨境电商产业逐渐对接全球发达国家，发展日益成熟。同时，国际快件运输方式中航空占比 90%，不断对我国国际航空货运服务能力提出了新要求。

我国在全球产业链中的制造和消费地位，需要与之配套的国际物流服务体系，而航空货运因其服务范围广、附加值高、快捷高效等特点，是一个国家构建全球供应链服务体系的重要支撑，对我国发展高端产业、深度参与国际分工与合作、构建全球产业链具有重要意义。在全球或区域性风险发生时，国际航空货运更是国家战略性物资快捷运送的重要生命线，对于应对风险和危机显得格外重要。

2. 我国航空货运规模全球第二，但国际化和专业化水平不足

从总体规模来看，我国航空货运行业的发展可分为两个阶段：第一阶段是 2000~2011 年，这时国内经济处于快速发展期，对运输时效和质量有较高要求的产业快速增长，我国航空货运量复合年增长率约为 9.9%，呈现快速发展态势。第二阶段是 2012~2019 年，民

---

① 石学刚，周琳. 后疫情时代提升我国国际航空货运能力的对策建议 [J]. 综合运输，2020（12）：108-113.

航货邮运输量复合年增长率约 4.7%。其中，2019 年民航业完成货邮运输量 753.2 万吨，同比增长 2.0%，约占全球航空货运量的 12.30%，按吨公里计算的航空货邮周转量占全球比重超过 30%。我国航空货运规模位居全球第二，国际航空运输协会（IATA）预计中国很快将超越美国成为全球最大的航空货运市场。中国航空货运现阶段仍存在明显短板，整体发展并不理想，尤其在国际航空货运能力上与欧美等国家相比存在明显不合理，与我国现阶段在全球产业链中的地位、开放型经济发展趋势及消费升级的方向不匹配。

（1）国际航线货邮运输量占比低。从我国航空货运市场结构来看，国际航线货运占比仍较低，并且相对于国内航线货运而言，增速不稳定，受国际市场非抗力因素影响较大，还未形成稳定可持续的发展模式。自 2010 年民航全行业国际货邮运输量占比和国际货邮周转量占比两个指标始终无法进一步提升。

（2）全货机的发展仍处于初级阶段。首先，全货机运量占比低。我国客机腹舱仍是运力供给的主力军。由于全货机运营成本高、国际航线距离长，所以只有通过载货率高的规模效应才能降低空运边际成本使运营单位获得较高收益，而国内航线全货机优势没有客机腹舱明显。其次，全货机数量和运力供给不足。一直以来我国三大航空（中国南方航空、中国国际航空、中国东方航空）在客运业务上的扩张带动了货运运力被动增长，造成部分国内航线的腹舱运力过剩，但我国航空全货机运力供给却稍显不足。三大航机队都尚未运营窄体货机，即尚未有一家航空公司拥有较为完整的远程、中程及短程全货机运力结构。再次，全货机运力和国际航线布局均差距悬殊。如仅美国联邦快递一家就拥有货机近 700 架，自有货机比例约 94%，联邦快递采购了大量支线小机型货机用于国内航空货运网络布局，航线网络基本覆盖全球主要城市。最后，全货机整体载运率偏低。国际上绝大多数客机的腹舱载运率在 70% 以上，而我国航空货运业全货机载运率国内航线普遍在 60% 左右，国际航线大部分不超过 50%，主因是全货机运营企业对货源掌控能力较弱，较少直接向客户揽货，而国内航线货量不足，腹舱市场供大于求，使中小型全货机载运率普遍较低。国际航线面临外航竞争，多数机型在国际航线上又面临同质化竞争问题。

（3）尚未形成完备的国际货运航线网络。首先，航空货运企业海外发展较为乏力。我国全货机的内地货运航空公司较少，并且整体竞争力不足。主要是三大航与外航竞争虽各有独特优势，但与卢森堡货航、DHL、UPS、联邦快递等国外航空物流巨头相比，无论在机队规模、远程机队数量、产品结构、国际化水平、货运航线网络覆盖能力等方面都还有不小差距。国内航空快递企业缺少航空货运国际巨头。其次，航空货运企业货邮周转量整体偏低，并且中国国际航空和中国南方航空发展模式同质性很强，依赖与货运代理商的合作。腹舱运输经营模式围绕货运代理展开，货运代理公司把持货源需求，航空公司难有议价权，压缩了货运航空公司整体利润，中国国际航空国际货运航线布局完全服从客运需求，腹舱运力转化受限于旅客行李量具有不确定性，导致我国在欧美等热门市场高度依赖外航。最后，国际航线高度依赖外方航空公司。目前国外航空公司在我国大部分机场的国际货邮运输来自外方航空公司，如浦东国际机场七成以上国际货邮吞吐量由外航贡献，卢森堡货运航空一家公司占据着新郑国际机场 40% 的国际货邮吞吐量；反观仁川国际机场、孟菲斯国际机场等国际知名航空货运枢纽，主要由本国基地航空公司控制。

（4）缺乏以货运功能为主的机场。首先，机场国际货邮吞吐量普遍偏低。货邮吞吐量多集中在北京、上海和广州三大城市机场，国际货运量集中在北京、上海、广州、深圳和郑州五大机场，西部和中部地区货邮吞吐量较低。内地机场只有浦东国际机场一家可称为国际航空货运枢纽，首都国际机场和广州白云国际机场国际货邮吞吐量跌出前 20 位。和发达国家航空货运发展模式相比缺乏专业货运枢纽机场，货客比（货客比＝万吨货邮吞吐量／千万人次）指标最高的上海浦东国际机场不到 100。其次，缺乏以货运功能为主的机场导致全货机时刻安排受限。客货混运导致货运不仅常要跟着客运走，甚至常与客运争资源，货机时刻安排要服从客机时刻，降低了全货机运输的时效优势，货运航空公司的时效产品必须按照起降时间做规划，缺少"当日达"等高竞争力的服务类型。总之，综合性枢纽机场普遍难以满足货运航空对货站基础设施和服务水平、机位数量、航班时刻、地面服务效率等航空资源要素的需求。我国急需专业航空货运枢纽来优化货运航线网络、货机时刻和货运服务效率，提升航空货运可靠性及优化整体运输成本，由"点对点"运输转向"枢纽轴辐式"运输新阶段。

（5）航空货运服务链各环节信息化水平不高。航空货运服务链由多个承担不同责任的实体组成，包括航空器运营人、快递承运人、邮政运营人、代理人、海关、机场货站、托运人、收货人、地服人员，需要顺畅的信息共享和传递机制。我国航空货运信息化和标准化建设相对滞后，虽然大部分航空货运企业、机场货站、货运代理均建立了自己的货运信息系统，但很多环节或主体间的信息交流方式依然是传统方式，数据需经历多次迭代方可互换，缺乏统一的标准和接口。总体上看，我国航空货运信息技术的应用水平和信息系统集成程度不高；电子运单、电子标签、自动分拣系统、全流程追踪系统等普及率低；缺乏统一信息标准，信息孤岛严重，信息共享程度低，航空货运服务链各参与主体未在一个统一的信息服务平台上共享和传输数据，造成货物物流和信息流无法同步，信息化水平影响了整个航空货运服务链安全、效率和效益。

（三）在"空中丝绸之路"建设中提升我国国际航空货运能力

1. 引入供应链管理思想，推动航空货运企业向供应链综合物流服务商转型

传统货运航空公司服务价值量低。物流服务单一化和货源的不稳定性使传统货运航空公司投资回报率低，在物流价值链中处于底端。中国民航应该利用供应链思想，积极引导传统货运航空公司向供应链物流综合服务企业转型。不断整合上下游产业优质资源，形成一体化服务，为客户提供门到门的一站式服务，为客户量身定制满意方案，最终实现"双赢"。在现阶段应大力支持航空货运公司和社会资本进行深度融合，结合自身发展特色与适合的物流企业实现重组，特别注重引入物流园区、传统零担物流、国际物流、供应链解决方案提供商等类型的投资企业，增强综合物流服务能力，使航空货运向两端进行延伸并实现融合发展。

2. 完善以货运功能为主的枢纽机场体系，增强航空货运网络的层次性和系统性

航空货运机场在航空货运网络中发挥关键节点、重要平台和骨干枢纽作用，是航空货

运网络的基石，并且可以解决"枢纽轴辐式"网络布局和货运航班时刻问题。完整的专业航空货运机场系统是现阶段我国国际航空货运发展的突出短板。打造货运功能为主的机场有两种方式：一种是选择市场发展前景良好、地面集疏运交通完善、空域资源富余的城市新建或把一些支线机场改造为专业货运机场；另一种是在现有客运机场货运区基础上提升完善存量设施资源，打造一批客货兼营但以货运为主的机场。按照货运机场功能和空间布局模式，整合优化存量空港物流设施、补齐枢纽设施短板、完善综合保税区等；并根据城市区位和产业发展要求，找准枢纽的功能定位和服务范围，避免地方性政策制度、地方性恶性竞争和低水平重复建设等问题。在政府协调和市场机制共同作用下，用 10~15 年的时间形成包含国际性枢纽、区域性枢纽、专业性枢纽（航空快递）和门户性枢纽的航空货运枢纽体系，充分满足四种航空货运中转需求，全面构建"横向错位、纵向分工、国内通达、全球可达"的航空货运协作网络，做到航空货运枢纽建设和航空货运龙头企业运营相辅相成。

3. 重视全货机引进和洲际航线的开辟，构建自主可控的国际航空货运通道

各航空货运企业应权衡好长期利益和短期利益的关系，从长远发展的视角出发，重视发展全货机运输，短期内可通过租赁和航空货运运力购买等方式培育市场，探索出成熟的发展模式，待条件成熟后运营更多的全货机。政府和相关主管部门要强化对航空货运企业的支持力度，为提升国际货运能力保驾护航，完善相关补贴和扶持政策，支持全货机的航空货运企业扩大规模，重视全货机飞行时刻的配置工作，支持有条件的机场更多安排白天时刻的全货机航班。此外，应加快与重点国家的航权谈判工作，尤其是适合航空货运中转运输的第五航权，为更多洲际货运航线开辟奠定基础。

4. 强化信息技术的集成应用，畅通航空货运服务链信息流动渠道

航空货运的信息化建设，应以机场为信息化建设的核心载体，协调货运代理、货站、航空公司、海关等主体，在现有信息系统基础上集成升级，加快新技术在航空货运全流程的应用。

第一，全面推广实施中性电子运单，实现货物进出港无纸化运行。电子航空运单（e-AWB）是数字化航空货运的基础，已经成为航空货运行业的新趋势。在现有试点机场基础上参考国际标准，由航空公司、机场、货运代理、中国民用航空局等相关方共同制定中性电子运单标准，全行业推广使用。配合各环节的终端信息采集设备，实时采集物流数据并自动录入信息系统，改善以往纸质文件时代数据录入烦琐、货物进出港业务流程复杂的情况，电子运单下的航空货运信息流程如图 10-1 所示。

第二，搭建一体化综合性航空货运信息交互平台。整合航空货运服务链上各种信息与资源，签订数据交换和分享协议，把机场航班信息系统、航空货站生产系统、货运代理业务系统、航空公司订舱系统、安检服务系统、海关报关系统、货运区运输调度等实时数据接入信息平台。在信息平台中设置信息采集（交换）模块、货物精细化管理模块、卡口管理模块、海关监管、查验、调拨模块等功能模板。在此平台框架下，联合各方完善货运数据统计和发布制度与体系，把信息交互平台建设成为各方共享、共用的信息集市。其具

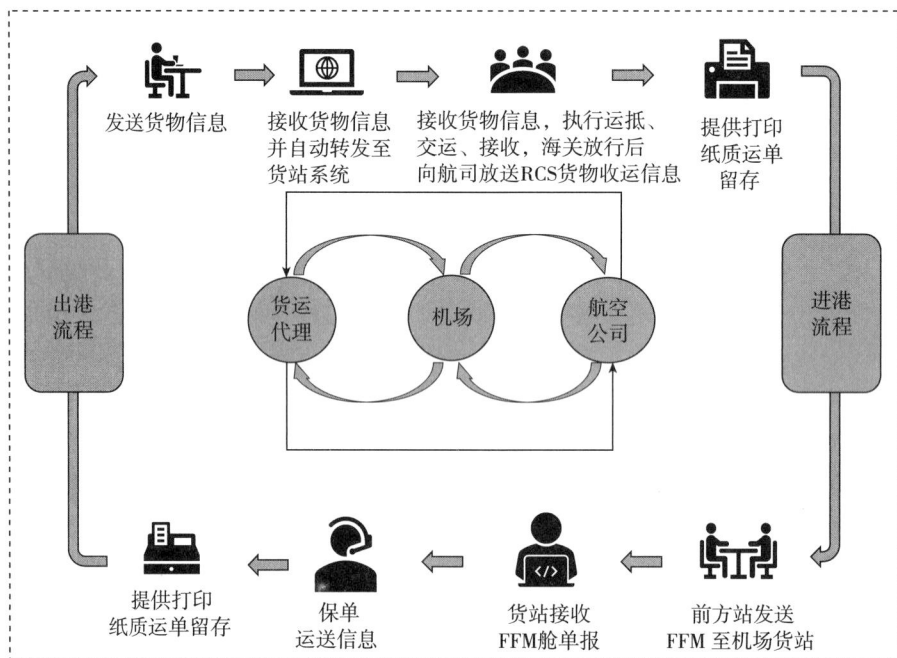

**图 10-1　电子运单下的航空货运信息流程**

资料来源：参照中国民航大学临空经济研究中心网站资料。本部分内容参见：石学刚，周琳. 后疫情时代提升我国国际航空货运能力的对策建议 [J]. 综合运输，2020（12）：108-113.

备信息发布、接收、存储、更新、调用等功能，可根据航空货运服务链各环节需求设置权限，提供一站式信息发布渠道和查询窗口，如发布货物在货站的处理状态、进程信息、安全性，可方便客户实时查询跟踪。海关直接在平台上发布货物清关、查验、验放等相关信息，提升航空货运信息流的通畅性，实现航空货运信息的有效利用。

# 第二节　"空中丝绸之路"与国际商务发展

国际商务活动推进国与国之间密切经济往来、拓展合作领域、加深合作层次。"空中丝绸之路"建设与国际商务发展相互提供了动力、增添了活力和丰富了内容。

## 一、国际商务活动是"空中丝绸之路"建设的主要内容

根据前述"空中丝绸之路"的内涵是要"建立中国与相关国家之间的航空运输互联互通及临空产业联通的经济合作创新模式"，落脚点仍然是国家间的经济合作活动，即采

用新方式、新模式开展国家商务活动。因此，国际商务活动是"空中丝绸之路"建设的主要内容、关键"内核"。目前，中国不仅是世界第二大经济体，也已成为世界第一贸易大国、第一大出口国、第二大进口国，并成为世界上许多国家和地区的第一大贸易国。

国际商务是指跨越国界的交易活动，包括货物、服务、资本等形式的国际转移。国际商务活动是商业性的国际经济活动，是国家和企业以经济利益为目标而进行的经济活动，而不是非商业性的跨国经济活动。国际商务活动最主要形式就是各种方式的国际贸易活动。

（一）跨境电子商务发展催生和推动了"丝路电商"开展

目前，国际贸易呈现出非接触性活动增加、无纸贸易逐步盛行、服务贸易发展迅速等趋势。国际网络和电子通信技术的高速发展推动了跨境跨国电子商务活动代替较大部分面对面的会议交流、协商和谈判，尤其在新型冠状病毒肺炎全球大流行这样的背景下更是如此。跨境电子商务不仅提高了商务活动速度和丰富了商务活动形式，更重要的是节约了时间成本和会务成本，推动了国际商务活动的开展。同时，在新冠肺炎疫情之下，全球供应链版图正在被打破和重构，也呈现出数字化、生态化、多元化、柔性化、绿色化等新趋势。非面对面接触性活动增加、数字化贸易推动国际商务活动高效、深化和多样化发展。

"丝路电商"指中国与"一带一路"沿线国家和地区之间发展的跨境电子商务方面的合作。2016年底，中国商务部与智利外交部签了首个双边电子商务合作的谅解备忘录，标志着"丝路电商"的诞生。随后的数年里，中国不断推进与"一带一路"相关国家和地区在电子商务领域的政策沟通，完成了数十场政企对话会、企业对接会等多双边活动，开发录制了上百节电子商务视频课程，逐步建立并完善了"一带一路"电商合作机制。根据2021年10月商务部、中央网信办和发展改革委研究编制发布的《"十四五"电子商务发展规划》，我国跨境电商蓬勃发展，2020年跨境电商零售进出口总额达1.69万亿元。我国积极参与世界贸易组织（WTO）、二十国集团（G20）、亚太经合组织（APEC）、金砖国家（BRICS）、上海合作组织（SCO）等多边和区域贸易机制下的电子商务议题磋商，与自贸伙伴共同构建区域高水平数字经济规则。电子商务国际规则构建取得突破，《区域全面经济伙伴关系协定》（RCEP）中"电子商务"章节成为目前覆盖区域最广、内容全面、水平较高的电子商务国际规则。除此之外，《"十四五"电子商务发展规划》提出"高质量发展电子商务"，"深化共建'一带一路'国家电子商务合作，积极发展'丝路电商'，推动各国中小企业参与全球贸易，支持数字产业链全球布局，促进全球电子商务供应链一体化发展"。

自"一带一路"倡议提出以来，"丝路电商"不断发展，已成为"一带一路"贸易畅通排头兵，并成为我国外贸发展的新亮点。目前，我国已经与五大洲的二十多个国家建立了双边电子商务合作机制，为数字时代的双边经贸合作开辟了新空间。"丝路电商"发展的很多内容需要通过"空中丝绸之路"来实现。因此，"空中丝绸之路"建设促使国际商务活动走深走实。2020年新冠肺炎疫情全球蔓延对经济全球化进程已产生深刻影响，在全球经济低迷的时候，"丝路电商"在助力抗击疫情、拉动消费回补、畅通外贸产业链供应链等方面发挥了重要作用，促进了"一带一路"相关国家和地区间的商品贸易，成为助力世界各国经济复苏新引擎。国际航空货运能力提升或国际航空物流实力增强是其中重要"内核"。我国国际航空物流的发展要求我们与"一带一路"沿线国家和地区民航运输业的协同合作进一步加强。我国要成为世界领先的航空物流中心，就需要使产业转移、电商崛起、物流枢纽向产业链上游转移、航空运输向中转模式转换同步发展。我国航空物流企业要更好地实施全球时空布局，不断创新发展模式，提升自己的国际竞争力。

（二）在形成全面开放新格局中充实和丰富"空中丝绸之路"建设内容

党的十九大报告提出，"要以'一带一路'建设为重点，坚持引进来和走出去并重，遵循共商共建共享原则，加强创新能力开放合作，形成陆海内外联动、东西双向互济的开放格局"。"赋予自由贸易试验区更大改革自主权，探索建设自由贸易港。创新对外投资方式，促进国际产能合作，形成面向全球的贸易、投融资、生产、服务网络，加快培育国际经济合作和竞争新优势。"因此，国际商务活动将在更广领域和更深层次的开放中加速推进"空中丝绸之路"建设。

自 2013 年 9 月国务院发布《关于印发中国（上海）自由贸易试验区总体方案的通知》设立上海自由贸易试验区，截至 2020 年 12 月底，我国自由贸易试验区已经设置 21 个，增扩 2 个（见表 10-1）。国家相关部门根据自由贸易试验区的具体发展，丰富、完善了相关方案。例如，《中国（河南）自由贸易试验区总体方案》中提出扩大投资领域开放、推动贸易转型升级、增强服务"一带一路"建设的交通物流枢纽功能、完善外贸发展载体等，将自贸区建设成为服务于"一带一路"建设的现代综合交通枢纽、全面改革开放试验田和内陆开放型经济示范区。这些内容的实施落实都离不开"空中丝绸之路"建设。因此，我国各个自贸区建设任务内容也从不同方式和角度丰富充实了"空中丝绸之路"建设内容。

## 二、"空中丝绸之路"建设加速推进我国开展国际商务活动

"空中丝绸之路"建设的主要目的就是为了推动我国国际商务活动深入开展，也为"一带一路"建设拓展空间。因此，"空中丝绸之路"建设为国际商务活动提供了基础设施，基础设施的不断完善和质量提升必将加速推进我国开展国际商务活动。

郑州—卢森堡"空中丝绸之路"成为其中的亮点。自开航至 2021 年 8 月底，卢森堡货航在郑航线累计贡献货运量约 80.27 万吨，成为郑州国际航空货运枢纽建设的主力军。2020 年 6 月，卢森堡首相格扎维埃·贝泰尔在"空中丝绸之路"座谈会上称赞："双方合作潜力巨大，机遇无限。在疫情防控期间，这条郑州—卢森堡'空中丝绸之路'，已成为卢森堡及其他欧洲地区的生命线，是一座雪中送炭的空中桥梁，'空中丝绸之路'已成为连接世界各国的友谊之桥。"同时，卢森堡副首相弗朗索瓦·鲍什在座谈会上表示："回顾 2014 年至今，我认为这次合作非常成功，实属中国和卢森堡两国的'双赢'之举。得益于'双枢纽'战略的实施，自 2014 年起，卢森堡货航已成为连接中国与欧洲乃至与

表 10-1 我国自由贸易试验区设立情况（批准 21 个，扩展 2 个）

| 年份 | 发布年月 | 文件号 | 文件名 | 批准个数 | 自由贸易试验区方案名称 | 面积（平方千米） |
|------|----------|--------|--------|----------|------------------------|------------------|
| 2013 | 2013 年 9 月 | 国发〔2013〕38 号 | 《国务院关于印发中国（上海）自由贸易试验区总体方案的通知》 | 1 | 《中国（上海）自由贸易试验区总体方案》 | 120.72 |
| 2015 | 2015 年 4 月 | 国发〔2015〕18 号<br>国发〔2015〕19 号<br>国发〔2015〕20 号 | 《国务院关于印发中国（广东）自由贸易试验区总体方案的通知》<br>《国务院关于印发中国（天津）自由贸易试验区总体方案的通知》<br>《国务院关于印发中国（福建）自由贸易试验区总体方案的通知》 | 3 | 《中国（广东）自由贸易试验区总体方案》<br>《中国（天津）自由贸易试验区总体方案》<br>《中国（福建）自由贸易试验区总体方案》 | 116.20<br>119.90<br>118.04 |
| 2015 | 2015 年 4 月 | 国发〔2015〕21 号 | 《国务院关于印发进一步深化中国（上海）自由贸易试验区改革开放方案的通知》 | — | 《进一步深化中国（上海）自由贸易试验区改革开放方案》 | — |
| 2017 | 2017 年 3 月 | 国发〔2017〕15 号<br>国发〔2017〕16 号<br>国发〔2017〕17 号<br>国发〔2017〕18 号<br>国发〔2017〕19 号<br>国发〔2017〕20 号<br>国发〔2017〕21 号 | 《国务院关于印发中国（辽宁）自由贸易试验区总体方案的通知》<br>《国务院关于印发中国（浙江）自由贸易试验区总体方案的通知》<br>《国务院关于印发中国（河南）自由贸易试验区总体方案的通知》<br>《国务院关于印发中国（湖北）自由贸易试验区总体方案的通知》<br>《国务院关于印发中国（重庆）自由贸易试验区总体方案的通知》<br>《国务院关于印发中国（四川）自由贸易试验区总体方案的通知》<br>《国务院关于印发中国（陕西）自由贸易试验区总体方案的通知》 | 7 | 《中国（辽宁）自由贸易试验区总体方案》<br>《中国（浙江）自由贸易试验区总体方案》<br>《中国（河南）自由贸易试验区总体方案》<br>《中国（湖北）自由贸易试验区总体方案》<br>《中国（重庆）自由贸易试验区总体方案》<br>《中国（四川）自由贸易试验区总体方案》<br>《中国（陕西）自由贸易试验区总体方案》 | 119.89<br>119.95<br>119.77<br>119.96<br>119.98<br>119.99<br>119.95 |

续表

| 年份 | 发布年月 | 文件号 | 文件名 | 批准个数 | 自由贸易试验区方案名称 | 面积（平方千米） |
|---|---|---|---|---|---|---|
| 2017 | 2017年3月 | 国发〔2017〕23号 | 《国务院关于印发全面深化中国（上海）自由贸易试验区改革开放方案的通知》 | — | 《全面深化中国（上海）自由贸易试验区改革开放方案》 | — |
| 2018 | 2018年10月 | 国发〔2018〕34号 | 《国务院关于印发中国（海南）自由贸易试验区总体方案的通知》 | 1 | 《中国（海南）自由贸易试验区总体方案》 | 海南全岛 |
| 2019 | 2019年8月 | 国发〔2019〕15号 | 《国务院关于印发中国（上海）自由贸易试验区临港新片区总体方案的通知》 | 扩1 | 《中国（上海）自由贸易试验区临港新片区总体方案》 | 119.50 |
| 2019 | 2019年8月 | 国发〔2019〕16号 | 《国务院关于印发6个新设自由贸易试验区总体方案的通知》 | 6 | 《中国（山东）自由贸易试验区总体方案》<br>《中国（江苏）自由贸易试验区总体方案》<br>《中国（广西）自由贸易试验区总体方案》<br>《中国（河北）自由贸易试验区总体方案》<br>《中国（云南）自由贸易试验区总体方案》<br>《中国（黑龙江）自由贸易试验区总体方案》 | 119.98<br>119.97<br>119.99<br>119.97<br>119.86<br>119.85 |
| 2020 | 2020年9月 | 国发〔2020〕10号 | 《国务院关于印发北京、湖南、安徽自由贸易试验区总体方案及浙江自由贸易试验区扩展区域方案的通知》 | 3<br>扩1 | 《中国（北京）自由贸易试验区总体方案》<br>《中国（湖南）自由贸易试验区总体方案》<br>《中国（安徽）自由贸易试验区总体方案》<br>《中国（浙江）自由贸易试验区扩展区域方案》 | 119.68<br>119.76<br>119.86<br>119.50 |

注：截至2020年12月底。

资料来源：根据商务部等政府部门门户网站公开资料整理。

世界其他地区的最为重要的货运航空公司。"①

如今，"空中丝绸之路"作为"一带一路"的建设内容，已纳入了国家"十四五"规划，成为高水平对外开放的重要载体，也将以独特的比较优势，在促进国际贸易发展、推进全球经济复苏中发挥关键作用。在加快构建以国内大循环为主体、国内国际双循环相互促进的新发展格局的大背景下，我国民航业将继续以航空枢纽城市建设为牵引，加强对"空中丝绸之路"建设的战略支撑，更好地促进区域经济的高质量发展。

在不断深化构建对外开放新格局大背景下，作为桥梁和纽带的"空中丝绸之路"，是中国航空经济谋求更高质量的国内大循环和更高水平的国内国际双循环的重要支点，将为我国全方位对外开放注入强劲的动力。

## 第三节 "空中丝绸之路" 与航空城建设

20 世纪 90 年代后期，荷兰阿姆斯特丹史基浦机场当局提出建设"航空城"的设想，荷兰机场咨询公司（NACO）在为许多国家进行机场建设咨询时推广了这一概念。此后，"航空城"作为一个新概念和创新实践，自欧洲和北美地区兴盛起来后在亚洲得到推广。航空城大都采用"专业化+多元化"的发展模式。② 航空城发展主要以航空制造业、航空物流业、航空技术服务业及其带动的横向和纵向关联产业链各行业发展为主题内容。卡萨达教授深入分析和推进了航空城建设的理论研究和实践探索，并认为航空城将向航空大都市演化，"航空城和航空大都市的发展正在获得巨大的吸引力，在全球范围内迅速增长"③④。

"空中丝绸之路"建设及其密切关联的城市或主要货运集散地建设的关系是互为支撑的，航空城建设是其中重要的一环。

### 一、航空城建设是托起"空中丝绸之路"的关键节点

航空城建设是兼具城市功能不断丰富和航空产业链产业集群互相融合的综合发展过程。航空城建设以航空基础设施——机场为核心，由航空配套功能、航空延伸功能和城市/产业功能逐渐扩散的圈层构成。航空城的这些功能和产业发展实际上组成了"空中丝绸之路"建设中的关键节点，是将"空中丝绸之路"落到实处的核心区。

① 河南广电新闻中心. 郑州—卢森堡"空中丝绸之路"座谈会暨 BAA（中国）航空培训中心启动仪式举行［EB/OL］. 搜狐网，https://www.sohu.com/a/401838218_361394，2020-06-14.

② 余自武，张岚岚，诸葛稐. 世界五大航空城［J］. 大飞机，2018（1）：12-17.

③ John Kasarda. Aerotropolis：Landing in the Heart of 21st Century Urban Planning［J］. Business Facilities，2012（1-2）：55-64.

④ John Kasarda. Airport Cities：The Evolution［J］. Airport World，2013（4-5）：24-27.

（一）航空城建设是航空经济发展的必然选择，强化了"空中丝绸之路"建设

国际上著名的航空城建设案例是史基浦航空城，自1988年荷兰政府制定《国家规划与发展报告（第4版）》将史基浦机场定位于国家发展的中心地位后，使其成为欧洲配送中心，在全球化进程中成为荷兰吸引物流与客流的磁石，通过国家控股专业地产机构主导空港城规划和建设。如今，史基浦机场客运量名列欧洲第五、货运量名列欧洲第三，已经与91个国家和地区的260个目的地建立直航，吸引了300余家国际物流商在此运营，40多个世界500强企业欧洲总部入驻，实现年均旅客吞吐量超过6300万人次、平均每分钟就有一个航班降落或离开、临空经济区内形成八大产业集群。目前，阿姆斯特丹临空经济区涉及的产业包括花卉蔬菜、航空航天、汽车制造、医药研发、电子通信、金融、娱乐购物等。航空城已成为阿姆斯特丹乃至荷兰重要的经济增长极。机场已经与知识经济的其他因素联系起来，形成"智慧港"。

亚特兰大航空城是另一个国际著名航空城。亚特兰大航空城坐落在机场周边，是一个典型的商业聚集区。该航空城的功能和产品非常多元化，不仅有商务办公园区、会展中心等商务设施，还有仓储物流、保税园区、加工工业园区等工业设施，以及大型商业娱乐设施、酒店、高尔夫球场等。

随着全球一体化进程的深化和国际贸易活动的多样化发展，航空运输业加快发展，航空经济发展成为区域经济快速高质量发展的"加速器"。在不断加快的城市化进程中，商务活动和休闲购物成为推动经济发展的重要力量。一些城市以大型枢纽机场为依托，积极发展商务经济，逐渐形成了商旅聚集性航空城。许多大中型城市运用区位优势、航空运输历史地位和产业关联性强的优势，规划和推进丰富的航空产业发展和相关区域城市功能的完善和提升，形成不同类型的航空城，推动了当地加快航空经济乃至区域经济高质量发展，不断深度融入"空中丝绸之路"建设之中。

航空城是全球化时代国际经济竞争的桥头堡，体现了一个国家或区域的全球化水平和竞争能力。国内各地航空城多采用不同形式的产城融合模式，宜居宜业，航空城内部主要包括空港区、快速交通廊道、临空经济区、生活配套区等。① 如北京航空城、西安航空城、深圳航空城、武汉航空城、南昌航空城、珠海航空城等。航空城建设一般由一家或多家公司或单位合作投资运营建设。如北京航空城由泰鸿集团、首都机场集团公司和北京顺义区政府合作投资。

目前，我国各地的航空城建设处于不断加速推进阶段，不仅推动所在区域航空经济高速发展和区域经济实力迅速提升，还强化了"空中丝绸之路"建设，为"空中丝绸之路"提供了坚实的基础。

（二）"空中丝绸之路"成就和推动了航空大都市快速发展

"空中丝绸之路"建设是我国推进"一带一路"倡议实施的具体内容，推动我国密切相关区域和城市的开放发展。目前，在河南、湖北、陕西、甘肃、四川、重庆等内陆地区

---

① 刘波. 航空城的空间结构、要素与规划策略研究［J］. 城市规划学刊，2015（4）：69-76.

的不同城市即周边建设有"空中丝绸之路"综合试验区，建设现代航空都市就是综合试验区规划中的重要内容，这不仅有助于推动区域自身实施更大范围、更宽领域、更深层次对外开放，加快打造内陆开放新高地，而且有助于内陆省市持续推进空中、陆上、网上和海上丝绸之路"四路并进"释放出"乘数效应"，让"买全球、卖全球"成为现实，积极主动深度融入"一带一路"建设。同时，对应区域的航空大都市伴随着"空中丝绸之路"建设内容不断丰富和建设水平不断提升而快速发展。

因此，"空中丝绸之路"的建设成果也成就了航空城地区深化、高速建设航空大都市。郑州航空港经济综合实验区是朝向航空大都市发展较快的先行区。

## 二、郑州航空港经济综合实验区与"空中丝绸之路"

"空中丝绸之路"建设自 2017 年上升为国家战略后，得到政府全力支持。郑州—卢森堡"空中丝绸之路"发展成为其中的核心亮点。

（一）乘势而上，科学规划

2013 年 3 月，国务院批复《郑州航空港经济综合实验区发展规划（2013—2025年）》，郑州航空港经济综合实验区成为全国唯一一个以航空港经济为引领的实验区。国家发展改革委在《关于印发郑州航空港经济综合实验区发展规划（2013—2025 年）的通知》中强调："河南省人民政府和国务院有关部门要认真贯彻落实国务院批复精神，积极推进实验区建设，努力把这一区域打造成为国际航空物流中心、以航空经济为引领的现代产业基地、内陆地区对外开放重要门户、现代航空都市和中原经济区核心增长极。"这也是规划中郑州航空港经济综合实验区发展的战略定位，五大目标中的"国际航空物流中心、以航空经济为引领的现代产业基地、现代航空都市"与"空中丝绸之路"建设紧密衔接，是"空中丝绸之路"建设的主要内容和战略支撑。

2013 年初，河南省委、省政府在得知欧洲最大的全货运航空公司卢森堡货运航空公司宣布出售其股份的消息后，立即派人进行谈判。2013 年 1 月，河南民航发展投资有限公司决定参与卢森堡货运航空公司的全球竞标。2014 年 1 月 14 日，河南民航发展投资有限公司以 2.16 亿美元的最低价收购卢森堡货运航空公司 35% 的股权，并于 2014 年 4 月 23日完成股权交割。经过卢森堡货运航空公司与河南民航发展投资有限公司的不懈努力，2014 年 6 月 15 日"郑州—卢森堡"国际货运航线终于开通，由河南民航发展投资有限公司率先提出构建的"双枢纽"战略合作模式（即以新郑国际机场为亚太枢纽、以卢森堡国际机场为欧美枢纽，构建空中亚欧大陆桥，把郑州打造成为"丝绸之路经济带"的重要桥头堡）进入实质性运营阶段，为中欧货运开辟了"空中丝绸之路"。[①]

在 2017 年 6 月 14 日习近平表示"支持建设郑州—卢森堡'空中丝绸之路'"之后，2017 年 9 月河南省人民政府就发布《郑州—卢森堡"空中丝绸之路"建设专项规划

---

① 河南郑州与卢森堡致力构建空中"丝绸之路"［EB/OL］. 新华网，http：//www.xinhuanet.com//world/2014-06/23/c_1111257868.htm，2014-06-23.

（2017—2025 年）》和《推进郑州—卢森堡"空中丝绸之路"建设工作方案》，切实推进郑州—卢森堡"空中丝绸之路"建设。《郑州—卢森堡"空中丝绸之路"建设专项规划（2017—2025 年）》分规划背景、指导思想和发展目标、主要任务、合作机制、组织实施五个方面分别进行描述。

《郑州—卢森堡"空中丝绸之路"建设专项规划（2017—2025 年）》明确，建设郑州—卢森堡"空中丝绸之路"的重大意义。它贯通欧亚、辐射全球，在"一带一路"建设中发挥着重要的支撑作用，对推动内陆地区构建开放型经济新体制，吸引更多国家参与共建"一带一路"、打造全方位对外开放新格局具有重大意义。丰富拓展了"一带一路"框架体系，是全方位、多维度推进"一带一路"建设的重要支撑；是创新参与"一带一路"建设模式、打造特色优势品牌、形成示范带动效应的重要探索；是增强服务"一带一路"建设交通物流枢纽功能，促进区域发展优势与落实国家战略相结合的重要体现；是推动河南省加快对外开放、优化产业结构，在更大范围、更宽领域、更高层次上融入全球经济体系的重大举措。

《郑州—卢森堡"空中丝绸之路"建设专项规划（2017—2025 年）》明确，建设郑州—卢森堡"空中丝绸之路"突破点对点的局限，以航空网络为依托，拓展覆盖区域，构建"双枢纽、多节点、多线路、广覆盖"的发展格局。其中，"双枢纽"是建设以郑州为中心的亚太集疏分拨基地、以卢森堡为中心的欧美集疏分拨基地；"多节点"是以国际枢纽节点城市为重点，形成以莫斯科、莱比锡、芝加哥、悉尼等多点支撑的网络框架；"多线路"是构建连接世界主要枢纽机场的若干空中骨干通道；"广覆盖"是构建覆盖亚太、连接欧美、辐射非洲和大洋洲的航空网络体系和陆空联运高效、空空中转便捷的集疏体系。"到 2025 年，郑州—卢森堡'空中丝绸之路'与航空港实验区同步全面建成""郑州—卢森堡'空中丝绸之路'成为引领中部、服务全国、连通欧亚、辐射全球的空中经济廊道。"①

《郑州—卢森堡"空中丝绸之路"建设专项规划（2017—2025 年）》尤其秉承"一带一路"建设的共商、共享、共建原则，在合作机制上下功夫，具体性提出合作共建机制、航权协作机制、通关合作机制、签证合作机制、项目推进机制五大机制落实"空中丝绸之路"建设。

郑州航空港经济综合实验区建设及郑州—卢森堡"空中丝绸之路"将成为引领中部、服务全国、连通欧亚、辐射全球的空中经济文化走廊，在"一带一路"建设中将形成更大的国际影响力。以"丝绸之路"建设推动地处内陆的河南开放型经济加快发展，河南在全国发展大局中的战略地位将进一步提升，由国际航空枢纽建设推动内陆开放高地建设成效将进一步彰显，通过中原大地的实践破解区域发展不平衡不充分难题的区域发展理论

---

① 河南省人民政府关于印发郑州—卢森堡"空中丝绸之路"建设专项规划（2017-2025 年）的通知［EB/OL］. 河南省人民政府，http：//www. henan. gov. cn/2017/09-26/380436. html，2017-09-26.

也将更加成熟。①

（二）成效显著，前景广阔

郑州航空港经济综合实验区自 2013 年正式获国务院批准建立以来，发展迅速、成效显著。2019 年卡萨达教授认为其是"中国的航空大都市"，是"引人注目的"。据郑州航空港经济综合实验区（郑州新郑综合保税区）管理委员会门户网站信息，2020 年综合实验区地区生产总值达到 1041 亿元，同比增长 7.8%，是 2015 年的 1.7 倍，年均增长 11.4%。规模以上工业增加值达到 568 亿元，同比增长 10.8%，是 2015 年的 1.8 倍，年均增长 12.2%。进出口总额突破 4000 亿元，达到 4447 亿元，是 2015 年的 1.4 倍，年均增长 7%。实验区跨境电商单量达到 1.39 亿单、货值 113.9 亿元，同比分别增长 91.7%、62.0%，分别是 2015 年的 186 倍、128 倍，年均分别增长 184.6%、163.9%。新郑国际机场航空货运达到 63.9 万吨，同比增长 22.5%，增速排名全国大型机场第一，是 2015 年的 1.6 倍，年均增长 9.6%，货运量全国排名由 2015 年的第 8 位提升至第 6 位。其中，国际货运达到 45.1 万吨，同比增长 47.9%，是 2015 年的 2 倍，年均增长 14.7%，"空中丝绸之路"重要节点地位进一步提升。

《中共中央　国务院关于新时代推动中部地区高质量发展的意见》在 2021 年 7 月 22 日发布，意见包括 8 个部分共 25 条内容。特别提出加快推进郑州国际物流中心建设，提升郑州区域航空枢纽功能；完善国际航线网络，发展全货机航班，增强中部地区机场连接国际枢纽机场能力；充分发挥郑州航空港经济综合实验区在对外开放中的重要作用；加快郑州—卢森堡"空中丝绸之路"建设等。这都为郑州航空港经济综合实验区和郑州—卢森堡"空中丝绸之路"建设提供了有力保障和强大动力，必将加快枢纽优势向物流优势、产业优势转化，通过打造内陆开放高地，让"空中丝绸之路"成为"经济之路""友谊之路"，成为河南高质量发展的优势支撑。

---

① 张占仓，蔡建霞. 建设郑州—卢森堡"空中丝绸之路"的战略优势与前景展望［J］. 河南工业大学学报（社会科学版），2018（6）：40-48.

# 第十一章 航空运输产业市场结构重组、监管与协调

20 世纪 70 年代，西方主要发达国家陷入"滞胀危机"，高失业与高通货膨胀并存，曾经风靡一时的凯恩斯主义理论开始受到质疑。随着新自由主义思潮的盛行和政治化，以私有化、民营化、市场化等自由主义为核心的经济理论和政策主张开始逐步取代政府的宏观干预。先前被政府严格监管的自然垄断行业也逐渐推行市场化改革，引入竞争机制和鼓励民间投资，世界范围内航空运输产业市场化改革的浪潮由此兴起。

我国航空运输产业市场化改革始于 20 世纪 70 年代末，经过多年艰难改革历程，成效初显。作为世界第二大经济体，我国航空运输产业运输总周转量却仅为美国的一半，阻滞航空运输产业发展的体制机制依然存在，行政和垄断色彩依旧浓厚，企业内部机制不健全、监管体系不完善、产权结构不合理等问题依然突出。在全球化背景下，中国航空运输市场面对高铁等可替代运输方式飞速发展的严峻考验，逐步调整并放松对航空运输公司的监管力度，通过市场化改革优化资源配置、提高航空运输产业生产效率和社会分配效率是一项艰巨且迫切的任务。

## 第一节 推进航空运输产业市场化的理论基础

### 一、自然垄断理论

早期的自然垄断理论始于规模经济理论。其中，克拉克森和米勒认为，自然垄断的基本特征是该行业具有显著的规模经济属性，生产函数处于在一定产出范围内呈现规模报酬递增（成本递减）的状态。这表明一家公司的大规模生产比几家小公司同时各自生产更有效率。随着现代科技的发展和经济规模的逐步壮大，传统自然垄断企业的垄断地位开始受到来自外部市场竞争的冲击。传统自然垄断理论无法满足市场快速变化的需求。此时，新自然垄断理论应运而生，认为自然垄断的正确定义应该基于范围经济和成本弱增性，而不仅是规模经济。鲍莫尔和夏基认为自然垄断的成本函数具有劣加性，一家公司生产不同产品的成本低于几家公司分别生产同一产品的成本之和，这表明该产业成本具有劣加性，因此属于自然垄断产业。航空运输产业长期以来被认为是传统的自然垄断行业，其规模经

济优势十分显著，整个市场容量被一家或几家企业所经营成为可能。航空运输产业自然垄断特征表现：高进入壁垒和退出壁垒、大规模经营的高效率、短期内市场容量扩张的有限性，以及保障的供给和安全飞行需要等。

## 二、可竞争市场理论

可竞争市场理论是由美国著名经济学家威廉·鲍莫尔以及潘扎尔提出。该理论认为，只要市场完全自由进入，只要市场上没有特殊的进出成本，无论是寡头垄断市场，还是完全垄断市场，任何市场结构条件下的企业都会在潜在竞争压力的迫使下采取竞争策略。在这种情况下，即使是高度集中的市场结构（如自然垄断），也可以和效率并存。随着技术进步、市场需求、市场容量和替代竞争等因素的不断变化，一些传统自然垄断行业逐渐转变为竞争性产业。对于航空运输产业，由于民航运输资源稀缺和规模经济等原因导致的自然垄断，随着某些经济和技术条件的变化，正在不断地改变和淡化，从而使得航空运输产业整体上由强自然垄断逐渐向弱自然垄断转变，并且在航空运输产业特定业务环节出现竞争性特征。

## 三、政府监管理论

从历史上看，政府监管伴随着工业革命而产生和发展。在工业革命时期，新技术的发明与应用使传统的自由放任思想面临巨大挑战，政府在经济中的作用逐渐显现。日本著名的产业经济学家植草益（1992）将监管分为直接监管和间接监管两类，其关系如表 11-1 所示。其中经济性监管主要针对自然垄断和信息不对称领域，包括进入退出监管、价格监管、数量监管和质量监管等；放松监管意味着放宽或取消原有监管，该理论源于亚当·斯密的《国富论》。放松监管的主要目标是引入竞争机制、降低监管成本、提升企业效率和改进服务质量。从 20 世纪 80 年代至今，我国航空运输产业逐渐放松制度性监管、经济性监管，引入竞争机制，激发行业活力。放松监管对航空运输产业发展带来的影响表现为：民航公司获得更大的定价自主权、民航市场竞争增强、航空运输产业成本瓶颈作用显现、拓宽融资渠道、机场特许经营权的开放，以及机场私有化等。

### 表 11-1　直接监管和间接监管的关系

| 政府干预经济方式 | | 目的 | 政策手段 |
|---|---|---|---|
| 宏观调控 | | 防止经济过度波动；维持稳定、促进增长 | 财政、税收、货币、汇率 |
| 政府监管 | 间接监管（不公平竞争监管） | 针对不公平竞争；促进信息公平；产权界定与保护 | 民法、商法、反不正当竞争与反垄断法 |
| | 直接监管　经济性监管 | 针对自然垄断产业，确保公平利用和保证必需品供给 | 价格监管、行业准入监管、产品和服务质量监控 |
| | 直接监管　社会性监管 | 针对外部性和非价值物品 | 财政补贴与公共生产，防止公害，安全监管等 |

资料来源：根据植草益（1992）、陈杰和罗鼎（1999）资料整理。

## 第二节　我国航空运输产业市场化改革：动因与历程

### 一、我国航空运输产业市场化改革的初始动因

（一）世界范围内放松监管理论和自然垄断理论的新发展

20 世纪 70 年代，基于现实中政府监管失灵现象的频繁发生，加上新自由主义的兴起，反对政府监管的呼声越来越高。学者针对这些现象提出"政府失灵理论"和"监管俘获理论"，并进一步揭示政府监管的实质，动摇政府监管的基础。随着市场需求、市场容量、替代竞争和技术进步等因素的不断变化，"可竞争市场理论"的诞生和自然垄断理论的新发展进一步动摇了政府监管的基础，缩小了政府监管的范围。因此，进行市场化改革成为航空运输产业焕发新生机的必要路径。

（二）我国航空运输产业现有体制的低效率

长期以来，我国航空运输产业一直未完全摆脱"政企合一、行政垄断"的管理体制，这种具有双重垄断属性的产业形态往往容易造成行业内部运营和资源配置的低效率。2007年，我国航空运输产业的收入仅占全球的 5.2%，占国际航空市场的 1.1%。截至 2008 年底，我国的 32 家航空公司共拥有 1259 架运输机，而美国则有 6000 多架。① 此外，我国航空运输产业基础设施薄弱、机场密度低、航班频率低，整个行业的管理水平和人员素质与其快速发展的现实不相匹配。这种发展和管理模式直接导致管理层级重叠、冗员和高昂的运营成本。我国航空运输产业不仅生产效率不高，消费者剩余和经济效益也并不可观。2008 年，中美两国人均 GDP 比率为 1∶14，而飞行里程基价比率为 2.1∶1。国内机票价格长期以来一直高于国际水平，严重损害了消费者的福利，即使在机票价格高于世界水平的情况下，我国航空运输产业的经济效益也远低于美国。②

（三）我国航空运输产业发展的财务约束

航空运输产业是资本密集型产业，其经营和发展需要长期大规模注资。受行业内外多种主客观因素影响，我国航空公司的发展遭遇了诸多困难，如负担过重、整体缺乏可持续发展动力等。2009 年，我国航空公司的平均资产负债率为 88.8%，其中三大航空集团的平均资产负债率为 90.3%。外国航空公司的资产负债率大体保持在 60%~70%，甚至一些航空公司的资产负债率保持在 30%~40%。这种高资产负债率使我国航空公司承受沉重的利息负担，这在一定程度上阻碍了航空运输产业的健康发展。仅 2008 年 11 月至 2009 年11 月，国资委就向中国东方航空股份有限公司注资 91 亿元，向中国南方航空股份有限公

---

① 张孝梅，戚聿东. 深化航空运输产业改革的动因和初始条件分析［J］. 中国工业经济，2010（8）：56-65.
② 资料来源于美国航空航天工业协会和国家统计局网站。

司注资 45 亿元，向中国国际航空股份有限公司注资 15 亿元，如此大的注资规模，政府财政难以长期支撑。[①]

## 二、我国航空运输产业市场化改革历程

1978~2022 年，我国航空运输产业市场化改革已经持续四十余年，根据改革内容和特点，将其发展历程分为以下五个阶段，如图 11-1 所示。

**图 11-1　我国航空运输产业市场化发展历程**

资料来源：高玥．自然垄断产业的产权改革与规制——我国航空运输产业例证［J］．产业经济，2012（5）：42-43.

第一阶段（1949~1980 年）：政企合一阶段。改革开放前，我国实施计划经济体制，该体制模式内只存在政府和消费者行为，企业归政府所有，政府按照国家和社会的发展目标指定企业的管理决策。计划经济体制下的政企合一行为使得市场高度集中，其为完全垄断市场。由于航空运输产业的准军事性和规模经济性，在行业发展初期需要巨额财政资金投入。另外，我国航空运输产业在此时期实行的是准军事化管理，政府对企业实行完全的管控，不存在竞争行为。

第二阶段（1980~1987 年）：企业化改革初期阶段。自党的十一届三中全会以后，我国开始了改革开放并大力推行经济体制改革，有意识地处理市场与政府的关系。作为传统自然垄断行业，航空运输产业体制改革对于我国建立完善的社会主义市场经济体制有着重大意义。航空运输产业于 1980 年开展改革，国家初步放松对航空运输产业的监管，政府组建了新的民航局，对民航总局实行分权，民航总局成为行业的行政管理机构；成立六大航空运输公司，航空运输业务由公司经营，不再属于空军系统。这次变革只改变了航空运输产业的领导和管理方式，并没有从实质上改变其政企合一的管理体制。[②]

第三阶段（1987~1997 年）：政企分离阶段。1987 年 1 月，国务院批准了中国民用航空总局《关于民航系统管理体制改革方案和实施步骤的报告》，我国开始进行以"政企分离、放松监管"为核心内容的企业化改革，改革特色是航空公司与机场分设，主要措施是将组织机构分设为航空管理局、航空公司和机场；放松航空公司的准入监管，引入竞争机制，准许有条件的地方组建地方航空公司，逐步形成竞争性市场结构。改革推动了政府职能从微观向宏观的转变，但航空运输产业依然被总局严格监管，在票

① 张孝梅．深化中国垄断行业改革研究：以航空运输产业为例［M］．北京：中国民航出版社，2010.
② 袁耀辉．我国民航管理体制改革回顾与展望［J］．中国民用航空，2002（10）：22-25.

价方面航空公司没有定价权。

第四阶段（1997~2002 年）：改革调整阶段。自 1980 年航空运输产业市场化改革推行以来，航空运输市场逐步放松的监管政策产生了明显效果，与此同时市场也在发生变化。航空运输产业在政企分离改革阶段并没有明显的优势，甚至开始出现客座率下跌等收益下降的现象，甚至民航安全事件频频发生，政府对此做出政策调整：继续加大市场化改革力度并放松价格监管、鼓励企业联合和企业兼并，以引导和促进航空运输产业的竞争改革；设置航空运输产业进入壁垒，不允许没有条件和资质的企业参与航空运输活动。

第五阶段（2002 年至今）：全面市场化改革阶段。2002 年 3 月，国务院发布《关于印发民航体制改革方案的通知》，全面推行航空运输产业的管理体制改革，主要内容有：中国民用航空总局直属 9 家企业联合重组，逐步形成三大国有航空公司寡头垄断型市场结构；实施放松监管的政策，鼓励和引导多元资本参与航空运输市场竞争，同时深化民航行政监管机构改革、强化民航公安体制改革以及相关配套体制机制改革等。

## 第三节　我国航空运输产业市场化改革：SCP 模型分析

自 20 世纪 30 年代产生的现代产业经济学"哈佛学派"，其中美国经济学家贝恩与谢勒等系统建立了 SCP 分析模型（Structure Conduct Performance Model），即"结构—行为—绩效"模型。该模型提供了一个既能深入其中具体环节，又有系统逻辑体系的市场结构（Structure）—企业行为（Conduct）—经营绩效（Performance）的产业分析框架。这一分析框架的基本含义是，市场结构决定企业在市场中的行为，而企业行为又决定市场运行在各个方面的经济绩效。通过 SCP 模型分析，可以比较全面系统地了解某一产业发展现状和问题。本节利用 SCP 模型分析我国航空运输产业市场化改革。

### 一、航空运输产业市场化改革现状

（一）法律政策

改革开放以前，我国航空产业基础相对薄弱，处于缓慢起步阶段，遭遇连年亏损，国家较少颁布和出台相关法律法规。直到 1980 年，国务院联合中央军委颁布《关于民航管理体制若干问题的决定》，规定中国民用航空总局成为国家民航事业的行政管理机构，统一管理全国民航机构以及业务、人员等，逐步实现企业化管理，至此航空产业不再由空军代管。1980 年航空运输产业"军转民"为我国航空运输行业市场化奠定了坚实的基础。随后国家出台了一系列航空基建、航空安全等管理规定，鼓励机场和航空公司加强基础设施建设，不断引入竞争因素以鼓励行业间竞争，但制约航空产业发展的体制机制障碍依旧存在。我国于 1996 年实施第一部规范民用航空活动的《中华人民共和国民用航空法》，随后民航法规逐步完善。2002 年 3 月，国务院发布《关于印发民航体制改革方案的通知》，我国航空运输产业产权改革步入实施阶段；2016 年中国民用航空局颁布《关于进一步深化民航改革工作的意见》，继续深入推进航空产业的市场化改革，不断提高航空运输产业的运行效率，部分相关法律法规如表 11-2 所示。

表 11-2　部分相关法律法规

| 年份 | 法律法规 | 发文部门或文号 |
| --- | --- | --- |
| 1980 | 《关于民航管理体制若干问题的决定》 | 国务院、中央军委 |
| 1987 | 《关于民航系统管理体制改革方案和实施步骤的报告》 | 国务院批准中国民用航空总局 |
| 1995 | 《国际航空运价管理规定》 | 民航财发〔1995〕268 号 |
| 1996 | 《中华人民共和国民用航空法》 | 中华人民共和国主席令第 56 号 |
| 1998 | 《中国民用航空标准化管理规定》 | 中国民用航空总局令第 78 号 |
| 2001 | 《航空器机场运行最低标准的制定与实施规定》 | 中国民用航空总局令第 98 号 |
| 2002 | 《国务院关于印发民航体制改革方案的通知》 | 国发〔2002〕6 号 |
| 2004 | 《民用机场建设管理规定》 | 中国民用航空总局令第 129 号 |
| 2006 | 《民用航空空中交通管理设备开放、运行管理规则》 | 中国民用航空总局令第 172 号 |
| 2007 | 《通用航空经营许可管理规定》 | 中国民用航空总局令第 176 号 |
| 2007 | 《中国民用航空总局职能部门规范性文件制定程序规定》 | 中国民用航空总局令第 187 号 |
| 2009 | 《民用机场管理条例》 | 中华人民共和国国务院令第 553 号 |
| 2015 | 《民用航空标准化管理规定》 | 中国民用航空局令第 227 号 |
| 2016 | 《关于进一步深化民航改革工作的意见》 | 中国民用航空局 |
| 2017 | 《民航局　发展改革委关于印发民用航空国内运输市场价格行为规则的通知》 | 民航发〔2017〕145 号 |
| 2019 | 《关于推进通用航空法规体系重构工作的通知》 | 民航发〔2019〕5 号 |
| 2020 | 《国际航空运输价格管理规定》 | 中华人民共和国交通运输部令 2020 年第 19 号 |
| 2021 | 《中华人民共和国民用航空法》（2021 修正） | 中华人民共和国主席令第 81 号 |

资料来源：作者整理。

（二）运营能力

我国历经四十余年的市场化改革成效显著，可借用全国航空运输产业民用飞机数量、运输周转总量等运输能力作为衡量指标，对航空运输产业运营能力改革绩效做深入分析。随着经济社会的快速发展以及市场化改革的持续推进，我国航空运输产业获得了高速发展，尤其是全面市场化改革实施以来的近二十年时间里，航空运输产业运营能力显著提升。由表 11-3 可知，2004~2017 年，我国民用飞机数量和运输总周转量都大约是原来规模的 5 倍，民航产业发展实力大大增强。图 11-2 为民航运输总周转量运营情况。从图中可以看出，2002 年全面市场化以来，我国航空运输产业的运输能力得到显著提高。

**表 11-3　民航运输量总体运营情况**

| 年份 | 民用飞机数量（架） | 民用航空运输总周转量（亿吨公里） |
|---|---|---|
| 2004 | 1245 | 231.00 |
| 2005 | 1386 | 261.27 |
| 2006 | 1614 | 305.80 |
| 2007 | 1813 | 365.30 |
| 2008 | 1961 | 367.77 |
| 2009 | 2181 | 427.07 |
| 2010 | 2405 | 538.45 |
| 2011 | 3191 | 577.44 |
| 2012 | 3589 | 610.32 |
| 2013 | 4004 | 671.72 |
| 2014 | 4168 | 748.12 |
| 2015 | 4554 | 815.65 |
| 2016 | 5046 | 962.51 |
| 2017 | 5593 | 1083.08 |

资料来源：根据《中国统计年鉴 2018》整理得到。

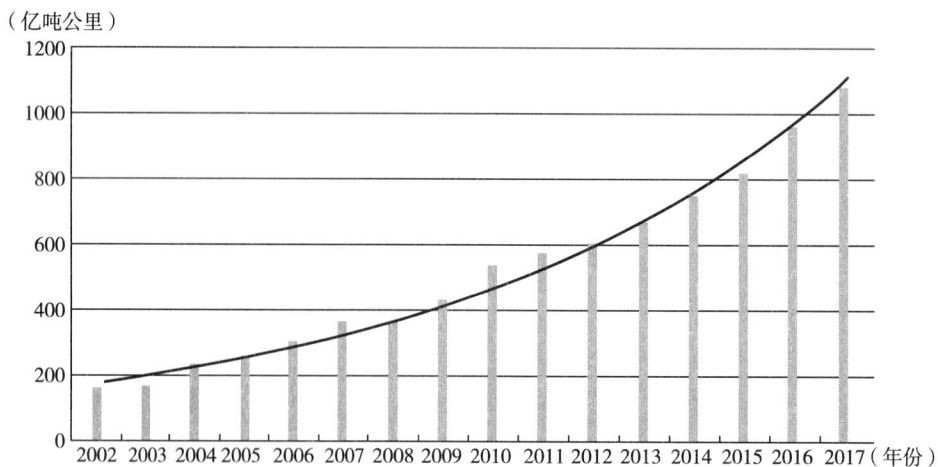

**图 11-2　民航运输总周转量**

资料来源：根据《中国统计年鉴 2018》整理得到。

（三）竞争改革

根据现有文献，可用航空运输公司数量多少来体现行业竞争程度，公司数量的增加在一定程度上体现了市场竞争程度的加剧。由图 11-3 航空运输公司数量可见，在产业发展初期，航空企业均为国有企业且企业数量增长缓慢。1987~1997 年，航空运输产业市场化改革不断深化，竞争机制引入使航空企业数量开始增加，但并非所有新增企业都具备开展航空运输业务的资质保障，在此期间发生的一系列安全事故迫使国家不断出台法律政策，不断加强对航空运输产业的安全监管。1997~2002 年，航空企业数量有所下降，主要原因是政府加强了对航空企业的资质审核。但总体上看，随着我国航空运输产业市场化改革不断深化，航空企业数量总体保持上升趋势，这表明推行市场化改革使得航空产业市场竞争程度不断增加。

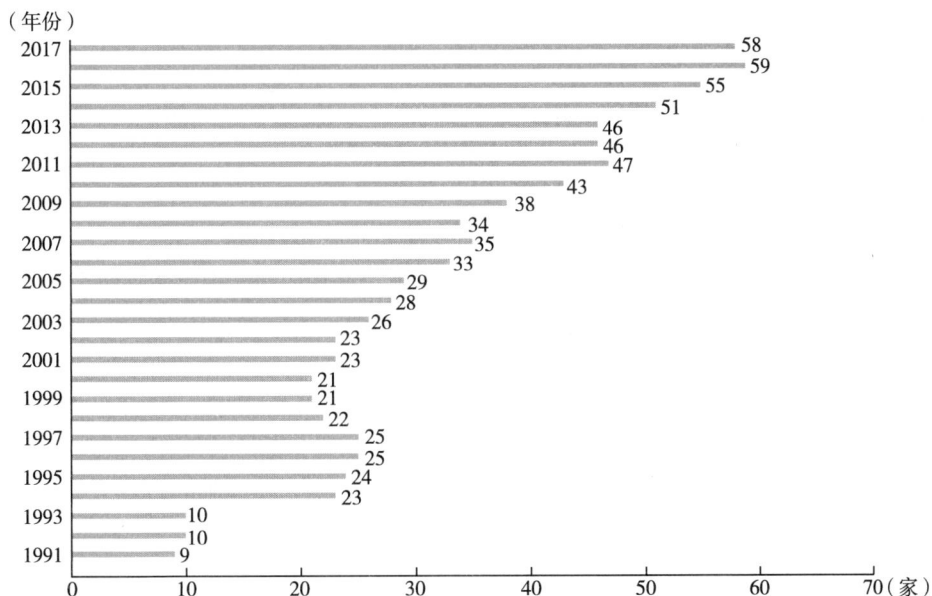

图 11-3 民航运输公司数量

资料来源：根据《中国统计年鉴 2018》整理得到。

（四）票价改革

根据现有文献，可用吨公里的价格表示航空运输产业的票价，机票价格的变化程度能够大致反映监管部门对航空运输产业机票价格的监管程度。表 11-4 中选取了 2001~2010 年的统计数据，表明国家人均 GDP 和航空运输周转总量均呈现逐年上升的趋势。2001~2010 年国民人均 GDP 由 8622 元增加到 29762 元，大约是原来的 3.5 倍；航空运输周转总量由 1411918 万吨公里增加到 5384490 万吨公里，大约是原来的 3.8 倍。国民人均 GDP 的持续增加在很大程度上为航空运输产业发展创造了有效需求，但这并没有促进机票价格的相应上涨，2001~2010年民航运输机票价格保持在7~9元/吨公里，表明航空运输产业票价一直受政府严格监管，航空运输公司仅拥有变动机票价格的有限权力，即在特定区间内制定票价。

表 11-4　机票价格、周转总量与人均 GDP

| 年份 | 2001 | 2002 | 2003 | 2004 | 2005 |
|---|---|---|---|---|---|
| 机票价格（元/吨公里） | 7.99 | 7.43 | 7.32 | 7.32 | 7.98 |
| 周转总量（万吨公里） | 1411918 | 1649267 | 1707946 | 2309985 | 2612724 |
| 人均 GDP（元） | 8622 | 9398 | 10542 | 12336 | 14053 |
| 年份 | 2006 | 2007 | 2008 | 2009 | 2010 |
| 机票价格（元/吨公里） | 8.69 | 8.86 | 9.29 | 8.32 | 7.36 |
| 周转总量（万吨公里） | 3057979 | 3652993 | 3767652 | 4270726 | 5384490 |
| 人均 GDP（元） | 16165 | 19524 | 23708 | 25605 | 29762 |

资料来源：根据《中国统计年鉴2011》整理得到。

## 二、我国航空运输产业市场结构分析

截至2017年底，我国共有58家航空运输企业。其中，43家国有控股公司，15家私营控股公司。全部航空运输企业中有8家为全货运航空企业、10家中外合资航空企业和7家上市企业。国内航空运输产业竞争格局总体保持稳定，随着国内民航运输市场的逐步开放，国内各航空公司在航线时刻、服务产品、价格渠道、枢纽合作等方面竞争激烈。

在现代产业组织理论中，市场集中度用于衡量和反映特定行业的市场竞争和垄断水平。一般而言，市场集中度越高，市场中的垄断程度就越高。

（一）企业规模分布

（1）市场份额是一家企业对于其所属产业内整个市场需求的掌控情况，体现出该产业本身的市场结构状况及市场竞争程度。现以2010~2016年运输总周转量为依据对我国主要航空集团及其主体公司的市场份额进行测算，如图11-4、图11-5所示。

以上数据分析表明，经历了整合和重组的航空运输产业基本形成了寡头垄断市场格局。仅前三位国有大型民航企业主体公司占整个市场份额的50%以上，我国四大航空集团的市场份额已超过80%。地方小型民航企业与其差距巨大，被迫成为市场价格的追随者，只能以差异化的产品价格战略来保持竞争和维持生存。

（2）绝对集中度指标是最基本的市场集中度指标，其直接将同一市场中最大的 n 家公司的市场份额进行加总，反映最大 n 家公司所占据的市场份额情况。表11-5是美国经济学家贝恩对产业集中度的划分标准。

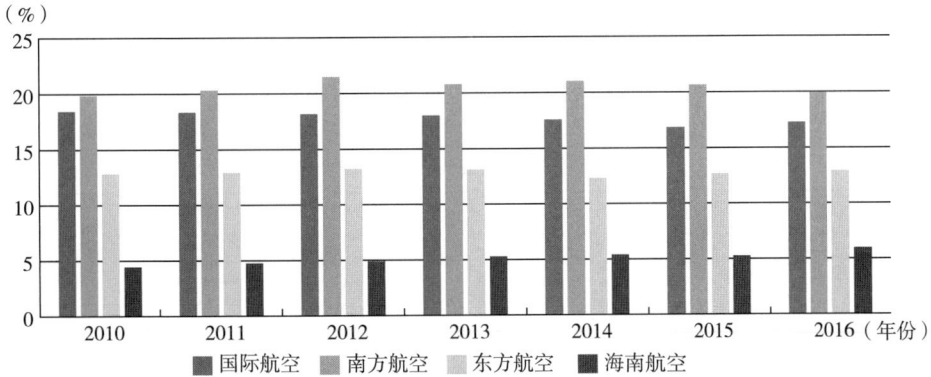

**图 11-4　2010~2016 年各主要航空集团主体公司运输总周转量市场份额**

资料来源：中国东方航空股份有限公司 2017 年年度报告摘要［EB/OL］．证券日报网，http：//file. finance. sina. com. cn/211. 154. 219. 97；9494/MRGG/CNSESH_STOCK/2018/2018-3/2018-03-30/4173631. PDF，2018-03-30；历年《从统计看民航》。

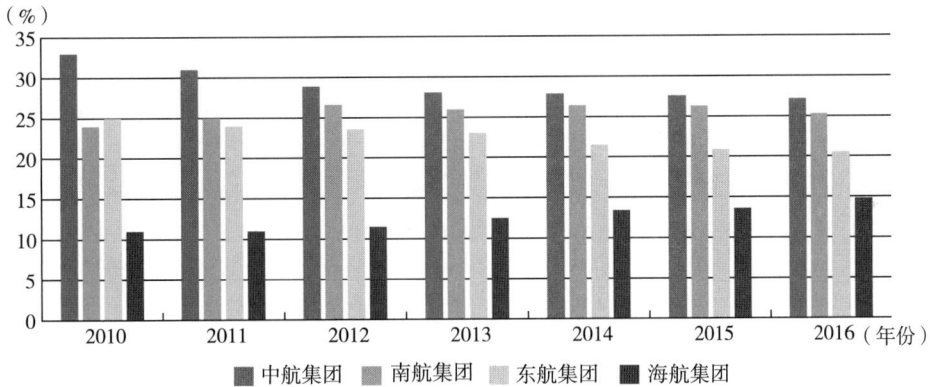

**图 11-5　2010~2016 年各主要航空集团运输总周转量市场份额**

资料来源：历年《从统计看民航》。

**表 11-5　市场结构类型划分标准**

| 市场结构类型 | $CR_4$（%） | $CR_8$（%） |
| --- | --- | --- |
| 极高寡占型 | $C_4 > 85$ | — |
| 高集中寡占型 | $75 < CR_4 < 85$ | $CR_8 > 85$ |
| 中（上）集中寡占型 | $50 < CR_4 < 75$ | $75 < CR_8 < 85$ |
| 中（下）集中寡占型 | $35 < CR_4 < 50$ | $45 < CR_8 < 75$ |
| 低集中寡占型 | $30 < CR_4 < 35$ | $40 < CR_8 < 45$ |
| 原子型 | $CR_4 < 30$ | $CR_8 < 40$ |

注：$CR_n$ 表示行业集中率，其中 n 表示企业数量。

现选取中航集团、南航集团、东航集团、海航集团以及其他地方性、民营性航空公司如四川航空、春秋航空、吉祥航空、奥凯航空等作为样本，依据各公司从业人数和整个航空运输产业从业人数进行行业集中度测算，计算结果如表 11-6 所示。

表 11-6　以各航空公司从业人数计算行业集中度指标　　　　单位：%

| 年份 | 2010 | 2011 | 2012 | 2013 | 2014 | 2015 | 2016 |
|---|---|---|---|---|---|---|---|
| CR$_3$ | 86.14 | 83.84 | 84.14 | 84.35 | 82.97 | 82.72 | 81.48 |
| CR$_4$ | 93.38 | 92.24 | 91.83 | 91.53 | 90.64 | 88.92 | 86.33 |
| CR$_8$ | 98.15 | 97.77 | 97.71 | 97.77 | 96.73 | 95.42 | 94.08 |

资料来源：历年《从统计看民航》。

对比测算结果可知，我国航空运输产业的市场集中程度极高，属于极高寡占型市场结构。整个样本企业的市场集中度高达 95%，基本达到了占据整个行业的程度，这表明整个航空运输产业中，样本企业（尤其是国际航空、南方航空、东方航空、海南航空）对于整个市场具有很大的影响力。

（二）制度性壁垒与经济性壁垒

市场化改革推行以前，航空运输产业供给体制的垄断性和行政性决定了民航公司在很大程度上受制于政府监管政策。2003 年航空运输产业进一步放松监管，大规模民营资本进入，先后成立春秋、吉祥、奥凯等民营航空企业，这意味着中国航空运输产业制度性进入壁垒空前下降。航空运输产业具有资本密集型产业特点，投资金额巨大，同时具有规模经济特点，不仅在机队规模、航线规模、航班规模和营销网络上具有规模经济，而且其在飞机成本、培训费用、采购和备用件等方面也追求一定的规模经济。以飞机拥有量为例，同一系列的飞机达到 25 架左右才会出现规模经济效益，这对于新进入企业而言，庞大的资金需求形成了航空运输产业的进入壁垒。

由表 11-7 可见，三大航空公司拥有的飞机数量在整个航空运输产业中的比例不断下降，表明近些年来航空运输产业的进入壁垒有下降趋势。民营资本进入航空运输产业，增加了行业的竞争态势。2018 年 8 月，中国民用航空局和国家发展改革委联合公布了《民航领域鼓励民间投资项目清单》，鼓励民营资本投资，预计总投资额将达到 1100 亿元。投资范围涵盖民航传统领域和民航新兴领域，如运输机场建设、通用机场建设、货运物流、飞机维修、航空救援、无人机物流配送、无人机飞行校验、航行新技术等。

表 11-7　2010~2020 年三大航空公司①飞机拥有量

| 年份 | 2010 | 2011 | 2012 | 2013 | 2014 | 2015 | 2016 | 2017 | 2018 | 2019 | 2020 |
|---|---|---|---|---|---|---|---|---|---|---|---|
| 航空运输产业飞机数（架） | 1597 | 1764 | 1941 | 2145 | 2370 | 2650 | 2950 | 3296 | 3639 | 3818 | 3903 |

① 这里的三大航空是指中国国际航空股份有限公司、中国东方航空股份有限公司、中国南方航空股份有限公司。

续表

| 年份 | 2010 | 2011 | 2012 | 2013 | 2014 | 2015 | 2016 | 2017 | 2018 | 2019 | 2020 |
|---|---|---|---|---|---|---|---|---|---|---|---|
| 三大航空公司飞机数（架） | 994 | 1066 | 1162 | 1182 | 1233 | 1323 | 1413 | 2046 | 2201 | 2295 | 2308 |
| 三大航空公司飞机占比（%） | 62.24 | 60.04 | 59.87 | 55.10 | 52.03 | 49.92 | 47.90 | 62.08 | 60.48 | 60.11 | 59.13 |

资料来源：历年《民航行业发展统计公报》。

### （三）产权结构现状

自改革开放以来，航空运输产业虽然对各类性质的资本敞开大门，国有独资航空企业逐步走向产权多元化，但是国资委也通过航空集团分别对三大航空公司实施间接控股。据各航空公司年报数据显示，2013～2016 年国资委对三大航空公司的间接控股占比均为最大，"国家股比重大"成为我国航空公司产权结构的主要特征。对比分析表 11-8 中 2020 年三大航空公司前十位股东情况：其中中国南方航空股份有限公司前十位股东持股占比 85.66%，国家持股占比 66.99%；中国东方航空股份有限公司前十位股东持股占比 81.00%，国家持股占比 41.12%；中国国际航空股份有限公司前十位股东持股占比 88.48%，国家持股占比 46.58%。

### 表 11-8　2020 年三大航空公司前十位股东情况

| 南方航空 | | | 东方航空 | | | 国际航空 | | |
|---|---|---|---|---|---|---|---|---|
| 股东名称 | 股东性质 | 持股比例（%） | 股东名称 | 股东性质 | 持股比例（%） | 股东名称 | 股东性质 | 持股比例（%） |
| 中国南方航空集团有限公司 | 国有法人 | 45.55 | 中国东方航空集团有限公司 | 国有法人 | 30.97 | 中国航空集团有限公司 | 国有法人 | 40.98 |
| 南龙控股有限公司 | 国有法人 | 14.63 | HKSCC NOMINEES LIMITED | 境外法人 | 28.70 | 国泰航空有限公司 | 境外法人 | 18.13 |
| 香港中央结算（代理人）有限公司 | 境外法人 | 11.42 | 上海吉道航企业管理有限公司 | 境内非国有法人 | 3.60 | 香港中央结算（代理人）有限公司 | 境外法人 | 11.62 |
| 香港中央结算有限公司 | 境外法人 | 4.10 | 中国航空油料集团公司 | 国有法人 | 3.07 | 中国航空（集团）有限公司 | 境外法人 | 10.72 |
| 中国航空油料集团公司 | 国有法人 | 3.15 | DELTA AIR LINES INC | 境外法人 | 2.84 | 中国航空油料集团公司 | 国有法人 | 3.21 |
| 中国证券金融股份有限公司 | 国有法人 | 2.09 | 上海励程信息技术咨询有限公司 | 境内非国有法人 | 2.84 | 中国证券金融股份有限公司 | 国有法人 | 2.14 |
| 美国航空公司 | 境外法人 | 1.77 | 东航金控有限责任公司 | 国有法人 | 2.79 | 香港中央结算有限公司 | 境外法人 | 1.06 |

| 南方航空 | | | 东方航空 | | | 国际航空 | | |
| --- | --- | --- | --- | --- | --- | --- | --- | --- |
| 中国国有企业结构调整基金股份有限公司 | 国有法人 | 1.57 | 中国证券金融股份有限公司 | 国有法人 | 2.62 | 北京诚通金控投资有限公司 | 国有法人 | 0.25 |
| 春秋航空股份有限公司 | 境内非国有法人 | 0.92 | 上海均瑶（集团）有限公司 | 境内非国有法人 | 1.90 | 柯允君 | 境内自然人 | 0.21 |
| 国新央企运营投资基金管理（广州）有限公司 | 境内非国有法人 | 0.46 | 中国国有企业结构调整基金股份有限公司 | 国有法人 | 1.67 | 华夏人寿保险股份有限公司—自有资金 | 境内非国有法人 | 0.16 |

资料来源：三大航空公司 2020 年度报告。

## 三、我国航空运输产业市场行为分析

（一）价格行为

1. 航空运输产业价格管理体制变迁历程

（1）政府统一定价阶段（1950~1996 年）。1974 年以前，民航实行统一票价，因处于特殊历史时期以及受需求不振等因素影响，民航票价多次下调，航空运输产业亏损数额巨大。1974~1992 年，国家对航空运输产业境内外旅客实施差异化定价，受需求快速增长和汇率贬值等因素影响，航空运输服务成本上升，诱发票价多次上调，产业持续盈利。1992~1996 年，民航管理体制改革全面推进，航空公司拥有一定的航线定价权。

（2）政府监管主导定价阶段（1997~2003 年）。1997~1999 年，处于政府价格监管下的市场化改革尝试阶段，推出"一种票价、多种折扣"的多阶票价政策，但航空运输市场却呈现出一种无序竞争的尴尬局面，行业长期持续盈利态势被打破。1999~2003 年，国内航空运输市场秩序暂时得以维护，"禁折令""航线联营"等政策陆续出台，民航企业收益暂时提高，同时航空集团相继成立，民航经营市场化逐步放开。

（3）政府指导定价阶段（2004~2014 年）。2004~2014 年，航空运输产业实施政府指导定价，政府职能逐渐从直接管理向指导性监管模式过渡。2004 年 3 月，国务院批准《民航国内航空运输价格改革方案》，允许航空公司自行制定具体票价的种类、水平、使用条件，票价上浮不超过基准价的 25%，下浮不超过 45%。2013 年，国内航线取消票价下浮限制，允许航空公司根据基准价自主制定票价。

（4）全面推进价格市场化阶段（2015 年至今）。票价市场化改革全面持续推进，明确改革时间表，显示全面开放票价上限已是大势所趋，价格逐步反映真实供需关系。

2. 航空运输产业差别化定价策略

航空运输产业产品购买者具有不同的需求价格弹性，为了区分不同支付意愿的消费者，航空公司采取购买限制条件等激励相容策略，限制条件和价格水平的不同组合构成了差别化产品。支付不同票价的旅客所接受的服务是同质的，成本是相同的，这表明航空公司在推行旨在鉴别不同支付意愿旅客的价格歧视。

低成本的"空中巴士"已经占据了美国35%的市场。据统计，发达国家机票的平均价格占人均年收入的0.5%，而在中国这一比例高达10%~15%。多年来，中国民用航空产业的利润占全球航空业利润的60%，而客运量和货运量只占全球的不到10%。① 航空运输服务应该深入私人普通消费领域，然而在中国，航空运输服务对普通民众而言依然是奢侈品。

（二）服务质量

航空运输服务质量以及飞行安全问题也是消费者关注的焦点，图11-6显示了我国航班正常率（%）及消费者投诉情况。

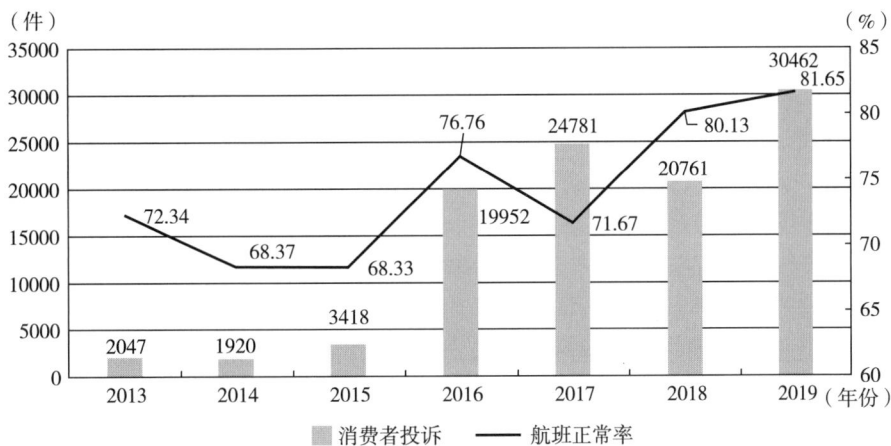

图 11-6　2013~2019 年航空运输产业航班正常率及消费者投诉

资料来源：历年《民航行业发展统计公报》。

2013~2020 年航空公司航班不正常原因如表 11-9 所示。

表 11-9　2013~2020 年全部航空公司航班不正常原因分类统计

| 年份 | 航空公司原因 | 流量或空管原因 | 天气原因 | 其他原因 |
| --- | --- | --- | --- | --- |
| 2013 | 37.40 | 27.60 | 21.80 | 13.20 |
| 2014 | 26.40 | 25.30 | 24.30 | 24.00 |
| 2015 | 19.10 | 30.68 | 29.53 | 20.69 |
| 2016 | 9.54 | 8.24 | 56.52 | 25.70 |
| 2017 | 8.62 | 7.72 | 51.28 | 32.38 |

① 王宇. 中国民航运输业的产业组织与管制改革分析 [D]. 大连：东北财经大学硕士学位论文，2005.

续表

| 年份 | 航空公司原因 | 流量或空管原因 | 天气原因 | 其他原因 |
|------|------|------|------|------|
| 2018 | 21.14 | 2.31 | 47.46 | 29.09 |
| 2019 | 18.91 | 1.43 | 46.49 | 33.17 |
| 2020 | 16.47 | 0.76 | 57.31 | 25.46 |

资料来源：历年《民航行业发展统计公报》。

### （三）服务竞争与差别优势

航空运输产业的服务竞争包括为消费者提供更为细致的服务、拓展营销和服务网络、优化航班时刻、完善联航服务、提高特色服务等。随着国内航空运输产业价格战的偃旗息鼓，以及航空运输产业市场化改革的持续推进，航空运输产业竞争改革逐步体现了航空公司间服务质量竞争方面。各航空公司虽然在服务上基本做到"标准化、规范化、程序化"，但细分差距依然存在，具体包括每天平均飞行班次、中转衔接和地面服务等。各航空公司在不同机场的航班频率和航班时间差异较大，如国际航空、东方航空、南方航空分别在北京机场、上海机场、广州机场拥有高频率航班及黄金航班时段。另有一些航空公司注重深层次开拓市场，如海南航空与新华航空联合在首都国际机场推出中转旅客引导服务；东方航空在国际飞行航班上推行本土化服务来缩小与国外航空企业在细微服务上的差异。

在推行日常性服务质量竞争的同时，国内航空公司建立了"常旅客计划"，旅客在特定航空公司的行程积累到一定里程后，该公司会向旅客赠送礼物，这往往是免费机票的一种促销手段，消费者为获得额外效用，愿意长期购买同一家公司的机票。这种普遍性的、低门槛的服务竞争一旦被纷纷效仿，便没有任何独特性和特殊性可言。

## 四、我国航空运输产业运营绩效分析

### （一）航空公司绩效

表11-10整理了2011~2020年三大航空公司主要财务数据，其中加权平均净资产收益率只获取了东方航空和国际航空数据。

**表 11-10   2011~2020 年三大航空公司主要财务数据**

| 航空公司 | 年份 | 营业收入（百万元） | 总资产（百万元） | 净利润（百万元） | 基本每股利润（元/股） | 加权平均净资产收益率（%） |
|------|------|------|------|------|------|------|
| 南方航空 | 2011 | 92707 | 129260 | 5057 | 0.52 | — |
|  | 2012 | 101483 | 142494 | 2628 | 0.27 | — |
|  | 2013 | 98547 | 165207 | 1986 | 0.20 | — |
|  | 2014 | 108584 | 189688 | 1777 | 0.18 | — |
|  | 2015 | 111652 | 185989 | 3736 | 0.38 | — |
|  | 2016 | 114981 | 200442 | 5044 | 0.51 | — |

续表

| 航空公司 | 年份 | 营业收入<br>（百万元） | 总资产<br>（百万元） | 净利润<br>（百万元） | 基本每股<br>利润（元/股） | 加权平均净资产<br>收益率（%） |
|---|---|---|---|---|---|---|
| 南方航空 | 2017 | 127806 | 218718 | 5961 | 0.60 | — |
| | 2018 | 143623 | 246946 | 2895 | 0.27 | — |
| | 2019 | 154322 | 306928 | 2640 | 0.22 | — |
| | 2020 | 92561 | 326383 | 10847 | 0.77 | — |
| 东方航空 | 2011 | 84504 | 112858 | 4644 | 0.42 | 35.33 |
| | 2012 | 86409 | 121671 | 3173 | 0.28 | 18.95 |
| | 2013 | 88109 | 137846 | 2358 | 0.20 | 10.97 |
| | 2014 | 89746 | 163542 | 3417 | 0.27 | 13.06 |
| | 2015 | 93844 | 195709 | 4541 | 0.36 | 14.73 |
| | 2016 | 98560 | 210051 | 4508 | 0.32 | 10.85 |
| | 2017 | 101721 | 227464 | 6352 | 0.44 | 12.64 |
| | 2018 | 114930 | 236765 | 2709 | 0.19 | 4.93 |
| | 2019 | 120860 | 282936 | 3195 | 0.21 | 5.43 |
| | 2020 | 58639 | 282408 | −11835 | −0.72 | −19.60 |
| 国际航空 | 2011 | 97139 | 173324 | 7897 | 0.61 | 16.99 |
| | 2012 | 99841 | 185418 | 5397 | 0.40 | 10.19 |
| | 2013 | 97628 | 205362 | 3670 | 0.27 | 6.30 |
| | 2014 | 104888 | 212002 | 4299 | 0.31 | 6.98 |
| | 2015 | 108929 | 213704 | 6774 | 0.55 | 11.84 |
| | 2016 | 112677 | 224128 | 6814 | 0.55 | 10.61 |
| | 2017 | 121363 | 235718 | 7240 | 0.54 | 8.96 |
| | 2018 | 136774 | 243716 | 7336 | 0.53 | 8.17 |
| | 2019 | 136180 | 294253 | 6408 | 0.47 | 7.09 |
| | 2020 | 69503 | 284070 | 14409 | 1.05 | 16.86 |

资料来源：各航空公司年度报告。

据三大航空公司年报可知，2011~2016 年，三大航空公司总体规模在不断扩大，营业收入和总资产均在稳定增加，但净利润却经历了"过山车式"的增减。近些年来，随着高铁线路的扩展完善和运营规模的发展壮大，我国高铁产业获得迅速发展，对航空运输产业产生了不小的冲击，甚至 2019 年在北京南开往上海的线路上开通了首个双层高铁卧铺。由此可见，航空运输产业内外均面临着严峻挑战。

（二）行业绩效

1. 机场吞吐量和年飞机起降架次数

2012~2020 年，我国机场主要生产和运营指标继续保持平稳较快增长态势。年旅客吞吐量除 2019 年、2020 年均维持在 10% 以上的增长率（见图 11-7），年平均货邮吞吐量除 2018 年、2019 年、2020 年均保持在 6% 以上的增长率（见图 11-8），飞机年起降架次除 2019 年、2020 年均保持在 7% 以上的增长率（见图 11-9）。各机场中，年旅客吞吐量 1000 万人次以上的大、中型机场，从 2012 年的 21 个增加到 2020 年的 27 个（见表 11-11），平均每年增长 0.75 个，这些年吞吐量超过 1000 万人次的大、中型机场，每年完成的旅客吞吐量占全部境内机场旅客吞吐量的近 80%，其中北京、上海和广州三大城市机场旅客吞吐量占全部境内机场旅客吞吐量的 28% 左右。

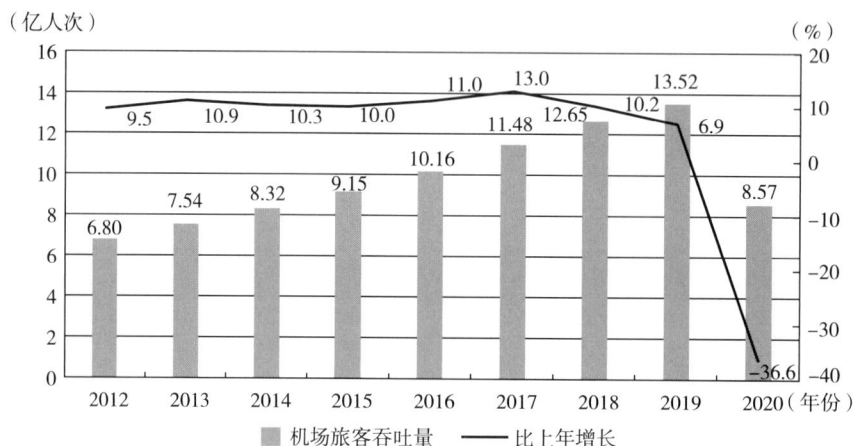

图 11-7　2012~2020 年民航运输机场旅客吞吐量

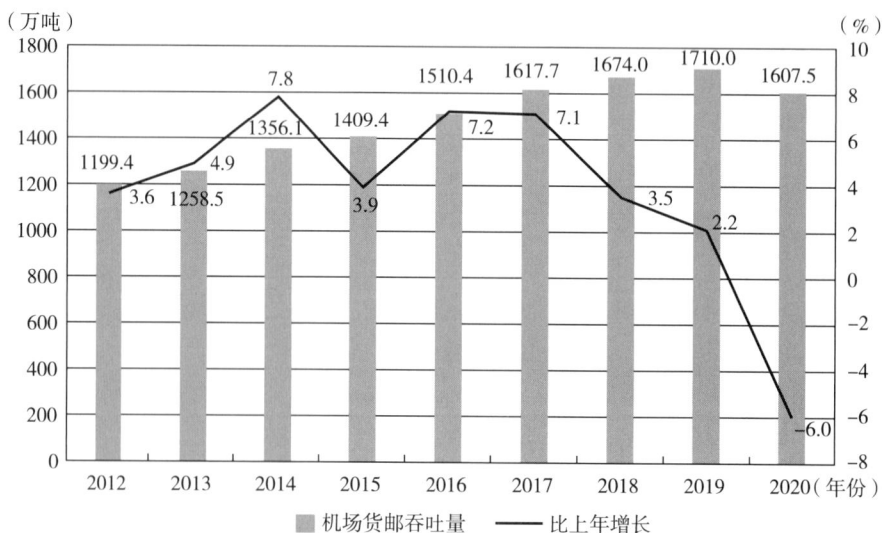

图 11-8　2012~2020 年航空运输产业机场货邮吞吐量

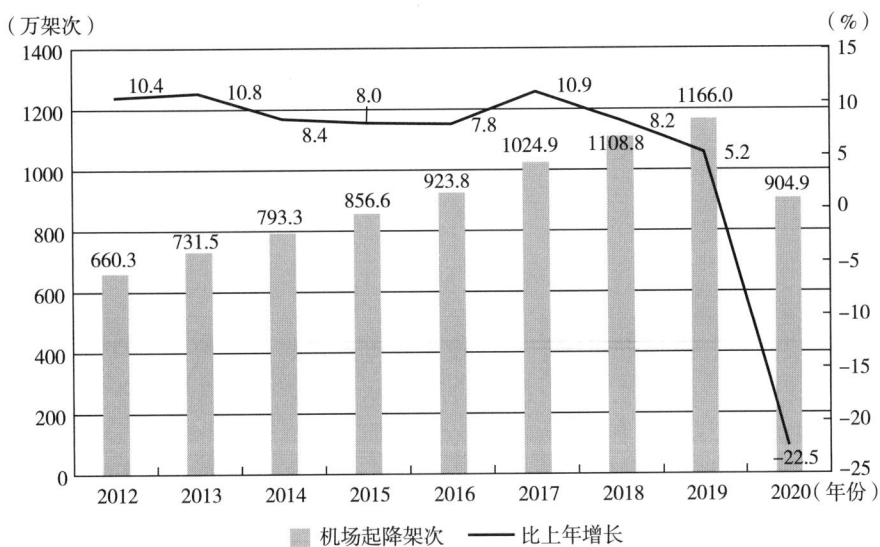

图 11-9 2012~2020 年民航运输机场起降架次

表 11-11 2012~2020 年机场数量

| 年份 | （颁证）机场总数（个） | 年旅客吞吐量 100 万人次以上机场数量（个） | | 其吞吐量占全国比例（%） | 北上广机场年旅客吞吐量占全国比例（%） |
|---|---|---|---|---|---|
| 2012 | 183 | 1000 万人次 | 21 | 74 | 30.7 |
| | | 100 万~1000 万人次 | 36 | 21.3 | |
| 2013 | 193 | 1000 万人次 | 24 | 76.8 | 29.0 |
| | | 100 万~1000 万人次 | 37 | 18.6 | |
| 2014 | 202 | 1000 万人次 | 24 | 76.2 | 28.3 |
| | | 100 万~1000 万人次 | 40 | 19.1 | |
| 2015 | 210 | 1000 万人次 | 26 | 77.9 | 27.3 |
| | | 100 万~1000 万人次 | 44 | 17.6 | |
| 2016 | 218 | 1000 万人次 | 28 | 79.1 | 26.2 |
| | | 100 万~1000 万人次 | 46 | 16.7 | |
| 2017 | 229 | 1000 万人次 | 32 | 81.0 | 24.3 |
| | | 100 万~1000 万人次 | 52 | 14.9 | |
| 2018 | 235 | 1000 万人次 | 37 | 83.6 | 23.3 |
| | | 100 万~1000 万人次 | 58 | 12.7 | |
| 2019 | 238 | 1000 万人次 | 39 | 83.3 | 22.4 |
| | | 100 万~1000 万人次 | 67 | 13.2 | |

| 年份 | （颁证）机场总数（个） | 年旅客吞吐量 100 万人次以上机场数量（个） | | 其吞吐量占全国比例（%） | 北上广机场年旅客吞吐量占全国比例（%） |
|---|---|---|---|---|---|
| 2020 | 241 | 1000 万人次 | 27 | 70.0 | 18.2 |
| | | 100 万~1000 万人次 | 58 | 24.1 | |

资料来源：历年《民航机场生产统计公报》。

### 2. 行业效益

由表 11-12 可见，近年来我国航空运输产业呈现良好发展势头，具有较强的盈利能力。我国航空运输产业的利润总额也摆脱了 2013 年以前逐年下降的态势，迎来良好转机。尽管 2020 年因新型冠状病毒肺炎影响出现亏损，但只是异常年份看待。

表 11-12　2013~2020 年我国航空运输产业经济效益　　　　单位：亿元

| 年份 | 全行业营业收入 | 全行业利润总额 | 航空公司营业收入 | 航空公司利润总额 |
|---|---|---|---|---|
| 2013 | 5889.6 | 248.1 | 4049.9 | 162.4 |
| 2014 | 6189.6 | 288.9 | 4215.6 | 174.5 |
| 2015 | 6062.5 | 487.9 | 4363.7 | 320.3 |
| 2016 | 6393.0 | 568.4 | 4694.7 | 364.8 |
| 2017 | 7460.6 | 652.3 | 5333.8 | 408.2 |
| 2018 | 10142.5 | 536.6 | 6130.2 | 250.3 |
| 2019 | 10624.9 | 541.3 | 6487.2 | 261.1 |
| 2020 | 6246.9 | -974.3 | 3755.0 | -794.5 |

资料来源：历年《民航行业发展统计公报》。

## 五、我国航空运输产业市场化改革中存在的问题

在中国经济体制由计划经济转为市场经济的大背景下，作为典型自然垄断行业，航空运输的市场化改革需要经历一个长期而复杂的过程。目前航空运输产业市场化改革正处于全面推进和逐步深化阶段，其市场化过程中仍然存在许多亟待解决的问题。

### （一）垄断色彩依旧浓厚

根据前文市场结构数据测算可知，我国航空运输市场仍旧属于高集中度寡头垄断结构。航空运输产业 $CR_n$ 指的是前 n 位航空企业市场份额之和占整个航空运输产业市场总和的比值，在一定程度上反映航空运输产业的市场集中度，$CR_n$ 数值越大，市场集中度越高。根据表 11-13，2017 年，经测算其 $CR_4$ 值为 0.49，即南方航空、东方航空、国际航

空、海南航空的飞机数量之和几乎占民航运输市场的一半，属于中（下）集中寡占型行业。据 2017 年统计年检数据显示，注册在案的航空公司共有 58 家，意味着排名在六大航空运输公司之后的其余 52 家大中小型的航空公司只占市场份额的 40%。另外，航空运输产业从业人员市场集中度 $CR_8$ 测算值竟高达 95%。

**表 11-13　2017 年航空运输产业市场集中度**

| 公司名称 | 南方航空 | 东方航空 | 国际航空 | 海南航空 | 深圳航空 | 厦门航空 |
|---|---|---|---|---|---|---|
| 飞机数量 | 602 | 525 | 404 | 237 | 187 | 168 |
| 合计数量 | 602 | 1127 | 1531 | 1768 | 1955 | 2123 |
| $CR_n$ 累计 | 0.17 | 0.32 | 0.42 | 0.49 | 0.54 | 0.59 |
| n | 1 | 2 | 3 | 4 | 5 | 6 |

资料来源：《2017 年民航行业发展统计公报》。

2017 年航空运输产业的运输总周转量为 1083.1 亿吨公里，与 2016 年同比增加 12.6%。其中，中航集团的运输总周转量为 286.4 亿吨公里，与 2016 年同比增加 94%，占航空运输产业运输总周转量的 26%；东航集团的运输总周转量为 213.2 亿吨公里，与 2016 年同比增加 83%，占航空运输产业运输总周转量的 20%；南航集团的运输总周转量为 272.9 亿吨公里，与 2016 年同比增加 120%，占航空运输产业运输总周转量的 25%；海航集团的运输总周转量为 168.3 亿吨公里，与 2016 年同比增加 19%，占航空运输产业运输总周转量的 16%。在全国 58 家民航运输企业中，四大民航集团运输总周转量为 940.8 亿吨公里，占航空运输产业运输总周转量的 87%，其余公司合计运输总周转量仅占航空运输产业的 13%。我国航空运输产业的市场份额和运输资源依然掌握在前几家航空运输公司手中，市场垄断程度高，不利于市场竞争。

从以上市场集中度和业务份额两方面的数据分析表明，国有特大型航空集团对整个航空运输市场的影响力尤为突出，虽然近几年随着地方和低成本航空公司的进入，其垄断程度逐渐降低，但整个行业的进入壁垒依然很高，垄断色彩依旧浓厚。

（二）进入退出机制不健全

进入壁垒指的是产业潜在进入企业进入市场的难度或是限制[1]。航空运输产业的进入壁垒来源于以下三方面：一是资金壁垒。新公司的成立不必须购买飞机，可以选择融资租赁的方式，但是燃油、广告、薪酬、房屋租赁等费用仍是一笔巨额费用，构成了资金进入壁垒。二是技术壁垒。航空监管部门提供飞行条件信息。中国民航信息网络股份有限公司提供航空运输信息。航空维修与飞行员培训部门提供技能服务，各部门都有各自的专业化

---

[1]　干春晖．产业经济学教程与案例［M］．北京：机械工业出版社，2015.

技能，潜在进入企业想要掌握某一项高新技术并非易事。三是消费者偏好壁垒。在民航运输行业，客户很容易受企业口碑、企业运输速率、企业规模等因素影响而产生消费者偏好，潜在进入企业却不易得到消费者的信赖。

在进入机制方面，随着市场化改革的深入推进，我国持续放松对航空运输产业的进入监管，行业进入壁垒不断下降。近些年金融产品的丰富和信息技术的发展使得航空运输产业经济性进入壁垒也有所降低。由于我国航空运输产业市场化改革还处于深化阶段，产业进入机制尚未健全，仍需不断加强完善。在退出机制方面，由于航空运输产业沉没成本巨大，该领域缺乏政府补贴或政策优惠，企业倾向于维持经营现状而非退出市场。此外，我国现有的生产要素和产权交易市场仍不发达，这也是航空运输产业退出机制不完善的重要原因。

（三）产业发展过多依赖于政策导向

前文统计数据显示，完成全年80%以上旅客吞吐量的大、中型机场数量占全国总机场数量的比例不超过14%，而占全国总机场数量比例不到2.5%的北京、上海、广州三大城市机场却完成了全国25%左右的旅客吞吐量。[①] 这些大中型机场没有一个是在最近五年内建成或投入使用的。即使考虑到航空运输产业高投入、慢回报的特点，依然不能排除在欠发达地区，每年新增10个左右机场的背后是受国家和地方政府的政策干预和资金支持的结果，而这种干预和支持，是政府推动的成果而非市场机制内生。由此可见，我国现阶段旅客吞吐量的增长仍然是粗放式的，是依靠以国家和地方政策为驱动的"多投入、多产出"简单商业模式，而这种较大程度依靠多投入的产业发展模式，很可能会违背供给侧结构性改革初衷，甚至在一定程度上造成航空产业局部产能过剩。

（四）价格监管体系不健全

我国航空运输产业价格监管的主管部门是国家发展改革委，国家发展改革委和中国民用航空局制定民航运输的法定价格，民航公司可在基准票价上下浮动规定范围内实施定价。政府定价的目的是为了维持市场稳定、保持适度竞争。航空运输产业投资巨大、回收期长，属于低盈利行业，加上近年来油料成本、人工成本连年上涨，如果航空公司不能拥有自主定价权，势必会造成航空公司的持续亏损，更不利于我国航空运输产业参与世界航空市场竞争。航空运输产业价格监管体系不健全主要表现在：一是基准价缺乏科学依据，上限幅度规定有限。通过行业平均成本加利润率而设定的基准价格，不能体现航空公司对成本的把控。二是征收机场管理建设费不合理。我国航空旅客除了要支付机票价格外，还要额外缴纳机场管理建设费和燃油费，从而侵占了消费者剩余，加重了支付负担。三是航油成本居高是导致高昂票价的主因。国内航油市场垄断经营，航油定价机制不合理，航油价格水平和航空公司燃油附加费受国际油价水平影响较大，由此导致航空公司将福利损失间接转嫁给消费者，定价方式如表11-14所示。

---

① 张宏宇．近五年来我国航空运输产业发展现状及分析［J］．空运商务，2018（8）：42-43.

**表 11-14 两种定价方式**

| 定价方式 | 主体 | 凭据 | 结果 | 目的 |
|---|---|---|---|---|
| 政府定价 | 中国民用航空局、国家发展改革委 | 市场需求以及航空运输产业客货运输成本等 | 提供基础价格、准许浮动的价格区间 | 维护公共利益、维持民航市场稳定 |
| 市场定价 | 民航运输公司 | 价格歧视、航班时间、航线区域等 | 在政府规定的价格区间定价 | 争取效益最大化 |

（五）产权结构不合理

改革开放以前，我国航空运输产业完全由政府投资、政府管控，政府扮演了航空运输产业政策制定者和市场经营者的角色，虽然改革开放以来，政府长期致力于航空运输产业的产权改革，但政府垄断经营的影响依然存在。表 11-15 显示了我国三大航空公司国有资本参股情况，三大航空公司均属于国资控股且国有资本参股均超过 50%，国际航空和东方航空的国有资本参股率甚至在 60% 以上，国有股权占大型民航运输公司的绝大部分且产权的流动性缺乏。我国航空运输产业产权特征主要表现为国家股比重大且股权单一。尽管我国三大航空公司已经上市，采用股份制进行融资，但国家股仍然占据最大份额。单一股权制和流动性缺乏是这些大型国有企业的共同特征。一些地方航空公司，如海南航空、上海航空、厦门航空也实施了产权多元化改革，但国有股份仍然占据主导地位。此外，国有航空公司之间相互参股严重，呈"斑马现象"。① 因此，从某种意义上讲航空公司只是在形式上实现了产权多元化。

**表 11-15 2017 年三大航空公司国有资本参股情况**

| 公司名称 | 最大股东 | 实际控制人 | 所有制性质 | 国有资本参股合计 |
|---|---|---|---|---|
| 国际航空 | 中国航空集团有限公司 40.98% | 国务院国有资产监督管理委员会（51.7%） | 央企国资控股 | 63.6% |
| 南方航空 | 中国南方航空集团有限公司 36.92% | 国务院国有资产监督管理委员会（50.49%） | 央企国资控股 | 50.4% |
| 东方航空 | 中国东方航空集团有限公司 35.06% | 国务院国有资产监督管理委员会（56.37%） | 央企国资控股 | 61.7% |

资料来源：三大航空公司 2017 年度报告。

（六）服务竞争差别化小，服务质量有待提升

目前航空公司在部分航线领域竞争激烈，高铁对民航替代效应也在逐渐增强，产业内机队规模不断扩大，再加上新进入航空公司陆续成立，致使各家航空公司服务同质化现象严重。主要表现为：空中服务产品、营销产品的同质化，目标顾客群同质化，销售渠道及促销手段同质化等。尽管我国航空运输产业发展势头迅猛，航空公司服务质量不断提升，

---

① 著名经济学家张维迎先生曾经把国有企业产权改革比喻为"斑马现象"。

但与世界一流航空企业相比仍有较大差距。航班正常率提升不大、旅客投诉事件处理不及时等问题层出不穷，消费者权益和利益受到严重侵害。

# 第四节　我国航空运输产业分类监管设计与协调政策

## 一、航空运输产业分类监管设计

### （一）空中交通监管服务部门

空中交通监管是利用航空管控中心和机场塔台对飞行器的飞行活动进行指导和管控服务，通过现行技术维护空中交通秩序，是整个航空运输产业的安全保障。空中交通监管服务部门技术更新快、基础设施如塔台、通信设备等固定资产投资巨大，具有显著的自然垄断特征，需加强政府监管，建立高度集中的空中交通监管体系。

### （二）机场服务部门

机场服务主要分为两个方面：一是为航空器飞行提供起降场所服务，以此作为营业收入，单位时间内飞行器起降次数越多、客货吞吐量越大，机场的运营成本就越低，具有规模经济。机场建设需要购买大面积土地，投入各种基础建设，沉没成本巨大，需要政府参与投资，具有区域性垄断特点。对于国际民航运输机场，尤其是相同水平的机场，应相互竞争，学习优秀的技术和管理理念，以提高自身竞争力。机场建设在服务大型城市和小型城市具有明显的不同表现，大型城市的机场建设拥有更全面的产业功能区规划，除建设核心机场外，还会大力发展临空经济，建设高新技术产业集群区，发挥规模经济效应。二是为航空公司提供办理如值机、托运等飞行服务，以及其他如快递、城市清洁服务，对于该类业务应采取特许经营、引入竞争的管理方式。

### （三）航空运输服务部门

航空运输服务部门是提供客货在空间上的快速移动的服务部门，航空运输服务是航空运输公司最根本的业务环节。航空运输服务虽然也需要大规模资本投入，具有极高的技术和管理要求，但受技术进步、高铁等其他可替代运输方式的影响，航空运输服务部门可在保证航运安全的前提下开展充分的市场竞争。换句话说，航空运输产业需要在政府设定严格进入壁垒的前提下有条件地在航空运输服务环节引入充分的市场竞争，最终实现类似于汽车行业的寡头垄断或垄断竞争格局。

### （四）航空保障服务部门

航空保障服务部门提供油料、航材、航空信息三大服务，这些服务均具有一定程度的自然垄断特质，需要适度推行放松监管的政策。2002 年市场化改革之前，我国成立了中国航空油料集团公司、中国航空器材集团有限公司、中国民航信息网络股份有限公司分管油料、航材、航空信息三大业务，全面市场化改革推行以后，其资产已交由国资委管理，中国民用航空总局仅提供航空保障服务管理职能。我国航空运输产业运营管理过程中燃油成本最高，2017年三大航空公司财务年报数据显示，各航空公司的燃油成本均占总成本的28%以上，普遍高于世界平均水平，因此不能任由中国航空油料集团公司"一家独大"，应适度推进竞争改革，借助市场机制影响航运燃油价格，降低航空运输燃油成本。我国航空运输产业信息服务的改革同样引入竞争，仅由中国民航信息网络股份有限公司提供服务显然缺乏效率，高度集中的产业结构导致垄断低效率，收费过高不利于相关中小型航空企业的发展。较合理的解决办法是引入国际上的先进信息系统，与国内有意图参与此项目的航空公司合伙成立新的信息服务公司，在国内形成垄断竞争格局。

（五）航空延伸服务部门

航空延伸服务部门主要包括机场部门的下游产业部门，有值机、仓储、商场或商店、清洁、安保等行业，虽然这些行业不具有垄断性，但事实上目前航空延伸服务部门的市场份额被机场公司控制，机场公司拥有机场资源的管理权，其会选择将下属公司安排到机场的各个环节，这是机场政企不分的"纵向一体化"和机场内部利益所导致的，需要政府实施监管优化、竞争有效的政策措施，在更大程度上实现充分竞争的格局。

（六）航空维修与飞行员培训部门

航空维修服务具有高技术性和一定的规模经济性，假设同一个机场只有一个航空维修服务公司，那么该机场内航空公司越多、常规机型飞机数量越多、机场内起降次数越高，那么平均每个航空公司需要支付的飞行器维修费用就越少。因此航空维修服务部门需要以区域为服务单位，每个航空公司可保留几个专业维修人员应急，以保证航空维修服务环节的最优资源配置。另外，区域内对航空维修服务采取竞争与合作的管理方式，同时加大对该业务环节的技术质量监管，航空运输产业分类监管设计如表11-16所示。

表11-16 航空运输产业分类监管设计

| 民航运输部门 | 技术经济特征 | 资本来源 | 运营主体 | 监管与竞争政策 |
|---|---|---|---|---|
| 空中交通监管服务部门 | 规模经济、自然垄断 | 国有或上市资本 | 政府或企业 | 全国垄断 |
| 机场服务部门 | 规模经济 | 国有、民营、外资、合资 | 政府或企业 | 区域垄断或只存在两家企业的寡头垄断 |
| 航空运输服务部门 | 可竞争 | 国有、民营、外资、中外合资 | 企业 | 鼓励竞争 |
| 航空保障服务部门 | 规模经济 | 国有、民营、外资、中外合资 | 政府或企业 | 垄断竞争、适度竞争 |
| 航空延伸服务部门 | 可竞争 | 国有、民营、外资、中外合资 | 企业 | 鼓励竞争 |
| 飞机维修与飞行员培训部门 | 可竞争 | 国营、民营、中外合资 | 企业 | 鼓励竞争 |

## 二、促进航空运输产业分类监管的协调政策

对航空运输产业的各个部门、各个环节分类实施政府监管的同时，需加强产业各业务环节之间以及管理部门之间的相互协调，以保证行业的高效运营。

### （一）各级航空主管部门的协调

2002年国家颁布文件开始对民航机场实行属地化管理，即将机场划归地方管理，但关于中央和地方在机场管理职能权责方面缺乏具体规定，因此需制定专门性法规对管理部门之间的职能权责进行规范，方便各司其职，理顺沟通衔接。其中，中央管理部门主要负责航空运输产业的价格监管、安全监管以及进入、退出壁垒监管等，地方民航管理部门应负责区域内航空公司的土地开发、租赁、投资等运营监管。

### （二）航空运输公司与空中交管部门的协调

空中交通监管部门负责制定航班时刻表，对航班起降时刻进行安排和调整，有效防止意外事故发生。我国航班安排通过"航班协调会"讨论制定，最终由政府参与并由中国民用航空局批准，这种方式缺乏透明度，容易造成航线资源配置的低效率，因此有必要进行间歇性调整和更改时刻表。目前我国是每两年调整一次，一般采取公开招标的方式，引入竞争机制以提高运营效率。

### （三）机场与航空公司的协调

航空运输公司提供客货物空中运输服务，是航空运输产业的核心业务。机场为民航运输公司提供起降和飞行场所，是航空运输产业的基础载体。因此在机场与航空公司之间协调方面，最关键的是机场应做到为各航空公司提供公平的地面服务。政府应促进机场与航空公司之间的协调，防止出现机场给特定航空运输公司提供政策、价格、服务等方面的偏私与优待。

### （四）航空运输产业普遍服务政策

我国航空运输产业发展很不平衡，北上广深等发达地区的航线通常是"一线难求"，是各航空运输公司争抢的主要地盘，逐步形成充分竞争的格局。西部地区和云贵高原等区域投资不足，基础设施不尽完善，大规模引入竞争机制反倒不如垄断经营有效。政府应鼓励各航空公司发展支线，充分利用航线资源和旅游资源，带动偏远地区航空运输产业的发展，实现政府普遍服务监管。

## 三、我国航空运输产业市场化监管对策

根据我国航空运输产业市场化改革状况，提出如下监管策略。

### （一）制定相关法律法规并完善监管法律体系

在改进立法方面，借鉴西方发达国家政府监管的成功经验，"先立法后改革"，稳步推进且不断深化航空运输产业市场化改革。健全和完善法律法规，填补改革过程中存在的政策真空；更新修改民航法，以适应航空运输产业快速发展的需要。在监管体系方面，应做到进一步推进政务公开，完善政府信息公开制度，不仅公开制定和执行监管改革方案，

也要公开改革原因、论证和结果等系统化信息；进一步完善监管法律体系，为有效落实航空运输产业政府监管改革提供强有力的政策保障。

（二）完善市场准入和退出监管机制

在降低民营资本准入限制的同时，应进一步加强其资质审查力度，保证最低生产规模符合行业标准，让最具有竞争力的资质企业进入航空运输产业，提高行业运营绩效。对国内、国际航线运营权进行公开拍卖，倡导和引入竞争元素，取消对地方性航空企业的歧视性政策。针对机场地面服务项目，机场公司应加快由业务大包大揽向专职化管理转型，通过招标或特许经营吸引潜在进入企业经营地面服务业务。应逐步建立健全航空运输产业退出机制，建立优胜劣汰的良性竞争格局，同时保证航空运输服务生产和供给的持续性。

（三）放松航空运输产业价格监管

虽然我国航空运输产业管理部门多次调整机票价格，但航空公司对机票价格的制定权仅局限于里程低于 800 公里及与高铁动车组竞争激烈的特定航线，并且规定了航空公司的票价浮动范围；除民航票价适度放松监管之外，机场管理收费、航空保障服务等业务至今尚未引入市场化元素。因此需进一步放松航空运输产业机票的价格上限监管，逐步减少甚至取消征收机场建设管理费，或适度根据市场真实需求进行定价调整。除此之外，应逐步削减和控制产业链上游原材料供给部门的垄断势力，航空煤油供应管理运营体制应适度引入竞争要素，实施产业扶植政策，鼓励具备航空煤油运营资质的优质企业同中国航空油料集团公司展开公平竞争，重塑竞争性行业定价机制，倒逼航空运输产业降低票价，节约管理运营成本，以提高行业运营效率。

（四）深化航空运输产业产权改革

在航空运输产业市场化改革实践过程中，"政企合一"或"政企不分"的行政垄断现象确实有所好转，但是离完全的"政企分离"状态仍然存在较大差距，航空企业运营效率还有较大上升空间。应继续深化航空运输产业的产权改革，鼓励引入民间资本和国外战略投资资金，确保航空运输产业产权改革实至名归，避免流于形式。航空运输产业的产权改革重点突出且具有针对性，那些关系到国计民生和国家安全的产业领域仍需保证国有资本的主体地位。鼓励航空企业依据市场规律实施兼并重组和自由进退，提高资源配置和使用效率。

（五）提升差别化竞争能力和服务质量

面对多元化消费需求和选择压力，航空公司应加大服务创新和改进投入力度，调整优化产品服务设计、营销、品牌建设等，减少同质化，增强特色化，创造自身竞争优势，使其在激烈行业和企业竞争中不断巩固其市场地位；构建科学合理的服务质量评价体系，持续改进航空运输服务质量；进一步鼓励航空企业尝试推广"互联网+"产品或服务，利用业态创新和组织重塑拓宽并增值服务价值链。着力提高航班正常率，优化航班运行链条，系统提升协调飞行作业能力；提高飞行控制能力，加强突发事件预警能力，提高灵活应对大面积航班延误能力等。

# 第十二章 我国通用航空产业
# 发展模式及策略优化

## 第一节 通用航空产业发展概述

### 一、通用航空产业发展背景

通用航空是民用航空的重要组成部分，一般理解为使用航空器从事公共航空运输以外的民用航空活动，其本身产业链条庞大，覆盖制造、维修、营销、服务等多个领域，涉及投资、生产、流通和消费等诸多环节。通用航空产业链包括通用航空机场建设、通用航空运营服务、通用航空制造三个方面。通用航空产业发展空间巨大，带动效应显著。通用航空产业对像我国这样国土面积庞大的国家尤其具有重要价值，如美国、加拿大、巴西、澳大利亚等国家的通用航空产业发展迅速。通用航空机场网络建设是通用航空产业发展的基础和关键，在美国洛杉矶、英国伦敦等，百公里内分别有机场 34 个和 45 个，其中通用航空机场占比均达到 85% 左右。通用航空机场建设成本小于高速公路 2 公里造价，美国 3000 多个县甚至特定社区都拥有通用机场。

作为民用航空的两翼之一，通用航空在国家经济社会建设中起着不可替代的作用。长期以来，通用航空在促进工农业生产、科学研究、抢险救灾和应急救援等方面一直发挥着重要作用，但受空域限制、国家重视程度有限及通用航空机场建设受阻等因素影响，我国通用航空产业发展一直以来较为缓慢，并且国内目前大部分通用航空机场业务量严重不足，设施空余率高的现象较为明显。在产业发展上还存在着专业人才短缺、创新动力不足等突出问题。再加上我国相关政策法规仍不完善，低空空域尚未完全开放，导致通用航空产业相对于整个航空产业而言发展严重滞后。

21 世纪是我国经济持续快速发展和综合国力逐步提升的时代，当前中国特色社会主义现代化建设进入新的历史阶段，世界范围内新冠肺炎疫情持续蔓延，世界经济复苏乏力，我国经济面临下行压力，发展通用航空产业对于促进经济体制转型、产业结构升级、消费结构提档等具有重要作用。要想发挥通用航空在飞播、造林、救灾、喷洒农药、森林灭火、科学研究等领域的重要作用，这对通用航空产业的发展提出了更高要求。为此，我国交通运输部于 2020 年 8 月发布了《通用航空经营许可管理规定》（交通运输部令 2020 年第 18 号），为规范对通用航空的行业管理，促进通用航空安全、有序、健康发展，对境内从事经营性通用航空活动企业的经营进行相应的监督管理。

## 二、通用航空产业研究现状

20 世纪 70 年代，美国民用航空局将 3000 米以下的低空归类到非管制区域，私人飞机拥有了大量不受管制的飞行活动空间。低空空域的明确开放无疑给美国通用航空产业高速发展提供了有力支持。1994 年 8 月，美国时任总统克林顿签署《通用航空复兴法案》，该法案在一定程度上拯救了颓废的美国通用航空产业；Han Wenlei 和 Jin Shi[1] 从整个通用航空产业的管理原则、内容和目标改革三个方面对通用航空产业进行了系统分析。Anderson[2] 对通用航空产业各阶段发展特征进行总结，进一步分析了通用航空产业演化的动态周期。Zou Yuming 和 Zhang Liang[3] 利用投影寻踪手段构建了通用航空产业的演化模型，为分析通用航空产业政策带来的影响奠定理论基础。

冯超从产业链视角分析了整个通用航空产业在整体规模、市场需求和就业情况等方面存在的问题，提出完善产业监测标准、提升通用航空制造水平、发挥市场作用鼓励整个产业多元化运营等建议[4]。高启明认为应鼓励民间资本进入通用航空产业，推动通用航空产业体制转型，不仅能打破国有企业垄断市场的局面，增强企业间有效竞争，还能使通用航空民营企业由小变大、由弱变强，给更多潜在通用航空民营企业提供产业进入机会[5]。陈文玲针对我国公务机机队规模扩大速度相对缓慢的问题，提出共享经济模式是进一步提升资源利用率、实现成本节约和规模化运营的有效策略[6]。李晰睿认为，国家可利用航空爱好者的积极性，将其意见和建议融入通用航空器研发制造，以促进私人航空得到进一步发展[7]。

## 三、通用航空产业的发展历程

通用航空产业发展历程大致分为产业规划期、产业准备期、产业发展期和产业成熟期四个阶段。其中产业规划期（2011 年前），通用航空产业开始萌芽；产业准备期（2011~

①　Han Wenlei, Jin Shi. A Study on the Reform of China's General Aviation Laws and Regulations [J]. Journal of Transportation Technologies, 2012 (2): 189-192.

②　Anderson S. B. Historical Overview of Stall/Spin Characteristics of General Aviation Aircraft [J]. Journal of Aircraft, 2015, 10 (19): 455-461.

③　Zou Yuming, Zhang Liang. General Aviation Industry Policy Optimization Based on the Perspective of Supply-side Structural Reform [C] //Proceedings of 2018 International Conference on Education Technology, Economic, Management and Solial Sciences (ETEM SS 2018), 2018.

④　冯超. 中国通用航空发展空间与产业链 [J]. 中国流通经济, 2014 (5): 117-121.

⑤　高启明. "十三五"时期我国通用航空产业转型面临的挑战与发展思路 [J]. 经济纵横, 2016 (2): 29-34.

⑥　陈文玲. 基于通用航空发展现状的通用航空产业体系研究 [J]. 经济研究导刊, 2019 (5): 44-49.

⑦　李晰睿. 我国通用航空发展现状与对策研究 [J]. 中国民航飞行学院学报, 2020 (1): 25-28.

2015年），国家开始实施政策试点推广；产业发展期（2015~2020年），通用航空产业在政策支持下获得了迅速发展；产业成熟期（2020年至今），整个通用航空产业将呈现稳步发展和成熟推进态势。目前，我国通用航空产业已进入高速发展时期，该时期将是我国通用航空产业从发展逐步走向成熟的关键，如图12-1所示。

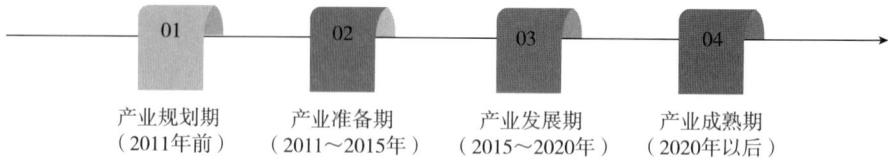

**图12-1 通用航空产业发展阶段**

资料来源：根据公开资料整理。

近年来我国通用航空产业发展速度较快，但由于起步时间较晚和配套政策不完善等，通用航空产业总体发展规模依然较小，与其他国家相比还有较大差距。据2010~2019年通用航空产业发展数据显示我国通用航空在册航空器数量逐年增长，由2010年的1010架增长到2019年的2707架，同比增长了168%。虽然总体增长呈上升趋势，但增长率在2010~2014年处于增长较快和波动较大阶段，增长率普遍在10%以上，2015~2019年则逐渐趋于稳定，处于稳步增长状态，增长率稳定在5%~10%，如图12-2所示。

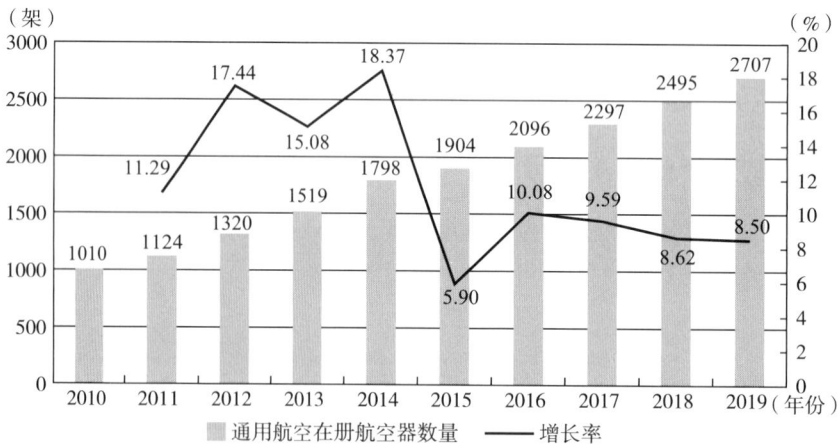

**图12-2 我国通用航空在册航空器数量统计及增长情况**

资料来源：根据历年《民航行业发展统计公报》整理而得。

图12-3数据显示，2019年我国通用航空许可经营企业数量为478家，对比2010年的111家，十年间同比增长331%；全行业完成通用航空生产飞行时间由2010年的13.98

万小时逐步增长到 2019 年的 106.50 万小时，并且呈现较为稳定的增长趋势。大量统计数据表明我国通用航空产业取得了飞速发展，在未来仍存在更广阔的发展空间。

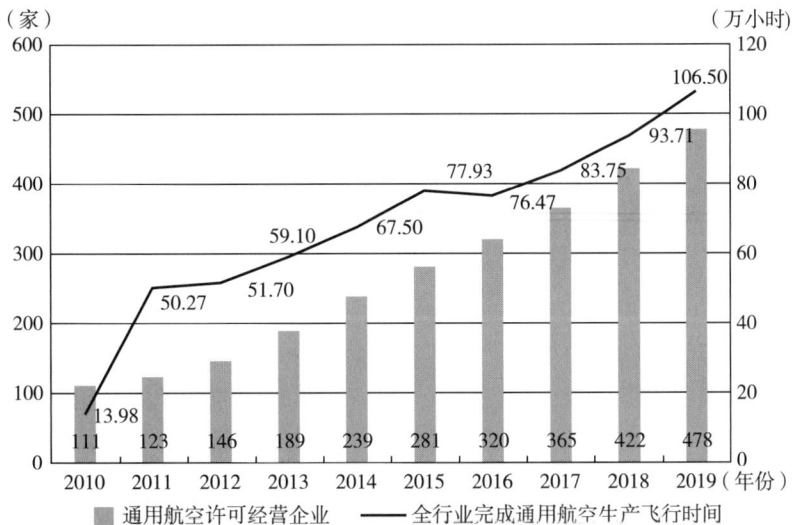

**图 12-3 我国通用航空许可经营企业数量及全行业完成通用航空生产飞行时间统计**

资料来源：根据历年《民航行业发展统计公报》整理而得。

## 四、通用航空产业发展趋势

随着我国通用航空产业发展促进政策的频繁出台，行业保持稳定发展态势，无人机带来行业结构性变革，但有人机整体运营结构变化不大，未来通用航空产业发展将呈现以下趋势。

（一）通用航空公共服务国家驱动加快

应急管理部、卫生健康委统筹航空应急救援体系、医疗应急救援等全国布局，形成"一盘棋"发展态势。中国民用航空局、卫生健康委医疗救援试点推动航空医疗救援的政策创新、产业发展，提升保险业的参与度。"政府+社会"模式推进短途运输走向网络化、便捷化与运输一体化发展格局，融入我国综合交通运输体系。

（二）在新兴消费领域，以城市为主导的新消费潜力加快释放

城市（群）直升机机场（通用机场）网络加快建设。大众娱乐飞行成为地方政府和社会推动重点。单次消费不高但消费频次高的新产品将成为大众化率先发展重点。航空运动、航空旅游与航空文化深度融合，成为有人机运营结构升级的主要力量。

（三）无人机进一步改变通用航空发展格局

无人机将增强通用航空传统作业领域的替代性。无人机的发展将推动我国低空空域管理精细化、智能化进程。在业态拓展、服务升级、生态变革中，无人机发挥着核心作用，

在部分领域输出中国标准。

（四）智慧通航成为新趋势

信息化、物联网、云计算等推动行业创新升级，科技为通用航空带来信息感知、多维分析、辅助决策、精准执行、高效协同等诸多变革，加快民航智慧化发展进程。

## 第二节　通用航空产业链构成及产业结构

### 一、通用航空产业链构成

产业链是产业经济学中的一个概念，是产业各个部分之间根据特定逻辑关系、技术经济联系和时空布局关系客观形成的一个链条式关联关系形态。整个产业链中会存在上中下游等具体细分业务环节的产业关系，这些细分业务环节会相互进行价值交换，上游环节向下游环节提供产品或服务，下游环节向上游环节提供信息反馈，从而形成一个完整的产业链。通用航空产业链就是一个由上中下游三个环节构成，产业各细分业务环节之间相互进行价值交换，整个产业链较长，涉及相关产业较多，并且这些相关产业之间关联性较强。从产业链结构方面来看，通用航空产业上游、中游和下游之间相互影响、相互制约并相互促进，形成了一个完整的通用航空产业链[①]。

通用航空产业的产业链由基础产业支撑核心产业，核心产业优化发展进入应用产业，最后又分别应用至国民经济第一二三产业中的具体领域。

（一）基础产业

支撑整个通用航空产业的是基础产业，简单将基础产业分为三部分：能源与材料、高新技术和高端制造，主要包括航油和钢材、控制工程和通信技术、机械制造和房屋土建等。通用航空的基础产业是核心产业的支撑，尤其是为通用航空器的研发制造提供支撑，成为整个通用航空产业的中坚力量。

（二）核心产业

通用航空器的研发制造是通用航空产业的核心，也是我国装备制造业转型升级的重点方向。通用航空器的制造直接影响到整个产业链的运行，决定了通用航空飞行活动的多样性。通用航空运营处于整个产业链的中游位置，发挥着承上启下的作用，上游通用航空器的研发制造向下游通用航空服务保障输送产品与服务，下游通用航空服务保障又为上游通用航空器的研发制造反馈信息，这些都是由处于中游位置的通用航空运营来承接。通用航空服务保障作为支撑通用航空器研发制造和通用航空运营的后备力量，在整个产业链中不可或缺，有了通用航空服务保障这一环节，通用航空产业形成一个完整的战略性新兴产业

---

① 高启明．"十三五"时期我国通用航空产业转型面临的挑战与发展思路［J］．经济纵横，2016（2）：29-34.

体系。三者之间相互作用并相互促进，进而分别作用于终端用户，同时终端用户也对三者进行信息反馈，进一步促进了整个通用航空产业的发展。

（三）应用产业

应用产业由核心产业延伸发展而形成，分别服务于国民经济的三大产业，其中包括第一产业的农林牧渔作业和航空监护、第二产业的电力作业和工程建筑，以及第三产业的广告娱乐、观光旅游和金融地产等。基础产业和核心产业一起带动应用产业的发展，从而形成能够促进通用航空产业各细分业务环节共同发展的全行业协调运营体系。

## 二、通用航空核心产业结构分析

通用航空的核心产业主要分为三个部分：处于产业链上游的通用航空器研发制造、处于产业链中游的通用航空运营以及处于产业链下游的通用航空服务保障。

（一）通用航空器研发制造

通用航空器研发制造是通用航空产业的重要组成部分，它为通用航空运营和通用航空服务保障提供基础载体。通用航空器研发制造分为高端装备制造和重要子系统研发两部分。重要子系统研发主要内容是机载系统、运营系统和培训系统，在推动整个航空制造业的发展和技术进步等方面发挥着重要作用。高端装备制造属于高新技术产业，主要包括整机制造、发动机制造、雷达研发和卫星研发。高端装备制造还为通用航空运营和后续的作业活动提供了载体和工具，如一些常用的通用航空器及相关的系统和设备，进而直接影响通用航空产业飞行作业活动效率。

（二）通用航空运营

通用航空运营主要是通用航空器在商业运输、特种飞行、非特种作业、非商业应用四个主要方面的运营管理，具体运营管理活动包括公务航空、通勤飞行、训练飞行、特种作业、航空服务、观光游览、私人飞行、救援警机等。

（三）通用航空服务保障

通用航空服务保障直接为通用航空活动提供飞行保障、地面保障、资源供应、运营与培训和应急处理等。其中包括多个环节，如空港设备和空管设备、地面服务和检测服务、油料和器材、飞行员和运营管理、安防设备和消防器材等。

# 第三节　我国通用航空产业发展的典型模式

## 一、通用航空产业发展模式

发展通用航空产业需结合具体资源禀赋和要素条件，采用"通航+"模式着力打造各具特色的通航产业园或通航特色小镇，推动通用航空产业生态发展。航空小镇最早起源于

"二战"后的美国，众多退役飞行员在废弃的军用机场周边地区定居和集聚，逐渐衍变出很多以机场为中心的飞行爱好者社区，随着飞行社区的不断扩展就形成了很多"机场+社区+配套"的生活型航空小镇。国内外较成熟的典型模式主要有"通航+运营""通航+制造""通航+旅游""通航+网红经济""通航+物流"等主要功能模块。

（一）"通航+运营"模式

"通航+运营"是通航产业发展的基本模式，除了通航机场和跑道外，需要建设航油供应平台、航材保税库、飞行服务站、机务维修基地等运行服务保障平台。

1. 通航运营服务

通航运营服务主要有固定运营基地服务（FBO）、通航维修（MRO）和通航培训。固定运营基地服务是通航机场运营的基础，近年来随着公务机和私人飞机的增多，如金鹿公务航空有限公司等通航企业开始进入固定运营基地服务环节。通航机型多样，通航维修具有其独特性，第三方通航维修需求空间潜力较大。另外，从目前通航作业时间看，通航执照培训占比在70%左右，未来随着飞行员私人飞机执照的流行，通航培训业务发展潜力更大。

2. 应急救援和通航作业

应急救援和通航作业主要包括抢险救灾、医疗救护等应急救援产业。从我国通航航空公司类型来看，仍以"航空作业"类为主，如农垦喷洒、电力巡护、海上石油等，主要活动在一定的空域范围内，能够服务和融入经济社会发展，这一方面已经涌现出不少成功案例。从近中期市场看，我国在应急救援、通航农业、通航能源、通航遥感等领域的发展潜力巨大。

3. 通航商务和私人飞行

通航商务和私人飞行主要包括通航商务和短途运输、通航销售和租赁服务、通航摄影和创意相关服务业。该部分目前飞行受限较多，飞行频次较低，其更大的发展有赖于低空政策的进一步放开。通航商务和私人飞行市场的放大，能够带动飞行社区、飞行商务等功能的发展。

（二）"通航+制造"模式

通航制造业有别于大飞机制造，通航飞机生产制造较为分散，但各个通航制造商都具有核心技术，涉足多个飞机制造领域。美国通用航空制造业世界领先，法国、德国、意大利、英国、瑞士、捷克、俄罗斯、加拿大、巴西、日本等通用航空制造业也比较发达。我国通航制造业尚处于起步培育阶段，整机制造规模尚小。

"通航+制造"模式具体为"通航机场+生产区+配套区"模式，主要是打造通航垂直整合产业发展模式，主要发展包括飞机的研发、总体设计、零部件加工、发动机与机载设备研发生产、飞机总装及交付试飞。该模式适用于航空业发展基础较好的地区，如西安、重庆等，通过延伸产业链，利用自身优势来引领通航发展。由于通航飞机生产制造较为分散，核心技术具备多样化，因此机电产业基础发展较好的地区可布局通航飞机总装或零部件制造项目。国内有不少城市规划建设通用飞机制造基地、通航产业园区，并依托产业基地发展通航小镇，但总体发展并不顺利，低空政策受限、市场不成熟、产业孤立、人气不足，大多数项目仍处于荒废状态。随着我国大飞机制造和航空产业迅速发展，通航制造产业领域有望迎来爆发式机遇。

（三）"通航＋旅游"模式

通航与旅游有着天然的关联性，空中观光、空中摄影、低空运动等本身就是休闲旅游的内容，同时通航提高了海岛、山地、湖泊等景区的可达性，可以作为特定旅游线路的出发地和集散地。"通航＋旅游"是指打造以旅游为核心的通航旅游基地，主要包括通航旅游服务港和通航运动体验基地。

1. 通航旅游服务港

通航旅游服务港为出发地机场到周边具有开发潜力的海岛、湖泊和景区提供专享通航交通服务，改善其交通可达性。开辟"1＋N"多条航线，建立通航旅游O2O平台，将上游旅游服务商和下游旅游目的地集成至平台，进行平台运营。通航旅游服务港模式非常适合地域辽阔、交通不便的区域，如新疆维吾尔自治区在"通航＋旅游"方面发展迅速，"爱飞客"等10余家通航企业推出了多条低空飞行体验线路。

2. 通航运动体验基地

通航运动体验基地依托机场跑道打造集模拟飞行、空中体验、低空运动、飞行营地、航空主题游乐等功能于一体的低空运动基地。定期举办飞行营地大会、航空主题夏令营，开展各类空中拓展项目，面向低空运动爱好者成立俱乐部，定期开展各类低空运动。通过将航空旅游与其他相关业务有机结合，解决因客源波动带来的单一低空旅游项目盈利难问题。一方面可缓解偏远地区交通滞后的痛点，节约旅行时间并提升舒适度，进一步促进航空旅游资源开发；另一方面能够丰富旅游产品，提升旅游品质，延伸旅游产业链，使"边玩边走、边游边行"成为趋势。

从目前通航小镇开发程度来看，"通航＋旅游"模式具有现实基础，许多通航小镇规划强调与文化旅游资源的结合，发挥通用航空消费属性，发展航空体验、主题乐园、低空旅游、航空运动等项目，进一步提升旅游景区品质，强化小镇旅游目的地建设。典型案例如浙江建德航空特色小镇、荆门爱飞客航空特色小镇。另外以"航空旅游＋休闲运动＋科普教育"模式发展，以飞机体验、青少年航空科普为主题的特色旅游项目航空嘉年华活动，极大地拓展旅游消费市场，促进了区域经济发展。

（四）"通航＋网红经济"[1]

网红经济是网红依托社交媒体积累庞大的粉丝群体进行定向营销，对相应消费群体的价值观念和生活方式产生特定影响，从而获得实际利益和经济效益的一种社会现象，是伴随着互联网经济的发展而出现的一种独特的文化现象。网红经济近年在我国发展非常迅猛，2019年迎来爆发期，市场规模超2500亿元。目前各种直播平台的技术日趋成熟，社交平台、网红孵化、供应链、变现平台构成的网红经济全产业链已经初步形成。

---

[1]　郭军伟，刘晖. 新业态模式下辽宁通用航空产业运营发展路径研究［J］. 当代经济，2021（4）：56-59.

基于"通航+网红"模式，通过通用航空专业人员进直播间的方式让公众了解通用航空产业生产、运营过程，将"网红粉丝"消费意愿转化成购买消费力，实现经济效益和社会效益的共存，从而让通用航空产业可持续发展成为常态。通过在线直播营造氛围，通过网络热门平台对体验飞行、热气球、滑翔伞、跳伞等项目进行大力宣传，让更多的人通过平台了解飞行、喜欢飞行，让更多的消费者愿意并且有机会去感受自由飞翔的魅力，拉近与公众之间的距离，激发公众的好奇心，使得公众更加了解通航产品，这对航空新消费市场的开拓和促进通用航空产业稳步发展都具有重要的现实意义。

随着新媒体的兴起，网红经济发展越来越迅速，"网红经济"与"实体经济"自主融合的趋势正在形成。截至 2020 年 5 月，辽宁现有通用航空公司 16 家，其中运营规模较大的有 4 家，制造企业有 11 家。初步形成以通用航空特色产业为核心的，集聚通用航空上中下游产业链条的综合示范区和国内行业领先、国际影响力彰显的通用航空产业基地。沈阳通用航空产业基地是我国第一批低空空域改革实验区，也是国内第一个低空空域航空服务站试点和全国首个低空安全示范基地。辽宁通用航空产业休闲运营可以通过"网红+通航"的方式在空域管理上划设不同运营空域，分别开展驾驶培训、飞行训练、观光旅游等不同项目吸引省内外航空爱好者和普通航空观光旅游消费者。

（五）"通航+物流"模式

伴随着物流的快速发展，航空运输在货运方面将会扮演着重要角色，通航物流可以从供应地向接收地进行有效率的流通和储存，将运输、仓储、装卸、加工、整理、配送、信息等方面进行有机结合，为用户提供多功能、一体化的综合性服务。通航物流应用领域中，物流运输机具有通达性、时效性和经济性等优势，未来将替代公路运输市场。近年来，无人机物流大大加速了"通航+物流"模式的发展，亚马逊、京东、顺丰、UPS 等电商、快递巨头纷纷加大无人机物流布局，围绕无人机打造通航物流网络正在成为一种趋势。

陕西通用航空产业发展迅速，省政府与京东集团签署智慧物流战略合作协议。双方计划构建全域无人机通用航空物流网络，以西安为中心辐射全省，共同打造全域无人机物流、无人机工程技术中心、智慧物流数据中心、低空空域综合管控等六大平台，打造两小时城市配送生态圈，形成通用飞机制造与运营、航空配套产业区、航空新城镇三大功能。依托"通航+物流"带动相关产业发展，将为通航小镇发展带来新的模式和机遇。如陕西麟游县京东无人机物流项目，将极大改变现有的快递物流形式，并为通航产业发展注入强劲动力。

## 二、通用航空产业发展载体——通航产业园

通航机场是通航产业的基础，在美国洛杉矶、英国伦敦 100 千米内，分别有机场 34 个和 45 个，其中通航机场占比达 85% 左右。美国共有 3000 多个县，几乎每个县都有自己的通航机场，通航机场的建设成本小于高速公路 2 千米的造价，所以通用机场在美国社区大量分布。如主要居民点如果两三个小时车程范围内没有民航航班到达的机场，那么联邦

政府就会考虑修建通航机场；在林区或主要农业区，政府也会修建通航机场以利于当地经济活动的展开。美国在通航机场普及化的同时，更为安全高效、低成本规范化运营机场提供了示范，形成了建设、管理和服务三者之间协同发展机制。其中比较有借鉴意义的就是其成熟的运行配套体系，如机场通航服务企业、飞行服务站、维修站等。

从我国目前通用航空产业园的分类来看，通用航空围绕通航机场形成了以航空飞机维修、制造为核心的产业园区，同时也有以"航空制造+运营"为主的，发展私人飞行、航空作业等业务产业园区。此外还有更加综合性的，除了通航制造、运营、运营综合保障外，还附加酒店、旅游、住宅业务的通用航空产业园。通用航空产业园的投资建设不但可以带动就业、创造税收、提升居民收入，进而促进当地经济、社会的发展，同时以园区为平台带动通航全产业链的聚集，以及相关产业如酒店、旅游、高新科技、房地产、金融等的发展。统计数据显示，目前我国已经有超过 100 个城市正在计划建设通用航空产业园，对于发展通航的模式，很多地方都选择了成立航空产业园区，在园区内打造集生产制造、通航运营、通航服务于一体的通航全产业链。如位于辽宁省沈阳市法库县的沈阳通航产业基地总规划面积 68 平方千米，建设面积 25 平方千米，其分为研发制造、运营培训、综合配套、休闲旅游四大板块，最终打造成集产业、商业、生活娱乐为一体的通用航空产业新城。该规划已成为我国通用航空产业发展的示范性规划。位于北京平谷的平谷通航产业基地规划分为"一园五区"。"一园"即通航产业基地；"五区"包括通航运营中央核心区，通航商务旅游度假区，通航制造业，服务业聚集区，通航零部件加工制造区，通航器材进出口保税区。

基于通航产业链，围绕通航机场核心基地业态，通航产业园可以拓展不同层次的通航相关业态，形成"核心基地+服务区""核心基地+生产区""核心基地+生产区+服务区""核心基地+服务区+商贸区+生产区"等不同发展模式。

（一）"核心基地+服务区"模式

"核心基地+服务区"模式主要是在通航基地的基础上重点拓展通航服务功能，通航服务包括通航作业、飞行培训、飞行俱乐部和（固定基地运营商 FBO）等通用航空运营与服务。以通航机场为依托、机务等技术部门为支持、市场营销为指导、后勤服务为补充，形成全面覆盖通航服务、致力于打造全程无忧飞行的有机服务整体。这种模式适用于区位较好、人均可支配收入水平较高、经济实力强的地区，通航是个既能带动制造业，又能刺激服务业的产业，以飞行带动服务业发展。

（二）"核心基地+生产区"模式

"核心基地+生产区"模式主要是打造通航垂直整合产业发展模式，向上延伸产业链，构筑通航设计研发、生产制造、运营产业链。生产区主要发展飞机研发、总体设计、零部件加工、发动机与机载设备研发生产、飞机总装及交付试飞。这种模式比较适用于航空基础比较好的地区，如西安、重庆等，通过延伸产业链，利用自身优势来引领通用航空产业发展。

（三）"核心基地+生产区+服务区"模式

"核心基地+生产区+服务区"模式主要是打造上游研发、制造和下游通航服务产业链，构建完整的通用航空产业体系，建设集市场开发、设计生产、维修服务、飞行培训及通航运营为一体的产业集群，带动上下游行业的协调发展。这种模式是综合性的通航产业园，以园区为平台带动通航产业链的聚集，需要有良好的外部环境，需要在产业扶持政策、基础设施建设、研发运营人才培训等方面予以支撑。

（四）"核心基地+服务区+商贸区+生产区"模式

"核心基地+服务区+商贸区+生产区"模式旨在打造全产业链、全价值链的通航产业发展模式，统筹通用航空生产、运营与服务产业发展，通过飞行拉动产业发展，以飞行带动商业发展，根据市场需求发展通航商贸，为高端商务活动提供服务，包括通航产业上下游企业办公场所、航空主题酒店及相关物业、提供与通航相关的商业服务，如通航主题休闲服务、通航主题商品销售等。这种模式能够带动整个通航产业形成完整产业链，使通航产业飞起来。这种模式须与当地的经济、产业发展状况相匹配，并与当地经济未来发展的战略相适应。地方政府必须出台相关的鼓励、优惠政策，包括土地政策、税收政策、金融政策，甚至给予适量的财政补贴。

随着通航产业进入快速发展通道，通航产业园有必要打造完善的通航产业链，应当由上游研发、制造产业，保障通航运营的中游产业和下游市场开发产业所构成，三个产业的有机结合形成"核心基地+服务区+商贸区+生产区"全产业链、全价值链模式。

"核心基地+服务区+商贸区+生产区"模式，通过统筹通用航空生产、运营与服务产业发展，打造全产业链、全价值链的通航产业发展模式，带动整个通航产业形成完整产业链，实现长期稳定的发展。在发展过程中也要对通航产业进行整体设计规划，寻求空军、民航、地方政府和企业的多方支持，加大国际合作力度，引进国外的先进经验、技术、产品，以促进我国通航产业的发展。

## 三、我国通用航空产业园建设案例

（一）浙江建德通用航空特色小镇

浙江建德航空小镇位于杭州建德寿昌镇，规划面积 3.57 平方千米，建设用地面积 1.39 平方千米，是浙江省首批特色小镇之一，2016 年获批国家通用航空低空旅游示范区、国家级航空飞行营地，是全国第一个基本成型的通用航空特色小镇。

2006 年，建德千岛湖通用机场落成，是浙江省首个取得 A 类民用机场许可证的通用机场。以基本覆盖在机场空域之下的千岛湖国家 5A 级景区为核心，和周边新安江玉温泉、古楠木森林、灵栖洞、江南悬空寺、新叶古民居、新安江大坝等知名景点一起，共同组成通航空中旅游景观圈。

2015 年，建德地方政府提出打造国内功能最为完善的通用机场，以千岛湖为核心，秉持生产、生活、生态融合发展的理念，按照产业、文化、旅游和社区"四位一体"的要求，建设集飞机组装制造、维修、培训、航空旅游、航空文化体育、航空社区为一体的特色航空小镇。

在产业发展上，重点构建"1+3"产业体系，以发展通用航空运营为切入点，逐步发展航空制造、航空服务和航空休闲旅游等通航产业链。截至2016年底，建德航空小镇已引进无人机院士工作站、低速风洞实验室、零部件制造、整机组装、飞机维修、飞行员私（商）照培训、空中救援训练、航空护林、空中游览等数十个重大项目。

1. 文化传承

立足原国家冶金部直属横山铁合金厂区，进行工业遗址保护与利用，在航空旅游产业体系打造中，保留横钢记忆、盘活横钢遗产，对原厂房进行保护和利用，拓展旅游项目，设立横钢纪念馆，在项目设计上体现横钢元素等。除此之外，将闲置体育馆、旧仓库改造为数字影院、咖啡吧等。

2. 旅游发展

立足于航空旅游和温泉资源，整合周边旅游产品，重点是在横钢区块打造以航空休闲体验为主题特色的航空乐园，包括室内航空体验中心、户外航空体验项目（低空旅游体验及热气球观光等）、航空博览馆以及航空元素的旅游服务项目、航空相关赛事活动等。目前已开通3条低空观光飞行线路，观光范围覆盖至千岛湖中心湖区，还有温泉、赛车等旅游项目可供游客选择，"一程多站"、水陆空一体化旅游布局基本形成。

3. 社区营造

小镇内设有城镇社区——横山社区，生活气息浓郁，配套有幼儿园、小学、高校等教育设施。按照生活宜居的方向，积极推进生态廊道和生态绿地建设，构建成熟的区域内及区域外围生态保护体系。

目前建德航空小镇已经集聚了500多家企业，未来还将利用通航机场等产业平台，拓展"航空+体育""航空+旅游""航空+交通""航空+快递""航空+医疗"等产业空间，释放通用航空产业研发、制造和消费的市场潜力，打造一个融合山水产业人文、宜居宜游宜创业的"天空之城"。

（二）西安阎良国家航空高技术产业基地

1. 园区概况

西安阎良国家航空高技术产业基地于2004年8月由国家发展改革委批准设立，2005年3月正式启动建设，是国内首个国家级航空高技术产业发展平台。2010年6月，国务院批复将西安航空基地核心园区升级为国家级"陕西航空经济技术开发区"，西安航空基地成为全国唯一以航空为特色的经济技术开发区。基地规模8平方千米，未来将增加到125平方千米，注册企业将达到500家。其中，民营企业占85%，国有企业占5%，外资企业占10%。

2. 航空产业链构成

航空基地坚持"产业链构建、集群化发展"的产业发展思路，推动产业体系从过去单一的军机体系向军民结合、以民为主的方向发展，产业领域从航空装备制造向民航运输业的维修、培训等方面延伸。以大飞机为长线、支线飞机为中线、通用飞机为短线，通过完善航空产业链条和龙头项目带动，形成一定规模的产业集群。航空基地的主干产业为飞机制造，分支产业包括航空发动机、机载系统、航空大部件、航空新材料等；配套产业包括航空零部件加工、航空维修、转包生产、专用设备、航空教育培训、航空旅游博览等；装备制造业包括机械加工等其他相关产业。航空基地按照"市场导向、国际合作、体制创新、军民互动"的产业发展思路，始终围绕产业链构建，紧扣集群化发展，积极引进民间和国外资本，为其进入航空市场搭建平台；按照市场化方式运作，推动产业领域从飞机制造向航空零部件、维修改装、航空新材料、飞行培训、航空旅游等全产业链延伸。

3. "一基地四园区"格局

西安航空基地结合航空产业发展特点，科学规划、合理布局，科学推进产业集群培育和产业链构建，已形成"一基地四园区"的发展格局。其中"一基地"即西安航空基地，"四园区"分别指阎良核心制造园、蒲城通用航空产业园、咸阳空港产业园和宝鸡凤翔飞行培训园。

阎良核心制造园，规划面积 40 平方千米，其中起步区 5 平方千米，重点发展大中型飞机制造、大部件制造、关键技术研发和零部件加工等。蒲城通用航空产业园，依托蒲城内府通用机场，重点发展通用飞机的整机制造、零部件加工、航空俱乐部、航空旅游博览等，其是中国民用航空局确立的我国唯一的"通用航空产业试点园区"。咸阳空港产业园，依托西安咸阳国际机场，重点发展民用飞机维修、定检、大修、客改货、公务机托管、零部件支援、航空物流等项目，是西安国家级物流节点城市建设的重要一环。宝鸡凤翔飞行培训园，依托宝鸡凤翔机场，重点发展航空培训、航空旅游、航空文化和航空运营等。

未来航空基地将突破"四园区"，逐渐形成"一基地多园区"的发展格局，从而更有效地整合陕西航空产业资源和机场空域资源，形成特色鲜明、内容丰富、配套完善、功能互补、多园区联动的新型航空产业带。

4. 创新通航发展路径

航空基地规划了通航发展路径"以飞行带市场，以市场拉产业，以产业促发展"。先策划让通航飞机飞起来，通过飞行来培育市场，进而带动制造业的发展。随后计划在渭南蒲城内府机场周边建设七八个更小的机场或者起降点，构建一个机场网络，让通航能够由点到线、由线到面地飞起来。为了能让通航飞机更好地飞起来，在渭南蒲城内府机场推出"航空旅游体验"项目，让更多人认识、体验通航的魅力，从而带动通航市场的进一步繁荣。

2008 年，西安航空基地与渭南市政府、陕西省体育局合作，投资改扩建渭南蒲城内府机场，并于 2009 年竣工。为了让通航企业更好地在渭南蒲城内府机场运营，西安航空基地成立了机场管理公司，对机场进行统一管理，并统一为各运营企业申请空域和飞行许可。目前，在这座通用机场中，共有 11 家公司的 24 架飞机驻场，全力打造会展、运营、培训、制造相结合的通航产业链条。2012 年，中飞通用航空公司、精功通用航空股份有限公司、榆林波罗通用航空有限公司、陕西天颖航空俱乐部有限公司等共在该机场起降

10735 架次，总飞行时间达 2016 小时。

5. 经验借鉴

西安阎良国家航空高技术产业基地是国务院最早批准的我国第一个集航空技术研发、航空装备及整机制造、航空人才培养、航空零部件加工配套、航空保障服务为一体的国家级航空产业开发区，在陕西通用航空产业发展布局中，处于全产业链的主导地位。截至 2012 年底，已有 36 家通用航空配套企业聚集于此，分布在航空新材料、航空零部件、航空设备制造等领域。基地企业内部相互配套、循环发展态势开始形成，初步构建出通用飞机研发、装配，零部件与整机加工制造，航空人才培养，航空旅游博览等比较完善的通用航空产业集群。在我国通用航空产业发展模式选择上，西安阎良国家航空高技术产业基地选择的发展模式具有一定代表性，即应选择"政府主导、市场运作、服务先行、制造跟随"的发展模式①。

（1）政府主导。在政策法规、产业规划、体制机制、基础设施上进一步加快改革，整合资源、优化环境，出台扶持和鼓励政策，给予产业补贴和税费减免，鼓励支持民间资本投资通用航空产业，并最大限度地给予政策优惠，让企业有钱赚，形成良性发展。一是政府铺路搭桥，体现在为通用航空设置监控雷达，提供空中交通管制服务；建设通用航空机场和飞行服务站，提供气象、飞行支持和其他方面的帮助；制订飞行训练计划，普及航空教育，奠定人才基础。二是规划先行，通过政府主导改革，重组整合，推进通用航空企业成立，并给予适时产业扶持和优惠政策，有一定基础和实力后，再全面推向市场。

（2）市场运作。要遵循市场规律，以市场需求为导向，通过价格机制、报酬机制鼓励各类市场主体进入通用航空产业领域，采取吸收增量、置换存量、交叉持股、联合重组等方式，优化产权结构，增强发展活力。一是市场机制运作。在运作机制上，实行市场导向，减少政府监管，出台金融财税政策，减少通航企业负担；可以利用政府采购、技术转移和技术支持等扶持通用航空产业发展，形成良性循环。二是多方参与联动。提升民间资本参与通用航空产业的积极性，广泛吸纳民间资金；鼓励企业、个人修建通用航空设施，将民用机场定位于公共基础设施并全部免费；鼓励民间成立各种通用航空协会、俱乐部，培训人才、开展活动，发挥桥梁纽带作用。

（3）服务先行。以终端市场拉动生产是在现有通用航空产业政策条件下符合市场发展规律、实现突破创新发展的明智选择，特别适合于市场未充分发展的产业，符合目前我国通用航空产业发展的实际情况。一是把通航飞机作为一种方便快捷的交通工具，只有考虑市场的实际需求和良好的社会经济效益，才能形成通航飞机的规模效益，逐步带动通航飞机的制造生产，最终形成整个通航产业链。二是服务先行能够与产业发展政策形成互动。我国通用航空产业之所以发展缓慢，最重要的原因是没有得到实际应用，缺乏使用价值及社会效益，这使政策决策者缺乏主动改善行业环境的内在动力，而政策不足反过来又限制了行业的发展。多年发展的经验证明，在政策制度不完善的情况下，往往会出现

---

① 高启明，金乾生. 我国通用航空产业发展特征、关键问题及模式选择［J］. 经济纵横，2013（4）：98-102.

"一抓就死、一放就乱"的状况。对于航空飞行安全的担忧，会使决策者更为谨慎。服务先行能够通过区域试点，为通用航空产业协调发展积累经验，为政府决策提供宝贵经验。

（4）制造跟随。随着通用航空市场的逐步发展与成熟，建立以通用航空飞机制造为中心，以批量生产出某型号通用航空飞机为目标，其他企业围绕飞机制造进行配套生产、提供服务的园区发展模式。目前，国内许多地方实施制造先行发展，却一直没有实现大的突破。因此，西安阎良国家航空高技术产业基地采取制造跟随模式，就是要在市场初步成熟、需求大量增加的市场环境下推动制造发展，以此避免企业销售收入不足，不能保证投资收益，最终陷入资金链断裂困境。从短期来看，可以借鉴广东和天津的经验，采取给国外企业配套，或承接发达国家产业转移这种模式。从长期发展来看，仍然要加大研发投入，借鉴国外技术经验，利用现有的航空制造优势，研制开发具有独立知识产权、经济适用的通用航空产品，逐步创立民族品牌。

## 第四节　我国通用航空产业优化发展的策略选择

### 一、完善政策法规，发挥政府职能

完善国家政策法规和加强政府对产业发展引导，在通用航空产业发展过程中发挥着重要作用，两者相互促进，能够有效改善我国通用航空产业落后其他发达国家的困境。

（一）加快明确和开放低空空域

低空空域开放程度不充分是通用航空产业发展缓慢的重要影响因素，因此需制定关于低空空域开放的法律政策以调整通用航空产业发展进度。应明确规定低空空域划分的具体标准和范围，据以规定通用航空器开展飞行活动的航线；还需要制定通用航空器低空空域飞行活动详细规则，在紧急情况处理和违法违规飞行的处罚上也要制定相应政策，以改善我国目前低空空域开放缓慢的情况，有效拓展通用航空器的飞行空间。

（二）简化和规范审批流程与相关法律

我国通用航空器使用必须事先进行审批，但审批流程却十分烦琐复杂，因此简化审批流程刻不容缓。实施产业放松监管的政策，进一步放宽民营企业进入通用航空产业的条件，深化产权改革，鼓励民营资本进入。同时，政府需切实督导政策执行，加大监管力度，设置鼓励技术创新的诱导政策。这些法律政策的制定和实施，将进一步拓宽通用航空产业发展渠道，为通用航空产业的发展提供有力的法律政策支持。

### 二、加强建立通航大数据平台，构建人才培养和激励机制

（一）加快建立通航大数据平台

随着信息时代的到来，通用航空大数据平台建设已然为产业发展创造新的机会。加快

大数据平台建设，重点是要加强航空院校、通用航空相关科研机构和资质企业之间的深度联系。以航空院校和通用航空科研机构已有的数据平台为例，建立更多的专业数据平台，引进专业性人才，并不断增进通航企业与数据平台之间的交流与合作，能够有效促进通航产业的发展。定期对通航数据平台进行修复与维护，保证平台运行的稳定性。利用互联网对通航数据平台进行宣传，强化对通用航空产业的了解和认识，引导更多受众者关注通用航空产业，加强通用航空产业数据平台的实践应用渗透。

（二）构建人才培养与激励机制

由于通用航空产业相关知识具有较强的专业性和技术性，如何加大力度普及相关知识也成为一个值得研究的问题。建立完善的通航人才培养机制，大力培养通航专业人才，尤其是要加强对青少年人群的培养，在高校航空专业领域开设通用航空专业课程，供学生自由选择学习，提供通用航空被普及和学习的机会，并制定严格的考核机制进行督导。增加通航培训机构数量，最大程度发挥市场效用，促进产业蓬勃发展。完善配套激励机制，设置并优化通航领域高水平专家人才引进机制，积极落实专家人才的落户政策。设立科学的人才考核机制，鼓励通用航空的从业人员不断学习专业知识，不断开拓创新，为通航产业发展注入新鲜的智力支持。

## 三、加速产业集聚，构建完善的通用航空产业体系

（一）加快形成产业集聚

与通用航空产业相关联的产业分别涉及国民经济第一、第二、第三产业，其中需要装备制造业、服务业等产业的坚实基础。通用航空产业在航空运输总周转量、运输设备制造业等方面基础牢靠，因此可进一步整合已有优势资源。随着通用航空器研发制造以及更多高新技术突破，通用航空产业不断更新技术、研发新产品，带动其他产业发展，并为其提供稳固的基础条件。完善产业发展政策，吸引关联产业协同发展，加快形成产业集聚，进一步释放产业集聚效应。通用航空产业园区就是通用航空产业典型集聚发展模式，构建通用航空产业园能够迅速聚集资源、资金、人才、政策，以做大做强做专通航产业。

（二）加快通用机场建设

目前我国通用机场数量虽逐年增长，但总体发展较为缓慢，通用航空机场数量少、开放度低等都是制约我国通用航空产业发展的重要因素。通用航空机场与其他类型的机场相比规模较小，需要的基础设备相对较少，机场建设要求低，所需资金投入不高，因此相对而言建设通用机场并非特别困难。我国要利用通用航空机场的辐射功能，整合与通用航空机场运营的关联产业，优化关联产业链条，创造新的生产业态。通用航空机场运营管理部门根据外部市场环境和自身机场条件，通过对自身发展战略目标的确定，有选择性地将与机场关联的通用航空产业服务链条引入通用航空机场的生产经营网络，并对引入关联产业进行统一管理和规范运营，确保机场运营体系提供安全、规范、有序的业务服务，构建合理的"机场+产业服务链"发展盈利模式，提升通用航空机场的经济效益。

### (三) 完善通用航空产业体系

通用航空产业链的上下游产业高度相关且高度依存，除通用航空器研发制造、通用航空运营、通用航空服务保障等核心产业外，还涵盖通信技术、新型材料、金融地产等关联产业。我国需要完善通用航空产业体系，优化通用航空器和无人机产业配套措施，积极发展航空物流、设备维修、飞机租赁等航空服务产业，努力健全通用航空器设备、器材、油料、维修、服务等主辅产业链，巩固传统通用航空作业的基础地位，着力提高通用航空运行和服务质量，加强产业链间协调运作，实现更多产业上下游互通，进一步加强通用航空器制造基地、通用航空运营基地、维修培训基地、紧急救援中心、通用航空爱好者乐园、通用航空保险等业务的深度融合，最大程度促进通用航空区域经济发展。

## 四、加大无人机研发力度，拓展无人机应用实践

### (一) 加大无人机研发使用力度

无人机进入通用航空产业无疑对产业的发展大有裨益，同时也为智能化装备在通用航空产业广泛应用创造了机会。利用无人机实施物资运输是疫情防控期间短距离物资快速投放的最佳选择。因此，疫情防控期间无人机操作在运输医疗、抗疫、食物、衣物等方面发挥着不可替代的作用。在疫情防控重点区域使用无人机推行杀毒消毒、快递投放和防疫宣传等作业，既安全又具有效率。近年来无人机正朝着功能定制化方向发展，特别是工业级无人机，其研制和生产技术不断提高，具有续航时间长、飞行距离远和载重量可观等优点，应用领域不断拓宽。可以预见，无人机将逐步取代传统通用航空器，发挥其在工业、农业、林业、渔业及建筑业等领域的重要作用。

### (二) 构建防疫救援配套保障机制

目前我国防疫救援保障机制并不明确，通用航空企业作为社会力量参与公共事件应急的响应机制也尚未形成。对于何时启动通用航空作业，具体使用哪种特定机型，如何部署形成合力等，目前仍未形成成熟的可操作方案。与此同时，在新冠肺炎疫情暴发时，面对复杂多变的恶劣环境和层出不穷的各种风险，如何更好地保护机组人员和运输物资等方面的安全，还需要建立配套保障机制。防疫救援保障机制的确定，不仅能为无人机的大力应用创造了机会，也为今后多样化新型航空器引入防疫救援工作奠定了基础。

# 参考文献

［1］ Appold S. J., Kasarda J. D. The Airport City Phenomenon: Evidence from Large US Airports ［J］. Urban Studies, Urban Studies Journal Limibed, 2013, 50 (16): 1239-1259.

［2］ Bugayko D., Hryhorak M., Kharazishvili Y., et al. Economic Risk Management of Civil Aviation in the Context of Ensuring Sustainable Development of the National Economy ［J］. Logistics & Transport, 2020 (45/46): 71-82.

［3］ Burden P. Alaska Airports and Aviation Industry: Critical Component of Economy, Communities ［J］. Alaska Business Monthly, 2009, 25 (9): 28-37.

［4］ Casebolt M. K., Khojasteh J. Collegiate Aviation Students Perceptions of Female Representation in Collegiate Aviation and the U. S. Aviation Industry ［J］. Journal of Aviation / Aerospace Education & Research, 2020, 29 (2): 16-37.

［5］ Cattaneo M., Malighetti P., Percoco M. The Impact of Intercontinental Air Accessibility on Local Economies: Evidence from the De-Hubbing of Malpensa Airport ［J］. Transport Policy, 2018 (61): 96-105.

［6］ Daniel M. Aviation and the Economy: How Airports can Strengthen Their Partnerships with Express Airlines for the Greater Economic Good ［J］. Journal of Airport Management, 2014, 8 (1): 23-28.

［7］ Fardnia P., Kaspereit T., Walker T., et al. Financial Performance and Safety in the Aviation Industry ［J］. International Journal of Managerial Finance, 2021, 17 (1): 138-165.

［8］ Flint P. An Airport for the Global Economy ［J］. Air Transport World, 2004, 41 (5): 61-64.

［9］ Frank J., Krpata M. Brazilian Airport Privatisation in a Booming Economy ［J］. Journal of Airport Management, 2013, 7 (4): 351-362.

［10］ Fu X. W., Hong T., Kan W., et al. Do Airport Activities Affect Regional Economies? Regional Analysis of New Zealand's Airport System ［J］. Regional Studies, 2021, 55 (4): 707-722.

［11］ Gibbons S. Critical Infrastructure: Regional Aviation Makes a Huge Contribution to the Economy, but Flies Largely under the (Political) Radar ［J］. Australian Aviation, 2018 (364): 64-69.

［12］ Grayling T. Aviation and the Economy: Unconstrained Growth vs Demand Management [J]. New Economy, 2001, 8 (3): 178-182.

[13] Greis N. P., Olin J. G., Kasarda J. D. The Intelligent Future [J]. Supply Chain Management Review, 2003, 7 (3): 18-25.

[14] Gustafson, Jeanne. Rural Airports Spend to Boost Economies [J]. Journal of Business, 2008, 23 (24): 15-17.

[15] Han W. L., Jin S. A Study on the Reform of China's General Aviation Laws and Regulations [J]. Journal of Transportation Technologies, 2012 (2): 189-192.

[16] John D. Kasarda, Michael Chen. The Incheon Aerotropolis: An Exemplar of 21st-Century Airport Centric Development [R]. Aerotropolis Institute China, 2021.

[17] John D. Kasarda. Aerotropolis Business Magnets [J]. Airport World, 2020 (1): 36-38.

[18] John D. Kasarda. Aerotropolis is Key to Global Competition [EB/OL]. [2009-12-05]. https://www. forbesindia. com/article/kenanflagler/aerotropolis-is-key-to-global-competition/7752/1.

[19] John D. Kasarda. Airport Cities [J]. Urban Land, 2009 (4): 56-60.

[20] John D. Kasarda. China's Dynamic Airport Economic Zone [J]. Site Selection, 2015a: 74-77.

[21] John D. Kasarda. The Fifth Wave: The Air Cargo-Industrial Complex [J]. A Quarterly Review of Trade and Transportation, 1991, 4 (1): 2-10.

[22] John D. Kasarda. Time-Based Competition & Industrial Location in the Fast Century [J]. Real Estate Issues, 1999, 23 (4): 24-29.

[23] John D. Kasarda. Welcome to Aerotropolis, the City of the Future New Perspectives Quarterly, 2015 (3): 43-45.

[24] Kasarda J. D., Crenshaw E. M. Third World Urbanization: Dimensions, Theories, and Determinants [J]. Annual Review of Sociology, 1991, 17 (1): 467-501.

[25] Kasarda J. D. China's Dynamic Airport Economic Zone [J]. Site Selection, 2015, 60 (16): 74-78.

[26] Kasarda J. D. Global Air Cargo-Industrial Complexes as Development Tools [J]. Economic Development Quarterly, 1991, 5 (3): 187-196.

[27] Kasarda J. D. Logistics & the Rise of Aerotropolis [J]. Real Estate Issues, 2001, 25 (4): 43-48.

[28] Kasarda J. D. Thailand's Dynamic Economic Corridor [J]. Site Selection, 2020, 65 (3): 12-18.

[29] Kasarda J. D. The Fifth Wave: The Air Cargo-Industrial Complex [J]. A Quarterly Review of Trade and Transportation, 1991, 4 (1): 2-10.

[30] Kasarda J. D. The Zhengzhou Airport Economy Zone: A Remarkable Aerotropolis

[J]. Site Selection, 2019, 64 (4): 26-29.

[31] Kasarda J. D. Time-Based Competition and Industrial Location in the Fast Century [J]. Real Estate Issues, 1998/1999, 23 (4): 24-29.

[32] Kasarda J. D. Welcome to Aerotropolis, the City of the Future [J]. New Perspectives Quarterly, 2015, 32 (3): 43-45.

[33] Morrison S. M. L. Moving Beyond Representation: Reimagining Diversity and Inclusion Efforts in the Aviation Industry [J]. Collegiate Aviation Review, 2021, 39 (1): 90-103.

[34] Nastisin L., Gavurova B., Bacik R., et al. Sustainable Performance of Players in the Global Aviation Industry in the Light of Multi-Factor Analysis of Online Reputation [J]. International Journal of Entrepreneurial Knowledge, 2021, 9 (1): 1-9.

[35] Pappachan J., Koshy M. P. Effects of Economic Growth on the Development of Civil Aviation Market-Study Based on Development Status of Selected Economies [J]. The XIMB Journal of Management, 2018, 15 (1): 67-88.

[36] Pels E., Nijkamp P., Rietveld P. Inefficiencies and Scale Economies of European Airport Operations [J]. Transportation Research: Part E, 2003, 39 (5): 261-341.

[37] Sorensen T. Hub Cities in the Knowledge Economy: Seaports, Airports, Brainports [J]. Geographical Research, 2015, 53 (1): 110-111.

[38] Stock G. N., Greis N. P., Kasarda J. D. Enterprise Logistics and Supply Chain Structure: The Role of Fit [J]. Journal of Operations Management, 2000, 18 (5): 531-547.

[39] Stock G. N., Greis N. P., Kasarda J. D. Logistics, Strategy and Structure [J]. International Journal of Operations & Production Management, 1998, 18 (1-2): 37-52.

[40] Whiteley M. Airport Projects, Job Growth Brighten Local Economy [M]. Dallas: Fort Worth Business Press, 2005.

[41] Wilkie C. Economic Opportunity: Airports Contribute over $ 34 Billion to the Economy Each Year [J]. Australian Aviation, 2018 (4): 106.

[42] 包世泰, 李峙, 王建芳, 等. 空港经济产业布局模式及规划引导研究——以广州白云国际机场为例 [J]. 人文地理, 2008 (5): 27-31.

[43] 曹云涛. 临空经济区与区域经济发展的互动关系研究 [D]. 南京: 南京航空航天大学硕士学位论文, 2007.

[44] 曹允春, 踪家峰. 谈临空经济区的建立和发展 [J]. 中国民航学院学报, 1999 (3): 62-65.

[45] 曹允春. 临空经济——速度经济时代的增长空间 [M]. 北京: 经济科学出版社, 2009.

[46] 曹允春. 临空经济发展的关键要素、模式及演进机制分析 [J]. 城市观察, 2013 (2): 5-16.

[47] 曹允春. 临空经济演进的动力机制分析 [J]. 经济问题探索, 2009 (5):

140-146.

　　［48］陈杰，罗鼐．政府规制：理论与实践的最新探讨［J］．上海经济研究，1999（12）：21-26.

　　［49］陈能幸，伍坚庭．对当前加快我国通用航空产业发展的思考［J］．空运商务，2020（3）：55-56.

　　［50］陈萍．金融支持航空经济发展的作用机制及路径研究［J］．企业经济，2015（7）：174-178.

　　［51］陈琪，王兆林．临空经济及其可持续发展：文献研究综述［J］．郑州航空工业管理学院学报，2016（6）：8-12.

　　［52］陈文玲．基于通用航空发展现状的通用航空产业体系研究［J］．经济研究导刊，2019（5）：44-49.

　　［53］陈希琳，许亚岚．临空经济区建设需推进"港产城"一体化——访中国民航大学临空经济研究中心主任曹允春［J］．经济，2020（10）：32-34.

　　［54］［美］丹尼·罗德里克．全球化的悖论［M］．廖丽华，译．北京：中国人民大学出版社，2011.

　　［55］丁同民．"十三五"时期航空经济区法律政策创新研究——以郑州航空港经济综合实验区为例［J］．中州学刊，2015（12）：66-71.

　　［56］丁勇，苟大舜．航空金融发展辨析［J］．商业时代，2013（35）：80-82.

　　［57］杜秀梅，孙华平，王海军．通航产业发展模式探索［J］．开放导报，2019（4）：97-100.

　　［58］冯登艳．航空经济发展的金融支持与创新研究［M］．北京：社会科学文献出版社，2018.

　　［59］［英］弗里德利希·冯·哈耶克．法律、立法与自由（第二、三卷）［M］．邓正来，张守东，李静冰，译．北京：中国大百科全书出版社，2000.

　　［60］高启明．"十三五"时期我国通用航空产业转型面临的挑战与发展思路［J］．经济纵横，2016（2）：29-34.

　　［61］高友才，何叕．临空经济对区域经济发展影响研究［J］．经济经纬，2020（4）：20-27.

　　［62］高友才，何叕．临空经济视角下中国航空运输业发展对策研究［J］．中州学刊，2020（6）：33-38.

　　［63］高友才，汤凯．临空经济与供给侧结构性改革——作用机理和改革指向［J］．经济管理，2017（10）：20-32.

　　［64］高友才，汤凯．临空经济与区域经济阶段性耦合发展研究［J］．经济体制改革，2017（6）：66-72.

　　［65］耿明斋，张大卫．论航空经济［J］．河南大学学报（社会科学版），2017（3）：31-39.

［66］郭愈强. 飞机租赁原理与实务操作［M］. 北京：中国经济出版社，2019.

［67］韩明明. 航空经济发展对城市形态演化的影响研究［J］. 安阳工学院学报，2018（2）：8-12.

［68］韩明明. 航空经济发展对城市形态影响研究——以郑州航空经济为例［J］. 现代商业，2017（5）：30-31.

［69］郝爱民，薛贺香，金真. 航空经济区形成机理与发展演化［J］. 科技管理研究，2014（24）：173-177.

［70］郝爱民. 航空经济的基本内涵、特征和分类——兼谈郑州航空港综合实验区发展策略及路径［J］. 开封大学学报，2014（1）：24-28.

［71］郝爱民. 河南发展航空经济的效应、目标和政策措施［J］. 区域经济评论，2014（6）：75-81.

［72］何蕾，刘敏. 临空经济与航空产业集群互动发展的效率分析［J］. 企业改革与管理，2017（8）：193+220.

［73］何枭吟，王晗. 临空经济推动空港型自贸区高质量发展路径及对策［J］. 湖北工程学院学报，2021（4）：85-89.

［74］何枭吟. "一带一路"建设中内陆节点城市临空经济发展建议［J］. 经济纵横，2015（9）：13-16.

［75］何枭吟. 内陆地区"自贸区+临空经济"模式研究述评［J］. 技术经济与管理研究，2019（12）：136-140.

［76］何行，许雅玺. 我国民营航空公司融资困境及对策［J］. 中国经贸导刊，2012（4）：46-47.

［77］河南省社会科学院课题组. 航空经济引领地区发展研究——以郑州航空港为例［J］. 区域经济评论，2016（1）：52-65.

［78］胡剑芬，冯良清，饶烜. 基于自组织与他组织理论的临空经济系统协同发展研究［J］. 系统科学学报，2016（3）：48-51+56.

［79］胡艳芳. 河南省航空经济智库建设研究［D］. 郑州：郑州航空工业管理学院硕士学位论文，2017.

［80］虎艳军. 基于空间经济理论的郑州航空港区经济发展研究［D］. 开封：河南大学硕士学位论文，2017.

［81］贾品荣. 航空金融的十大战略视点［J］. 中国发展观察，2016（Z1）：79-85.

［82］贾品荣. 航空金融论——技术经济视角［M］. 北京：经济科学出版社，2015.

［83］姜华山. "航空大都市"引燃中原航空经济［J］. 企业观察家，2012（9）：66-68.

［84］金鹏辉. 航空经济：基于不同发展阶段金融需求及其演进规律——以郑州航空港经济综合实验区为例［J］. 金融理论与实践，2016（8）：18-25.

［85］金真，李凯，许刚. 中西部地区航空经济区竞争力分析［J］. 郑州航空工业管

理学院学报，2018（1）：13-21.

[86] 金真，孙兆刚，杨震. 郑州建设国际航空物流中心的推进策略 [J]. 区域经济评论，2018（1）：72-77.

[87] [美] 卡萨达，林赛. 航空大都市：我们未来的生活方式 [M]. 曹允春，沈丹阳，译. 郑州：河南科学技术出版社，2013.

[88] 蓝信昀. 京津冀发展临空经济的国际借鉴和对策研究 [D]. 北京：首都经济贸易大学硕士学位论文，2018.

[89] 李宏斌. 试论航空经济的概念与发展 [J]. 北京航空航天大学学报（社会科学版），2014（2）：85-88.

[90] 李加. 临空经济的形成路径研究 [D]. 开封：河南大学硕士学位论文，2020.

[91] 李鹏，马鸿鑫，王秀娟. 产业链视角下我国通航企业融资困境与对策 [J]. 西南金融，2019（6）：90-96.

[92] 李鹏. "一带一路"背景下郑州建设中西部航空金融中心的对策研究 [J]. 郑州航空工业管理学院学报，2017（4）：1-8.

[93] 李晞睿. 我国通用航空发展现状与对策研究 [J]. 中国民航飞行学院学报，2020（1）：25-28.

[94] 李旭红，郑鹏，文韬. 临空经济税收问题研究——以北京临空经济核心区为例 [J]. 税务研究，2018（1）：100-105.

[94] 李阳. 郑州航空港临空经济发展研究 [J]. 工业经济论坛，2018（4）：39-47.

[96] 练振中. 临空经济论——基于对区域统筹发展问题的思考 [D]. 北京：中共中央党校博士学位论文，2011.

[97] 临空经济发展战略研究课题组. 临空经济理论与实践探索 [M]. 北京：中国经济出版社，2006.

[98] 刘畅. 航空经济区产业发展的国际经验及借鉴 [J]. 科教文汇（下旬刊），2016（11）：186-187.

[99] 刘春玲，郭冠琳，张柏荣. 空中丝绸之路：河南省从内陆腹地走向开放前沿的新模式 [J]. 经济研究导刊，2018（23）：43-44+56.

[100] 刘春玲. 航空经济区产业发展的国际经验及借鉴 [J]. 世界地理研究，2014（4）：157-166.

[101] 刘春玲. 借助"空中丝绸之路"加速与世界接轨 [N]. 河南日报，2017-07-26（013）.

[102] 刘春玲. 郑州航空经济综合实验区产城融合问题研究 [J]. 经济研究导刊，2016（6）：94-95+97.

[103] 刘莉雪，徐寿波. 临空经济发展的阶段性特征与产业布局：以郑州为例 [J]. 河南师范大学学报（哲学社会科学版），2015（4）：64-66.

[104] 刘通午，白新宇，林琳. 保税监管区域融资租赁公司发展现状及运作模式调

查［J］. 华北金融，2011（10）：13-15.

［105］刘武君，董政民，王传顺. 飞向新世纪的"海鸥"——浦东国际机场航站楼室内设计［J］. 室内设计与装修，1999（6）：10-16.

［106］刘雪妮. 我国临空经济的发展机理及其经济影响研究［D］. 南京：南京航空航天大学博士学位论文，2008.

［107］鹿彦. 临空经济发展背景下的产业集聚及就业辐射效应研究［J］. 全国流通经济，2020（15）：122-123.

［108］马同光，齐兰. 中国临空经济发展影响因素研究——基于地区面板数据的实证分析［J］. 宏观经济研究，2018（4）：97-109.

［108］马同光. 中国临空经济发展及影响因素研究［D］. 北京：中央财经大学博士学位论文，2018.

［110］马晓科. 临空经济与区域经济发展的耦合作用机理——以郑州航空港为例［J］. 技术经济与管理研究，2017（7）：118-122.

［111］庞卫东. 国外临空经济发展经验与郑州航空港区建设［J］. 河南商业高等专科学校学报，2014（6）：24-29.

［112］秦海生. 河南航空经济发展研究［J］. 安阳师范学院学报，2017（1）：23-25.

［113］任方旭. 产业集聚视角下临空经济产业选择研究［J］. 商业时代，2014（33）：127-128.

［114］沈丹阳，曹允春. 航空经济对新型城镇化的影响研究［J］. 技术经济与管理研究，2016（2）：119-123.

［115］孙国茂，范跃进. 金融中心的本质、功能与路径选择［J］. 管理世界，2013（11）：1-13.

［116］孙蔚，苏立，席小虹. 我国加快发展航空租赁业务初探［J］. 经济问题探索，2008（4）：180-184.

［117］谭向东. 飞机租赁实务［M］. 北京：中信出版社，2012.

［118］汤凯. 临空经济促进区域经济发展的市场效应研究［J］. 华东经济管理，2019（11）：54-61.

［119］汤凯. 临空经济对区域发展的重构效应研究［J］. 云南财经大学学报，2019（7）：27-35.

［120］万举. 航空经济成长中的政策创新研究［J］. 区域经济评论，2014（2）：11-16.

［121］汪韧，廖世凡. 中国飞机租赁行业发展与政策探讨［J］. 清华金融评论，2017（1）：87-89.

［122］王海杰，孔晨璐. "双循环"视角下临空经济对区域经济增长的空间溢出效应研究［J］. 管理学刊，2021（3）：23-35+125.

［123］王海杰，孔晨璐．临空经济示范区与腹地中心城市的耦合发展［J］．郑州大学学报（哲学社会科学版），2020（6）：49-54.

［124］王凯峰．临空经济概念、模式及演化研究综述［J］．民航学报，2021（5）：14-18.

［125］王铭利．关于在郑州航空港区设立中国航空发展银行的研究［J］．信阳农林学院学报，2016（3）：35-37.

［126］王霄宁，王轶．产业链视角下我国通用航空产业协同发展研究［J］．郑州航空工业管理学院学报，2016（2）：1-4.

［127］王晓川．国际航空港近邻区域发展分析与借鉴［J］．城市规划汇刊，2003（3）：65-68+96.

［128］王晓勇．临空经济发展阶段与发展模式研究［J］．企业导报，2014（9）：49-50.

［129］王章留，郝爱民，杨波．航空经济理论与实践［M］．北京：经济科学出版社，2013.

［130］魏志甫，周占杰．支持郑州航空港经济综合实验区的财政政策研究［J］．财政研究，2014（1）：66-69.

［131］文瑞．论国内外航空港经济的发展模式——兼议郑州航空港建设［J］．经济论坛，2015（11）：81-85.

［132］文瑞．试论航空港经济概念的新发展［J］．河南科技大学学报（社会科学版），2015（2）：81-85.

［133］吴国飞，陈功玉．广州临空经济发展模式和具体思路研究［J］．国际经贸探索，2014（12）：60-69.

［134］吴建军，高燕菲．临空经济、区域创新与经济增长——基于中国37个大型空港城市的经验研究［J］．湖南科技大学学报（社会科学版），2020（6）：84-91.

［135］［美］西奥多·W.舒尔茨·论人力资本投资［M］．吴珠华，等译．北京：北京经济学院出版社，1990.

［136］夏兴华．发展航空经济　促进产业结构调整和经济发展方式转变［J］．中国党政干部论坛，2011（6）：4-8.

［137］徐东洋，张豪楠，崔利刚，等．临空经济影响因素评价模型构建及应用——基于中西部地区比较［J］．重庆师范大学学报（自然科学版），2021（2）：130-140.

［138］徐飞．我国飞机租赁面临的主要问题及政策激励［J］．上海管理科学，2003（4）：15-17.

［139］徐淑红．"空中丝绸之路"视域下航空港发展的影响因素——兼论郑州航空港区建设［J］．郑州航空工业管理学院学报，2016（5）：12-15+117.

［140］薛贺香．航空港经济区的协同发展机制及协同度评价——以郑州航空港区为例［J］．区域经济评论，2017（1）：68-74.

［141］薛贺香．基于演化博弈的航空经济区政府合作行为研究［J］．区域经济评论，2015（2）：112-119．

［142］严剑峰．美国支持民用航空工业发展的政策及启示［J］．航空制造技术，2011（13）：58-61．

［143］杨楠．"一带一路"倡议下郑州航空港经济综合实验区的发展模式研究［J］．郑州航空工业管理学院学报，2019（6）：10-14．

［144］杨拓．建设世界航天强国背景下的中国航空产业政策探讨——基于美国航空产业政策举措的分析与借鉴［J］．对外经贸实务，2018（1）：9-12．

［145］易晓英．低空开放下我国通用航空经济发展研究［J］．财务与金融，2016（5）：86-90．

［146］殷瑞普．国内城市临空经济发展模式分析［J］．特区经济，2015（5）：27-28．

［147］曾晓新．国内飞机租赁业振翅高飞有点难——国内租赁公司从事飞机租赁业务面临的问题及建议［J］．中国民用航空，2012（7）：58-60．

［148］张敦富．区域经济学导论［M］．北京：中国轻工业出版社，2013．

［149］张凡．临空经济赋能城市发展的典型模式与案例［J］．全球城市研究（中英文），2021（2）：94-109+192．

［150］张建华，张晓欢，刘春雨．航空经济：产业结构升级与经济发展转型的动力［J］．中国经贸导刊，2016（36）：51-53．

［151］张宁．不发达地区临空经济发展机制研究——以西安国家航空城实验区为例［J］．郑州航空工业管理学院学报，2017（3）：1-13．

［152］张占仓，蔡建霞．郑州航空港经济综合实验区建设与发展研究［J］．郑州大学学报（哲学社会科学版），2013（4）：61-64．

［153］张占仓，陈萍，彭俊杰．郑州航空港临空经济发展对区域发展模式的创新［J］．中州学刊，2016（3）：17-25．

［154］章连标，张黎．天津滨海新区航空租赁业融资的新思路［J］．财务与会计，2011（3）：20-21．

［155］赵冰，曹允春，沈丹阳．港—产—城视角下临空经济的新模式［J］．开放导报，2016（2）：70-74．

［156］赵冰，曹允春．航空经济的发展演进及特征表现［J］．商业经济研究，2015（25）：118-120．

［157］赵冰，曹允春．临空经济引领区域空间发展的路径与机理研究［J］．综合运输，2021（8）：32-36．

［158］赵维，李富荣．通用航空产业链经济效应分析［J］．合作经济与科技，2020（1）：4-7．

［159］赵文．临空经济与区域经济发展的耦合作用机理——以首都第二国际机场兴

建为例 [J]. 经济社会体制比较，2011（6）：120-125.

[160] 赵振杰，杨凌. 发展航空经济具有重大意义 [N]. 现代物流报，2014-07-29（A04）.

[161] 郑联盛. 深化金融供给侧结构性改革：金融功能视角的分析框架 [J]. 财贸经济，2019（11）：66-80.

[162] [日] 植草益. 微观规制经济学 [M]. 朱绍文，等译. 北京：中国发展出版社，1992.

[163] 朱一鸣. 郑州航空港经济综合实验区发展物流金融模式探析 [J]. 金融理论与实践，2013（7）：66-68.

[164] 左晓敏. 临空经济与区域物流协同发展的机理分析 [J]. 中原工学院学报，2017（2）：25-28.

# 后　记

目前，"一带一路"建设进入高质量发展阶段，"空中丝绸之路"与陆上、海上、网上"丝绸之路"建设"四路并进"，连接中西、贯穿欧亚、辐射全球，展现出蓬勃生机。自郑州航空港经济综合实验区获国务院批准设立和航空经济发展河南省协同创新中心建立以来，郑州航空工业管理学院经济学院相关教师紧紧围绕航空经济发展开展相关科研活动，形成了学术论文、研究专著、咨询报告、特色教材等一系列成果，并服务于经济社会理论发展与实践活动。航空经济研究已成为郑州航空工业管理学院经济学院的鲜明科研特色和学术研究核心竞争力。有关航空经济理论与实践的教学活动也在本科生和研究生培养中逐渐增加，相关课程体现在经济学院各专业的培养方案中，这都为郑州航空工业管理学院的特色办学和向研究型大学快速迈进贡献一份力量。我校的航空经济理论与实践相关研究成果也在服务于地方经济社会发展的同时，为我国航空经济理论与实践研究增砖添瓦。

本书的编撰出版、教学使用与持续优化一直是集体努力合作的结果，得益于我校相关领导的大力支持、教师的倾情投入和学生的积极建议。本书曾于 2013 年同名出版，本次得以在经济管理出版社出版，离不开经济管理出版社对特色研究和教学的大力支持，特别是编校人员的耐心细致和专业精神，在此一并致以最诚挚的谢意。

本书的此次出版虽基于已有研究新成果和教材资料，但吸收了大量最新数据、文献，并在编撰体例和结构上尤其是章节内容编排等方面都做了较大变动，即便是使用原书对应部分，也都特别增写、删改和更新了较多内容。本书是集体合作的结晶，为尊重原编撰者的工作，下面以章节顺序标注各章编撰人员（括号内是采用部分对应内容的原编撰人员姓名）：第一章，万举（郝爱民）；第二章，郭正光、万举（郝爱民）；第三章，王岩（贺书平）；第四章，郭正光（席雪红）；第五章，万举；第六章，刘春玲（何凤霞）；第七章，刘春玲（刘春玲、杨波）；第八章，李鹏（李鹏）；第九章，杨建云（杨波）；第十章，万举；第十一章：刘承毅；第十二章：刘承毅。全书最后由万举统稿并修改、定稿。

本书编撰组成员在编撰过程中使用了国内外许多理论研究者和实务界工作者的相关资料，在此我们对所有作者表示特别感谢！尽管秉持充分尊重前人研究贡献初衷，对所引用资料以适当方式进行了规范标注，但仍可能有疏忽与遗漏之处，若有不妥，还望见谅或及时给予指正。

目前，航空经济理论与实践仍处于不断演化之中，呈现繁荣发展之势。可以预见，这一趋势必将持续扩展与深入，并走向普通民众生活。由于编者水平所限，现有成书内容必然存在诸多不足甚至偏误之处。这也正是本书编者此后需要不断努力之处。因此，敬请广大读者不吝赐教，编者将虚心学习、热情吸纳有益建议，并致以诚挚谢意。您的意见和建议请发邮件至 wanjucn@ sohu. com 或 wanjucn@ 126. com。

万　举

2022 年 2 月 16 日